한국 기마전 연구

이 홍 두 (李弘斗)

1953년 전남 해남 출생
홍익대학교 사범대학 역사교육과 졸업
홍익대학교 대학원 사학과 문학석사
동국대학교 대학원 사학과 문학박사
홍익대학교·동국대학교 강사
홍익대학교 교수 역임
현재 홍익대학교 교양과 초빙교수, 역사실학회 지역이사

저서 | 『朝鮮時代 身分變動 硏究』, 『韓國中世 部曲 硏究』 외 다수
논문 | 「조선전기 胡馬의 조련과 기마전」, 「胡馬의 전래와 조선시대 호마목장의 설치」,
「한국 기병의 무기와 기병전술」 외 다수

한국 기마전 연구

이 홍 두 지음

초판 1쇄 발행 2020년 7월 30일

펴낸이 오일주
펴낸곳 도서출판 혜안

등록번호 제22-471호
등록일자 1993년 7월 30일

주 소 ⍟04052 서울시 마포구 와우산로 35길 3(서교동) 102호
전 화 3141-3711~2
팩 스 3141-3710
이메일 hyeanpub@hanmail.net

ISBN 978-89-8494-644-6 93910

값 32,000 원

한국 기마전 연구

이 홍 두 지음

혜안

머리말

1996년 12월 말, 학위논문(「조선시대 신분변동 연구」) 3차 심사를 끝낼 때, 논문 심사위원이었던 남도영 동국대 명예교수가 『韓國馬政史』 재판 출간의 교정과 윤문을 부탁하셨다. 다 알다시피 남도영 명예교수는 馬문화 분야에서 독보적인 업적을 이루신 분이라 배울 것이 많겠다 싶어 승낙하고 말았다. 교정과 윤문은 민족문화추진회 국역실에서 2년 동안 근무한 경험이 있어서 나름 자신이 있기도 했다. 교정과 윤문은 두 달 정도 이어졌는데, 일주일 분량을 가지고 교수님 댁을 방문하면 교수님께서 하나씩 검토하시는 방식으로 진행되었다. 아무튼 『韓國馬政史』 재판 작업 이후, 기마전을 평생 연구 주제로 정하게 되었고, 그때부터 자료 수집과 연구에 착수한 지 20여 년 만에 『한국 기마전 연구』의 발간을 앞두고 있다.

사실 7~8년 전에 한국 기마전 연구의 단행본 출간을 시도하였다. 그런데 전쟁사를 통한 기마전만으로는 학술적 성과를 낼 수 없음을 깨우쳤다. 그래서 기존의 전쟁사를 통한 기마전 연구에 호마의 확보, 전국 마목장의 치폐 현황, 기병의 무기 등을 포함하는 새로운 연구 계획을 수립하고, 곧바로 연구에 착수하였다. 결과적으로 이들 주제를 검토하고 연구하는 중에 한국 기마전에 대한 폭넓은 지견을 갖게 되었다.

말은 북방 유목민족으로부터 끊임없이 외침을 받아 온 우리 민족에게 매우 중요한 전쟁 수단이었다. 따라서 삼국시대부터 각국은 전마 확보를 목적으로 그 생산과 관리를 위한 마정에 힘썼다. 기병은 경기병과 중장기병으로 구분하는데, 경기병은 기동력과 민첩함을 요구하기 때문에 키가 작은 과하마(果下馬)를 이용했다. 그러나 적진으로 돌격하는 임무를 수행하는 중장기병은 병사와 말이 갑옷과 투구로 무장하여 무거웠기 때문에 체형이 큰 호마(胡馬)를 썼다. 체형이 작은 과하마는 산악지형 이동에 탁월한 능력이 있어 고구려 중반까지 산성전에서 눈부신 활약을 펼쳤지만, 삼국시대 중반 이후 중장기병이 주도하는 기마전이 확대되면서 삼국은 호마의 자체 생산과 수입에 진력하였다.

중국의 왕조 교체는 한반도에서 후폭풍을 일으켰다. 한 제국의 무제가 고조선을 멸망시킨 이후 수·당·요·원·청 등 북방유목민족의 기병이 때만 되면 밀고 내려 왔다. 그러나 기병이 주력군인 고구려는 수·당의 대군을 물리쳤고, 고려시대 거란의 2차 침입 때는 고려군 사령관 강조가 삼수채 초기전투에서 검차를 앞세운 기마전에서 승리하였다. 그러나 두 번째 전투에서는 상대를 얕보다가 포로로 잡혀 처형되면서 수도 개경이 함락되었다. 거란의 3차 침입 때는 고려 기병이 소배압의 거란 정예 기병을 무너뜨렸고, 거란의 6차 침입 때는 강감찬이 기병을 매복시키는 전술로 대승을 거두었다. 특히 조선시대 병자호란 때는 조선의 병사 김준용이 광교산 전투에서 기마전을 전개하여 청나라 팔기병을 격파하였다.

　유목민의 전술·전법은 흉노와 돌궐이 사용하던 방식이었는데, 거짓 후퇴하며 적의 병력을 깊은 오지로 유인한 다음, 적이 추격하다 지치면 바람처럼 나타나 활을 쏘면서 역습하는 방식이었다. 공성전에 취약한 유목민 군대는 성을 함락하지 못할 경우, 최소한의 군사를 남기고 수도를 향해 진격하는 속전속결전술을 사용하였다. 반면에 우리나라는 주력군이 보병일 때와 기병일 때의 대응전술이 달랐다. 전자의 경우에는 식량이 되는 모든 것을 불태우고 성으로 들어온 백성들과 함께 성을 지키는 청야수성전술을 쓰다가 적군의 진영에 틈이 보이면 성문을 열고 나가 기습하거나, 그들이 철수할 때 매복한 경기병으로 역습하여 적을 살상하였다. 후자의 경우는 고구려의 수·당전쟁과 고려의 3~6차 거란전쟁, 윤관의 9성 설치와 여진정벌 및 조선전기의 야인 정벌이 그러한바, 당시의 우리나라 기병은 북방의 기마민족을 상대로 우세한 기마전을 전개하였다.

　일제치하 일본인 연구자들은 한국의 대(對)북방항쟁사를 종속적이고 수동적인 성격을 가지는 타율성론(他律性論)으로 규정하였다. 그런데 해방 후 그간의 국내 학자들에 의한 연구 진전으로 인하여 일인 학자들의 편향성은 의미를 상실한 것으로 여겨진다. 따라서 고려시대가 동아시아사에서 북방민족의 활동기에 해당되는 것은 사실이지만,

침략자 북방 유목국가에게 항상 패배했다고는 말할 수 없겠다. 그렇다면 우리나라가 북방 기마민족을 상대로 어떻게 대등한 기마전을 전개했는가를 설명하고자 하는 것이 본서의 저술 목적이다.

본서를 집필하는 데 한국학술진흥재단과 한국연구재단의 재정적 지원을 받았다. 먼저 '한국 기병전술 연구'라는 주제로 2002년 한국학술진흥재단의 전문연구인력지원(전임 연구교수)사업에 선정되어 3년간 학술연구비를 받았고, 다음으로 '조선시대 胡馬 연구'라는 주제로 2014년 한국연구재단의 한국사연구지원사업(중견연구)에 선정되어 2년간 연구비를 지원받았다. 돌이켜보면 위 두 재단의 재정적 뒷받침이 없었다면 본서의 출간은 불가능했을 것이다. 이 자리를 빌려 깊은 감사를 드린다. 한편 2013년 작고하신 남도영 교수의 『韓國馬政史』는 필자가 의문이 생길 때마다 펼쳐보고 문제를 해결하는 길잡이였다. 그리고 본서의 출판을 허락해 주신 도서출판 혜안 오일주 사장님과 본서를 정성스럽게 다듬어 준 편집진에게 고마움을 전한다. 끝으로 이 기쁨을 가족과 함께 나누고 싶다.

2020년 4월 20일
국사학계의 기마전(騎馬戰) 연구 활성화를 기원하며

차 례

제1장

한국 기마전의 연구 성과와 과제

Ⅰ. 삼국시대 기마전의 연구 성과

　기마전은 마정사나 군제사에서 중요한 제도이며, 특히 고·중세 전마의 계보와 목장사를 연구할 때는 더욱 간과할 수가 없다. 따라서 기마전에 대한 해명은 당시 전쟁사의 성격을 밝히는 관건이므로 지금까지 많은 연구가 이루어졌다. 우리나라는 초기국가시대부터 말을 사육하여 전마로 사용했다. 특히 삼국시대부터는 북방의 호마를 들여와 중장기병(철기병)으로 무장하여 중국의 전차를 격파하였다.

　그러면 경기병과 중장기병의 전술과 무기는 상호 어떤 차이가 있을까. 먼저 경기병이 기동력으로 승부를 한다면, 중장기병은 방호력과 타격력이 핵심이다. 따라서 경기병은 주로 정찰하는 척후병의 임무를 수행하고, 적군과 교전할 때는 좌우 측면과 후면을 공격하며, 아군이 후퇴할 때는 후방을 엄호하는 역할을 수행하였다. 반면에 찰갑을 착용한 중장기병은 선봉에 배치하여 적군의 보병 대열을 격파하는 한편으로 장창을 가지고 적진으로 돌격하여 보병 대열을 무너뜨렸다. 그리고 공성 전투에서 중장기병의 역할은 보병이 성벽을 넘을 수 있도록 활을 쏘아 엄호하고, 성곽 주변도로를 차단하며, 성문을 열고 돌격해 오는 기병과 교전하였다. 따라서 삼국시대 중반 이후 중장기병이 주력군으로 부상하면서, 삼국은 체형이 큰 북방 호마를 적극 수입하여 그것의 사육과 조련에 진력하였다.

　지금까지 삼국시대 기마전에 대해서는 1981년 김철준 서울대 교수가 처음으로 고찰하였다. 그는 부족국가시대의 전투력을 평가함에 있어서 병력의 기동성 유무가 주요한 기준이 된다는 것을 주목하였다. 즉, 『삼국사기』 건국 설화에서 주몽이 타고 남하한 과하마(果下馬)는 경기병, 대무신왕 5년(22) 3월, 신마 거루(駏驉)가 이끌고 돌아온, 큰 체형의 부여 말을 중장기병으로 구분하였다. 다시 말해서 고구려의 팽창 세력에 대한 찬양이 그대로 신마에 대한 열정으로 나타난바, 신마가 고구려 전력을 비약적으로 증강시킨 요인이었다는 것이다. 이는 고구려 중장기병의 등장을 최초로 언급한 것이다. 따라서 고구려 고분벽화 수렵도에서 보듯이 기병의 기동성을 가진 고구려는 보전(步戰)으로만 승패를 결정하는 주변 국가와는 그 전력에서 차이가 클 수밖에 없다고 보았다.[1] 한편 김철준은 경주천마총(155호 고분)에서 발굴된 하늘을 비상하는 천마를 고구려 신마와 동일한 것으로 보고, 신라 역시 강력한 기병대를 보유한 국가였다고 인식한 것이 눈길을 끈다.

이홍두도 이 문제를 검토했는데, 고구려 신마 거루의 출현을 중장기병에 사용하는 호마의 시초로 보았다. 특히 고구려 중장기병은 국초부터 한(漢)제국 전차를 격파한 사실을 주목하였다.[2] 또한 근래에는 한국 호마의 전래에 대해 고찰한바, 여기서는 호마의 기원과 한반도 전래를 밝히는 한편으로 호마의 교역과 마종개량에 대해 새로운 이해를 시도하였다. 장차 호마에 대한 연구에 중요한 기초가 될 수 있을 것으로 보인다.[3]

남도영 동국대 명예교수는 삼국시대 기마전을 마정사의 일환으로 연구하였다.[4] 그러나 남도영의 기마전 연구는 목장사와 교통사를 아우르는 연구이기 때문에 그동안 기마전을 단일 주제로 한 연구가 필요한 실정이었다.

---

1) 김철준, 1981, 「能步戰과 便安馬」, 『한우근박사정년기념사학논총』, 31쪽.
2) 이홍두, 2013, 「고구려 호마의 유입과 철기병」, 『歷史와 實學』 52, 12~13쪽.
3) 이홍두, 2016(a), 「호마의 전래와 조선시대 호마목장의 설치」, 『軍史』 99.
4) 南都泳, 1996, 『韓國馬政史』, 한국마사회 마사박물관, 71~105쪽.

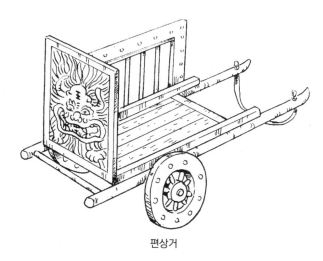

편상거

노 중국 전국시대

 기마전과 관련한 전략전술 연구는 그동안 한중관계의 대종을 이루는 조공체제를 극복하는 방안의 하나로 추진되었다. 그러나 1981년 조공과 책봉관계는 사실상 정치적 강제력을 갖지 못하기 때문에 상호 대등한 교빙관계로 보아야 한다는 견해가 제기되었다.[5] 또한 임용한은 『전쟁

5) 서영수, 1981, 「삼국과 남북조 교빙의 성격」, 『동양학』 11.

과 역사』(삼국편)에서 고구려의 전략과 전술, 장비, 편제 등을 분석하여 조공체제를 극복하는 성과를 냈는데, 여기서 그는 고구려 기병의 독자적 전술과 무기체계를 언급하고 있다.[6] 또 이정빈은 6세기 중반 이후 쇠뇌의 보급이 고구려 중장기병의 전술을 수정하는 계기가 되었다고 보았다.[7]

전쟁사를 통한 기마전 연구는 이홍두의 연구가 주목된다. 그는 고구려가 적국의 무장에 따라 기병전술을 다르게 적용했는데, 주력군이 전차였던 후한과 조위의 군사에 대해서는 중장기병과 수성전으로 대응했다고 보았다.[8] 즉, 후한과 조위에서는 전차 위에 편상거(偏箱車)[9]와 녹각거영(鹿角車營)[10]을 만들고, 전차 한 대에 쇠뇌병과 창병 75명을, 전방과 좌우측에 각각 25명씩 배치했는데, 전차 전면에는 창을 꽂았기 때문에 고구려 기병이 쉽게 접근할 수 없었다. 그리고 진을 칠 때는 전차를 전방에 배치하여 적의 정면 공격을 막고, 자국 군대의 대오를 효과적으로 유지하면서 앞으로 돌진하였다. 특히 전차부대가 평지에서 적의 기병과 교전할 때는 쇠뇌를 쏘아 원거리의 적을 먼저 제압하고, 근거리에서는 장창으로 공격하였다. 그러나 전차는 협소한 도로나 비탈진 계곡에서는 상대적으로 전투력이 크게 떨어졌다. 따라서 고구려는 양맥 골짜기와 비류수 골짜기의 험준한 지형을 이용하여 한나라

---

6) 임용한, 2001, 『전쟁과 역사』(삼국편), 혜안.
7) 이정빈, 2010, 「6~7세기 고구려의 쇠뇌 운용과 군사적 변화」, 『軍史』 77, 67쪽.
8) 이홍두, 2004, 「고구려의 대외전쟁과 기병전술」, 『白山學報』 68 ; 이홍두, 2011, 「고구려 전기의 기마전」, 『歷史와 實學』 44, 5~6쪽.
9) 평평한 상자 모양으로 지형의 넓고 좁음에 따라 개조할 수 있는 수레라고 한다. 한편으로는 좁은 도로에 다닐 수 있도록 작은 상자로 된 수레라고도 한다.
10) 여러 대의 편상거를 연결하여 원형으로 만든 진영이다. 수레 바깥쪽으로 창과 칼을 설치하여 그 모습이 사슴뿔과 같다 하여 붙여진 이름이다.

전차의 진로를 차단한 다음에 중장기병이 기습 공격을 감행하였다.

특히 고구려와 북방 유목민은 양국의 주력군이 모두 경기병과 중장기병이었기 때문에 대등한 기마전을 전개하였다. 그러나 광개토왕 이후 고구려가 기마전에서 우세한 경향을 보이고 있어서 매우 주목된다.[11] 또한 고구려와 당나라 간의 전투는 양국이 개활지에서 기마전을 전개했는데,[12] 당나라는 한나라 때 주력군이던 전차를[13] 기병 중심의 편제로 전환하고 일련의 기병전술을 습득한 결과 고구려를 정복하였다. 즉, 당나라의 부대 편제는 기병으로만 구성된 도탕대(跳盪隊), 기병과 보병을 절반씩 편성한 전봉대(戰鋒隊), 전차만으로 편제한 주대(駐隊)가 있다.[14] 그런데 도탕대는 중장기병으로 적진을 향해 돌진하는 선봉대였고, 전봉대는 공격을 주도하는 부대였으며, 주대는 공격과 방어를 동시에 수행하였다. 다만 전봉대가 휴식할 경우, 주대가 전봉대를 대신하여 나가서 싸웠다. 특히 당나라 기병은 적이 일면을 공격하면, 기병을 측면에 배치하여 엄호하였고, 적이 양면에서 공격하면, 기병을 적진 후방으로 돌려서 공격하였다. 만약 적이 패주하면 기병으로 즉각 추격하였다. 결과적으로 당나라는 주력군을 전차부대에서 기병 중심의 편제로 전환하고 기병전술을 습득하는 군제개혁에 성공하여 고구려를 정복할 수 있었다.

이홍두는 고구려가 강화만 하구 즉, 남방으로 진출하면서 백제와

---

11) 이홍두, 2004, 「고구려의 선비족전쟁과 기병전술」, 『사학연구』 75.

12) 이홍두, 2010, 「당나라의 고구려 침공과 기마전」, 『軍史』 77.

13) 전차는 창을 가진 전사, 마부, 활을 쏘는 사수가 한 조를 이룬다. 한나라 때는 전차 1대에 100~150명의 보병을 배치하였다. 이들 전차 부대는 밀집 대형을 갖춘 후 서로 마주 달려가 한 번에 승패를 결정지었다.

14) 李靖 저·이현수 역, 1999, 『李衛公兵法』 상권, "臣以今法參用之 則跳盪騎兵也 戰鋒隊 步騎相半也 駐隊兼車乘而出也".

기마전을 피할 수 없었는데, 이때 기병의 전력이 전쟁의 승패를 좌우했다고 보았다.[15] 다시 말해서 근초고왕 때까지는 백제의 경기병체제가 우세하였으나, 광개토왕이 중장기병을 육성한 이후부터는 고구려 전력이 더 우세했음을 언급하였다.

서인한은 수나라의 멸망을 패수(薩水)의 패전에서 찾고 있는데,[16] 고구려의 수·당전쟁은 철 생산지로서 무기와 생산력의 증강을 위한 요동의 전략적 위치 선점 때문에 일어났다고 하였다. 즉, 고구려는 요동에서 생산되는 막대한 철을 이용해 갑옷과 쇠뇌, 궁전, 4~6m의 기병용 장창인 삭(削)으로 당나라 기병을 상대했다고 하였다. 그리고 신라가 고구려 중장기병의 전술을 계승하여 부대를 새롭게 편제한바, 고구려 중장기병의 무기가 신라에 유입되어 당나라 군대를 물리쳤다는 견해를 제시하였다.

한편 전쟁사의 관점에서 무기를 다룬 것이 아니라 무기의 관점에서 전술을, 그리고 전술적 개념으로서 무기를 다룬 연구서가 있어 주목된다. 강건작은 『무기와 전술』에서 무기와 전술의 상호 관계를 검토하여 고대의 기동력과 타격력 및 방호력의 발전에 대해 살폈다.[17] 저자는 이 책을 저술한 목적이 최근 걸프전이나 이라크전에서 미군에 의해 수행된 전투나 전쟁의 양상은 무기체계가 마치 용병술과 같다는 느낌에서 출발했다고 한다. 저자는 이 문제를 해결하기 위해 미국과 독일의 최신교리를 공부하였지만, 무기체계나 전쟁 양상이 어떻게 상호 기능하는지를 파악할 수 없었다고 했다. 따라서 이 책은 저자가 무기와

15) 이홍두, 2012, 「고구려의 남방 진출과 기마전 - 특히 강화만 하구 진출을 중심으로」, 『軍史』 85.
16) 서인한, 2005, 『한국고대 군사전략』, 국방부군사편찬연구소.
17) 강건작, 2005, 『무기와 전술』, 율커뮤니케이션.

전술의 관계를 해명하기 위해 직접 정리한 결과물로서 차후 고대 무기와 전술분야 연구의 든든한 기초 자료가 될 것으로 기대된다.

한편 에가미 나미오(江上波夫)는 『日本民族の起源』[18]에서, 일본고대 국가 천황족은 대륙 및 한반도 방면으로부터 4~5세기에 일본열도로 정복해 들어간 기마민족에 의해 성립되었다는 기마민족설(騎馬民族說)을 발표하였다. 기마민족설은 3~4세기 동북아시아(만리장성 이북에서 만주지역)에는 많은 민족이 흥기했는데, 5호(五胡)라고 하는 선비·흉노·강·갈·저와 같은 몽골계, 또는 티베트계의 기마민족이 16국이라는 나라를 중국 내부에 건국하였다는 데서 출발한다. 당시 동북아시아에서는 북방의 송화강 유역에 부여라는 민족이 있었고, 이 민족의 일부가 만주방면으로 진출하여 고구려를 건국하였다. 고구려는 삼한시기에 동만주에서 지금의 북한지역에 들어와 한반도 북부와 만주에 걸쳐 큰 국가를 형성하였다. 따라서 고구려 지배자가 부여 만주계 민족으로서 그 일부가 현재 중국의 동북부에 진출하여 고구려를 건국했다면, 그들은 기마민족이 틀림없다는 것이다.[19] 기마민족설은 한국의 초기국가 문제와 관련되기 때문에 국사학계에서는 논의가 분분했다. 특히 천관우는 삼한사회는 기본적으로 농경사회이므로 기마민족적 요인이 있었다고 하더라도 그것은 기마단을 보유한 농경민집단에 불과하다는 것이고, 노태돈은 진국(辰國)의 등장이 동만주의 기마민족의 내왕에 의한 것이라기보다는 오히려 조선계의 남하에 의한 가능성이 크다고 하였으며, 김정배는 준왕이 남쪽으로 내려오기 이전부터 토광묘가 있었지만, 마구가 부장되지 않았기 때문에 삼한사회를 기마민족이라 부를 수 없다고 하였다. 기마민족은 정복국가의 토착문화에 융화되었

---

18) 江上波夫, 1958, 『日本民族の起源』, 平凡社.
19) 江上波夫, 1993, 「三韓時代의 韓日關係」, 『弘益史學』 5, 130쪽.

지만, 그들의 왕이나 유력자가 죽으면 그 묘에 마구와 무기를 부장했다는 사실이 주의를 끈다. 이 문제의 해결은 백제와 신라의 경우는 일찍부터 이러한 유물의 존재가 알려졌으나, 가야의 경우에는 이러한 고분이 없었는데, 1980년대 초부터 금관국 부근인 부산 복천동 고분과 대가야의 고령 지산동 고분군에서 기마민족의 유물로 보이는 무기와 마구가 출토된 사실과, 이들 고분들이 적석목곽분의 형태로서 시베리아로부터 동북아시아로 퍼졌다는 그것의 친연성 여부를 어떻게 밝혀낼 것인가에 달려있다고 하겠다. 필자로서는 고구려가 기마민족이었음은 일찍이 김한규의 『요동사』 출간으로 입증되었고,[20] 나머지 신라와 가야의 기마민족 여부는 전쟁을 통한 기마전의 양상을 면밀히 분석한다면 그 해답을 얻을 것으로 본다. 왜냐하면 기마민족은 북방 유목민족의 다른 표현이기 때문이다.

가야사의 새로운 체계를 정립하여 4국시대를 주장하는 김태식은 『한국의 기마민족론(韓國의 騎馬民族論)』[21]에서 에가미 나미오의 기마민족론을 분석하여 역사적 의미를 구명하였다. 기마민족설에 대한 그의 견해는 두 가지다. 하나는 기마민족설의 연구사 내지는 연구성과에 대한 것이고, 다른 하나는 가야계 이주민 문제이다. 그는 후자의 입장에 서서 가야 주민의 상당수가 원조공인(援助工人) 또는 유망민(流亡民)의 형태로 4세기 말 이후 5세기에 걸쳐 일본열도로 건너갔고, 그들 중의 일부는 천황족을 비롯한 지배층에 혼입(混入)되었다고 추정하였다. 여기서 그는 가야가 일본 열도를 정복했다거나, 또는 그들을 기마민족이라고 언급하는 것은 바람직하지 않다고 하면서 가야와 왜 사이의 관계는 상호 이익을 위한 대등한 교류가 근본 동력을 이루고

---

20) 김한규, 2004, 『요동사』, 문학과 지성사.
21) 金泰植·宋桂鉉 共著, 『韓國의 騎馬民族論』, 한국마사회 마사박물관, 74~121쪽.

있었으며, 거기에 한반도, 일본열도 및 중국의 정세가 광범위하게 얽혀 있다고 보았다. 따라서 그들은 한반도로부터 일본열도에 건너간 귀화인이거나 기마정복민, 또는 단순한 도래인(渡來人)이 아니라 가야계 일본이주민이었다는 것이다. 특히 가야를 대신하여 백제가 일본열도와 직접적으로 교류하는 것은 시기적으로 한 단계 늦은 6세기 이후였다는 전제에서 논지를 전개하고 있어 상당한 설득력을 갖고 있다. 다만 아쉬운 점은 일반적인 교류관계에 초점을 맞추고 있다는 점이다. 즉, 가야의 마목장의 존재여부, 구체적인 기마전 등의 문제까지 관심이 확대될 필요가 있겠다.

Ⅱ. 고려시대 기마전의 연구 성과

고려왕조는 474년의 기간 중 북방의 유목민족과 세 번의 큰 전쟁을 수행하였다. 즉, 고려 초기에는 거란족이 세운 요나라, 중기에는 여진족의 금나라, 후기에는 몽골족의 원나라를 상대했다. 이들 유목민족은 유목생활의 필연적 결과로 기동성과 집단성을 중시했는데, 말을 타는 기술이 더해지면, 완급을 전개하는 능력이 풍부해져 통제된 군대로 변신하였다. 여기에 활을 쏘는 기량을 결합하면 기사(騎射)가 되는데, 이것이 세계 전쟁사에서 유목민이 군사적 우월성을 갖게 된 직접적 요인이다. 이 같은 유목민의 기병전술은 흉노와 돌궐이 사용하던 옛날 방식의 개선된 형태였다. 그들은 넓게 산개하여 막막한 산과 들에서도 바람처럼 불시에 나타나고, 적과 일정한 거리를 유지하면서 자주 위협·도발을 감행했다. 그러나 적군이 근접하여 전투를 하려고 하면, 기마의 기동력을 이용해 바람처럼 사라졌다. 특히 유목민들의 전술은 사냥감을 지치게 하고, 갈팡질팡하다가 기진맥진케 한 뒤, 양익에서 포위하여 조직적인 살육으로 끝내는 거대한 몰이사냥에서 유래한다. 그들은 병력 대부분을 적을 포위하기 위해 양익에 배치하였고, 적이 1차 기병돌격을 감행하면 포로들과 외국인 보조부대를 제일선의 선봉에 세웠다. 그리고 전위부대는 대형별로 자주 교체하면서 일제 사격을 퍼붓고는 빠져나갔다. 적이 어느 정도 앞으로 유인되고 원거리 사격으로 기동성을 잃게 되면 중장기병이 군도를 빼들고 돌격하였다.[22]

한편 고려에서는 여진이 조공한 달단마를 이용해 북방의 유목민족과 대등한 기마전을 전개하였다. 그런데 1115년(예종 10) 아골타가 금나라를 세우면서 달단마 조공이 끊겼으며, 이후 여진 정벌에 어려움을 겪었다. 고려후기에는 원나라가 몽고마를 들여와 탐라와 여러 섬에서 방목하였으나, 원나라는 고려에서 생산한 몽고마를 모두 자국으로 가져갔다.

그러면 고려에서는 중장기병에 사용하는 중형마를 어떻게 조달하였을까. 그 방법은 두 가지가 있다. 먼저 마목장을 설치하여 전마를 사육하는 경우이고, 다른 한편은 여진에서 달단마를 수입하는 경우였다. 전자와 관련해 보면, 고려시대 마목장은 160개 정도로 추정하지만,[23] 현재 그 명칭이 확인되는 마목장은 『고려사』에 전하는 개경 주변의 10여 개 뿐이다. 후자와 관련해서는 여진이 수만 필의 준마를 고려에 조공한바, 그중 여진의 조공마를 가장 많이 들여온 시기는 1010년(현종 1)이다. 즉, 거란군의 제2차 침공 때 고려 행영도통사

---

22) 르네 그루쎄 지음, 김호동·유원수·정재훈 옮김, 1998, 『유라시아 유목제국사』, 330~331쪽.

23) 南都泳, 앞의 책, 132쪽.

24

강조가 여진의 달단마 수만 필을 수입하여 40만의 방어군을 편성하였다.[24]

여진의 달단마 조공에 대해서는 먼저 김위현이『요금사연구(遼金史研究)』를 간행하여 여진이 고려 초기부터 중기에 이르기까지 수만 필의 준마를 조공한 자료를 상세히 조사하였다.[25] 이홍두는 고려시대 호마의 전래를 정치적 변동과 관련하여 시기별로 살폈다. 고려 초기의 경우 1010년에 거란이 40만의 군사를 이끌고 침공할 때 여진이 조공한 수만 필의 달단마로 40만의 고려 방어군을 편성하여 군사적으로 기여한 사실을 주목하였다.

그리고 1104년(숙종 9) 제1차 여진 정벌 정주성전투에서 동여진의 완안부에게 패배하면서 여진의 조공마 수입이 크게 감소했다고 하였다. 그런데 윤관의 건의로 별무반의 신기군을 창설하여 제2차 정주성전투에서 승리함으로써 여진의 달단마 조공이 그 이전 수준으로 회복되었다는 견해를 제시하였다. 특히 전마로 사용하는 달단마 수입의 변동 추세를 표로 작성한바, 차후 이 분야 연구자들의 기초자료가 될 것으로 기대한다.[26]

고려시대 전략전술에 대해서는 해방 이후 국사학계가 고려시대 타율성을 극복하는 방안으로 이민족의 침략에 대한 항쟁과 북진정책 추진이라는 시각을 설정하였다.[27] 이어서 1980년대 중반, 북한학계 김재홍의 저술은 고려의 대외항쟁의 내적 요인을 통한 식민사관의 극복에 기여한 것으로 보인다.[28] 다시 말해서 전쟁의 발발과 수행된 기간, 전략적

---

24) 이홍두, 2016(a), 앞의 논문, 120쪽.
25) 金渭顯, 1985, 『遼金史硏究』, 유풍출판사, 166쪽.
26) 이홍두, 2016, 앞의 논문, 126~128쪽.
27) 김순자, 1995, 「고려와 동아시아」, 『한국역사입문 ②』(중세편), 한국역사연구회 엮음, 풀빛, 102쪽.

단계, 적군과 아군의 전략적 목적과 계획, 무기와 무장을 상세히 고찰하여 고려시기 전쟁의 과정을 전면적으로 해명하였다. 그런데 이 책은 1990년대 후반 백산자료원이 재출간함으로써 남한학자들의 연구에 크게 기여했다고 생각한다.

유재성은 고려의 거란전쟁, 고려의 여진정벌, 고려의 몽골전쟁에서 고려의 자주성 수호라는 시각을 견지한 결과 그동안 패배한 전쟁을 승리한 전쟁으로, 인식의 전환을 갖게 하는 성과를 거둔 점에서 눈길을 끈다.[29] 한편 2000년 중반, 고려의 북방관계를 정면에서 다룬 학술서 두 권이 출간되었는데, 이들 연구서는 그 이전과는 다른 발전적 요인을 내재하고 있다. 즉, 임용한은 『전쟁과 역사 2 - 거란·여진과의 전쟁』(2004)에서 중국의 사료를 폭넓게 인용하여 전략전술을 고찰하였고,[30] 정해은의 『고려시대 군사전략』(2006)은 고려의 거란전쟁, 고려의 여진정벌, 고려의 몽골전쟁에서 전략전술과 무기체계를 깊이 천착함으로써 고려시대 전쟁사 연구에 크게 기여한 것으로 보인다.[31] 결국 이들의 연구가 기마전의 단일 연구서는 아니지만, 전략전술을 집중적으로 고찰함으로써 당시 기마전 연구에 간접적으로 기여했다고 하겠다.

한편 고려시대 대외전쟁과 기마전에서는 이홍두의 연구가 주목된다. 「고려 거란전쟁과 기병전술」은 제1차~제3차 거란 전쟁을 통해 고려의 기병전술을 고찰하였다. 993년(성종 12) 제1차 전쟁 때 봉산군에서 기마전을 전개했는데, 소손녕이 봉산군의 주요 교통로와 구원병의 지원로를 차단하자, 윤서안의 고려 선봉군은 최전방에 참호를 파고,

---

28) 김재홍, 1988, 『조선인민의 반침략투쟁사』(고려편), 과학백과사전 종합출판사.
29) 유재성, 1993, 『한민족전쟁통사 Ⅱ』(고려시대편), 국방군사연구소.
30) 임용한, 2004, 『전쟁과 역사 2 - 거란·여진과의 전쟁』, 혜안.
31) 정해은, 2006, 『고려시대 군사전략』, 국방부군사편찬연구소.

참호 뒤의 보병으로 방진(方陣)을 쳐서 거란 기병을 격퇴했다고 주장하였다.[32] 이 논문은 북방 유목민족과 관련 하에서 기마전을 고찰한 것은 설득력이 크지만, 거란군 전술의 일반적 양상만을 부각시킨 측면이 없지 않다. 따라서 거란인들의 전술적 토대로 작용한 농경지역의 약탈을 위한 기습과 초원의 대규모 몰이사냥에서 발전한 양익으로 포위하는 우회기동법 등의 구체적인 문제까지 관심이 확대될 필요가 있다. 이 문제는 본서에서 유목민족의 전술 분야를 크게 보완하였고, 여진과 몽골의 전술도 같은 맥락에서 보완하였음을 밝혀둔다.

고려는 1104년(숙종 9) 1월부터 3월 초까지 여진정벌을 단행하여 완안부 추장 우야소(烏雅束)의 침략을 저지하였다. 그러나 윤관의 휘하 병사도 사상자가 절반을 넘었기 때문에 사실상 패배한 전쟁이었다. 윤관은 개경에 귀환하여 전쟁의 패인을 '여진은 기병인 반면, 고려는 보병이기 때문이다.'고 보고하였다. 따라서 고려 정부는 숙종 9년 12월 윤관의 건의를 받아들여 별무반을 설치한바, 별무반 소속의 신기군은 기병대로써 여진의 기병 격파에 크게 기여하였다.[33]

그리고 빠른 기동력과 파괴력으로 무장한 몽골기병은 공성전술이 북방 유목민족 중 가장 뛰어났는데, 그것은 성을 공격할 때 투석기와 충차를 사용하였기 때문이다. 반면에 후방의 공격이나 산악기마전 및 방어전에는 매우 취약하였다. 따라서 고려군은 청야수성전술로 방어하면서 주변의 성과 상호 협력체제를 구축하였다. 몽골군은 귀주 성에서 4차례 성을 공격하였으나, 고려 방어군이 이를 격퇴하였다.

고려 정부는 1232년(고종 19) 강화도로 천도를 단행함과 동시에 산성해도입보령을 내리고 그곳에 방호별감을 파견하였다. 당시 광주

---

32) 이홍두, 2005, 「고려 거란전쟁과 기병전술」, 『史學硏究』 80.
33) 이홍두, 2007, 「고려의 여진정벌과 기마전」, 『軍史』 64.

남한산성을 탈취하지 못한 몽골의 살례탑 장군은 처인성에서 전사했는데, 이는 몽골기병의 공성전이 실패했음을 입증한다. 또한 몽골군은 1253년(고종 40) 10월 제5차 침입 때 충주성을 70여 일을 포위하였지만, 방호별감 김윤후가 충주성의 천민군과 함께 물리쳤다. 당시 충주성에서는 성 안에서 방어만 하지 않고, 기병을 성 밖에 매복시켜 유격전을 계속했는데, 이는 필자의 「고려의 몽골전쟁과 기마전」[34]에서 검토하였다.

이상의 논고들은 전반적으로 고려 기병이 북방의 요·금·원나라 기병에게 밀리지 않았다는 것에 초점을 맞추고 있다. 그런데 고려 기병의 성격과 의미 부여는 더 많은 논의가 뒤따라야 할 것 같다. 만약 고려 전마의 사육과 조련 및 기병의 훈련체계가 밝혀진다면 이 문제는 어느 정도 해소될 것이다.

한편 이홍두는 「한국 기병의 무기와 기병전술」[35]에서 고려 경기병과 중장기병 간의 차이를 검토하고, 경기병의 마구는 재갈·고삐·안장·등자 등이 있고, 무기는 원거리에서는 만궁(彎弓)을, 근접전에서는 단검을 사용했다고 하였다. 반면에 중장기병의 마구는 경기병의 그것과 같고, 무기는 찌를 때 사용하는 창[鉾]과 벨 때 사용하는 대검이 있으며, 방어용 무기는 군사들이 착용한 철제 갑옷[甲冑]과 철제 투구가 있고, 말머리에 씌운 철제 말 투구[馬面甲]와 말 갑옷인 마갑(馬甲) 등에 주목하였다.

한편 진을 치고 적과 대치하면서 기마전을 전개할 때 사용하는 쇠뇌와 검차에 대한 논고가 발표되었다. 이정빈은 「6~7세기 고구려의 쇠뇌 운용과 군사적 변화」[36]에서 쇠뇌는 기계장치를 활용해 쏘았는데, 활보

---

34) 이홍두, 2007, 「고려의 몽골전쟁과 기마전」, 『歷史와 實學』 34.
35) 이홍두, 2014, 「한국 기병의 무기와 기병전술」, 『역사와 실학』 53, 96~101쪽.

다 사정거리가 길고 파괴력이 강한 보병의 주력 무기로써 기마전에서 장점을 발휘했다고 보았다. 따라서 북방의 유목민족은 쇠뇌에 제압당하지 않으려고 중장기병을 발전시켰음을 해명하였다. 그리고 안주섭은 『고려 거란전쟁』[37])에서 고려는 북방 유목민족의 기동력을 약화시킬 때 검차를 선봉에 배치했는데, 이 같은 검차는 9자 길이의 수레채에 예리한 칼날을 꽂고 방패를 설치했으며, 말이 수레에 설치한 칼에 찔려 놀라거나 상처를 입었던 사실을 주목하였다.

III. 조선시대 기마전의 연구 성과

조선시대 기마전에 관해서는 남도영 명예교수가 마정사의 일환으로 연구하였다.[38) 그러나 남도영의 기마전 연구는 목장사와 교통사 영역을 포괄한 마정사이기 때문에 기마전을 단일 주제로 한 연구가 필요한 실정이다. 따라서 여기서는 조선시대 기마전의 연구 성과와 범위를 전마의 사육과 마목장 설치, 전마의 조련과 무장, 전쟁사에 나타난 기마전과 기병전술까지 확대하여 설정하였다.

그 외형적인 특징을 정리하면 다음과 같다. 첫째, 조선시대 기마전사와 목장사 및 기병의 무기를 상호 연계한 연구가 압도적으로 많았다. 이는 주제 자체의 비중에서 보면 당연한 측면이 없지 않다. 둘째, 이와 더불어 기마전 연구와 기마전에 관련한 연구도 비교적 활발해서

---

36) 이정빈, 2010, 「6~7세기 고구려의 쇠뇌 운용과 군사적 변화」, 『軍史』 77.
37) 안주섭, 2003, 『고려 거란전쟁』, 경인문화사, 73쪽.
38) 南都泳, 앞의 책, 71~105쪽.

주제별로 어느 정도 연구의 균형을 이룬 것도 사실이다. 셋째, 내구마로 사용되는 호마의 유입과 사육 및 조련에 대한 연구가 극히 부진한 것으로 나타나고 있다. 이것은 여러 가지 이유가 있겠지만, 마정사와 교통사가 이 시기 연구의 주류를 이루면서 토마와 호마 연구가 소홀했던 것으로 여겨진다. 그런데 근래에 내구마를 사육하는 내승목장과 호마 목장의 설치에 대한 연구 성과가 있어서 눈길을 끈다.

남도영은 『한국마정사』에서 「제주도 목장」과 「강화도 목장」이라는 장을 설정한 다음, 마목장 연구의 토대를 세웠다. 그리고 『제주도 목장사』[39]를 간행하여 제주도 목장 연구를 완성하였다. 이는 남도영이 오래 전부터 준비한 필생의 역작으로 평가된다. 그러나 한양천도 직후 경기도에 설치한 왕실목장과 군사목장 및 본토의 해안과 섬에 설치한 전국의 목장 연구는 저서로 출간하지 못하고 유작으로 남은 것이 큰 아쉬움으로 남는다. 한편 이홍두는 수도권의 왕실목장[40]과 전국의 마목장에 대해[41] 연구하였다. 그는 여기서 내구마로 사용되는 왕실목장의 마필이 어떻게 사육되고, 군마로 조련되는가를 검토하였다.

남도영은 『한국마정사』에서 중앙아시아 말의 유래와 계통을 서역마·몽고마·중국마로 분류하고, 한국의 소형 재래마(토마)는 중국마 계통이며, 호마로 지칭하는 달단마를 몽고마 계통으로 분류하였다.[42] 그런

39) 南都泳, 2003, 『제주도 목장사』, 한국마사회 마사박물관.

40) 이홍두, 2018(a), 「조선 초기 수원도호부의 마목장 설치 연구」, 『軍史』 106 ; 이홍두, 2018(b), 「조선중기 수원부의 마목장 변동 연구」, 『수원학연구』 13 ; 이홍두, 2017, 「조선 초기 內廐의 운영과 留養馬 변동」, 『서울과 역사』 96 ; 이홍두, 2016, 「조선전기 기전의 마목장 설치」, 『서울과 역사』 93.

41) 이홍두, 2017, 「조선 초기 마목장 설치 연구」, 『동북아역사논총』 55 ; 이홍두, 2016, 「조선전기 하삼도 마목장의 설치와 통폐합」, 『전쟁과 유물』 8 ; 이홍두, 2016(a), 앞의 논문, 130쪽 ; 이홍두, 2014, 「조선시대 강화도 마목장의 치폐와 전마의 생산」, 『軍史』 93.

데 달단마의 계보에 대해서는 달단마를 몽고마로 보는 견해(加茂儀一)[43]와 서역마로 보는 견해(林田重幸)[44]가 대립한다. 이홍두도 고려 달단마의 혈통은 서역마보다 몽고마에 더 가깝다고 이해하였다.

이홍두는 「호마의 전래와 조선시대 호마목장의 설치」[45]에서 고려는 북방의 유목국가에서 달단마를 수입하여 종마로 이용했는데, 이성계의 팔준마(八駿馬)가 달단마 혈통을 계승했다고 보았다. 그리고 조선은 건국 직후부터 여진과 국교가 단절되어 달단마를 직접 교역할 수 없게 되자, 민간의 사무역을 통해 소량의 달단마를 수입한 사례를 검토하였다. 한편 성종대부터 호마의 사무역을 전면 금지함으로써 호마의 소형화가 가속되었는데, 이 같은 상황이 성종대 와서 호마 가격을 상승시켜 암말 토마 두 필을 수말 호마 한 필과 교환하는 결과를 가져왔다고 했다.

조선시대 전쟁사와 관련한 기마전에 대해서는 이홍두의 일련의 논고가 주목된다. 먼저 「조선 초기 야인정벌과 기마전」[46]에서 조선이 야인과 교전할 때 처음으로 포를 사용한 사실을 주목하였다. 즉, 여진의 병사는 대오를 이루지 않고 다니면서 그들의 장기인 강궁(強弓)을 사용해 공격하고 몸을 은폐하였으나, 조선군이 능선 너머로 포를 쏘아 야인 기병을 격파했음을 논증하였다.

또 그는 「임진왜란 초기 조선군의 기병전술」[47]에서 신립 장군이 탄금대 기마전에서 일본군 조총에 패배하자, 조선은 기마전에서 성을

---

42) 南都泳, 1996, 앞의 책, 3~60쪽.
43) 加茂儀一, 1973, 『家畜文化史』, 日本法政大學出版局.
44) 林田重幸, 1958, 「日本在來馬の系統」, 『日本畜産學會報』 28.
45) 이홍두, 2016(a), 앞의 논문, 118~122쪽.
46) 이홍두, 2000, 「조선초기 야인정벌과 기마전」, 『軍史』 41.
47) 이홍두, 2006, 「임진왜란 초기 조선군의 기병전술」, 『白山學報』 74.

방어하는 수성전술로 전환할 수밖에 없었던 사실에 주목하고, 그것은 일본군 조총의 등장과 밀접한 관련이 있음을 입증하였다. 다시 말해서 권율 장군이 행주산성 전투에서 수성전술로 일본군을 상대한 것이 이를 반영한 것으로 보았다.

또 그는 「청나라의 조선침공과 기마전」[48]에서는 두 번의 호란 때 조선군이 팔기병을 상대로 수성전술을 계속 사용한 것은 인조반정 공신들이 북방 유목민족과 상대할 수 있는 병력동원체계에 대응한 병제개혁에 실패했기 때문이라고 보았다. 따라서 청나라 팔기병과의 교전은 수성전술을 사용하면서 기병을 성 밖으로 출격시켰으나 대부분의 기마전에서 패배했다고 하였다.

조선시대 기마전과 관련한 연구는 노영구의 「선조대 기효신서의 보급과 진법 논의」[49]가 주목된다. 그는 조선전기의 북방 여진과의 항쟁 과정을 검토하고, 화약무기를 결합한 오위진법(五衛陣法)에 주목하였다. 특히 임진왜란 때 일본군이 조총과 창검을 활용한 단병병법을 사용하면서, 조선의 기병전술과 무기로는 대응할 수가 없게 되자, 조선에서는 명나라 병서 『기효신서(紀效新書)』를 입수하여 보병 중심의 전법으로 전환했다고 보았다. 또한 그는 임진왜란 중 창설한 훈련도감의 삼수병(三手兵)체제에서 기병의 역할이 축소되었지만, 병자호란을 거치면서 기마전이 확대되고, 마상무예 훈련을 중시하게 되었다고 했다.

최형국은 「조선 숙종대 지방 기병부대 창설과 마상무예의 변화」[50]에

---

48) 이홍두, 2010, 「청나라의 조선침공과 기마전」, 『歷史와 實學』 42.

49) 노영구, 1997, 「선조대 『紀效新書』의 보급과 陣法 논의」, 『군사』 34.

50) 최형국, 2011, 「조선 숙종대 지방 기병부대 창설과 마상무예의 변화」, 『歷史와 實學』 44.

서 임진왜란 중 세력을 급격히 확대한 여진의 침공을 검토하고, 임란 중 포기했던 기병의 전술체계를 다시 재정비한 사실에 주목하였다. 조선의 기병은 효종대 북벌론과 맞물리면서 금군의 전원 기병화와 중앙군영의 기병 강화를 실현했다는 것이다. 또한 이와 같은 군사편제의 변화에 따라 기병들이 익혔던 마상무예를 숙종대 지방 기병부대 창설과 마상무예 중 기창(騎槍) 훈련법에 대해 검토하였다. 이는 종래부터 그가 유의해 왔던 기병의 전술적 운용과 마상무예의 변화를 재삼 부각시킨 논고로 생각된다.[51]

한편 조선전기 호마의 조련과 관련하여 조선전기 내구마의 조련을 검토한 논고가 발표되어 눈길을 끈다. 이홍두는 「조선전기 호마의 조련과 기마전 - 내구마의 조련을 중심으로」[52]에서 호마의 조련체계를 내승과 겸사복에 의한 내구마 조련, 기병의 전마 조련, 마상무예를 통한 전마 조련 등 3개 범주로 구분하였다. 즉, 내구마 조련은 태종대 중반까지는 내승이, 태종대 후반에는 겸사복이 주도한바, 겸사복은 마상무예를 겸비한 사복이 상호군·호군·첨총제·행사직 등과 같은 관직을 겸직하면서 시작된 것으로 보았다. 특히 세조대 겸사복은 지위가 급속히 상승했는데, 내승목장의 설치, 내구마 조련, 창덕궁 후원마 사육 등을 신분상승의 통로로 이용하였고, 성종 때 와서 내사복시의 위상이 강화됨으로써 내승이 겸사복을 감찰하는 지위를 회복한 것으로 보았다.

또한 각 고을의 분양마 제도는 궁중의 내구마를 동절기의 경우, 지방의 관아에 사육을 위탁하는 제도가 그 시초라고 하였다. 당시

---

51) 최형국, 2009, 「조선시대 기병의 전술적 운용과 마상무예의 변화 - 임란기를 중심으로」, 『歷史와 實學』 38.

52) 이홍두, 2018, 「조선전기 호마의 조련과 기마전」, 『歷史와 實學』 67, 225쪽.

각 고을의 관아에서는 관아가 수용할 수 있는 분양마를 남기고, 여분의 분양마는 양계 지역과 영진의 말이 없는 군사에게 지급했다고 하였다.

그리고 궁중의 내구마 조련은 어가 행차나 실전과 같은 마상무예를 통해 조련의 강도를 심화시키는 문제를 검토하였다. 즉, 국왕이 타는 어가는 대가(大駕)와 법가(法駕) 및 소가(少駕)가 있는데, 각 어가는 좌우에 세우는 어마의 숫자에 차이가 있으며, 국왕의 행차에는 수많은 방패와 깃발 및 고각이 동원되었음을 전제로 평소 어마를 길들일 때 깃발과 고각소리에 눈과 귀가 익숙하도록 조련시켰다는 것이다.

특히 임진왜란 이후 동아 삼국은 전쟁에서 대포와 총을 사용했는데, 이때 군사들이 쏘는 포의 화염 때문에 앞을 분간할 수가 없을 뿐만 아니라 폭발음이 커서 여진 기병이 혼비백산한 사실을 주목하였다. 따라서 양란 이후 군사들의 전마 조련은 말이 대포와 총소리에 익숙하도록 훈련하는 것이 조련의 관건이었음을 언급하고 있다.

또 그는 「조선 초기 내구의 운영과 유양마 변동」[53]에서 궁중의 내사복시 설치는 고려 말 상승국을 사복시에 병합, 해체하고 종래의 숙위적인 역할을 제거하면서 시작되었다고 보았다. 그중에서도 한양 천도, 개국 공신들에게 하사할 내구마 확보, 겸사복의 내구마 조련, 국왕의 행행으로 인한 유양마의 동원이 내구(內廐)와 내사복시를 설치하는 데 중요한 역할을 한 것으로 이해하였다.

본래 내구마는 내사복시가 궁중의 내구를 관장하고, 사복시는 도성 밖의 외구(外廐)를 담당하였다. 특히 조선전기 외구는 양주부 전곶(箭串)목장과 수원부의 홍원곶(洪源串)목장 및 임진현의 호곶(壺串)목장이 있다고 하였다. 전곶목장이 내승목장이었던 사실은 일찍이 알려졌으나,[54] 수원부 홍원곶목장이 사복시가 관장하는 내승목장이었던 사실은

---

53) 이홍두, 2017, 「조선 초기 內廐의 운영과 留養馬 변동」, 『서울과 역사』 96.

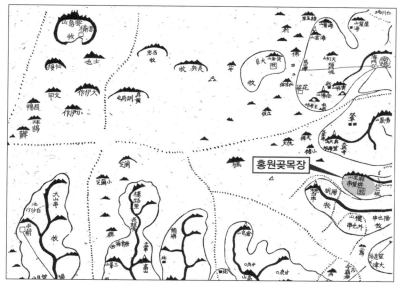
수원도호부 홍원곶목장 〈대동여지도〉

이홍두가 최초로 검토하였다. 즉, 세종이 내구마의 분양제도를 폐지하고, 사복시가 내구마를 직접 사육토록 했는데, 이때 사복시가 수원의 홍원곶에 외구를 설치하고 내구마를 사육토록 했다는 문제를 조선 초기[55]와 조선 중기[56]로 각각 구별하여 고찰하였다.

여기서 전자는 지방의 진관체제 확립에 따른 영진군(營鎭軍)의 전마 지급과 야인정벌에 따른 세종의 전마생산 의지가 홍원곶목장 설치에 중요한 역할을 했다고 보았다. 그리고 후자는 『경국대전』의 구목(廐牧) 질서가 와해되면서 내구마 분양제도 실시, 경기 백성들의 사료 부담,

---

54) 南都泳, 1996, 앞의 책, 215~220쪽 ; 271~277쪽 ; 이홍두, 2016(b), 「조선전기 畿甸의 마목장 설치」, 『서울과 역사』 93, 10~16쪽.
55) 이홍두, 2018(a), 앞의 논문, 337쪽.
56) 이홍두, 2018(b), 앞의 논문, 55~80쪽.

직전제 폐지에 따른 권세가와 관청의 목장 절수지 추진이 내승목장을
폐지케 했다고 보았다.

IV. 한국 기마전의 연구 과제

　이상에서 한국 기마전의 연구 성과를 검토하였다. 필자는 그동안
한국군제사에서 거의 공백 상태로 남아있던 기마전과 기병전술에 대한
새로운 연구를 시도하였다. 따라서 본서는 장차 이 분야 연구의 기초자
료가 될 것으로 기대한다. 그러나 다음의 몇 가지 연구 과제는 필자의
후속 연구와 후학의 몫으로 남겨둔다.
　첫째, 기병의 근간이 되는 말에 대한 연구를 더 깊이 천착할 필요가
있다. 즉, 말은 전근대의 군사력을 가늠할 수 있는 연구로서 군사학적
의미가 매우 크다. 기병이 주력군이었던 조선에서 마정은 군제사에서
매우 중요한 소재였지만, 남도영 명예교수의『한국마정사』를 제외하면
그동안 연구를 소홀히 하였다. 특히 경기병에 사용되는 고구려 과하마
는 삼국시대의 경우, 기병의 주력군이었음에도 불구하고 지금까지
이에 대한 연구가 이루어지지 않고 있는 실정이다. 그것은 일제시대
일본인 학자들이 조랑말이라는 외피를 씌워 쓸모가 없는 하찮은 말로
격하시켰기 때문이다. 아무튼 산악전에서 기동력이 뛰어났던 고구려
과하마를 단일 주제로 한 논문의 출현을 기대한다.
　둘째, 필자는 그동안 마정사에서도 다루지 않았던 호마의 수입과
사육에 대한 문제를 최초로 연구하였다. 즉, 우리나라 말을 토마와
호마로 구분한 다음, 호마의 유래와 호마목장의 변천에 대해 고찰하였

다. 그러나 다음 몇 가지는 향후 연구 과제임을 밝혀둔다. 먼저 호마의 계보에 대한 연구가 시급하다. 다음으로 달단마와 몽고마를 구분하는 기준이 분명하지 않다. 다시 말해서 필자는 본서에서 전마의 품종을 사육하는 국가를 기준으로 하였다. 그러나 한편으로 말을 기준으로 하는 구분법도 필요하다고 생각한다. 마지막으로 호마의 기원과 한반도 전래에서 삼국 가운데 고구려와 신라의 사례는 다루었으나, 백제의 경우는 연구하지 못했다. 따라서 사료가 부족하더라도 균형을 맞추기 위한 백제의 호마 전래에 대한 연구가 필요한 실정이다.

셋째, 기마전을 수행할 때 기병의 배치에 대한 관련 사료를 밝혀줄 필요가 있다. 사실 본서의 기병 배치에 대한 필자의 설명은 사료에 근거한 설명과 '기마전 매뉴얼'에 따른 추론적 해석이 공존한다. 따라서 적군의 부대배치에 따라 아군의 기병 배치가 달라질 여지는 많다. 만약 적군이 선봉에 방패와 장창을 가진 보병을 배치하면, 아군은 선봉에 중장기병을 배치하고, 그 뒤에 특수무기로 무장한 보병을 배치하였으며, 좌우측면에는 경기병을 배치하였다.

그런데 고구려군이 한나라 마차를 상대할 때는 기병을 다르게 배치하였다. 즉, 아군의 선봉에는 강궁을 사용하는 쇠뇌병과 장창을 사용하는 중장기병을 배치하여 한나라 마차 돌격을 저지하였다. 따라서 이와 같은 중장기병의 부대배치에 관한 사료를 확인할 수 있다면, 본서의 학술적 가치는 더 증대할 것이다.

넷째, 호마의 등급에 관한 문제가 있다. 고려시대 여진에서 수입하는 호마는 명마(名馬), 양마(良馬), 준마(駿馬), 마(馬), 토마(土馬) 등 다섯 개의 범주로 구분하는 것이 일반적 경향이다. 이 같은 구분은 체형의 크기와 출생지역 등이 기준이 되어 이루어졌으나, 이것이 당시의 실상에 어느 정도로 부합하는지는 정확히 측정할 수 없다. 특히 마(馬)의 등급을 1등급으로 해야 할지, 아니면 2등급으로 해야 할지가 난해하다. 다만 여진에서 수입한 달단마와 몽골의 몽고마를 마(馬)로 표기한 경우가 있어서 참고할 수 있다. 따라서 체형의 크기만을 가지고 호마의 등급을 매겨야 되는가의 문제는 차후 필자의 후속 연구와 후학들의 연구를 기대한다.

다섯째, 궁중 내구마를 관장하는 관청과 내구마의 범주에 관한 문제가 있다. 궁중의 내구마를 관장하는 관청은 내사복시와 사복시가 있다. 내사복시에서는 궁중 안에 내구(內廐)를 설치하고, 내승으로 하여금 국왕이 타는 내구마 60여 필을 직접 관장토록 하였다. 반면에 사복시에서는 궁중 밖에 내승목장을 설치하고 내구마를 사육했는데, 이 말들을 유양마(留養馬) 내지는 분양마 등으로 호칭하였다. 그러나 필자는 지방의 관청에 분양한 분양마까지를 모두 내구마로 지칭하는 것이 과연 타당할까 하는 의문이 있다. 따라서 이 문제는 사복시에 대한 연구가 진척되면 해결될 수 있으며, 아울러 내구마의 개념도 명확히 정립될 것으로 보인다.

제 2 장

호마의 사육과 조선시대 마목장

Ⅰ. 호마의 전래와 조선시대 내구마 사육

1. 삼국시대 호마의 전래와 사육

삼국시대 전마는 한반도에서 자생한 과하마와 부여나 서역에서 전래한 호마[1]로 구분한다. 다 알다시피 과하마는 마갑과 중무장한 기병의 무게를 지탱할 수 없기 때문에 중장기병에는 체형이 큰 호마를 사용했다. 삼국시대 호마는 고구려 고분벽화에 보이는 말과 마구·갑주·궁시·

고구려 무사 수렵도   무용총 벽화

---

1) 호마는 서역마·달단마·몽고마로 구분한다. 서역마는 오늘날 이란과 터키지역에서 사육하는 마종으로 아랍마의 원조다. 몽고마는 기원전 3세기 말 몽골고원의 묵특선우(기원전 209~161년경)가 서역의 大宛馬를 얻어 그들의 토종마인 몽고마를 개량하였다. 한편 10세기 초 지금의 내몽골 지역에서 거란(907~

고구려 철기병의 전투 장면   삼실총 벽화

명적과 신라 황남대총에서 출토된 흉노의 기마문화를 통해 확인된다. 그런데 삼국이 고대국가로 성장하는 과정에서 기마전이 확대되고 4, 5세기 무렵 중장기병이 등장하면서 중대형의 호마가 북방으로부터 유입되었다.[2] 당시 삼국은 중장기병 보유 여부가 전쟁의 승패를 좌우했기 때문에 양마 확보를 위한 마목장 설치를 적극 추진하였다. 삼국의 마목장 숫자는 현재 사료가 전하지 않기 때문에 정확히 알 수 없다. 그러나 신라에 174개가 있었던 것으로 전한다.[3]

삼국의 건국설화에는 말에 관한 기사가 전한다. 고구려 주몽설화는 주몽이 부여에 있을 때 말을 기르는 목자였다고 하여, 고구려의 말 사육은 부여에서 시작되었음을 보여준다. 다음의 사료는 부여가 고구

1125)이 흥기한바, 이곳의 광활한 초원에서 冀北馬를 산출하였다. 그런데 거란이 멸망한 후 몽골의 후신 달단이 등장하면서 이곳의 말을 달단마라고 칭했다(이홍두, 2016, 「호마의 전래와 조선시대 호마목장의 설치」, 『軍史』 99, 113~114쪽).

2) 南都泳, 1996, 『韓國馬政史』, 한국마사회 마사박물관, 50쪽.

3) 南都泳, 1996, 위의 책, 110쪽.

려 호마 유입의 통로였음을 시사한다.

> 가) 시조 동명성왕 원년 주몽이 말을 가려 준마(駿馬)는 사료를 적게
> 주어 여위게 하고, 노둔한 말은 잘 먹여 살찌게 하니, 왕이 살찐
> 것은 자기가 타고 여윈 것은 주몽에게 주었다.[4]
> 나) 대무신왕 3년 9월에 왕이 골구천에서 사냥을 하다가 신마(神馬)를
> 얻어 이름을 거루라고 하였다.[5]
> 다) 대무신왕 5년 3월에 왕이 골구천에서 얻은 신마를 잃었다. (중략)
> 3월에 신마 거루가 부여 말 1백 필을 데리고 학반령 아래 차회곡에
> 이르렀다.[6]

사료 가)는 주몽이 준마에게 사료를 적게 주어 여위게 한 다음,
자기 소유로 하였음을 말하고 있고, 사료 나)는 대무신왕이 골구천에서
신마 거루를 얻게 된 내력을 설명한 것이며, 사료 다)는 잃어버린
신마를 통해 부여의 호마 1백 필을 얻었다는 내용이다. 위의 사료를
통해서 보면, 주몽이 고구려에서 타고 내려온 준마와 대무신왕이 골구
천에서 얻은 신마가 부여에서 전래한 호마였음을 언급하고 있다.[7]
그런데 주몽이 준마에게 사료를 적게 주었다는 사실에서 곧 고구려
사람들이 말을 사육할 때 소식으로 단련시켜 강인한 체력을 얻었음을
알 수 있다. 중국의 『위서(魏書)』에서 주몽이 부여에서 과하마를 타고
내려 왔다고 기록한 것을 통해 과하마가 고구려 토종말임을 알 수

---

4) 『三國史記』 권13, 고구려본기 1, 시조 동명성왕.
5) 『三國史記』 권14, 고구려본기 2, 대무신왕 3년 3월.
6) 『三國史記』 권14, 고구려본기 2, 대무신왕 5년 2월.
7) 대완마를 처음 소개한 사람은 한 무제 때의 張騫이다. 한 무제가 대완마를
평하여 神馬 또는 天馬라고 불렀다(南都泳, 1996, 앞의 책, 14쪽).

있다. 그러나 이 기록만으로 부여의 말을 모두 체형이 작은 과하마라고 단정할 수는 없다. 왜냐하면 당시 부여에는 과하마와 호마를 교접한 잡종의 준마가 있었기 때문이다.

한편 고구려와 동예에서 생산된 과하마는 백제에 전래되었다. 그 전래 시기는 온조의 남하와 관련이 있다. 특히 고구려 고국원왕이 예성강 하구로 진출하기 위해 백제 근초고왕과 세 차례 교전하여 모두 패배했는데, 패배의 원인은 기동력을 갖춘 경기병이 백제보다 열세했기 때문이다.[8] 결국 경기병의 기동력에서 전쟁의 승패가 갈린 셈이다. 아무튼 『신당서(新唐書)』 백제전의 "무덕(武德) 4년(621) 왕 부여장 무왕(扶餘璋 武王)이 처음으로 사신을 보내어 과하마를 바쳤다."는 기사를 통해 과하마가 백제의 특산물이었음을 알 수 있다.

고구려는 신마가 데려 온 1백 필의 호마 중 수말은 마종 개량을 위한 종마로 사용하였을 것이다. 따라서 고구려 전마의 종류는 토종의 과하마와 부여에서 전래한 호마 및 과하마와 호마를 교접한 준마 등으로 구분할 수 있다. 특히 과하마와 호마를 교접한 준마는 혈통은 비록 잡종이지만 체력이 강인하였다. 따라서 광개토왕이 광활한 영토를 정복할 수 있었던 요인 중 하나는 준마의 숫자가 증가한 결과 대규모 중장기병을 조직할 수 있었기 때문으로 여겨진다.

고구려 기병의 무사는[9] 기본적으로 두세 필의 전마를 소유하면서, 본인이 직접 전마의 사육과 조련을 담당한 것으로 보인다. 특히 다음과 같은 사육 환경을 지켰을 것이다. 첫째, 말은 15~18℃에서 먹는 양과

---

8) 이홍두, 2012, 「고구려의 남방진출과 기마전 - 특히 강화만 하구 진출을 중심으로」, 『軍史』 85, 4~10쪽.

9) 고구려 군대는 크게 육군과 수군이 있는데, 육군은 또 다시 보병과 기병으로 구분한다. 수군의 숫자가 소수인 점을 감안할 때, 보병과 기병의 숫자는 반반으로 비슷하였다.

소화율이 높기 때문에 겨울에는 마구간의 온도를 따뜻이 하고 여름에는 통풍이 잘되게 하였다. 둘째, 말은 깨끗한 것을 좋아하는데, 더러운 상태에서 관리하면 성질이 거칠어져 전마로 사용하기가 어려웠다. 개인이 소유하는 전마보다 국가 소속의 국영목장에서 사육하고 조련하는 것이 더 효율적인 까닭이 여기에 있다.

따라서 고구려에서는 목축에 유리한 지역적 조건을 이용하여 전마를 사육하고 조련한바, 기병이 군대의 주력군이 되었다. 특히 기병은 과하마와 호마를 소유한 자영소농의 평민층이 상당 부분 참여했을 것으로 보인다.[10] 『삼국사기』 고구려본기 '정기 오천(精騎五千)' ' 보기 이만(步騎二萬)'의 기록은 고구려의 주력군이 기병이었음을 시사한다.

그런데 191년(고국천왕 13) 여름 4월에 "좌가려(左可慮) 등이 무리를 이끌고 왕도를 공격하자, 왕이 기내의 병마를 징발하여 평정했다."[11]는 사료를 통해 당시 수도 국내성의 기내 백성들이 개인적으로 말을 사육했음을 전한다. 이 과정에서 사람들은 시장에서 마필을 자유롭게 매매하였다. 온달이 저자에서 말을 샀다는 사실을[12] 통해서도 당시 일반 백성들의 마필 사육과 매매를 확인할 수 있다. 이 같은 사실은 평민 소농의 기병들은 모두 과하마를 소유하면서 직접 사육했음을 뜻한다.

고구려 왕실과 귀족들은 마목장을 각각 설치하고 체형이 큰 호마를 사육한 것으로 보인다. 왕실목장의 경우는 황해도 안악군 용순면 유순리의 안악 3호분에서 찾을 수 있다. 즉, 안악 3호분의 피장자는 고구려 고국원왕인데, 고분의 전실 동벽에 마구간이 보인다. 다음으로 덕흥리 고분의 피장자는 고구려 출신의 진(鎭)이라는 인물로서 유주자사의

---

10) 이홍두, 2013, 「고구려 胡馬의 유입과 鐵騎兵」, 『歷史와 實學』 52, 13쪽.
11) 『三國史記』 권16, 고구려본기 4, 고국천왕 13년 하4월.
12) 『三國史記』 권45, 열전 6, 온달.

벼슬을 지낸바, 덕흥리 고분의 현실 서벽 하단의 저택 안에 마구간을 갖추었다.[13] 따라서 고구려 귀족들은 식읍으로 지급받은 지역에 마목 장을 설치하고 전마를 방목했음을 알 수 있다. 한편 국가에서는 지방 관아가 담당하는 국영목장의 전마를 전쟁을 생업으로 삼는 1만 명의 무사에게 지급한 것으로 보인다.

고구려는 일찍부터 수도 주변에 왕실목장을 설치하고 내구마를 사육 하였다. 즉, 장수왕이 427년(장수왕 15) 수도를 평양으로 옮기기 전까지 는 압록강 졸본성 주변의 환인지역과 국내성 및 길림성 주변에 여러 개의 왕실목장을 설치했다고 생각된다. 장수왕이 평양으로 천도한 이후에는 평양 주변에 여러 개의 왕실목장을 설치하고, 내구마를 사육 했을 것이다.

한편 백제의 마필 사육과 마목장 설치에 대해서는 현재 사료가 부족하 여 그 대체적인 실상을 파악할 수 없다. 다만 일반 백성들은 목축의 일환으로 말을 사육하였고, 수도 외곽에는 왕실목장을 설치하였으며, 지방에 마목장을 설치하고 국마를 방목했을 것으로 추정할 수 있다. 특히 개로왕이 북위에 올린 표문 가운데 "아울러 자제를 보내어 마구간 에서 말을 기르도록 하겠다."[14]는 기록과 사비시대에 내·외관 22관서를 정비하면서 내관에 마부(馬部)라는 독자적 관서를 설치한바, 이는 궁내 마부를 관장하는 관아로서 왕실목장의 실체를 확인할 수 있다.

신라에는 마정에 관한 사료가 비교적 많기 때문에 어느 정도 그 실상에 접근할 수 있는데, 다음의 사료에서 그것을 확인할 수 있다.

가) 내물이사금 45년 10월에 왕이 타고 다니는 내구(內廐)의 말이 무릎을

---

13) 김기웅, 1982, 『한국의 벽화고분』, 동화출판사.
14) 『三國史記』 권25, 백제본기 3, 개로왕 13년.

꿇고 눈물을 흘리면서 슬피 울었다.15)

나) 문무왕이 마거(馬阹) 174소(所)를 나누어 주었다. 내구에 22개, 관청
(官廳)에 10개, 김유신 태대각간(太大角干)에게 5개, 각간(角干) 7명에
게 각각 3개, 이찬(伊飡) 5명에게 각각 2개, 소판(蘇判) 4명에게 각각
2개, 파진찬(波珍飡)에게 6개, 대아찬(大阿飡) 12명에게 각각 1개를
하사하고, 나머지 74개도 적당히 나누어 주었다.16)

사료 가)는 5세기 전후 신라 궁중의 내구마가 무릎을 꿇고 슬피
울었다는 내용이고, 사료·나)는 문무왕이 174개 마목장을 왕실과 관청
및 귀족과 관리들에게 각각 분배했음을 설명한 내용이다. 이들 사료를
통해 볼 때 신라에서는 궁중과 중앙관사 및 진골 귀족들이 각각 마목장
을 설치, 운영했다고 할 수 있다. 사료 가)의 내구는 후일 내성(內省)
산하 공봉승사(供奉乘師)에 상응하는 것으로서17), 내물왕 때에 이미
그러한 전신체가 있었음을 보여준다. 따라서 내성 산하의 공봉승사는
대체로 궁중의 마필을 관리하거나, 궁중에 필요한 내구마를 충당하기
위해 마목장 관장을 전담했던 것으로 보인다.18)
신라의 마목장 운영체계는 현재 사료가 부족하여 자세히 알 수 없다.
그러나 대부분의 마목장은 해도에서 방목하는 형태였고, 궁중의 왕실
목장은 수도 경주의 외곽이나 경주에 가까운 포항과 울산의 해변에
설치했을 것으로 짐작된다. 그리고 대부분의 국영목장은 남해안의
해안지역이나 섬에 설치한 것으로 보인다. 특히 통일신라의 마목장이

---

15) 『三國史記』 권3, 신라본기 3, 내물이사금 45년.
16) 『三國史記』 권6, 신라본기 6, 문무왕 9년.
17) 박남수, 1996, 『신라수공업사』, 신서원, 94쪽.
18) 南都泳, 1996, 앞의 책, 110쪽.

지금의 전라도 남해안 지역에 집중한바, 그 이유는 이곳이 이전의 백제 마목장이었기 때문이다.

후삼국시대의 후백제와 태봉은 각각 마필을 관리하는 체계를 갖추었다. 즉, 후백제가 오나라와 월나라에 마필을 증여한 것이나,[19] 태봉의 관제에 보이는 비룡성(飛龍省)[20]은 그러한 사실을 보여준다. 특히 비룡성은 후일 고려 태복시로 그 업무를 계승하여 고려 마정의 전신을 이루었다.[21]

이상에서 삼국시대 호마의 유입과 사육에 대해 고찰한 결과, 고구려의 호마는 부여와 흉노 등 북방 유목민족으로부터 전래하였고, 백제는 말갈에서, 신라는 동옥저를 통해 전래한 사실을 알 수 있다. 특히 고구려 전마는 경기병의 과하마와 중장기병의 호마라는 각각의 역할이 부여되었다. 한편 마종 개량이라는 측면에서 본다면, 과하마와 호마를 교접시켜 체력이 강인한 준마를 생산했는데, 잡종의 준마는 환경에 잘 적응하고, 사료도 까다롭지 않아 쉽게 사육할 수 있는 장점을 가졌다.

2. 고려시대 호마의 교역과 사육

고려시대 호마는 고려전기 여진의 달단마와 고려후기 원나라의 몽고마로 구분한다. 고려전기 달단마는 여진의 중요한 조공상품이었다. 정종대(945~949)부터 예종대(1105~1122)까지 여진이 조공마를 고려에 공납한 회수는 127회이며, 조공마 숫자는 대략 4천~5천 필에 이른다. 여진부족들은 고려에 달단마를 조공한 대가로 고려에서 생필품이나

---

19) 『三國史記』 권50, 열전 10, 견훤.
20) 『三國史記』 권40, 잡지 9, 직관 하.
21) 南都泳, 1996, 앞의 책, 111쪽.

약재 등을 가져갔으며, 고려에서는 달단마를 전마로 이용하였다. 한편 고려후기 호마는 몽고마를 지칭하는데, 1276년(충렬왕 2) 원나라가 탐라목장에 몽고마를 들여와 몽골식 마목장을 설치하였다. 그리고 1279년(충렬왕 5)에는 몽고마 150여 필을 가져와 전국의 섬목장에 종마로 분배하였다. 특히 이들 북방의 호마는 척박한 환경도 잘 이겨냈다. 그런데 여진의 달인(韃人)들은 독자적인 양마지법으로 달단마를 사육하여 주목된다.

그동안 일본과 중국 등 외국 학계의 호마 연구는 매우 활발하였다. 그러나 한국 학계는 호마의 유입과 전래 문제도 아직 명확히 밝히지 못하고 있는 실정이다. 그리고 달단마에 대한 연구도 서역마의 잡종으로 인식할 뿐 연구를 소홀히 해 왔다. 이 같은 인식의 결과로 인하여 몽고마 계통의 달단마에 대한 연구가 극히 부진하고, 비록 연구한 내용도 서역마의 아류라는 시각에서 벗어나지 못하고 있다.

호마는 중앙아시아의 말이다. 그런데 몽고마 계통의 달단마와 서역마 계통의 타팬(Tarpan)마로 구분한다. 몽고마의 기원에 대해서는 스테그만(Stegmann)과 에가미 나미오(江上波夫)가 프르제발스키마(중국북방마)로 인식하였다.[22] 그러나 독일 와그너(Wagner)와 중국 사성협(謝成俠)은 몽골 야생마로 본 것이 다르다.[23] 따라서 여기서는 고려전기의 달단마 조공과 고려후기 몽고마의 유입과 사육에 대해 고찰하려고 한다.

10세기 초 여진은 송화강을 중심으로 서여진과 동여진으로 분화되었

---

22) Stegmann. F. P., 1967, 『Die Rassengeschichte der Wirtschaftstiere und ihre Bedeutung fur die Geschichte der Menschheit』 1924 ; 江上波夫, 1967, 『騎馬民族國家』, 中央公論社.

23) Wagner, W., 1959, 『Die Chinesischen Landwirtschaft』, 1926 ; 謝成俠, 1959, 『中國養馬史』, 北京科學出版社.

호마(좌)와 몽고마(우)

다. 동여진은 흔히 '30성 부락(三十姓部落)'이라고 불리었고, '흑수말갈'과 혼용해 쓰였으며, 서여진은 '압록여진'이라고도 했다. 그런데 이 지역은 옛 부여·고구려·발해·예맥의 영토로 명마의 산지였다.

여진의 기병대 편성은 선두에 돌파용 타격무기를 장착한 중장기병 20기를 배치하고, 후방에는 궁시로 무장한 30기의 경기병을 배치하였다. 먼저 중장기병이 돌진하면 뒤에서 경기병이 활을 쏘아 엄호하였다.[24] 여진의 중장기병과 경기병의 비율은 중형의 달단마와 소형의 토마에 대한 비율과 유사하다. 여진이 고려에 조공한 말은 다음 표에서 보듯이, 토마(土馬)·마(馬)·준마(駿馬)·양마(良馬)·명마(名馬)로 구분하는데, 토마는 경기병에 사용하고, 마·준마·양마·명마는 중기병에 이용하였다. 특히 토마가 3척 정도로 체구가 작았던 반면에, 달단마는

---

24) 여진족은 중국 선진시대 문헌에서 肅愼이라고 기록하였으며, 만주 길림성 일대에서 농경과 유목생활을 했다. 한나라와 삼국시대는 邑婁, 曹魏時代는 勿吉, 수·당대에는 靺鞨 등으로 종족의 명칭이 변동되었다. 거란족이 세운 요나라가 발해를 멸망시키면서 여진이라는 이름으로 통용되었다(유재성, 1993, 『한민족전쟁통사Ⅱ』(고려시대편), 국방군사연구소, 163쪽).

4척(尺) 1촌(寸)~4척 7촌까지의 중형마였다.

여진이 조공한 말들은 수초가 풍부하며, 높고 추운지방에서 생산되었기 때문에 척박한 환경에 강했다.[25] 그런데 여진의 달인들은 그들만의 양마지법(養馬之法)으로 달단마를 사육하였다. 여기서 양마지법의 핵심은 두 가지다. 하나는 수초의 양을 인위적으로 조절하는 것이고, 다른 하나는 두 살의 수마를 거세하는 것이다. 즉, 여진의 모든 말은 봄부터 한 달까지 수초를 양껏 먹여 살을 찌웠지만, 이후부터는 우리에 고삐를 매고 풀을 조금씩 먹였다. 수초를 조금씩 주어 소식으로 단련시키면, 원거리 전쟁에 출전하더라도 내성이 길러져 지치지 않았다. 이러한 양마지법으로 길들인 수말을 선택하여 종마를 남기고 나머지는 모두 거세하여 강건한 전마를 얻었다.[26]

고려 초기 여진은 수만 필의 달단마를 고려에 조공하였다.[27] 그런데 여진이 조공마를 고려에 가장 많이 공급한 시기는 1010년(현종 1), 즉, 40만의 군사를 이끌고 침공한 거란의 제2차 침공 때였다.[28] 당시 고려는 행영도통사 강조가 40만의 방어군을 편성했는데, 여진이 조공한 수만 필의 달단마를 중장기병으로 사용했다.

25) 『宋史』 卷198, 志卷151, 兵12, 馬政 條.
26) 王國維編, 「黑韃事路戔證」, 『蒙古史料四種中』, 499쪽. "韃人養馬之法, 自春初罷兵後, 凡出戰好馬, 並恣其水草, 不令騎動, 直至西風將至, 則取而控之, 繫於帳房左右, 唻以皆少水草, 經月後膘落而實, 騎之數百里, 自然無汗, 故可以耐遠而出戰. 尋常正行路時, 並不許其吃水草, 蓋辛苦中吃水草, 不成膘而生病. 此養馬之良法, 南人反是, 所以馬多病也. 其牡馬留十分壯好者, 作移刺, 馬種外餘者多扇了, 所以無不强壯也".
27) 여진이 고려에 조공한 말의 숫자는 태조 19년(936) 一利川에서 후백제와 교전할 때 黑水 경기병 9천5백 기, 정종 2년(947) 거란을 방어하기 위해 광군 30만을 선발할 때 수만 필, 정종 3년(948) 동여진의 대광 소무개가 말 7백 필을 바친 사례가 있다(『高麗史』 권81, 지제 35, 병 1 5군 조 ; 『高麗史』 권2, 세가 정종 3년 9월).
28) 金渭顯, 1985, 『遼金史硏究』, 유풍출판사, 166쪽.

그러면 고려전기 여진의 달단마가 대량으로 유입된 이유는 무엇일까. 그것은 다음 두 가지 사실과 관련이 있다. 먼저 고려와 거란이 대립하는 상황에서 여진부족은 친고려정책을 견지하였다. 고려 초기의 사례를 보면, 1027년(현종 18)까지는 말을 공납한 자의 직급을 추장이나 수령으로 했다가, 이후부터는 귀덕장군·봉국대장군·영새장군·유원장군 등의 고려 직첩을 주었다. 그리고 문종 연간(1047~1082)부터는 많은 동여진 부락이 거란의 직첩을 고려에 바치고 고려의 직첩을 받아갔다. 그런데 이것은 대부분의 여진부족들이 처음에는 거란에 회유되었다가 고려 쪽으로 다시 옮겼음을 시사한다.[29] 이러한 현상은 여진부락이 달단마의 공납을 매개로 고려와 우호관계로 전환했음을 뜻한다.

다음으로 여진이 고려에 달단마를 공납한 대신 그들은 고려에서 생활필수품을 교역하여 생활의 안정을 누렸다. 여진이 고려에 공납한 호마의 가격은 948년(정종 3) 소무개 등이 말을 가져왔을 때 정해졌다. 당시 여진의 1등 말은 은주자(銀注子) 일사(一事)와 면견(綿絹) 각 한 필, 2등 말은 은발(銀鉢) 일사와 면견 각 한 필, 3등 말은 면견 각 한 필로 정했다.[30] 당시 송·요와 비교한 고려의 국제 말 가격이 어느 정도였는지는 현재 사료가 없어서 알 수 없다. 그러나 고려의 국내 가격보다 더 높았을 것으로 짐작된다. 아무튼 고려는 여진과의 달단마 교역을 통해 전마를 얻어 기병의 전투력을 강화하였고, 여진은 필요한 물자를 얻어 안정된 생활을 누렸다.

918년(태조 1)부터 1123년(인종 1)까지 2백여 년간 여진·동여진·서여진·북여진·동북여진·동서여진·철리국·동흑수·흑수말갈·여진말갈 등이 말을 공납한 회수는 120회 정도였다. 그런데 당시 여진이 공납한

---

29) 金渭顯, 1985, 위의 책, 168쪽.

30) 『高麗史』 권2, 세가 2, 정종 3년 9월.

말의 품종을 구분하면, 명마 8회, 양마 14회, 준마 31회, 마 50회, 토마가 16회였다. 여기서 말의 등급으로 보면, 준마·양마·명마는 달단마로서 1등급, 마는 2등급, 토마는 3등급으로 분류할 수 있다. 따라서 '마(馬)'의 등급을 2등급으로 정한 것은 충렬왕 때 원나라에서 들여온 달단마를 모두 '마(馬)'로 표기한 『고려사』 기록에 근거하였다. 아무튼 '마'는 과하마와 호마의 중간에 해당하지만, 앞에서는 중형마로 분류하였다. 그리고 3등급으로 분류된 여진의 토마를 고려가 수입한 것은 토마가 체구는 작지만 산악지형에서 전투력을 크게 입증한 결과로 보인다.

한편 고려시대에 여진의 토마를 수입한 회수가 16회인바, 현종 때 토마 수입 회수는 15회로써 전체의 93%를 차지한다. 그러면 고려가 현종 때 여진의 토마를 집중적으로 수입한 이유는 무엇일까. 그것은 거란 성종이 고려 정벌을 천명하자, 동여진이 양마 1만 필을 거란에 바치면서 고려를 적국으로 인식했기 때문이다.[31] 즉, 동여진이 거란의 견제로 인하여 고려에 달단마를 수출할 수 없게 되자, 고려는 차선책으로 토마를 수입하여 부족한 전마를 대체하였다. 그런데 고려가 수입한 토마는 고려의 산악지형에서 뛰어난 기동력을 발휘했다.[32] 특히 3차 거란전쟁 때 강감찬 장군이 귀주 일대에서 후퇴하는 거란군을 궤멸시켰는데, 당시 전쟁을 승리로 이끈 요인은 산악지형에서 기동력을 발휘한 여진의 토마 역할이 컸기 때문으로 보인다.

한편 고려는 11세기 중엽부터 50여 년간 여진을 장악하여 주도권을

---

31) 안주섭, 2003, 『고려거란전쟁』, 117쪽.
32) 1010년(현종 1)에 발발한 제2차 거란전쟁의 기동로는 흥화진에서 통주, 곽주, 운전, 안북부를 통과하는 북계 서로다. 이 지역은 지형의 기복이 심한 구릉지대로써 말의 기동력을 발휘할 수 없었다. 따라서 산악지형의 기마전은 말이 비탈길에서 균형을 유지하는 것이 승패를 좌우하기 때문에 체형이 작은 토마를 전마로 활용한 전술이 전쟁을 승리로 이끈 요인이었다(안주섭, 위의 책, 121쪽).

여진 달단마의 고려 유입표

년대	출처	부족명	공납자명	마종	비고
정종 3년 9월	『高麗史』권2	동여진	대광, 蘇無蓋	馬	馬 700필
현종 3년 2월	『高麗史』권4	여진	추장, 㾑尸底	土馬	30姓자제 인솔
현종 5년 2월	『高麗史』권4	철리국	萬豆	馬	추장의 使臣
현종 9년 1월	『高麗史』권4	서여진	未闕達	馬	7인
현종 9년 1월	『高麗史』권4	동서여진	추장, 鋤栗弗·阿主	馬	40인
현종 9년 2월	『高麗史』권4	서여진	凌擧·渠伊	馬	
현종 9년 2월	『高麗史』권4	동여진	揉於	馬	부락을 인솔
현종 9년 2월	『高麗史』권4	서여진	㾑抲·㾑闕達	土馬	
현종 9년 4월	『高麗史』권4	동서여진	仇陀囉·渠逸	土馬	20인
현종 9년 4월	『高麗史』권4	동여진	추장, 阿盧大	土馬	
현종 9년 5월	『高麗史』권4	동여진	牛那·特烏·伊弗	土馬	
현종 9년 5월	『高麗史』권4	서여진	陀億·實弗	馬	10인
현종 9년 6월	『高麗史』권4	서북여진	加乙弗	馬	30인
현종 9년 7월	『高麗史』권4	동여진	烏頭朱	土馬	30인
현종 9년10월	『高麗史』권4	동서여진	鹽之·渠伊那	馬	50인
현종 9년12월	『高麗史』권4	동북여진	阿次·烏乙弗	馬	14인
현종 10년 3월	『高麗史』권4	철리국	阿盧大	土馬	추장의 使臣
현종 10년 7월	『高麗史』권4	서여진	추장, 阿羅弗	馬	
현종 10년 12월	『高麗史』권4	동흑수	추장, 仇突羅	土馬	
현종 11년 2월	『高麗史』권4	동여진	黔弗羅	土馬	7인
현종 12년 1월	『高麗史』권4	흑수말갈	추장, 阿豆陁弗	馬	
현종 12년 3월	『高麗史』권4	서여진	毛逸羅·羅忽羅	土馬	
현종 13년12월	『高麗史』권4	동여진	史彬	馬	
현종 14년 1월	『高麗史』권5	흑수말갈	烏沙弗	馬	80인
현종 14년 4월	『高麗史』권5	여진말갈	群豆	馬	70인
현종 15년 7월	『高麗史』권5	동서여진	추장, 圖羅·奴乙堅	馬	
현종17년윤5월	『高麗史』권5	동서여진	추장	土馬	부락자제 인솔
현종 18년 2월	『高麗史』권5	흑수말갈	장군, 阿骨阿駕	土馬	
현종 19년12월	『高麗史』권5	동여진	沙逸羅	馬	
현종 20년 2월	『高麗史』권5	동서여진	阿忽沙·一羅骨盖	土馬	100인
현종 21년 1월	『高麗史』권5	동여진	烏乙那	馬	50인
현종 21년 2월	『高麗史』권5	동여진	毛逸羅	土馬	
현종 21년 5월	『高麗史』권5	동여진	蘇勿盖	馬	馬 9필
현종 21년 12월	『高麗史』권5	동여진	睦史·阿骨·闕那	馬	
현종 22년 1월	『高麗史』권5	동여진	尼牛弗	馬	

현종 22년 3월	『高麗史』권5	여진	沙逸羅	土馬	40인	
현종 22년 6월	『高麗史』권5	서여진	寧塞大·軍阿志大	良馬	27인	
현종 22년 6월	『高麗史』권5	동여진	大完, 沙伊羅	良馬	58인	
현종 22년 11월	『高麗史』권5	동여진	毛伊羅	馬		
덕종 2년 1월	『高麗史』권5	철리국	사신	良馬		
정종 2년 2월	『高麗史』권6	동여진	장군, 開路	駿馬	71인	
정종 2년 3월	『高麗史』권6	동여진	추장, 貴正	駿馬	82인	
정종 2년 9월	『高麗史』권6	동여진	장군, 阿骨	駿馬	135인	
정종 6년 1월	『高麗史』권6	동여진	장군, 巴桀	駿馬	40인	
정종 6년 2월	『高麗史』권6	동여진	장군, 徭賨	駿馬	48인	
정종 6년 3월	『高麗史』권6	동여진	장군, 阿骨	馬	馬 15필, 33인	
정종 6년 9월	『高麗史』권6	서북여진	장군, 耶盤	駿馬	馬 13필	
정종 6년 12월	『高麗史』권6	동여진	원윤, 阿豆簡	馬	馬 35필, 50인	
정종 7년 2월	『高麗史』권6	서여진	장군, 尼亏大	名馬	18인	
정종 7년 11월	『高麗史』권6	동여진	沙伊羅·耶於盖	馬	62인	
정종 8년 1월	『高麗史』권6	동여진	수령, 昆豆	駿馬		
정종 8년 11월	『高麗史』권6	동여진	장군, 冬弗	馬		
정종 9년 3월	『高麗史』권6	동여진	장군, 開老	馬	40인	
정종 10년10월	『高麗史』권6	동여진	장군, 烏乙達	駿馬	144인	
정종 11년 2월	『高麗史』권6	동여진	장군, 巴乙達	駿馬	65인	
정종 11년 4월	『高麗史』권6	동여진	沙於豆	駿馬	35인	
정종 11년 4월	『高麗史』권6	동여진	要於羅	良馬	70인	
문종 1년 11월	『高麗史』권7	동여진	장군, 馬志, 高謝	駿馬	46인	
문종 2년 1월	『高麗史』권7	동여진	장군, 仇羅痲里弗	名馬	40인	
문종 2년 1월	『高麗史』권7	동여진	장군, 沙伊羅	土馬	35인	
문종 3년 1월	『高麗史』권7	동여진	阿骨	駿馬	32인	
문종 3년 3월	『高麗史』권7	동여진	痲離害	良馬	20인	
문종 3년 4월	『高麗史』권7	서여진	符巨	良馬	20인	
문종 3년 4월	『高麗史』권7	동여진	沙伊羅	駿馬	79인	
문종 4년 3월	『高麗史』권7	동여진	장군, 益漢	駿馬	12인	
문종 4년 3월	『高麗史』권7	동여진	장군, 阿加主	駿馬	30인	
문종 4년 3월	『高麗史』권7	동여진	중윤	駿馬	4인	
문종 4년 3월	『高麗史』권7	동여진	장군, 要羅羅	駿馬	38인	
문종 6년 1월	『高麗史』권7	서여진	장군, 包加主	良馬		
문종 6년 1월	『高麗史』권7	동여진	장군, 多老	良馬	10인	
문종 6년 1월	『高麗史』권7	서여진	장군, 高反知	馬		
문종 6년 2월	『高麗史』권7	동여진	元甫·阿麟	良馬	29인	
문종 6년 9월	『高麗史』권7	동여진	장군, 沙時賀	駿馬	40인	
문종 7년 2월	『高麗史』권7	동여진	阿夫漢	駿馬	33인	

문종 7년 7월	『高麗史』 권7	동여진	장군, 古刁達	馬	30인
문종 8년 1월	『高麗史』 권7	동여진	중윤, 英孫	名馬	18인
문종 8년 4월	『高麗史』 권7	북여진	장군, 高遮	駿馬	39인
문종 8년 10월	『高麗史』 권7	동여진	장군, 尼多弗	駿馬	28인
문종 12년 5월	『高麗史』 권8	동여진	장군, 霜昆	良馬	33인
문종 12년 12월	『高麗史』 권8	동여진	장군, 高刀達	駿馬	50인
문종 12년 1월	『高麗史』 권8	동여진	正位, 沒於金	駿馬	18인
문종 12년 1월	『高麗史』 권8	동여진	중윤, 耶施老	良馬	35인
문종 13년 11월	『高麗史』 권8	동여진	장군, 毛下	駿馬	24인
문종 13년 11월	『高麗史』 권8	동여진	正甫高史	駿馬	23인
문종 17년 2월	『高麗史』 권8	동여진	장군, 懷化,霜昆	駿馬	
문종 17년 2월	『高麗史』 권8	동여진	장군, 霜昆	良馬	
문종 19년 2월	『高麗史』 권8	동여진	尼之達	駿馬	16인
문종 19년 2월	『高麗史』 권8	동여진	장군, 阿符漢	良馬	27인
문종 19년 6월	『高麗史』 권8	동여진	장군, 仍蔚	駿馬	17인
문종 25년 8월	『高麗史』 권8	동여진	장군, 沙於賀	良馬	20인
문종 26년 9월	『高麗史』 권9	동여진	霜昆	駿馬	
문종 27년 2월	『高麗史』 권9	동여진	대장군, 蘇德	名馬	14인
문종 28년 6월	『高麗史』 권9	동여진	장군, 祖仰仁	馬	
문종 28년 8월	『高麗史』 권9	동여진	장군, 所羅	名馬	28인
문종 28년 9월	『高麗史』 권9	서여진	장군, 古守	馬	10인
문종 30년 1월	『高麗史』 권9	동여진	장군, 張向	駿馬	19인
문종 30년 1월	『高麗史』 권9	동여진	장군, 開老	名馬	10인
문종 31년 2월	『高麗史』 권9	동여진	장군, 方鎭	駿馬	20인
문종 31년 11월	『高麗史』 권9	동여진	장군, 康守	名馬	58인
문종 35년 5월	『高麗史』 권9	동여진	장군, 陳順	馬	23인
문종 35년 8월	『高麗史』 권9	동여진	장군, 胡幹	馬	
문종 37년 2월	『高麗史』 권9	동여진	장군, 姚彬	馬	
선종 1년 3월	『高麗史』 권10	동여진	장군, 分那老	馬	20인
선종 4년 2월	『高麗史』 권10	동여진	장군, 怪八	馬	19인
선종 6년 8월	『高麗史』 권10	동여진	장군, 西害	馬	14인
선종 6년 11월	『高麗史』 권10	동여진	추장, 高舍	馬	21인
선종 6년 2월	『高麗史』 권10	동여진	도령·也沙	馬	17인
선종 7년 2월	『高麗史』 권10	동여진	도령·裏於乃	馬	22인
선종 7년 9월	『高麗史』 권10	동여진	장군, 阿於大	馬	15인
선종 8년 3월	『高麗史』 권10	동여진	장군, 皆多漢	馬	40인
선종 9년 2월	『高麗史』 권10	동여진	장군, 三彬	馬	
헌종 1년 2월	『高麗史』 권10	동여진	장군, 所羅	馬	28인
헌종 1년 2월	『高麗史』 권10	동여진	장군, 豆門	馬	48인

숙종 7년 10월	『高麗史』권11	동여진	霜昆	馬	30인
숙종 7년 12월	『高麗史』권11	동여진	추장, 古羅骨	馬	30인
숙종 8년 2월	『高麗史』권12	동여진	장군, 高夫老	馬	30인
예종 5년 10월	『高麗史』권12	서여진	古伋, 果下	駿馬	98인
예종 8년 4월	『高麗史』권12	여진	烏羅骨實顯	名馬	
예종 9년 4월	『高麗史』권13	동여진	古羅骨史顯	馬	12인
인종 1년 11월	『高麗史』권15	동여진	추장, 實現	馬	
충렬왕 2년 8월	『高麗史』권28	원	塔剌赤	馬	馬 160필(제주)
충렬왕 5년10월	『高麗史』권29	원	郎哥万	馬	馬 150필(각섬)
충렬왕24년10월	『高麗史』권31	원	達魯花赤 도리대	馬	馬 14필
공민왕16년10월	『高麗史』권41	여진	納哈出의 使臣	馬	
공민왕18년11월	『高麗史』권41	여진	納哈出의 使臣	馬	
공민왕23년11월	『高麗史』권44	여진	納哈出의 使臣	馬	
신우 3년 1월	『高麗史』권46	여진	納哈出의 使臣	馬	

잡았다. 그러나 1104년(숙종 9) 제1차 정주성전투에서 동여진의 완안부
에게 패배함으로써 여진의 조공마가 크게 축소되었다. 제1차 정주성전
투의 패배는 고려의 주력군이 보병이었던 반면, 거란의 주력군은 기병
으로 기동력에서 차이가 났다. 고려는 윤관의 건의로 기병대를 강화한
별무반을 창설하여 제2차 정주성전투에서 승리하였다. 따라서 여진의
조공마 무역은 현상을 유지하였으나, 1115년(예종 10) 아골타가 금제국
을 건국하면서 여진의 단달마를 통한 조공무역이 단절되었다. 이후
150년간 북방의 달단마가 유입되지 않자, 고려의 전마는 소형화가
빠르게 진행되었다.

원나라는 1275년(충렬왕 1) 경상·전라도에 중앙 관리를 파견하여
각 섬의 목마를 파악하였다. 그리고 동왕 2년에는 탐라목장을 건설하고,
몽골의 목호(牧胡)를 파견함으로써 목마 사업을 직접 관장하였다.[33]
당시 몽골에서 들여온 호마는 몽고마였다.[34] 그렇다면 달단마와 몽고

---

33) 南都泳, 1996, 앞의 책, 138쪽.
34) 『成宗實錄』권281, 성종 24년 8월 정묘.

마는 어떤 관계가 있을까. 달단마의 시조를 몽고마로 보는 것에는 학계의 이견이 거의 없다. 즉, 몽고마의 연원은 기원전 3세기 말 흉노의 선우 묵특[冒頓]이 동호(東胡)와 서쪽의 월씨국을 정복하면서 시작되었는데, 이후 서역의 한혈마를 수입하여 몽고마를 개량하였다.

한편 10세기 초 거란(907~1125)은 지금의 내몽골 지역에 요나라를 세우고, 그곳의 백산과 흑수 사이에 있는 넓은 목초지에서 기북마(冀北馬)를 생산하였다.[35] 그런데 거란이 멸망한 후 몽골의 후신 달단이 등장하면서 기북마를 달단마로 불렀다. 이후 달단마는 요동과 두만강 접경지역을 대표하는 말이 되었는데, 조선이 여진과 국경을 사이에 두었기 때문에 조선에서 수입한 여진의 달단마는 고려전기 달단마와 같은 혈통의 말이었다. 여진의 달단마는 서역마보다 체구는 작았지만, 지구력이 강해 어려운 환경을 잘 이겨냈다.

고려에서 몽고마를 방목한 것은 1276년(충렬왕 2) 원나라가 호마 160필을 탐라에 방목하여 몽골식 마목장을 건설한 것이 시초다.[36] 이때부터 탐라는 명마의 산지로 중국에 알려졌다. 이로써 여진의 금나라 건국 이후 끊겼던 호마의 숫자가 점차 증가하게 되었다. 한편 몽골 기병의 절반 이상이 가죽 투구만을 쓴 경기병이었던 반면, 3분의 1은 중장기병이었다. 그런데 중장기병은 투구와 갑옷을 입고, 이들이 타는 말도 마갑으로 무장하였기 때문에 체형이 커야 했다.[37] 따라서 몽고마를 고려에 들여온 이후 고려의 경기병에 대한 중기병의 비율이 점차 증가했을 것으로 짐작된다.

---

35) 謝成俠, 1959, 『中國養馬史』, 北京科學出版社, 29쪽.
36) 『高麗史節要』 권19, 충렬왕 2년 8월.
37) 정해은, 2006, 『고려시대 군사전략』, 국방부군사편찬연구소, 225쪽.

3. 조선시대 호마의 교역과 내구마 사육

조선은 여진과 국교가 단절되어 국가가 여진을 상대로 달단마를 직접 교역할 수 없기 때문에 민간의 사무역을 통해 소량의 달단마를 수입하였다. 그런데 성종대부터는 달단마 사무역이 전면 금지됨으로써 호마의 소형화가 가속되었다. 따라서 조선은 지방에 호마목장을 설치해 목축하고, 부족한 호마는 여진과 사무역을 통해 수요를 충당했다. 한편으로 궁중의 내구와 내승목장에서 사육하는 내구마는 체형이 큰 호마였다. 그런데 도성 방위와 명나라의 방대한 징마요구[38] 및 북방의 야인정벌에 따라 다수의 호마가 필요하였다. 따라서 여기서는 여진과의 호마 교역과 내구마 사육을 통한 조선전기 호마 확보를 살펴보고자 한다.

조선에서는 건국 직후부터 종마와 전마로 사용하는 호마가 크게 부족하여 여진에서 수입할 수밖에 없었다. 야인들은 호마를 가지고 조선의 마포·식기·지물·소금·쇠 등 일상용품을 교환하였다. 조선은 일상용품으로 교환한 호마가 군사력을 강화시킨 셈이다. 따라서 여진과의 호마 교역을 위해 건국 직후에는 북평관을 설치하고, 1406년(태종 6)에는 동북면의 경성과 경원에 무역소를 설치하였다.[39]

야인과 거래하는 호마의 환율문제는 1426년(세종 8)에 호조가 다음과 같이 결정하였다. 즉, 야인의 대마(大馬) 1필에 상등이면 면포 45필, 중등이면 40필, 하등이면 35필로 하고, 중마 1필에 상등이면 면포 30필, 중등은 25필, 하등은 20필로 하며, 소마 1필에 상등이면 15필, 중등은

---

38) 고려 말부터 시작된 명나라의 징마요구는 조선이 건국되면서 더욱 거세졌다. 그 결과 태조 즉위년(1392)부터 문종대(1450~1452)까지 명나라에 보낸 마필은 약 7만 필 정도였다(南都泳, 1996, 앞의 책, 152~164쪽).

39) 『太宗實錄』 권11, 태종 6년 5월 기해.

10필, 하등은 6필로 하였다.[40] 이 같은 말 값은 『경국대전』호전에 규정되어 그대로 준용하였다. 그러나 조선에 적대적인 여진의 여러 부족과 우호적인 맹가테무르(猛哥帖木兒)가 서로 호응하여 경원부를 약탈하는 사건이 발생하자, 1410년(태종 10) 길주도 찰리사 조연(趙涓)이 여진 부족 수백 인을 살해하였고,[41] 이 때문에 여진의 호마 교역이 크게 감소하였다.

1424년(세종 6) 사복시가 "경원과 경성에 사는 백성들을 매개로 하여 여진족에게 생필품을 주고, 호마를 교역하여 종마로 사용할 것을" 요청한바, 세종이 함경도 도절제사에게 "달단의 암수 종마를 감영의 물건으로 그곳 군민이 사는 것처럼 사들이고, 마필수와 털빛과 나이를 보고하도록"[42] 지시하였다.

여기서 우리는 국가가 직접 야인의 호마를 매수하지 않고 백성이 대신토록 한 것은 국가가 군수물자의 매매를 감독하는 기관이었기 때문이다. 이후에도 국가는 야인의 호마가 필요할 때는 민간이 대행토록 했는데, 1449년(세종 31) 세종이 함길도 감사에게 "민간에서 매매하는 야인의 말이나 그곳에서 생산된 말이 있으면 값을 넉넉하게 주고 암·수말 10필을 보내도록"[43] 지시한 사실을 통해 그것을 알 수 있다.

그러면 세종은 왜 함길도 지역에서 호마를 매수하도록 지시하였을까. 그것은 함길도에서 호마가 생산되었기 때문이다. 즉, 함길도 토마의 암말을 방목하면, 달단의 수마가 개원을 건너와 교접을 통한 혼혈마를 산출함으로써 토마의 품종이 개량되었다. 태조가 탔던 팔준마(八駿馬)

---

40) 『世宗實錄』권31, 세종 8년 1월 임인.
41) 『太宗實錄』권19, 태종 10년 3월 을해.
42) 『世宗實錄』권25, 세종 6년 8월 무신.
43) 『世宗實錄』권123, 세종 31년 2월 갑술.

와 세종이 탔던 밤색말[栗色馬]과 옥비흑마(玉鼻黑馬)[44] 등의 명마가 모두 달단마 내지는 달단마와 교접한 준마였다.

성종대에 이르러 호마의 숫자는 오히려 감소하였다. 그것은 "원나라 세조가 제주목장에 호마를 방목한 세월이 오래되어 목장의 말들이 모두 과하마가 되었다"[45]는 사료를 통해 알 수 있다. 사실 성종대 전국의 마목장 수는 세종·세조대보다 증가하였지만, 호마의 숫자는 증가하지 않았다. 그 원인은 북방으로부터 호마 수입이 단절되었기 때문이다. 다시 말해서 세종과 세조대에는 종마로 사용할 호마를 10여 필 단위로 민간무역을 통해 수입하였지만, 성종대에는 호마 수입을 금지하는 법률을 제정함으로써 호마의 씨가 끊겼던 것이다.

성종은 평안도 절도사 정난종이 "야인들이 기근으로 그들의 말을 곡식으로 교환할 것을 청한다"는 치계를 영돈녕 이상의 관료들과 의논했는데, 이극배가 "야인들이 파는 말을 백성들이 사는 것처럼 하되, 마가는 관포(官布)로 지급하자"[46]는 말을 받아들여, 호마의 수매를 허용하였다.

한편 중종대에는 호마의 가치는 더 커졌다. 호마는 성질이 순하여 길들이기가 쉬울 뿐만 아니라 재주와 품질이 뛰어나 전마로서 가치가 컸기 때문이다. 따라서 성종 때는 암말 두 필을 요동의 수말 한 필과 교환했는데, 중종 때는 호마의 가격이 두세 배가 됨으로써 국내 마필수가 급격히 감소할 수밖에 없었다. 당시의 실정을 1512년(중종 7) 함경북도 절도사 윤희평은 치계를 올려 다음과 같이 설명하고 있다.

---

44) 『世宗實錄』 권25, 세종 6년 8월 무신.
45) 『成宗實錄』 권278, 성종 24년 윤5월 경술.
46) 『成宗實錄』 권172, 성종 15년 12월 을미.

우마로 야인들의 모물(毛物)과 교환하는 것은 금하는 법령이 있지만, 말과 말을 교환하는 것은 단속하지 않기 때문에 변방 사람들이 우리나라 마소 7~8필을 주고 호마 한 필과 바꿉니다. 그러므로 야인들의 마축(馬畜)은 날로 번성하지만 조선의 축산은 날로 줄어듭니다. 지금부터는 말과 말을 교환하더라도 엄하게 금하고 법을 어긴 자는 금물을 잠매(潛賣)하는 조항으로 논죄하고, 적발하여 단속하지 않는 병사와 진장도 중죄로 논해야 합니다.[47]

위 사료에서 함경도 사람들이 야인의 호마 1필과 조선의 토마 7~8필을 교환하기 때문에 야인들의 마축은 크게 번성하지만, 조선의 마축이 쇠퇴하게 되자, 말과 말의 교환을 법으로 금지했다고 할 수 있다. 그동안 토마를 가지고 호마를 교환하는 것은 법에 위배되지 않았는데, 1512년 이후 말과 말을 바꾸는 행위를 금령(禁令)으로 만들어 규제함으로써 야인으로부터 호마를 수입하여 종마를 확보하는 일이 더욱 어려워졌다. 이러한 사정은 조선 후기에도 계속되었으나, 도리어 목축방법의 소홀과 청나라에서 수입하는 달단마의 종자마저도 값이 등귀하여,[48] 달단마의 품종이 크게 감소하였다.

한편 조선에서는 한양천도 직후 양주도호부와 광주목에 왕실목장과 군사목장을 설치하였다.[49] 그리고 태종은 경기 강화도에 국영목장을 설치하였으며, 세종은 태종의 마정을 계승하여 강화도의 부속섬, 하삼도, 북방지역 등으로 마목장 설치를 확대하였다.[50] 그 결과 조선전기의

---

47) 『中宗實錄』 권16, 중종 7년 윤5월 신축.
48) 『增補文獻備考』 권125, 병고 17, 마정.
49) 이홍두, 2016, 「호마의 전래와 조선시대 호마목장의 설치」, 『軍史』 99, 113~114쪽.
50) 이홍두, 2014, 「조선시대 강화도 마목장의 치폐와 전마의 생산」, 『군사』 93, 106쪽.

마목장은 170여 개[51)에 달했다. 따라서 성종대 전국의 마필 숫자는 4만 필에 이르렀다. 그러나 성종대 후반부터 개간과 절수로 인한 마목장의 전지화가 이루어지면서 마필 숫자는 연산군대 3만 필, 명종대 2만 필로 감소하였다. 양란 후 효종이 마목장의 복설을 일시적으로 강구하였으나, 1663년(현종 4)에는 2만 필, 1870년(고종 7)에는 5,646필로 크게 감소하였다.[52)

태조는 한양 천도 두 달 전에 양주부의 홀적방동에 내구를 설치하고, 내사복시[53)가 내구마 사육을 관장토록 하였다. 당시 궁중의 내구에서는 30~60필 정도의 내구마를 사육했는데, 내승과 사복이 내구마 사육을 전담하였다. 하절기의 내구마는 방목하고 동절기에는 마구간에 들여서 건초와 곡초를 먹였다. 다만 도성 안에는 마장이 없기 때문에 하절기에는 내구마를 들판에 방목하였다. 따라서 내구마가 백성들의 작물을 짓밟는 일이 빈번히 발생하여 조선 초기에 큰 사회문제를 일으켰다. 그러나 태조 때에는 내구마의 폐해가 거의 없었다.

양주부 전곶(箭串, 살곶이)에 내승목장을 설치하고, 2백여 필의 내구마를 사육하였다. 내승목장 안에는 목초지의 마장이 있어서 내구마를 방목하였으며, 마초전에서는 사료를 재배하였다. 부족한 사료는 경기도 백성들에게 납초를 징수해 충당했는데, 여름에는 청초를, 겨울에는 곡초를 징수하였다.

---

51) 『世宗實錄』 지리지에 기록된 마목장은 52개소, 『新增東國輿地勝覽』에 98개소, 『增補文獻備考』에서 폐목장 55개소를 포함하여 172개의 마목장이 확인된다(南都泳, 1996, 앞의 책, 231쪽).
52) 『牧場地圖』 숙종 4년, 국립중앙도서관 소장 ; 『高宗實錄』 권7, 고종 7년 12월 경인.
53) 내사복시의 조직은 3명의 내승과 50명의 사복 및 5명의 서리(이속)로 구성되었으며, 3명의 내승 가운데 1명의 내승이 사복시에서 파견되었다.

진헌마 정색도

그러면 전곶의 내승목장은 언제 설치하였을까. 이 문제는 1485년(성종 16) 3월 윤필상이 "태조가 도읍을 정한 뒤에 전곶목장과 녹양목장을 설치하였다"[54]고 한 사료를 통해 전곶목장은 태조가 설치하였음을 알 수 있다.[55] 전곶목장의 위치는 서울 흥인문(동대문) 밖 동쪽의 교외라고 했는데, 현재의 지명과 연관해 보면, 아차산 동남쪽의 광진구, 서남쪽의 성동구, 서쪽의 동대문구, 서북쪽의 중랑구에 해당된다.

지금 전곶목장의 잔재가 뚝섬 경마장에 남아 있는 것은 근처에서 말의 무병과 번식을 기원하는 마제(馬祭)를 지냈기 때문이다. 즉, 조선시대는 마조단·선목단·마사단·마보단을 동교의 전곶목장 안에 설치하고 제사를 지냈다. 그런데『세종실록』지리지 권148, 경도 한성부조에서는 그 위치를 흥인문 밖 사근사리(沙斤寺里)라고 하였다. 사근사리는 지금의 사근동 한양대 구릉에 해당된다.

태조는 내승목장에서 방목한 대부분의 어승마를 도성의 시위군과

---

54)『成宗實錄』권176, 성종 16년 3월 무자.

55) 이홍두, 2016, 앞의 책, 10~16쪽.

마조단터 한양대학교 학술정보관 앞. 가운데에 마조단터임을 알려주는 표지석이 서 있다.

공신들에게 하사하는 용도로 사용하였다.[56] 그런데 궁중의 내구마와 전곶목장의 어승마는 태종대에 와서 그 숫자가 크게 증가하였다. 따라서 태종은 두 가지 방법으로 이 문제를 해결하였다. 하나는 전곶목장의 마장을 흥인문 밖으로 확대하여 수축하였고,[57] 다른 하나는 증가한 내구마를 지방의 관아에 분양마로 보냈다.

한편 세종대부터는 국왕의 행행 때 종친·의빈·승지·사관·옥당·승전 선전관·별군직은 모두 내구마를 타고 어가를 수행한바, 사복시에서는 왕을 수행하는 이들 모두에게 전곶목장의 어승마를 제공하였다. 그런데 태종 때 내구마를 지방 관아에 분양하는 제도가 백성들에게 큰 폐해를 주자, 세종은 분양마 제도를 폐지하는 동시에 사복시가 관장하는 외구(外廏)를 설치하고 유양마를 사육토록 하였다. 따라서 세종대에 와서 내구마는 세 가지 형태로 분화되었다. 첫째는 내사복시가 관장하

---

56) 이홍두, 2017, 「조선 초기 內廏의 운영과 留養馬 변동」, 『서울과 역사』 96, 111쪽.
57) 『太宗實錄』 권27, 태종 14년 6월 갑자.

는 궁중의 내구마, 둘째는 사복시가 관장하는 전곶 내승목장의 어승마, 셋째는 사복시가 직접 사육하는 홍원곶목장과 호곶목장의 유양마가 그것이다. 여기서 궁중의 내구마 사육은 내승이 담당하였고, 사복시가 관장하는 전곶의 내승목장과 사복시 외구였던 홍원곶목장과 호곶목장에는 겸사복을 파견하여 사육과 조련을 감독케 하였다.[58]

그러면 이들 내구마의 마료는 어떻게 조달하였을까. 마료는 크게 황두와 추초·곡초로 구분하는데, 황두는 군자감과 호조의 광흥창이 사복시에 지급하고, 추초·곡초는 사복시가 경기 백성에게 직접 징수하였다. 그런데 이들 마료는 하절기와 동절기에 따라 지급하는 양에 차이가 있고, 궁중의 내구마와 사복시 유양마 간에도 차이가 있다.

조선시대 궁중의 내구마는 항상 30~60필 정도를 유지하였다. 그리고 조선전기 내구마의 마필을 시대순으로 정리하면 다음 표와 같다. 여기서 전곶의 왕실목장은 5백여 필, 사복시의 외구였던 임진현 호곶목장과 수원부 홍원곶목장의 유양마 숫자는 각각 350여 필이었다. 그리고 호조가 전국에서 징수한 황두는 하절기의 경우, 궁중의 내구마는 7되, 전곶목장의 어승마와 호곶·홍원곶목장의 유양마는 5되를 지급하였다. 동절기의 경우 궁중 내구마는 한 말, 유양마는 7되를 지급하였지만, 하절기에는 내구마를 방목하였기 때문에 본래 양의 절반을 지급하였다. 또한 가뭄이 들면 그 양을 절반으로 줄였다.[59] 아무튼 궁중의 내구마와 어승마 및 유양마 전체 마필, 1천여 필에 지급하는 1년의 황두가 4,158석이었다.[60]

---

58) 이홍두, 2018, 「조선 초기 수원도호부의 마목장 설치 연구」, 『軍史』 106, 342쪽.
59) 이홍두, 2018, 「조선 중기 수원부의 마목장 변동 연구」, 『수원학연구』 13, 65쪽.
60) 『成宗實錄』 권6, 성종 1년 6월 무오.

연대	내사복시	사복시				전거
	내구마	유양마	전곶목장	호곶목장	홍원곶목장	
태조대 (1392~1398)	40	100	200			『중종실록』 권6, 3년 7월 임인
태종13(1413)	100					『태종실록』 권25, 13년 5월 정해
태종15(1415)	30					『태종실록』 권29, 15년 6월 을유
태종15(1415)	40					『태종실록』 권30, 15년 8월 경오
태종16(1416)		450				『태종실록』 권31, 16년 1월 정유
태종17(1417)	하절기 40 동절기 200					『태종실록』 권34, 17년 10월 무술
세종8(1426)		하절기 200 동절기 300				『세종실록』 권32, 8년 5월 정유
세종13(1431)	하절기 40 동절기 100					『세종실록』 권54, 13년 11월 기사
세종18(1436)		100				『세종실록』 권72, 18년 5월 신묘
세종26(1444)		670				『세종실록』 권105, 26년 7월 신유
세종26(1444)		300				상동
세종30(1448)					100	『세종실록』 권121, 30년 7월 신해
문종즉위 (1450)	30	하절기 100 동절기 270				『문종실록』 권2, 즉위년 7월 기미
문종1(1451)		500				『문종실록』 권6, 1년 3월 병진
세조13(1467)			640[61]			『세조실록』 권44, 13년 11월 계해
성종1(1470)				350		『성종실록』 권2, 1년 1월 계미
성종1(1470)					300~400	『성종실록』 권6, 1년 6월 무오

성종1(1470)		600		『성종실록』 권6, 1년 7월 신축
연산군10 (1504)		1,000		『연산군일기』 권56, 10년 10월 경진
중종3(1508)		하절기 300 동절기 400		『중종실록』 권6, 3년 7월 임인
명종9(1554)			30~40	『명종실록』 권16, 9년 5월 계묘
효종7(1656)		500		『효종실록』 권17, 7년 7월 갑자

한편 내구마를 방목하는 목장의 마초장에서는 자골초·모애초·갈근·
잔디(토끼풀)·서숙대·어욱 등의 교초(郊草)를 기본적으로 재배하였다.
그리고 부족한 꼴은 사복시가 경기 고을 백성들로부터 징수했는데,
여러 가지 종류가 있다. 추초는 산이나 들에서 채취하는 풀이고, 곡초는
곡식의 이삭을 털어낸 뒤의 줄기이며, 황초는 마른 풀을 지칭한다.
특히 추초는 경기 백성에게 부과하는 생초로서, 1451년(문종 1)의 경우
하루에 10여 속(束)을 먹였는데,[62] 당시 추초 한 속은 쌀 2되의 값으로
거래되었다.[63]

---

61) 세조대 전곶목장의 마필 숫자를 640필로 추정한 것은 당시 전곶목장에서 故失한
   마필 숫자가 64필이었다는 사료(『世祖實錄』 권44, 세조 13년 11월 계해)와
   성종대 각 목장에서 고실한 마필 숫자는 일반적으로 전체 마필 숫자의 10%였다
   는 사료(『成宗實錄』 권2, 성종 1년 1월 계미)에 근거하였다. 그런데 내구마와
   사복시가 직접 사육하는 유양마는 하절기의 경우, 전곶목장에서 방목하였기
   때문에 전곶목장의 실제 마필 숫자는 이보다 더 많았을 것이다.
62) 『文宗實錄』 권6, 문종 1년, 3월 병진.
63) 『經國大典』 권2, 兵典 諸田.

II. 조선시대 호마의 생산과 호마목장 설치

1. 내구마 사육과 내승의 역할

조선에서는 사복시가 궁중의 내구와 지방의 외구를 관장토록 하였다. 그런데 1394년(태조 3) 10월, 수도를 한양으로 천도하면서 내사복시는 궁중의 내구를, 사복시는 전국의 마목장을 관장하는 구목(廐牧)의 이원체제를 확립하였다.

태조대 궁중의 내구마는 30여 필 정도였다. 따라서 개국공신들에게 하사할 내구마가 크게 부족하였다. 이에 태조는 양주부 전곶에 내승목장을 설치하고 유양마를 방목하였다. 그동안 내사복시는 남도영 명예교수가 연구하였다. 그는 자신의 저서『한국마정사』에서 내사복시는 1409년(태종 9)에 처음 설치되었다고 하였다. 따라서 현재 국사학계는 남도영의 주장을 일반적 견해로 인정하고 있는 실정이다.[64]

그러나 필자는 1394년에 내구를 설치하면서 내구를 관장하는 내사복시도 함께 설치되었다고 생각된다. 왜냐하면 당시 내구의 중요성으로 볼 때 내구를 관장하는 관아가 없이 내승만으로 내구를 운영할 수 없기 때문이다. 이 같은 논지는 다음의 사료를 근거로 하였다.

가) 판내시부사 김사행에게 명하여 홀적방동에 내구(內廐)를 설치토록 하였다.[65]

나) 사복시로 하여금 사복시 서쪽에 세마지(洗馬池)를 파도록 하고 임금이 나가 보았다.[66]

---

64) 南都泳, 1996, 앞의 책, 208~209쪽.
65)『太祖實錄』권6, 태조 3년 8월 기사.

사료 가)는 태조가 판내시부사 김사행을 시켜 홀적방동에 내구를 설치토록 했다는 것이고, 나)는 사복시 서쪽에 세마지를 조성했다는 것이다. 이들 사료는 태조가 한양으로 천도하기 직전에, 양주부 한양의 홀적방동에 내구를 설치했는데, 2년 후에는 사복시 서쪽에 세마지를 조성하여 내구마를 조련했음을 보여준다.

이렇게 해서 태조는 궁중에 내구마의 마구간을 설치하였고, 도성 밖에는 사복시가 관장하는 내승목장을 설치하였다. 즉, 내사복시에서는 국왕이 타는 내구마를 사육하였고, 양주부 전곶의 내승목장에서는 국왕을 근접 시위하는 관원과 시위군에게 지급하는 유양마를 목축하였다. 그런데 태조 3년에 설치한 내사복시는 독립된 관아의 지위를 확보하지 못했다. 그것은 1492년(성종 23)에 간행된 『대전속록』에서 처음으로 법제화된 것을 통해 알 수 있다.

따라서 내사복시의 법제화가 이루어지고 독립된 관아로 역할을 수행할 때까지는 사복시가 부분적으로 내구 운영에 간여하였다. 이 문제는 『경국대전』을 편찬할 때 4명의 사복시 관원이 축소되었는데, 이때 축소된 4명의 관원 몫으로 3명의 내승을 내사복시에 배정한 것으로 파악된다.[67] 이 과정에서 내승 3원 중 1원의 내승을 사복시정(司僕寺正)이 겸하게 되었고, 이를 발판으로 사복시가 내사복시의 소관 사항을

---

66) 『太祖實錄』 권10, 태조 5년 8월 계사.
67) 조선이 건국과 동시에 설치한 사복시는 輿馬와 廐牧을 관장하였다. 그런데 당시 사복시의 직제는 判事 2명(정3품), 卿 2명(종3품), 小卿 2명(종4품), 主簿 1명(종6품), 兼主簿 1명(종6품), 直長 2명(종7품)을 두었다. 그러나 문종 원년(1450) 김종서가 영의정으로 사복시 제조를 맡으면서, 그 소관이 제조를 통해 국왕의 직결로 처리되었으며, 그 중요성으로 『경국대전』에서 제조 2명을 배치하였다. 따라서 『경국대전』에서 사복시 직제는 正 1명(정3품), 副正 1명(종3품), 僉正 1명(종4품), 判官 1명(종5품), 主簿 2명(종6품)으로 정했다(『經國大典』 권1, 이전 경관직).

간여한 것으로 보인다. 특히 내승 밑에는 50명의 사복과[68] 5명의 마의(馬醫)를 배치했는데, 이들은 1388년(우왕 14) 사복시를 정비할 때 수의 5명과 구종(驅從) 30명이 내사복시의 마의와 사복으로 전환되었다. 아무튼 이들 두 관아의 직제를 비교한 결과 성종대 후반까지는 내사복시를 사복시의 분사로 파악해도 무리가 없을 듯하다.

한편 내시부가 내구를 설치한 사실과 사복시가 세마지를 조성한 일이 상호 별개의 것이어서 주의를 끈다. 이는 내시부 출신의 내승이 내구 운영권을 주도한 데서 나온 결과로 보인다. 다시 말해서 이성계가 1388년 5월 위화도회군 직후 내승의 폐해를 근절할 목적으로 상승국을 폐지했지만, 결국 강력한 왕권확립을 위해 고려 상승국을 대체한 내사복시를 설치할 수밖에 없었던 것과 관련이 있다고 생각된다.

내구마 사육은 내사복시의 내승과 사복이 전담했는데, 하절기에는 빈 땅에서 방목하였고 동절기에는 마구간에서 건초와 곡초를 먹였다. 살곶이[전곶(箭串)]목장 안에는 목초지인 마장에서 내구마를 방목하였으며, 또한 마초전이 있어서 사료를 자체적으로 조달하였다.

그리고 경기도 백성들에게 납초를 징수하여 충당했는데, 여름에는 청초를 거두고, 겨울에는 곡초를 거두었다. 다만 궁중의 내구에는 마장이 없었기 때문에 내구마를 들판에 방목할 수밖에 없었다. 따라서 내구마가 백성들의 작물을 짓밟는 일이 빈번히 발생하여 조선 초기에 큰 사회문제를 일으켰다. 그러나 태조 때에는 내구마의 폐해가 거의 없었다.

한편 태종이 즉위한 후에도 내구마의 폐단이 계속되자, 이 문제는 1402년(태종 2) 7월 시중에 유성 괴담으로 번져나갔다. 여기 유성 괴담의 유성은 천사성(天駟星)을 지칭하는데, 천사(天駟)는 천자의 말을 뜻한

---

68) 『大典續錄』 권4, 병전 부신 조.

다. 따라서 유성 괴담은 당시 내구마의 폐해에 대한 백성들의 불만이 매우 컸음을 뜻한다. 다음의 사료가 그러한 것을 설명하고 있다.

사간원에서 상소하기를 "지금 문천봉·이득방의 무리가 내구의 말을 독점하고, 방목할 때 곡식밭을 짓밟아 농민들의 피해가 매우 큽니다. 신들이 알기로는 호곶(壺串)에 양마소를 만들어 외구(外廐)로 삼는다고 합니다. 서울 안에 내구가 있고, 또 내사복시 두 곳을 두어 항상 꼴과 콩을 거두지만, 사헌부 감찰이 출납할 때 간혹 폐단을 일으킵니다. 하물며 도성 밖에 따로 외구를 설치하여 무식한 무리에게 그 일을 맡기면, 사헌부가 감찰하지 않기 때문에 함부로 불법을 자행하여, 민호를 침탈할 것이니 신들은 폐단이 예전으로 돌아갈까 두렵습니다."[69] 라고 하였다.

위 사료에서 내사복시 소속의 내승이 내구마 방목을 빙자하여 농민의 논밭을 짓밟는 피해가 큰데, 만약 도성 밖 호곶에 양마소를 만들어 내구마를 사육한다면, 사헌부의 감찰이 없기 때문에 내승의 민호 침탈은 더욱 심해질 것이라고 주장하고 있다. 사간원의 이와 같은 상소에서 태종 초반기 문천봉과 이득방 등 내승의 무리들이 내구마 사육을 빙자하여 도성 주변의 민호를 침탈한 정황을 파악할 수 있다. 물론 이러한 주장은 과장된 점도 없지 않겠으나, 기본적으로 태종 초기에 있어서 내승의 치외법권적 현상이 극심하였음을 지적한 것이라고 할 수 있다.

그런데 여기서 궁궐에 설치한 내구와 도성 밖 임진현의 호곶에 설치할 외구를 상호 연관하여 서술한 것이 주의를 끈다. 이는 사간원이 이 양자를 동일한 궁궐의 양마소로 인식한 결과로 보인다. 즉, 당시 궁궐에

69) 『太宗實錄』 권6, 태종 3년 9월 정유.

는 내구마를 사육하는 양마소가 부족하여 도성 밖 호곶에 사복시가
관장하는 외구를 설치하고 증가한 내구마를 그곳으로 옮길 심산이었
다. 그런데 내구마를 외구로 옮기면 그 말을 유양마라고 칭한다. 따라서
호곶의 외구에서 사육하는 유양마는 크게 보아 내구마의 범주에 포함된
다고 하겠다.

위 사료의 인용문에는 없지만, 사간원 상소 중에는 고려 말 내승의
폐단이 극에 달했던 반면, 태조 때의 내승은 경기 일대의 백성들에게
폐해를 주지 않았음을 알 수 있다. 즉, 하절기에는 빈 땅에 방목하고,
동절기에는 내구로 몰아들여 꼴과 콩을 후하게 먹여 백성들이 그 폐해를
받지 않았다는 것이다. 그런데 당시 사간원이 태종 때 내승의 행위를
고려 말 치외법권적인 내수지도(內竪之徒)와 비교하자, 태종은 "문천봉
을 변벌개에 비교하고, 나를 고려 말의 혼주와 비교하려는 것인가."라고
하면서 강하게 불만을 피력하였다. 여기에는 태종 초반기 내승의 권한
을 약화시킴으로써 태종의 왕권을 제한하려는 주장이 내재해 있는
것으로 보인다.

결과적으로 태종은 사간원이 주장한 호곶목장의 설치를 중지시켰지
만, 내승의 직책에 있었던 문천봉 등은 처벌하지 않았다. 이에 사간원이
1404년(태종 4) 9월 19일, 또다시 선공감 한상덕이 올린 진언을 가지고
내승의 폐해를 상소하였다. 한상덕은 매달 10일마다 감찰 한 사람을
들에 파견하여 감찰하되, 내구마가 짓밟아 손상한 전지가 있으면, 내승
을 처벌한다는 방안을 제시하였다. 태종이 한상덕의 요구를 승인함으
로써 사간원이 주장한 내승의 폐해를 인정한 셈이 되었다.

태종대 중반에도 내승에 대한 사간원의 견제는 계속되었다. 1409년
(태종 9) 5월 12일, 사간원이 어마를 길들이지 못한 죄를 물어 겸사복정
문천봉, 판사 고신부, 환관 한문직을 순금사에 가두도록 주청하자,[70]

태종은 1410년(태종 10) 8월 27일, 판사복시사 고신부를 순금사에 가두고,71) 1411년(태종 11) 6월 7일에 그의 직책을 파면하였다.72) 따라서 태종은 내승의 폐단에 대한 문제를 해결하기 위해 1413년(태종 13) 7월 25일, 내구마 36필을 경기도 광주 고을에 보내도록 조처함으로써,73) 당시 궁궐의 내구에는 내구마 30여 필만 남게 되었다.74)

2. 내구마 분양과 유양마의 변동

내구마는 국왕이 직접 타는 어승마와 국왕이 도성 밖으로 나갈 때 국왕을 수행하기 위해 신하들이 타는 유양마(留養馬)로 구분한다. 즉, 조선 초기 도성 안에서 사육하는 내구마는 보통 40~60필 정도였다. 그러나 도성 밖 내승목장에서 사육하는 유양마는 200~600여 필 정도로 시대에 따라 변동하였다. 다시 말해서 세종 때 유양마 숫자가 670여 필로 증가하자 300여 필로 축소하였고, 연산군 때는 국왕의 유양마가 1천여 필이나 되었지만, 중종반정이 성공함으로써 중종은 유양마의 숫자를 300여 필로 환원시켰다.

그런데 유양마 사육은 내구마 사육과는 별도로 이루어졌다. 즉, 태조 때는 30여 필의 내구마를 사육하였다.75) 그러나 개국공신 43명,76) 의정부와 중추부 등 양부 이상의 신료 수십 명,77) 정사공신 29명에게

---

70) 『太宗實錄』 권17, 태종 9년 5월 계미.
71) 『太宗實錄』 권20, 태종 10년 8월 신유.
72) 『太宗實錄』 권21, 태종 11년 6월 병신.
73) 『太宗實錄』 권26, 태종 13년 7월 임인.
74) 『太宗實錄』 권29, 태종 15년 6월 을유.
75) 『中宗實錄』 권6, 중종 3년 7월 임인.
76) 『太祖實錄』 권2, 태조 1년 9월 갑오 ; 『太祖實錄』 권8, 태조 4년 9월 경신.
77) 『太祖實錄』 권8, 태조 4년 10월 을미.

하사할 내구마 숫자가 크게 부족하였다. 이에 태조는 양주부 전곶살곶이[箭串]에 내승목장을 설치하고,[78] 수백 필의 유양마를 방목하였다.[79] 또한 세종은 증가하는 유양마를 수용하기 위해 수원도호부 홍원곶목장과 임진현의 호곶목장을 사복시 직영목장으로 하여 유양마를 사육하였다.

일찍이 태종은 호곶목장을 설치하여 증가하는 내구마를 수용하려고 하였지만, 신하들의 반대로 무산되었다. 따라서 태종은 동왕 13년(1413) 내구마 30여 필만을 남기고 증가한 36필의 내구마를 경기도 광주목에 분양하였다.[80] 세종은 유양마의 숫자가 급속히 증가하자, 경기도 고을의 마료에 대한 부담을 줄이기 위해 유양마 숫자를 크게 축소하였다.

한편 연산군 때는 내구마와 유양마를 합한 숫자가 2천여 필에 이르렀는데, 연산군이 내구마를 왕의 유희에 동원함으로써 사회적 갈등을 초래하였다. 그리고 이것이 연산군 정권의 붕괴를 촉진시키는 결정적 요인으로 작용하였다. 아무튼 증가한 내구마의 유양마 전환과 유양마의 숫자 변동은 조선왕조를 유지하는 데 중대한 역할을 한 것으로 이해되는바, 여기서는 유양마의 변동이 군사적으로 끼친 영향에 대해 고찰하려고 한다.

국왕이 궁궐 밖으로 순행이나 강무를 행할 때는 선전관과 내의원 및 대소인원 등 수십, 수백 명이 국왕을 호위했는데, 이때 사복시가 그들에게 유양마를 제공하였다. 당시 사복시가 유양마를 사육하는 목적은 다음 세 가지 문제와 관련이 있다. 먼저 어승마가 병들거나 죽게 되면, 사복시의 유양마로 대체하고, 다음으로 국왕이 궁궐 밖으로 행행할 때 근접 시위하는 인원에게 지급하였으며, 마지막으로 해마다

---

78) 『新增東國輿地勝覽』 권3, 한성부.
79) 이홍두, 2016(b), 「조선전기 畿甸의 마목장 설치」, 『서울과 역사』 93, 10~16쪽.
80) 『太宗實錄』 권26, 태종 13년 7월 임인.

수천 필을 요구하는 중국 명나라의 징마에 대처하였다.

그런데 유양마 사육은 내구마 사육과는 별도로 이루어졌다. 이 문제를 『조선왕조실록』의 사관은 다음과 같이 요약하여 설명하고 있다.

가) 처음에 우리 조정에서 공한지를 골라서 내구마와 군사의 말을 길렀는데, 공한지가 적어서 백성들의 곡식과 밭을 해치는 일들이 많았다.[81]

나) 윤필상이 아뢰기를, "태조가 도읍을 정한 뒤에 전곶목장과 녹양목장을 설치하였으니, 그것이 근심을 없게 했습니다."[82]라고 하였다.

다) 사헌부 지평 민이가 아뢰기를, "전곶목장은 다른 목장과 다릅니다. 조종에서 도읍을 정한 처음에 물과 풀의 양을 살피고, 넓이를 참작하여 계획을 세워 설치하였으니, 국가를 위해 염려한 것이 지극합니다."[83]라고 하였다.

사료 가)는 한양으로 천도한 직후, 도성의 공한지에서 내구마를 방목했다는 내용이고, 나)는 태조가 한양 천도 후 전곶에 내승목장을 설치했음을 설명하고 있으며, 다)는 태조가 한양에 도읍을 정한 처음, 심사숙고하여 전곶을 내승목장으로 삼았다는 내용이다. 위의 사료를 통해 볼 때 한양으로 천도한 후 내구마는 증가하는데, 방목할 공한지가 부족하자, 양주부 전곶에 내승목장을 설치하고 유양마를 방목했다고 할 수 있다.

조선왕조는 건국 직후에 궁궐을 시위하는 중앙군을 편제하였지만,

---

81) 『太宗實錄』 권11, 태종 6년 4월 정묘.
82) 『成宗實錄』 권176, 성종 16년 3월 무자.
83) 『成宗實錄』 권266, 성종 23년 6월 정사.

이때는 건국 주체세력의 사병인 시위패가 궁궐의 시위를 담당하였기 때문에 내구마와 유양마 사육이 시급하지 않았다. 그러나 한양 천도 후 궁궐의 시위담당이 과거 사병 중심에서 금군 중심으로 옮겨지면서[84] 당장 유양마가 필요하게 되었다. 한편으로 태조는 개국공신들에게 하사할 내구마 조달을 위해 양주부 전곶에 내승목장을 설치하고 유양마를 방목했는데, 그곳은 토지가 평평하고 넓으며, 길이와 넓이가 10여 리 정도였다.[85] 이러한 규모의 마목장에서는 수백 필의 유양마 방목이 가능하였다.

국왕이 유양마를 이용하는 경우는 군사훈련을 직접 관람하는 대열, 무예연습을 거행하는 강무, 지방을 두루 보살피며 돌아다니는 순행, 친히 사냥하는 타위, 직접 주관하는 국가 제사 등이 있었다. 이때 삼군과 백관은 대가를 근접에서 시위하였으며, 사복시는 평시에도 유양마를 조련하여 국왕이 즉시 이용할 수 있도록 준비하였다.

그러나 태조가 재위기간 중 순행한 경우는 한 번에 불과하며, 그것도 백관을 제외하고 삼군만 시위토록 하였기 때문에 유양마를 이용할 기회가 적었다.[86] 또한 태조는 동왕 6년(1397) 8월 절제사에서 산원까지를 대상으로 날마다 도성 안에서 습진하도록 했는데,[87] 이때도 습진 장소가 도성이었기 때문에 유양마를 이용하지 않았다. 결과적으로 태조는 유양마 대부분을 공신들에게 하사하는 용도로 사용했다고 하겠다.

앞에서 살펴본 것과 같이 2대왕 정종 때부터 내구마의 방목에 따른 백성들의 침탈 현상이 고려 말의 상황과 유사할 정도에 이르렀고,[88]

---

84) 윤훈표, 1994, 「조선 초기 경군의 편성에 관한 연구」, 『서울학연구』 2, 200~210쪽.
85) 『新增東國輿地勝覽』 권3, 한성부.
86) 『太祖實錄』 권3, 태조 2년 1월 갑자.
87) 『太祖實錄』 권12, 태조 6년 8월 무자.
88) 『定宗實錄』 권2, 정종 1년 8월 병진.

이러한 현상은 태종대 전반기까지 개선되지 않았다. 따라서 태종은 이 문제를 해결하기 위해 도성 밖 호곶에 사복시가 관장하는 외구를 설치하고, 유양마를 방목할 심산이었다. 그러나 조정 중신들이 호곶에 설치중인 외구를 혁파하도록 상소함으로써 태종은 어쩔 수없이 설치 중에 있던 호곶의 외구를 혁파할 수밖에 없었다.[89] 여기서 외구는 사복시가 직접 관장하는 마목장을 지칭하는데, 태종이 호곶의 외구에서 방목코자 한 유양마는 체구가 큰 호마였다. 그러나 호곶의 외구 설치가 무산되자, 호마의 숫자를 증대하여 국방력을 강화시키려고 시도한 태종의 계획도 무산되었다.

그런데 1415년(태종 15) 6월 20일, 전 상의중추원사 남실이 진언하기를, "강무할 때 타는 내구마 숫자가 너무 많아서 마료를 준비하는 데 어려움이 많다"고 하자, 태종은 두 달 후인 8월 6일에 내구마를 40필로 한정시키도록 조치하였다.[90] 그리고 같은 해 8월 10일에는 내·외사복시 및 각 관아에서 나누어 기르는 유양마의 숫자와 거세한 피마·상마의 연령과 털 색깔을 갖추어 보고하도록 지시하였다.[91] 이 같은 일련의 조치와 관련한 내용은 세 가지로 요약할 수 있다. 첫째는 당시 내구마의 숫자가 적정 기준보다 크게 증가했다는 것이고, 둘째는 내사복시와 사복시 및 지방의 관아에서 사육하는 유양마의 숫자를 파악한 것이며, 셋째는 유양마 중 전마로 사용할 수 있는 호마를 가려내는 것이었다.

한편 1417년(태종 17) 10월부터 세종대 사료를 통해 보면, 내구마와 유양마 숫자가 크게 증가하는 현상이 나타나는데, 다음의 사료에서

---

89) 『太宗實錄』 권6, 태종 3년 9월 정유.
90) 『太宗實錄』 권30, 태종 15년 8월 경오.
91) 『太宗實錄』 권30, 태종 15년 8월 갑술.

그러한 사실을 확인할 수 있다.

　가) 임금이 말하기를, "봄·여름에는 내구마를 30, 40필만을 남기고, 가을
　　　과 겨울에는 100~200필만을 남기어 경기도 백성들의 수납하는 폐단
　　　을 없게 했다. 그러나 백성들이 노역을 원망하여 탄식하니, 혜택이
　　　백성들에게 돌아가지 못할까 두렵다."고 하였다.92)

　나) 병조에 전지하기를, "지금부터는 사복시에도 언제나 말을 사육하게
　　　하되, 동절기에는 300필을, 하절기에는 200필을 사육하도록 하라."
　　　고 하였다.93)

　다) 임금이 내구마와 외구마를 줄이고자 하니, 제조 이사검이 아뢰기를,
　　　"지금 유양마는 670필인데, 만약 초수에 거둥하시려면, 유양마를
　　　감할 수가 없습니다." 하므로 임금이 말하기를, "병진년의 전례에
　　　따라 유양마를 300필만 남겨두라."고 하였다.94)

　사료 가)는 태종 17년의 경우로서 궁중의 하절기 내구마는 30, 40필이
고, 동절기 내구마는 100~200필이었음을 알 수 있고, 나)는 1426년(세종
8)의 내승목장 유양마 숫자인데, 하절기에는 200필, 동절기에는 300필을
방목했다는 내용이며, 다)는 1444년(세종 26) 670필의 유양마를 300필로
감축했음을 말하고 있다. 특히 사료 가)에서 동절기의 내구마 숫자가
100~200필이었던 사실이 주목된다. 사실 그동안 궁중의 내구마 숫자가
40필 이하였던 것은 내구마를 사육하고 조련하는 내승과 사복의 인원이
많지 않았기 때문이다. 그런데 동절기의 내구마가 크게 증가한 것은

---

92) 『太宗實錄』 권34, 태종 17년 10월 무술.
93) 『世宗實錄』 권2, 세종 8년 5월 정유.
94) 『世宗實錄』 권105, 세종 26년 7월 신유.

당시 겸사복이 증가함으로써 내구마의 사육과 조련을 감당할 수 있었기 때문이 아닌가 한다.

한편 사료 나)에서 1426년(세종 8) 유양마 숫자가 200필, 300필 정도였는데, 이 숫자는 이전에 비하여 크게 감소된 것으로 생각된다. 이는 사복시의 유양마 간접 사육 방식이 이때에 와서 직접 사육 방식으로 전환됨에 따라 나타난 결과로 보인다. 그런데 사료 다)에서는 20여 년이 지난 1444년(세종 26)의 내구마 숫자가 670필로 증가한 사실을 알 수 있다. 이는 4군 6진의 영토 확장을 위한 군비확충의 일환으로 해석할 수 있지 않을까 한다.

여기서 병진년은 1436년(세종 18)을 지칭하는데, 당시 유양마 숫자가 300필이었음을 알 수 있으며, 세종이 유양마를 300필로 감축한 것은 경기도 백성들의 마료 부담을 줄이기 위한 목적이 컸다. 또한 북방의 영토가 압록강과 두만강으로 확정된 결과 전마의 숫자가 축소되는 현상이 유양마의 감축을 초래했다고 볼 수 있다.

연산군은 사복시의 유양마 300여 필을 1천 필로 늘리고,[95] 내승의 인원도 2명을 더 늘려 내승은 총 5명이 되었다.[96] 또한 1505년(연산군 11) 5월 13일에는 문신 2명과 무신 2명을 내승에 임명함으로써,[97] 내승의 정원은 총 9명이 되었다. 이에 대해 사복시 제조 강귀손과 구수영이 "사복시는 신설한 관원과 옛 관원을 합하면 40인으로 관원이 너무 많기 때문에 감축해야 하는 중요성을 일깨웠다." 그런데도 연산군은, "신설한 10명은 파면시키고, 내승 10명을 새로 임명하라."[98]고 지시하였

---

95) 『燕山君日記』 권56, 연산군 10년 10월 경진.
96) 『燕山君日記』 권57, 연산군 11년 2월 계해.
97) 『燕山君日記』 권58, 연산군 11년 5월 정유.
98) 『燕山君日記』 권58, 연산군 11년 5월 계축.

살곶이목장 터 전경 현재의 마장동, 화양동 일대

다. 따라서 내승의 정원은 16일 만에 9명에서 19명으로 증원되었다.

연산군은 1506년(연산군 12) 1월 7일 궁중의 내구를 크게 확대할 것을 지시하였다. 다시 말해서 궁중에 용구(龍廐)라고 부르는 내구를 설치하고, 내승 12명을 두었으며, 문신과 무신이 교대하여 업무를 담당케 하였다. 그때 인구(麟廐)라고 부르는 또 다른 내구를 설치했는데, 당시 내구의 여러 마구간에는 유양마 1천여 필을 갖추어 놓고 왕이 나가서 놀 수 있도록 대기하였다. 한편 도성 밖에도 기구(騏廐)·운구(雲廐)라고 부르는 내승목장을 설치하고, 내구마가 부족하면 사복시가 관장하는 유양마를 가져다가 타고 노는 것을 일상생활로 삼았다.[99]

이와 같이 내구마와 유양마를 확대하는 일련의 과정에서 경기도 백성들은 큰 피해를 당했다. 먼저 내구마의 숫자가 증가함으로써 농민들의 부담이 많아졌고, 다음으로 도성 밖에 내승목장을 설치하면서

---

99) 『燕山君日記』 권61, 연산군 12년 1월 정해.

민가를 철거하고 백성들의 토지를 강탈하였으며, 끝으로 내구에 종사하는 내승의 휘하들이 유양마 방목을 빙자하여 백성들을 침탈하였다.

그러나 중종반정이 성공하면서 사복시의 유양마 숫자는 크게 축소되었다. 즉, 1508년(중종 3) 7월 우의정 유순정·사복시 제조 신용개·병조판서 홍경주·호조판서 이계남 등이 "내구의 유양마는 하절기에는 300필, 동절기에는 400필이 관례지만, 그 숫자가 지나치게 많아서 국가의 비용이 적지 않으니, 하절기와 동절기에서 각각 100필을 감축하도록 건의하였으며, 그렇게 하면 유양마가 부족하기 때문에 왕이 행행할 때 선전관과 내의원은 모두 사마(私馬)를 탈 것을" 주청하였다. 이에 중종은 "아뢴 대로 하라. 다만 내의원은 병 고치는 일이 긴급하므로 반드시 타야 되고, 선전관도 구례대로 타라."[100]고 하였다. 마침내 연산군이 방만하게 운영하였던 내구의 유양마 사육은 중종반정 직후에 세종대의 수준으로 환원되었다.

3. 호마 목장의 설치

조선시대에 와서 말은 다방면으로 이용되었다. 그러나 기병에게 전마를 공급하는 문제를 가장 중요시 하였다. 따라서 국가 위정자들은 '군정은 말보다 급한 것이 없다'[101]라고 하여 기동력이 우수한 호마의 생산에 주력하였다. 태종과 세종이 호마목장을 전국에 설치하여 4군 6진을 개척한 반면, 성종대부터는 목장을 폐지함으로써 전마가 크게 부족한 결과 국방력이 약화되어 임진왜란과 병자호란을 초래하였다.

전마로 사용할 호마의 수입 문제는 국가적으로 중요한 현안이었지만,

---

100) 『中宗實錄』 권6, 중종 3년 7월 임인.
101) 『世宗實錄』 권21, 세종 5년 8월 경술.

제주마(위)와 몽고마(아래)

조선은 여진으로부터 호마를 수입할 수 없었다. 즉, 명나라가 달단과의 전쟁에서 패배하자,[102] 조선은 명나라 요청에 따라 전마 1만 필을 바쳤다.[103] 따라서 여진은 조선에 조공하던 호마를 단절시켰다.

한편 북경에서 돌아온 사신이 '원나라가 소유했던 제주목장을 명나라가 탈취하려 한다'[104]고 보고하자, 태종은 제주목장의 암수 종마 1천 8백 필은 가까운 진도로 옮기고, 1백여 필은 유사시 수송이 편리한 강화도 길상산으로 옮겨 방목하는 조치를 취했다.[105] 또한 태종은

---

102) 『太宗實錄』 권18, 태종 9년 10월 경술.
103) 『太宗實錄』 권19, 태종 10년 2월 경술.
104) 『太宗實錄』 권26, 태종 13년 7월 을미.

당번 선군과 백성들을 진도에 이주시키고 목장에 목책을 세웠으며, 왜구의 침범을 막기 위해 수호군도 파견하였다. 그러나 전라도 도관찰사 김정준이 수초가 부족한 진도목장을 혁파할 것을 주장하자, 태종이 1414년(태종 14) 11월 7일 목장을 혁파함으로써 진도목장을 통한 호마 생산은 성과를 보지 못했다.

그런데 강화도에서는 목장을 설치한 지 1년 6개월이 지난 1415년(태종 15) 1월에 둘레 67,143척의 길상목장을 완성하였다. 3년 후 강화도 본섬의 길상·진강·북일곶 목장과 부속섬의 신도·매도 목장에서 목축한 말이 1,200여 필에 이르렀다. 이때 암말 5필과 수말 1필을 묶어 1둔(屯)으로 삼고 목자 1명을 배치했는데,106) 성별에 따라 암말과 수말을 구분하면 수말 2백 필, 암말 1천 필이 되는 셈이다. 따라서 몽고마를 제주에서 처음 방목한 이후 강화도에서도 몽고마를 생산하게 되었다.107)

1423년(세종 5) 강화도 암·수말의 총 숫자는 1,642필이었다.108) 6년 동안 불어난 숫자가 450여 필에 불과한 셈이다. 따라서 세종은 호마를 확보하기 위해 두 가지 방안을 강구하였다. 먼저 강화도 본섬 전체를 목장으로 만들고, 다음으로 호마를 강화도 부속섬에 격리하여 방목하였다. 다음의 사료가 그것을 설명하고 있다.

사복시에서 아뢰기를, "강화부 신도(信島)에 들여보내어 방목하는 흑오명마(黑五明馬)의 자웅마와 주둥이가 검고, 눈도 검고, 불알도 검고, 발뒤꿈치도 검은 결백마(潔白馬)의 자웅마는 그 숫자가 적어서 번식이

105) 『太宗實錄』 권26, 태종 13년 8월 기사.
106) 『太宗實錄』 권33, 태종 17년 6월 무자.
107) 태종의 강화도 마목장 설치에 대해서는 다음의 논고를 참조할 것. 이홍두, 2014, 「조선시대 강화도 馬牧場의 置廢와 戰馬의 생산」, 『軍史』 93.
108) 『世宗實錄』 권20, 세종 5년 5월 경자.

많지 않으니, 두 빛깔의 말을 각도 목장에서 골라내고, 또 경상도·전라도로 하여금 암수 아울러 각 15필씩을, 충청도·경기도·평안도·함길도로 하여금 각각 10필씩을, 황해도·강원도로 하여금 각각 5필씩을 찾아서 올려 보내게 하여, 경기도 보음도(甫音島)에 방목하소서" 하니 그대로 따르되, 다만 평안도는 바치지 말게 하였다.109)

위 사료에서 강화도 부속섬 신도에 암수의 흑오명마와 결백마를 격리하여 방목하였지만, 방목한 호마가 너무 적어 번식되지 않자, 두 종류의 말을 각도에 할당하여 그것을 모아 강화도 보음도에 호마목장을 설치했음을 말하고 있다. 세종의 호마확보책은 강화도 부속섬 신도와 보음도에 호마목장을 설치함으로써 그 토대를 마련한 셈이다. 한편 세종은 사람이 살지 않는 강화도 진법도에 호마의 수마 1필과 토마 8필을 일찍이 방목했는데,110) 이러한 사실은 체구가 큰 호마와 몸집이 작은 토마와의 교접을 통해 4척 이상의 준마를 생산하는 것이 목적이었다.

이와 같이 세종이 호마 목축에 적극적이었던 이유는 고려시대 종마로 사용되었던 달단마가 1377년(우왕 3) 1월 이후 수입이 끊겨 대부분의 호마가 과하마로 퇴화되었기 때문이다.111) 이는 1424년(세종 6) 사복시112) 제조가 "달단마를 수입하지 못한 지가 50년이 넘어 그 종자가

---

109) 『世宗實錄』 권66, 세종 16년 10월 정사.
110) 『文宗實錄』 권7, 문종 1년 5월 무술.
111) 달단마는 고려 국초부터 여진이 조공마로 진헌하였으며, 충렬왕 2년(1276) 이후에는 원나라가 제주목장에 호마를 방목함으로써 호마 생산이 순조롭게 진행되었다. 그러나 1백여 년이 지난 우왕 3년(1377)부터는 달단마의 수입이 끊겼다.
112) 사복시는 마정의 집행기관으로서 그 소관은 병조에 보고하고 의정부를 거쳐 집행되는 것이 원칙이었다. 그러나 문종 원년(1451) 김종서가 영의정으로서 사복시 제조를 맡은 뒤로는 그 소관이 제조를 통해 국왕에 직결되어 처리하였다.

멸종되었다"[113]라고 한 데서 그것을 확인할 수가 있다.

종마로 사용한 호마의 등급은 말의 털빛깔에 따라 구분했는데, 품등은 20~30여 종으로 구분하였다.[114] 특히 털빛깔이 흑오명색·철청색·결백색을 띤 웅마를 최상등으로 여겨 종마로 보호하였다. 세종은 이들 세 품종을 강화도 신도와 보음도에 전담시켜 목축코자 하였지만, 이 세 품종의 호마는 매년 널리 구해도 쉽게 얻을 수가 없었다.[115]

따라서 세종은 동왕 20년(1438) 의정부가 5색의 종마 중에 오명마(五明馬)·철총마(鐵驄馬)·백마(白馬)는 귀한 색깔이므로 경상·전라·충청도에 각각 호마목장을 설치하여 특별히 번식시킬 것을 주장한 건의를 받아들였는데,[116] 이는 세종의 호마확보책이 전국으로 확대되었음을 의미한다. 세종은 동왕 31년(1449) 호마 생산의 본 고장인 함길도조차 종마로 쓸 호마가 없다는 보고를 받고, 함길도 감사에게 "야인들에게 말 값을 넉넉히 주고 암·수말을 섞어 10필을 교역해 보내도록 하라"고 하였다.[117] 이러한 사실은 세종대 후반기에도 종마로 사용하는 호마의 숫자가 크게 부족했음을 알 수 있다.

한편 세조대에도 종마로 사용하는 수말 호마가 크게 부족하여 사복시가 그 해결 방안을 제시하였다. 다음의 사료를 통해 그것을 알 수 있다.

『경국대전』에서는 그 중요성을 강화하여 제조 2명을 배치하고, 영조대 『속대전』에서는 제조 2명 중 1명은 영의정이 겸임토록 하였다(南都泳, 1996, 앞의 책, 218쪽).

113) 『世宗實錄』 권25, 세종 6년 8월 무신.
114) 남도영, 1996, 앞의 책, 371쪽.
115) 『世宗實錄』 권49, 세종 12년 9월 신해.
116) 『世宗實錄』 권83, 세종 20년 10월 정사.
117) 『世宗實錄』 권123, 세종 31년 2월 갑술.

가) 사복시에서 아뢰기를, "국가에서 경기 임진현의 호곶(壺串), 강화도의 장봉도·신도(長峰島·信島), 충청도 태안의 안면곶, 전라도 진도 등 목장은 양마가 생산되므로 여기서 얻는 새끼 말은 모두 나누어 주지 않고 그대로 길렀습니다."118)

나) 사복시에서 아뢰기를, "경기 강화도의 장봉도목장에서는 일찍부터 호마를 방목하여 따로 번식하고 있습니다. 현재 튼튼한 암말과 수말을 합해 46필이 있사온데, 청컨대 5세 이하의 호마 10필을 서울로 보내고, 나머지 수말 36필 중 북일·진강 두 목장에 각각 18필씩 보내어 감목관이 감독하도록 하고, 이빨 숫자를 본시에 보고하여 마적(馬籍)에 등록토록 하소서" 하니, 그대로 따랐다.119)

　사료 가)는 종마로 사용하는 호마의 혈통을 보존하기 위해 전국의 목장 중 임진현의 호곶목장, 강화도의 장봉도·신도목장, 충청도 태안의 안면곶목장, 전라도 진도목장에서 태어난 새끼말을 외부로 반출하지 않았음을 말하고 있고, 나)는 호마를 전문으로 목축하는 강화도 장봉도 목장의 호마 46필 가운데 10필을 경기도 목장에 보내고, 나머지 36필은 강화도 북일목장과 진강목장에 각각 18필을 보내되, 호마의 혈통을 마적에 등록했다는 내용이다. 여기서 호마를 별도로 목축하는 호마목장의 증가와 함께 시간이 지나면서 목축한 호마의 개체수가 증가하자, 그곳의 암수 호마를 경기도와 강화도 본섬의 두 목장에 분배함으로써 호마목장을 통한 호마의 생산이 증대했다고 하겠다.
　여기서 호마를 마적(馬籍)에 등록했다는 것은 호마가 생산되면 관에 신고함으로써 처분에 통제를 받았다는 것인데, 그 목적은 마필의 증감

---

118) 『世祖實錄』 권5, 세조 2년 12월 무오.
119) 『世祖實錄』 권9, 세조 3년 9월 무진.

을 파악하는 데 있었다. 다시 말해서 종마로 사용되는 호마를 생산한 목자는 말의 나이와 털색과 소유관계를 관에 신고하였다. 관에서는 이를 조사 확인하여 5통의 마적(馬籍)을 작성하는데, 그중 1통은 감목관이 보관하고 나머지는 목사·지방관찰사·사복시·병조에 보냈다. 특히 목장마는 소속 군(群)을 구별하기 위해 천자문의 글자를 깊이 낙인하여 농간을 막았다.120) 그리고 수속을 끝낸 목자는 마필의 증감이 있을 경우 즉시 관에 보고했는데, 이러한 사실은 당시 호마의 생산이 국가적 중대사였음을 시사한다.

사료 가)에서 전국의 호마목장은 10여 곳이 있는데, 그중 세 곳이 강화도에 있었던 사실이 주목된다. 특히 장봉도목장은 세종대까지 소를 목축했지만, 세조대부터 호마목장으로 전환하여 호마 생산에 크게 기여하였다. 사료 나)에서 "46필의 호마 중 암·수말 14필을 경기도에 보내고 강화도 북일목장과 진강목장에는 수말 18필을 각각 보냈다"는 내용이 그것을 입증하고 있다. 이는 세조가 세종의 호마 확보책을 계승한 사실을 전하는 것으로 이를 통해 조선 초기에 호마 숫자가 증가되었음을 알 수 있다.

그러면 제주목장에는 호마가 얼마쯤 있었을까? 이 문제는 다음의 몇 가지 사실과 관련이 있다. 먼저 명나라의 지나친 제주마 징발의 경우이다. 제주목장의 호마는 1276년(충렬왕 2) 원나라가 탐라에 몽골식 마목장을 설치하면서 크게 증가하였다.121) 그러나 고려 말 3만 필과 조선 초기 7만 필을 명나라에 바쳐 그 합이 10만 필이었다. 그중에 약 6~7만 필을 제주 목장에서 차출했으므로 호마의 종자가 사라질 수밖에 없었다.122)

---

120) 『續大典』 권4, 병조 구목.
121) 『高麗史節要』 권19, 충렬왕 2년 8월.

다음으로 호마와 토마를 구별하지 않고, 한 울타리에서 방목한 경우이다. 1513년(중종 8) 12월 26일 한성부 좌윤 김석철이 "제주 3읍의 국둔마는 좋은 말과 나쁜 말이 섞였기 때문에 양마가 많지 않다"[123]고 상소한 내용이 그것을 입증하고 있다. 사실, 호마의 잡종화를 막는 유일한 방법은 토마의 접근을 차단하는 것인데, 넓고 개방적인 제주목장의 지형적 특성으로 볼 때 실현하기가 매우 어려웠다.

마지막으로 양마가 있더라도 두 살도 되기 전에 장사꾼들과 짜고 남몰래 방매한 경우이다. 당시 상인들은 토마를 호마로 교환하여 큰 이익을 챙겼다.[124] 특히 세종 3년(1421)에는 상인들이 양마를 무분별하게 육지로 반출함으로써 종마의 씨가 마르게 되는 사태가 일어나기도 했다.[125]

이와 같이 제주목장에 호마가 감소한 것은 원나라 간섭기에는 엄격했던 호마의 관리체계가 조선 초기에 이르러 붕괴됨으로써 나타난 결과였다. 따라서 한성부 좌윤 김석철이 "암·수말을 막론하고 두 살 이상으로서 털빛깔이나 품질이 좋은 말이 있으면, 생산되는 대로 해마다 무역하여 별도로 목장을 만들어 한 곳에서 기르면 좋겠다"[126]고 하여 그 해결책을 제시하였지만, 그것을 시도한 흔적을 찾을 수가 없다. 그리하려 제주목장에는 4척 이상의 호마가 많지 않아 중국에 보내는 상공마(賞貢馬)조차도 4척 이하의 토마를 바칠 수밖에 없었다.[127]

한편 양계 지역에서도 달단마가 산출되었는데, 그것은 두 가지 측면

---

122) 『太宗實錄』 권16, 태종 8년 12월 무술.
123) 『中宗實錄』 권19, 중종 8년 12월 경신.
124) 『增補文獻備考』 권25, 병고 17, 마정.
125) 『世宗實錄』 권12, 세종 3년 6월 신축.
126) 『中宗實錄』 권9, 중종 8년 12월 경신.
127) 『世宗實錄』 권49, 세종 12년 9월 기해.

전정홍래필 수렵도

에서 볼 수가 있다. 하나는 함경도는 본래 달단마가 산출되는 지역이라
는 것이고, 다른 하나는 태종 15년(1415) 황해도의 용매도와 평안도
선천의 신미도에 마목장을 설치하고, 제주목장의 호마를 방목한 사실
이다. 거란이 몽골 지역을 지배하고 중국과 고려를 침입하는 등 맹위를
떨쳤지만, 몽골의 후신 달단(韃靼)[128]이 등장하면서 기북마는 달단마로
불렸다. 그런데 13세기 초에 흥기한 원나라가 1367년(공민왕 16) 멸망하
자, 몽골의 후예인 달단이 한반도 동북지역을 생활 터전으로 삼았기
때문에 함경도와 경계를 이루게 되었으며, 달단마를 함께 공유하게
되었던 것이다.

　달단과 경계를 이루는 함경도는 산이 깊고 풀이 무성하며 샘물이
좋았으므로 조선시대 명마 생산지로 이름이 났다. 그런데 이곳에는
함흥의 도련포목장, 홍원의 마랑이도목장, 문천의 사눌도목장, 영흥의

---

128) 『明史』 卷327, 列傳 215, 韃靼.

말응도목장, 단천의 두언태목장이 있다. 그중에서도 북쪽의 도련포목장과 남쪽의 제주도목장은 우리나라의 기북이라고 불릴 정도로 유명하였다.[129)

도련포목장은 옛 옥저 때부터 신마가 나는 명산지였다. 「용비어천가」는 "태조 이성계가 탔던 팔준마 중에 한 명마가 도련포에서 생산되었기 때문에 이곳의 말을 용마라고 불렀다"[130)고 기록하였다. 세종 때 국마 192필을 방목한[131) 도련포목장은 40리의 넓은 들판 가운데 있어 해마다 함흥·정평·홍원의 장정들을 동원시켜 목책을 세웠다. 따라서 먼 곳의 백성들이 역사에 고통이 따랐으므로 1688년(숙종 14)에 목장을 폐지했다가, 1709년(숙종 35)에 다시 설치하였다.[132)

서북면의 황해도 용매도에 제주 호마를 방목한 것은 태종 7년(1407) 영의정부사 성석린이 "쓸만한 제주말을 골라서 육지 근처의 섬에 방목한다면 3년 안에 효과가 있을 것이다"[133)고 주장한 직후에 실행한 듯하다. 그것은 태종이 길상목장을 완성한 동왕 15년(1433) 1월 21일에 "일찍이 제주말을 용매도로 옮겨 키웠는데, 그 말이 제주말보다 나았다"[134)고 한 것을 통해 알 수 있다. 성종 때 전 개성유수 고태필이 "원나라 세조가 제주에 목장을 설치하고 방목한 달단마의 혈통을 용매도의 호마에서 찾았던 사실"[135)도 용매도목장에서 순종의 달단마가 생산되었음을 입증한다.

---

129) 南都泳, 1996, 앞의 책, 234쪽.
130) 『英祖實錄』 권23, 영조 5년 윤7월 무자.
131) 『世宗實錄』 지리지 권155, 함길도 함흥부.
132) 『英祖實錄』 권22, 영조 5년 6월 계묘.
133) 『太宗實錄』 권13, 태종 7년 1월 갑술.
134) 『太宗實錄』 권29, 태종 15년 1월 경신.
135) 『成宗實錄』 권281, 성종 24년 8월 정묘.

유린청(遊麟靑) 태조 이성계가 탔던 팔준마 중 하나

제3장

내구마 조련과 기병의 무장

I. 궁중의 내구마 조련

1. 내사복시의 내구마 조련

궁중의 내구마 조련은 내승(內乘)과 겸사복이 담당하였다. 그런데 태종 때 와서 내구마 사육에 따른 내승의 행패가 사회문제로 등장하자, 겸사복이 내구마 조련을 주도하였다. 이것은 내구마 조련에서 국왕의 측근인 내승을 배제하고 무제를 겸비한 겸사복의 등용을 말하거니와, 세조 때에는 겸사복이 내승의 소관 직책까지 관장하였다. 『경국대전』에서 겸사복의 직책을 자세히 규정하였으나, 내승에 대한 규정이 없는 까닭이 여기에 있다.

한편 성종대 후반에 내사복시가 정비되면서 내승이 내구마를 사육하고 조련하는 종전의 지위를 회복하였다. 반면에 겸사복은[1] 국왕의 친위병으로 승진하여 1593년(선조 26)부터는 내금위·우림위와 함께 내삼청으로 불렸다.[2] 따라서 여기서는 조선전기 겸사복의 내구마 조련과 겸사복의 지위 변동을 중심으로 고찰하려고 한다.

내구마를 조련하는 내승은 원나라 간섭기에 설치되었는데, 몽골의 영향 하에서 기존의 상승국 조직을 왕권강화 측면에서 개편하였기 때문에 이때부터 사회문제를 일으켰다. 따라서 1308년(충선왕 즉위년)에 내승을 폐지하고, 내승도감을 새로 설치함으로써 내승은 종3품의 내승별감 밑에 소속되어 실무를 담당하게 되었다. 당시 내승의 정원은 50명 정도였으며, 내승 밑에는 수백 명의 구종(驅從)이 배치되었다.[3]

---

1) 南都泳, 1996, 『韓國馬政史』, 한국마사회 마사박물관, 302쪽.

2) 『宣祖實錄』 권39, 선조 26년 6월 경자.

3) 남도영은 『高麗史』 권77, 지제 31, 백관 2의 사료 "承旨五十人"의 승지를 내승과

그런데 왕권과 결부된 내승이 구종들을 노예처럼 부리고 지방군민을 침탈하는 행패가 계속되자, 1309년(충선왕 1) 봉차서(奉車署, 상승국)를 다시 설치하여 내구를 전담케 함으로써 내승은 국왕을 입직·시위하는 숙위군의 지위만을 갖게 되었다. 그러나 내승의 폐단이 전혀 시정되지 않았다. 따라서 이성계는 1388년(우왕 14) 5월 위화도회군을 단행한 후 내구마 조련을 담당한 내승 50명만을 남기고, 내승의 휘하 구종을 모두 이성계의 부병에 편입시켰다.[4]

태조 이성계는 1394년(태조 3) 한양으로 천도한 직후, 내구와 내사복시를 설치하고, 내승이 내구마 사육과 조련을 관장케 하였다.[5] 태조가 "사복시를 시켜서 세마지(洗馬池)를 사복시 서쪽에 파도록 하고, 직접 나가 보았다."[6]고 한 기사는 태조의 내구마 조련에 대한 적극적 의지를 반영하고 있다. 따라서 1408년(태종 8)까지는 3명의 내승이 50여 명의 사복을 휘하에 두고, 내구마 조련을 주도하였다.[7] 그러나 왕권에 기생한 내승의 권한이 증대하여 지방군민을 침탈하고, 구종을 노비와 같이 부리는 사회문제가 반복되자, 내승은 점차 내구마 조련에서 배제되었다.

태종은 1409년(태종 9) 마상무예가 출중한 무인을 겸사복에 임명함으로써 내구마 조련에 대한 겸사복의 역할이 내승의 역할을 능가하였다. 특히 태종은 종래의 사복과는 다른 무재를 겸비하고 시위를 주된 임무로 하는 겸사복을 내사복시에 증치했는데, 이는 주로 한직인 첨총제(僉摠制) 등의 관직을 수여하여 사복을 겸임케 하였다. 이러한 시책은 세종

같다고 보았다.

4) 『高麗史節要』 권33, 우왕 14년 8월.
5) 이홍두, 2016(b), 「조선전기 畿甸의 마목장 설치」, 『서울과 역사』 93, 10~12쪽.
6) 『太祖實錄』 권9, 태조 5년 4월 경술.
7) 이홍두, 2017(a), 「조선 초기 內廐의 운영과 留養馬 변동」, 『서울과 역사』 96, 97~102쪽.

때까지 계속되어 상호군·호군·첨총제·행사직 등의 관료들이 사복을 겸했다.[8]

　한편 세종은 겸사복과 함께 무사 12명을 해주 강무장에 보내 내구마 60필을 조련토록 하였으나,[9] 기대한 만큼 성과가 없었다. 즉, 이는 당시 세종이 "사복시에는 탈 만한 내구마가 한 필도 없을 뿐만 아니라 혹시 의장을 갖추려고 하면 날뛰기 때문에 길든 말이면 절뚝거리는 말이라도 탈 수밖에 없다"[10]고 한 말을 통해 알 수 있다. 세종은 1426(세종 8) 9월 행행하던 중 내구마가 넘어지려고 하자, 즉시 겸사복 첨총제 양춘무를 '장(杖) 80'에 처해 의금부에 하옥한 다음, 그 직위를 파면하였다.[11] 이와 같은 사례는 세종 때 겸사복의 내구마 조련 성과가 크지 않았음을 입증한다.

　세종은 1436년(세종 18) 5월 사복시가 유양마를 직접 사육하여 내구마를 조련토록 하였다. 즉, 세종은 수원도호부 홍원곶에 사복시 외구를 설치하고, 겸사복을 파견하여 내구마의 사육과 조련을 감독하도록 하였다.[12] 결국 세종 때 내구마와 사복시가 사육하는 호곶·홍원곶 목장의 유양마가 증가하고, 전곶목장의 어승마도 1천여 필로 증가하자, 겸사복의 숫자를 늘릴 수밖에 없었다.

　반면에 세조는 내구마 조련제도를 혁신하였다. 내구마로 사용하는 호마의 혈통 보존을 위해 호마목장을 설치하고, 호마도 조련하지 않으면 야수와 다름이 없다고 하면서 내구마 조련을 독려하였다. 전자와 관련하여 세조는 경기 임진현의 호곶목장, 강화도의 장봉도·신도 목장,

---

8) 南都泳, 1996, 앞의 책, 219쪽.
9) 『世宗實錄』 권30, 세종 7년 10월 계유.
10) 『世宗實錄』 권30, 세종 7년 10월 갑술.
11) 『世宗實錄』 권33, 세종 8년 9월 계묘.
12) 『世宗實錄』 권121, 세종 30년 7월 신해.

충청도 태안의 안면곶목장,[13] 전라도 진도목장을 호마목장으로 지정하고, 여기서 얻은 새끼 말을 외부로 반출하지 않았다.[14] 후자와 관련해서는 겸사복을 내사복시에서 분리하여 정식 관아로 만들고 겸사복 50명을 배속시켜 내구마 조련을 전담케 하였다.[15] 그 뒤 겸사복은『경국대전』에서 종2품의 아전이 되었고,[16] 뒤에는 겸사복청으로 되었다.[17]

그리하여 내구마 조련을 통한 겸사복의 지위 상승은 지속적이고도 대량적으로 이루어졌다. 내금위와 같은 반열의 아문으로 격상한 겸사복은 내구마 조련을 향상시킨 결과 여분의 내구마를 함길도 변방 군사에게 지급할 수 있게 되었다. 특히 세조는 사복시의 내구마 10필을 창덕궁 후원에서 처음 방목했는데,[18] 이후 창덕궁 후원에서는 내사복시의 관마와 사마(私馬) 조련과는 별도로 후원마 조련을 실시하였다.

성종대에 와서 겸사복의 내구마 조련 문제는 두 가지 측면에서 변동하였다. 먼저 여러 목장의 아마를 내금위와 겸사복에게 지급하여 조련토록 하였고,[19] 다음으로 내승이 내구마 조련을 주도하는 한편으로 사복(司僕)을 감찰하는 지위를 회복하였다.[20] 후자의 이러한 현상은 태조 때 설립한 내사복시가『경국대전』에는 기록되지 않았지만, 1492년(성종 23)에 간행된『대전속록』에서 처음으로 관아 명칭이 보인 것과 관련이 있다.[21] 즉, 성종대의 겸사복은 시위병 역할이 축소됨으로써,

---

13) 이홍두, 2017,「조선 초기 마목장 설치 연구」,『동북아역사논총』55, 240~241쪽.
14)『世祖實錄』권5, 세조 2년 12월 무오.
15)『世祖實錄』권34, 세조 10년 8월 임오.
16)『經國大典』권4, 병전 경관직 겸사복.
17)『睿宗實錄』권2, 예종즉위년 11월 신사.
18)『世祖實錄』권34, 세조 10년 8월 갑오.
19)『成宗實錄』권76, 성종 8년 2월 무술.
20)『成宗實錄』권189, 성종 17년 3월 신유.
21)『大典續錄』권4, 병전 부신 조.

내구마를 조련하는 본연의 업무에 복귀하였다. 결국 세조대에 와서 겸사복의 숫자가 증가하고, 성종대 겸사복이 내구마 조련에 집중하였던 이 같은 상황이 내구마와 유양마 및 전곶목장의 내구마를 2천여 필로 증가시킨 요인으로 작용하였다. 그런데 겸사복이 내구마 조련에 집중하는 현상은 연산군대에 와서 더욱 확대되었다. 다음의 사료가 그것을 설명하고 있다.

전교하기를, "각도의 점퇴한 역마(驛馬)는 시한까지 도로 내려 보내고, 그중에서 간택된 말 1백 필을 사복시에서 맡아 기르되, 겸사복 50인을 택차하여 1인마다 2필을 나누어 주어 늘 타고 다니며 길들이게 하며, 만약 병이 나거나 죽거든 유양마(留養馬)로 충당하라."고 하였다.22)

위 사료는 연산군이 전국의 목장에서 점퇴한 내구마 1백 필을 겸사복 50명에게 각각 2필을 주어 항상 타고 다니며 조련하도록 했다는 내용이다. 그런데 여기서 겸사복이 어승마를 조련하다가 병들어 죽으면 사복시의 유양마로 충당하라는 국왕의 지시가 주의를 끈다. 사실 사복시가 각 고을에 보낸 분양마가 죽거나 여위거나 길들이지 않았으면, 수령을 논죄했는데, 1필이면 엄중히 추문하고, 2필이면 한 자급을 강등하며, 3필이면 두 자급을 강등하고, 4필이면 파직하고, 말이 죽으면 살아있는 말로 추징하였다.23) 그러나 연산군은 겸사복이 어승마를 타고 다니며 조련하다가 변고가 발생해도 크게 처벌하지 않았다. 이는 겸사복이 내구마 조련의 전권을 부여받았기 때문에 나타난 결과로 보인다.

그런데 중종 때는 내구마가 조련되지 않을 경우 내승의 처벌을 강화하

---

22) 『燕山君日記』 권57, 연산군 11년 1월 임인.
23) 『續大典』 권4, 병전 구목 조.

였다. 즉, 중종은 1509년(중종 4) "전일에 탔던 말이 대궐문에 이르러 문턱을 지날 때에 지체하고 머무르며 의심하고 무서워하였으니 내승으로 하여금 세마(洗馬)할 때에 항상 조련되지 않는 말이 없도록 하라"고 전교하였다.[24] 중종의 이 말 속에는 조련되지 않는 내구마에 대한 두려움을 갖고 있었고, 그 책임을 내승에게 묻고 있는 것이다. 특히 중종대에 이르러서 어승마가 놀라면 내승을 사헌부에 내려 추고하고 의금부에 하옥시켰다.[25] 따라서 내승에 대한 견제는 곧 내구마 조련을 위한 제도화로 나타나고 있거니와 중종 때 편찬한 『신증동국여지승람』 의 다음의 사료가 그것을 설명하고 있다.

> 내구에는 말 60필을 기르고 외구에는 말 □필을 기르는데, 내사복시에 서 매달 1일, 11일, 21일에 관마(官馬)를 조련하고, 매달 5일, 10일, 15일, 20일, 25일, 30일에는 창덕궁 후원에서 조련하며, 매달 7일, 17일, 27일에는 사마(私馬)를 조련하는데, 사복시의 관마 조련은 내사복시와 같고 매달 5일, 15일, 25일에는 사마를 조련하였다.[26]

위 사료에서 내사복시와 사복시가 관마와 사마를 조련하는 상황을 엿볼 수가 있다. 그런데 여기서 내사복시와 사복시의 내구마 조련을 구별해 실시한 것이 주의를 끈다. 내사복시는 매달 6차례 조련을 실시하 였다. 그중 관마의 조련은 매달 1일, 11일, 21일에, 사마의 조련은 매달 7일, 17일, 27일에 실시하였다. 그리고 사복시의 관마 조련은 내사복시와 같은 날에 실시했으며, 사마 조련은 매달 5일, 15일, 25일에

---

24) 『中宗實錄』 권9, 중종 4년 9월 기미.
25) 『中宗實錄』 권101, 중종 38년 9월 갑인.
26) 『新增東國輿地勝覽』 권2, 비고편 ; 『東國輿地備攷』 권1, 경도 문직공서.

거행하였다.

한편 세조가 1464년(세조 10) 8월 갑오에 사복시의 내구마 10필을 창덕궁 후원에 방목하면서,[27] 내사복시는 매달 5일, 10일, 15일, 20일, 25일, 30일에 후원마를 조련하였다. 결국 내사복시는 매달 12차례 내구마를 조련한 셈이다. 이처럼 날짜에 따라 내구마 조련을 상호 다르게 거행한 것은 조선후기까지 큰 변동이 없었다.[28]

2. 사복시의 내구마 조련

국왕이 타는 내구마는 전국의 목장에서 호마와 준마를 바치면 사복시가 간택하였다. 그런데 내구마로 간택되지 못한 마필은 각 고을에 분양마로 보내졌다. 이때 고을의 수령은 관아 옆에 마구간을 짓고 분양마의 사육과 조련을 관장하였다. 사복시에서는 고을에 보낸 분양마를 1년 후에 다시 심사하여 내구마에 충당하거나, 변방의 군사들에게 전마로 지급하였다. 또한 국가에서는 동절기에 한해서 목장마를 각 고을에 분양한바, 수령은 이들 목장마의 사육과 조련도 함께 담당하였다. 따라서 여기서는 사복시의 분양마와 동절기 목장의 분양마 조련에 대해 살펴보려고 한다.

고을의 분양마는 내구마를 사육하는 경우와 목장마를 사육하는 경우로 나누어 볼 수 있다. 전자의 내구마 간택을 위한 분양마 제도는 태종 때에 실시되었다. 당시 궁중의 내구에서는 내구마 60필 정도를 수용했는데, 해마다 내구마가 증가하고, 전국의 목장에서 진상한 내구마로 간택되지 못한 마필도 적지 않았다. 따라서 태종은 이들 여분의

---

27) 『世祖實錄』 권34, 세조 10년 8월 갑오.
28) 『正祖實錄』 권13, 정조 6년 4월 기묘.

내구마를 수용하기 위해 임진현 호곶에 사복시가 관장하는 외구 설치를 지시하였으나, 관료들의 반대로 무산되었다. 이에 태종은 여분의 내구마를 각 고을에 분양하는 제도로 전환하였다.

내구마의 분양은 각 고을의 성쇠에 따라 그 숫자를 정했다. 이때 수령은 번식의 책임을 맡았고, 사복시 관원은 감독을, 관찰사는 분양마의 번식 정도를 기준으로 수령의 고과를 평가하였다.[29] 내구마를 분양하고 4년 7개월 후 각도의 분양마 숫자가 194필이 되는 성과를 올리자,[30] 태종은 1415년(태종 15) 8월부터 각 고을의 분양마 숫자를 파악하여 보고하도록 했다.[31]

세종은 1425년(세종 7) 8월 호조에서 "사복시의 내구마를 각 고을에 나누어 사육하는데, 세력이 약한 고을에서는 동절기의 목장마 사육이 고역이다"[32]고 한 보고를 받고, 분양마 제도의 개혁에 착수하였다. 개혁은 두 가지 측면에서 실시한바, 하나는 분양마 제도를 폐지하는 것이고, 다른 하나는 동절기의 목장마를 마장에서 방목하는 것이었다. 동절기의 목장마 방목은 1423년(세종 5) 7월에 실시했는데, 경기도와 충청도의 겨울은 추워서 동절기 목장마의 방목이 어려웠던 반면, 기후가 따뜻한 남쪽의 전라도와 경상도에서는 목장마 방목이 가능하였다.

따라서 분양마에 대한 백성들의 사료 납부가 크게 줄었다. 그런데 당시 중국에 진헌할 준마의 숫자가 크게 부족한 상황에 처하자, 병조판서 이중지가 "전국 목장의 말을 각도에 분양하여 중국 황제에게 보내는 진헌마(進獻馬)에 대비할 것을"[33] 주장함으로써 목장의 분양마 제도는

---

29) 『太宗實錄』 권14, 태종 7년 10월 갑진.
30) 『太宗實錄』 권25, 태종 13년 5월 정해.
31) 『太宗實錄』 권30, 태종 15년 8월 정해.
32) 『世宗實錄』 권29, 세종 7년 8월 무자.
33) 『世宗實錄』 권47, 세종 12년 3월 갑자.

성과를 거두지 못했다.

　세종은 1436년(세종 18) 5월에 사복시의 분양마 제도를 두 가지 측면에서 개혁하였다. 먼저 사복시가 내구마를 직접 사육케 하였고,[34] 다음으로 사복시 관원에게 내구마를 분양하여 조련토록 했는데, 당시 이러한 방식으로 내구마 80~90필을 얻었다. 따라서 당시 분양마를 고의로 잃어버린 것에 대한 처벌 문제가 자주 논의된바, 처벌 규정은 1533년(중종 28)에 간행한 『대전후속록』에서 법제화되었다. 즉, 분양마를 분실하거나 수척하게 만들거나 길들이지 않은 수령은 한 필만 있어도 『대명률』의 조항에 의거하여 태(笞) 50에 처하고, 두 필이면 한 자급을 강등하고, 세 필이면 두 자급을 강등하며, 네 필이면 파면하였다. 그리고 분실한 것은 살아있는 마필로 변상케 하였다.[35]

　한편 사복시가 각 고을에 보낸 분양마는 해당 고을의 조습마(調習馬)로 사용했는데, 국가에서는 각 고을의 성쇠에 따라 조습마 배분에 차등을 두었다.[36] 그러나 평안, 함길도 도체찰사 황보인은 두 도의 조습마를 줄이도록 계청한 사실이 주의를 끈다. 당시 황보인이 조습마의 숫자를 줄이려고 한 것은 한 고을의 절제사와 판관이 데리고 가는 군사와 조습마의 한 달 경비가 1백여 석에 이르렀기 때문이다. 그러나 의정부 대신들은 『병전등록』의 기록을 토대로 조습마를 오히려 늘리도록 주장하였다. 마침내 세종은 1441년(세종 23) 함길도 도절제사의 요청에 따라 조습마를 증액하였다.[37] 이러한 사실은 조습마의 증액이 북방의 방어에 기여하고 있음을 입증한다.

---

34) 이홍두, 2018, 「조선 초기 수원도호부의 마목장 설치 연구」, 『軍史』 106, 339~345쪽.
35) 『典錄通考』 병전, 구목조.
36) 『世宗實錄』 권90, 세종 22년 9월 임인.
37) 『世宗實錄』 권92, 세종 23년 4월 을해.

세조는 각 고을의 조습마를 양계 군사에게 지급하는 파격적인 조치를 취했다. 그 대체적인 방법은 종성 이북의 군사에게 조습마와 노획해 온 호마를 지급한다든가,[38] 혹은 사복시의 조습마를 군사에게 지급하는 것이었다.[39] 여진의 침공으로 북방의 방비가 소란스러운 당시의 상황에서 이 같은 조치는 대단히 실효가 있었다. 특히 병조에서 평안도 도절제사의 계본에 의거해 "도내의 조습마 10필 중 늙은 6필의 교체를 요구하자"[40] 세조가 이를 허락하였다.

결국 세조는 조습마의 숫자를 증액함으로써 양계지역의 군사력을 강화시킬 심산이었다. 사실 1467년(세조 13) 5월 16일 이시애 난[41] 때 단천 이북의 목장과 제진(諸鎭) 및 절제사의 조습마를 모두 빼앗겨서 조습마의 숫자가 크게 감소하였다. 따라서 세조가 조습마의 관리에 집중할 수밖에 없었던 이유가 여기에 있다.

조습마를 양계지역의 군사에게 지급하는 경우와 함께 영진(營鎭)의 군사들에게 전마로 지급하는 경우도 많았다. 오히려 전자보다 후자가 보다 광범하게 이루어졌을 것으로 보인다. 이것은 세조가 서북면 4군을 폐지한 후 조습마를 분양할 고을이 없었다는 점에서 충분히 짐작할 수가 있다. 특히 영진의 군사에게 전마로 지급한 조습마는 사복시가 각 고을에 보낸 분양마와 여러 목장마를 전마로 지급하는 경우를 통해 이루어졌다.

특히 목장마의 전마 지급은 다음의 세 가지 형태로 이루어졌다. 첫째는 여러 목장마를 궁중의 금군(禁軍)에게 지급하여 유사시에 대비

---

38) 『世祖實錄』 권23, 세조 7년 2월 갑술.
39) 『世祖實錄』 권25, 세조 7년 8월 을해.
40) 『世祖實錄』 권30, 세조 9년 1월 을미.
41) 『世祖實錄』 권42, 세조 13년 5월 경진.

토록 하였다.[42] 둘째는 좌의정 유순정이 여러 목장에서 탈 수 있는 마필을 골라낸 다음, 고을의 크기에 따라 큰 고을은 2필, 작은 고을은 1필을 분양하여 조련하되, 분양마를 조련하지 못하면 수령을 파직하고, 사복시가 직접 100필의 전마를 조련할 것을 주장하였다.[43] 셋째는 영사 정광필이 여러 목장을 시찰할 때 준마 15필 정도를 수영과 병영 및 각 고을에 분양하여 조련한 다음, 관찰사에게 간택하여 봉진케 하면 국가에 이익이 된다고 하였다.[44] 결과적으로 여러 목장마가 분양 되는 통로의 다양화와 함께 목장마가 도성의 금군과 각 고을의 관아 및 지방의 수영과 병영에 분양되는 과정이 밝혀진 셈이다.

그러나 무엇보다도 우리의 주목을 끄는 것은 전국의 각 목장에서 길들이지도 않고 속절없이 늙어가는 목장마였다. 성종대부터 시작된 대립제, 중종대 말 값의 급등, 명종대 제승방략제의 실시가 기병의 전마 소유를 어렵게 하였고, 이 때문에 국가는 군사적 위기에 직면하였다. 따라서 관료들은 여러 목장의 생마(生馬)를 군사들에게 분양하도록 제안하였다.

분양마의 조련은 각 고을에서 직접 분양마를 조련했는데, 찰방이나 고을 관할지역의 군사가 조련을 담당하였다. 특히 감사와 병사는 수령의 분양마 조련 유무를 고찰하여 중앙에 보고하였다.[45] 다음으로 양계 지역의 군사에게 지급한 전마의 조련이다. 평안도와 함길도는 방어가 가장 긴요한 지역이었으나, 군사들이 가난하여 전마를 마련하지 못한 경우가 많았다. 세종은 1440년(세종 22) 여러 목장의 체구가 작고 하자가

---

42) 『成宗實錄』 권262, 성종 23년 2월 갑진.
43) 『中宗實錄』 권16, 중종 7년 6월 을사.
44) 『中宗實錄』 권22, 중종 10년 8월 을묘.
45) 『中宗實錄』 권61, 중종 23년 4월 정사.

있는 말을 군사들에게 분배하고, 사복시의 내구마도 지급하였다.46) 따라서 전마를 지급받은 양계지역의 군사들은 각자 개인 전마를 조련하였다.

목장마를 양계 군사들에게 주어 조련하는 것은 중종대에 이르러 군사의 일반적인 현상이 되었다. 또한 분양마를 차출하는 목장도 양계 지역에서 전국의 목장으로 확대되었다. 이 같은 점은 다음의 사료를 통해 어느 정도 감지할 수 있다.

　　사복시 제조가 아뢰기를, "지금 계산컨대, 평안도의 목장에는 3년생 상마[雄馬] 55필과 2년생 상마 175필이고, 황해도 목장에는 3년생 상마 20필과 2년생 상마 100필이고, 경기의 목장에는 3년생 상마가 100필이고, 충청도 목장에는 2년생 상마가 50필로 총 500필입니다. 청컨대 점마 별감으로 하여금 어승에 대비할 만한 것을 골라내고, 그 나머지는 모두 평안도에 보내어 군사들 가운데 말이 없는 자에게 1필씩 나누어 주고, 3년이 지나면 반납토록 하되, 그대로 관에서 받기를 원하는 자는 허락하여 주며, 만약 고의로 말을 잃어버린 자는 본색에 준하여 징수하여 낙인을 찍고 돌려주도록 하소서." 하니, 임금이 그대로 따랐다.47)

위 사료는 평안도·황해도·경기도·충청도 마목장의 2~3세 마필이 총 500필이며, 그중 어승마로 간택된 내구마를 제외한 나머지 마필을 평안도의 전마가 없는 군사에게 1필씩 지급하되, 3년이 지나면 국가에 반납한다는 내용이다. 여기서 어승마로 간택된 내구마를 100여 필로

---

46) 『世宗實錄』 권90, 세종 22년 8월 계유.
47) 『世祖實錄』 권33, 세조 10년 7월 경신.

추정한다면, 평안도 군사에게 지급할 수 있는 마필은 400여 필이 되는 셈이다. 그런데 군사에게 지급하는 전마의 나이를 2~3세의 수말로 한정한 것이 주의를 끈다. 이는 군사들이 직접 생마를 사육하는 과정에서 조련이 이루어졌음을 시사한 것으로 보인다.

1509년(중종 4) 5월 25일, 대사간 최숙생이 "전국의 목장마를 군사들에게 주고 조련케 하여 길이 잘든 말은 내구마로 쓰고 그 나머지는 모두 군사에게 지급하도록"[48] 주장한 것을 통해서도 군사가 직접 전마를 조련한 사실을 알 수 있다. 처음에는 양계지역 군사들만 목장마를 지급하였으나, 시간이 지나면서 양계지역에서 전국으로 확대되었다.

사실 전국의 목장마를 길들이지도 못하고 늙어가는 것은 사회·군사적으로 큰 문제였다. 중종이 영사 권균을 인견한 자리에서 "말이 목장에서 번식하더라도 무익하니, 변방군사들에게 전마를 지급한다면 방어에 도움이 될 것이다."고 하자, 권균이 평안도의 모든 방수군에게 줄 수는 없고 무재가 특이한 사람을 가려 지급할 것을 주장하였다. 이에 중종은 평안도만이 아니라 전국의 각 목장에서 전마를 뽑아내라고 지시하였다. 권균은 성종 때도 목장의 생마를 군사들에게 길들이도록 했었다."[49]고 하면서 중종의 견해를 지지하였다.

한편 목장마를 군사들에게 나누어 주는 경우와 함께 동·서반 관료들의 품마(品馬)[50]를 나누어 주는 일도 있었다. 이것은 성종 때 4만 필의 말이 중종 때 2만 필로 감소했다는 점에서 충분히 짐작할 수가 있다. 군사들에게 품마를 지급하는 현상은 을묘왜변과 임진왜란 및 병자호란

48) 『中宗實錄』 권8, 중종 4년 5월 병진.
49) 『中宗實錄』 권56, 중종 21년 1월 정유.
50) 국가의 비상시에 말이 부족하면 품계에 있는 관리들에게 부과하여 납부하게 한 말.

의 시기를 지나면서 더욱 확대되었다. 사실 품마 지급의 시작은 1555년 (명종 10) 을묘왜변 때였다. 당시 국가는 갑자기 군사를 징집했는데, 군사들에게 나누어줄 말이 없어 민가의 말을 수색하여 나누어 주었기 때문에 백성들의 원성이 컸다. 이에 국가는 이듬해 동반의 참의 이상과 서반의 2품 이상에게 각각 말 1필씩을 내게 하여 무재는 있으나 말이 없는 군사들에게 품마를 주어 조련하도록 했다. 그 말을 타고 전쟁에 참여하여 공을 세우면 상으로 주고, 공을 세우지 못하면 사복시에 반납하도록 하였다.[51]

결국 병자호란 이후 각 고을의 분양마 조련과 군사들에게 지급한 목장마나 품마의 조련 비율은 더욱 확대되었다. 뿐만 아니라 군사들의 조련 방식도 여진의 기병을 대상으로 하였다. 특히 훈련으로 행한 기마전을 실전처럼 강화시킨바, 이것은 마상무예 훈련 비중을 높여 전마의 기동력과 전술능력을 향상시켰다.

3. 유양마의 조련과 마상무예

내구마로 간택되는 호마는 어가의 행차나 마상무예를 통해 조련의 강도를 한층 심화시켰다. 국왕이 타는 내구마는 그 쓰임에 따라 두 가지로 구분한다. 즉, 국왕이 지방으로 행행할 때는 어가(御駕)를 타는 데, 이때 어가의 앞과 좌우에 호위병을 세워 왕을 호위하였다. 반면에 왕이 근거리를 행차할 때는 어마에 안장을 얹어 직접 승마하였다. 그런데 어가의 행차 때는 수만의 군사와 깃발 및 고각이 동원됨으로써 어마가 놀라는 경우가 발생했으며, 단독으로 승마할 때도 어마가 놀라 넘어지면 국왕의 신변에 큰 위험이 닥쳤다. 그러므로 내승과 겸사복은

---

51) 『明宗實錄』 권20, 명종 11년 3월 정묘.

평소 어마를 길들일 때 깃발과 고각소리에 눈과 귀가 익숙하도록 조련하였다.

한편 군사들의 전마도 실제 전투에 참여하면, 대포와 총소리 및 자욱한 연기 등으로 놀라서 날뛰는 일이 발생하였다. 따라서 전마의 조련은 말이 총소리에 익숙하도록 훈련하는 것이 관건이었다. 여기서는 내구마를 포함한 전마의 조련과 마상무예를 통한 훈련 과정을 살펴보려고 한다.

먼저 임금이 타는 수레,[52] 즉, 어가의 주위에 세우는 어마를 어떻게 조련할 것인가 하는 것이다. 이 문제는 어마를 세우는 위치와 어마의 총 숫자 및 각 어마의 조련 상태에서 그 해답을 찾을 수 있다. 조선시대 왕의 행차인 어가행렬은 권력과 권위를 보여주기 위해 매우 장엄하고 화려하게 거행되었다. 『조선왕조실록』에는 왕의 즉위 때, 정월 초하루, 한식, 단오, 추석, 동지 등과 같은 큰 명절에 태조의 건원릉과 동구릉을 참배한 일들이 여러 차례 기록되어 있다. 따라서 당시 어가에는 전방과 좌우에 어마를 배치했는데, 이때 왕의 호위에 참여한 어마는 상당히 오랜 기간 조련하였다.

당시 어가의 전방과 좌우에 세우는 어마는 대가(大駕)[53]와 법가(法

---

52) 왕이 타는 수레는 말이 끄는 수레와 사람이 메는 輦과 輿가 있다. 조선건국 직후 왕의 어가는 象輅라고 부르는 말이 끄는 수레였다. 상로는 황제가 사용하던 다섯 가지 수레 중의 하나였는데, 조선에서는 세종대까지 사용되었다. 그러나 『국조오례의』에서는 연으로 대체되었다. 연과 함께 왕의 어가를 대표한 것이 여라고 하는 가마다. 연은 지붕이 있고, 여는 지붕이 없으며, 연은 궁궐 밖에서 사용한 반면, 여는 궁궐 안에서 사용한 차이가 있다. 한편 왕의 거가는 안장을 갖춘 坐馬와 수레형 가마인 駕轎가 있다. 좌마와 가교는 왕이 군사훈련을 가거나 도성 밖으로 행차할 때 사용하였다.
53) 대가는 중국 칙사를 맞이하거나 종묘와 사직에 제사드릴 때 왕의 행차로서 가장 성대하였다. 대가 행차 때 왕은 면류관과 구장복을 착용하였으며, 1만 명 정도의 인원이 동원되었다.

駕)54) 및 소가(少駕)55)에 따라 그 숫자가 다르다. 즉, 대가의 어마는 총 18필인바, 전방에 2필, 좌우에 각각 8필을 세웠고, 법가의 어마는 총 14필로서 전방에 2필, 좌우에 각각 6필을 세웠으며, 소가의 어마는 총 8필인데, 전방에 2필, 좌우에 각각 3필을 세웠다.56) 그리고 왕의 행차에 동원되는 의장물을 노부(鹵簿)라고 하는데, 노는 방패를 뜻하는 노(櫓)와 통하고 부(簿)는 문서 또는 깃발이라는 뜻으로 제왕의 행차 때 동원되는 방패와 깃발이 의장물을 대표하였다. 노부 역시 어가의 규모에 따라 대가노부, 법가노부, 소가노부로 구분하였다.

그런데 왕의 행차 때 동원되는 방패와 깃발 등의 의장물이 어가의 전방과 좌우에 세우는 어마를 놀라게 하는 경우가 많았다. 다음의 사료에서 그러한 것을 엿볼 수가 있다.

어가가 정금원평(定今院平)에 이르자, 승정원에서 아뢰기를, "삼전도에 물이 불고 물살이 급하므로 누선의 닻줄이 끊어져서 건널 수 없으니, 청컨대 한강을 거쳐 건너게 하소서." 하여, 임금이 그대로 따랐다. 곧 어가를 돌리매, 형명(形名)과 고각(鼓角)이 어가 앞으로 바싹 돌아가니, 임금이 탄 말이 놀라서 진흙 구덩이 속으로 빠져 임금이 채찍질을 하여도 일어나지 못하였다. 윤필상·홍응·노사신이 아뢰기를, "신등은 어마가 놀랐었다는 말을 듣고 경악함을 이겨낼 수가 없습니다. 내승이 길들은 말을 바치지 않은 것과 선전관이 회전할 때 삼가지 못하여 놀라게 한 것은 모두 죄가 있습니다. 청컨대 아울러 다스리게 하소서."

---

54) 대가보다 약간 작은 규모의 법가는 선농단, 성균관, 무과 전시 때의 행차였다.
55) 소가는 작은 수레라는 뜻의 작은 행차로서 능에 참배하거나 평상시의 대궐 밖 행차 및 활쏘기를 관람할 때에 이용하였으며, 왕의 복장은 군사훈련과 관련된 전투복 차림이었다.
56) 『世宗實錄』 권120, 세종 30년 6월 갑자.

하니, 전교하기를, "이는 내승의 죄가 아니다. 내가 명하여 이 말을 시험 삼아 탔는데, 말이 우연히 깃발 그림자를 보고 놀란 것이니, 죄를 남에게 돌리는 것은 불가하다."고 하였다.[57]

위 사료에서 성종은 삼전도의 물이 불어 건너지 못하고, 어가의 방향을 돌렸는데, 그때 선전관이 형명과 고각을 가지고 어전 앞으로 갑자기 달려들어 어마가 넘어지자, 관료들이 내승과 선전관을 처벌하도록 주장한 내용이다. 여기서 형명은 깃발과 북으로써 군대의 여러 가지 행동을 호령하는 신호법을 뜻하며, 고각은 북과 뿔피리를 말한다. 그런데 형명과 고각을 사용할 때 어마가 놀라서 날뛰거나 넘어졌으며, 이때마다 조련을 담당하는 내승을 처벌하는 경우가 많았다.

위 사료에서 관료들은 길들이지 않는 어마를 바친 내승의 처벌을 주장하였으나, 성종은 어마가 우연히 깃발의 그림자를 보고 놀랐기 때문에 내승을 처벌할 수가 없고, 굳이 책임의 소재를 가린다면, 어마를 시험 삼아 선택한 성종 자신에게 있다고 하였다. 여기서 성종이 내승을 비호한 것은 왕권과 내승의 밀착 관계에 따라 나타난 결과로 보인다.

사실 내구마가 놀라는 정도는 말에 따라 각각 차이가 있었다. 그러나 어가를 따르는 1만 명의 군사는 어마의 경계 대상이었을 것이며, 처음으로 접한 수많은 깃발과 북소리는 초행의 어마에게 공포감을 주었을 것이다. 한편 어마가 바람에 펄럭이는 깃발과 귀에 익숙하지 않는 타악기 소리에 놀라는 현상은 세자의 행차에서도 빈번히 일어났다. 다음의 사료가 그것을 설명하고 있다.

간원이 아뢰기를, "세자가 탄 말은 종루 아래에 이르러 이미 길들지

---

57) 『成宗實錄』 권245, 성종 21년 윤9월 기해.

않은 현상이 나타났으므로 환궁할 때에는 내승 등이 놀라고 황급하여 길든 말로 바꾸기를 청했어야 했습니다. 그런데 미련하게 대수롭지 않게 여겨 그대로 그 말을 바쳐서 중도에서 다시 놀라 제압하지 못할 정도로 마구 날뛰었습니다. (중략) 평소에 길들이기를 부지런히 하여 기휘(旗麾)나 고각(鼓角) 소리가 귀와 눈에 익숙하게 했다면, 어찌 이렇게 놀라운 일이 있었겠습니까. 내승의 죄는 추국해보지 않아도 이미 드러났으니, 파직시키소서." 하니, "내승의 일은 과연 그르니, 파직하도록 하라."고 하였다.[58]

위 사료에서 세자가 탄 말이 중간에 길들이지 않는 현상이 나타나고, 심지어 환궁할 때는 통제할 수 없도록 날뛰자 다른 어마로 교체할 수밖에 없었는데, 소란의 발단은 평소에 깃발이나 북소리에 익숙하도록 조련하지 않았기 때문이라고 말하고 있다. 여기서 우리는 평소 어마를 길들일 때 기휘나 고각 소리에 눈과 귀를 익숙케 하도록 조련할 필요가 있음을 알 수가 있는데, 기휘(旗麾)는 깃발과 장대기를, 고각(鼓角)은 북과 나팔을 뜻한다. 특히 주간에 높이 휘날리는 장수의 장대기와 취타수의 소리는 어마의 귀와 눈을 자극하여 날뛰게 하는 요인이 되었다고 할 수 있다.

한편 내구마와 군사들의 전마는 마상무예의 훈련을 통해 기동력과 전황을 파악하는 종합적 능력을 갖추었다. 이때 호마를 탄 기병의 무기는 칼과 활, 창, 총 등의 살상무기가 있고, 말과 무사를 보호하는 갑옷과 방패 등의 방호무기가 있는데, 기병의 무기는 창과 칼이 기본이었다.

그러나 여진과 중국 및 조선 기병의 전투 방식은 서로 달랐다. 즉

---

58) 『中宗實錄』 권101, 중종 38년 9월 갑인.

여진은 기병이 들판에서 화살로 접전하여 승부를 결정하였고, 중국은 강한 쇠뇌[弩]로 성을 굳게 수비하여 적의 사기가 떨어지기를 기다렸다.[59] 반면에 조선의 기병은 여진의 기병을 상대로 기마전을 전개할 경우, 먼저 대포를 쏘아 적의 대열이 흩어지면, 이어서 기병이 창과 활을 가지고 공격하도록 조련하였다. 그리고 중국을 상대로 기마전을 전개할 때는 모든 주진(主鎭)의 성을 높이고 해자를 깊이 파서 강노(強弩), 독시(毒矢), 뇌석(雷石), 화전(火箭)으로 공격한 다음, 적군이 퇴각하거나 후퇴할 때 성문을 열고 기병을 출격시켰다.

이와 같은 훈련 형식의 기마전을 통해 내구마와 전마의 조련이 향상되었을 것으로 여겨진다. 또한 조선시대는 여진과 국경을 접한 경우가 지속되는바, 이것이 기병의 조련을 중시하는 요인이 되었는데, 다음의 사료가 그것을 요약하여 설명하고 있다.

> 병조에서 아뢰기를, "기창세(騎槍勢)는 두 기군(騎軍)이 마주 서서 상거하기를 150보로 하여 북소리를 듣고 말을 달려 각각 좌우로 창을 휘두르는 형세를 짓고, 모두 앞으로 빨리 달려 3, 40보를 격하여 서로 창을 부딪치는 형세를 짓습니다. 서로 말을 머뭇거리면서 서로 보고 서로 부딪쳐 혹 물리치기도 하고 피하기도 하되, 3회에 지나지 아니하며, 한 기병이 먼저 달아나서 배창세(背槍勢)를 지으면, 한 기병이 쫓아 달려서 창을 부딪치는 형세를 짓습니다. 달아나는 자는 혹 왼쪽으로 혹 오른쪽으로 가며, 쫓는 자는 좌우로 번갈아 창을 부딪치는 형세를 짓는데, 부딪친 뒤에 잘못 부딪쳐서 옆으로 나가면, 달아나던 자가 빼앗아 도로 쫓아서 왼쪽으로 휘두르며 부딪치고, 오른쪽으로 휘두르며 부딪치고, 그릇 부딪쳐 옆으로 지나가면 달아나던 자가 다시 창을

---

59) 『高麗史節要』 권10, 인종 14년 10월.

빼앗아 도로 부딪치고 치기를 위와 같은 형세로 합니다. 징소리를 듣고 말을 달려 돌아서 좌우로 창을 휘두르며 착창세와 배창세를 지으며 그칩니다."[60]

위 사료는 마상무예[61]를 기초로 공격적 기창세와 방어적 배창세를 조련하는 내용이다. 전자의 기창세는 창을 가진 두 기병이 150보의 간격을 두고 정면에서 돌격하다가, 30, 40보 거리에서는 서로 창을 부딪치는 형세를 취한다. 후자의 배창세는 한쪽이 달아나면서 창을 뒤로 돌려 찌르는 것을 말하는데, 이때 다른 한쪽은 창을 부딪치는 형세를 취했다.

여진은 중국의 쇠뇌[62] 공격을 막아내기 위해 일찍부터 철기병을 발전시켰다. 중장기병은 말에게 갑옷과 투구를 입히고 무사가 갑주(甲冑)로 무장했는데, 여진은 부대의 좌우측에 중장기병을 배치하여 전투가 치열할 때 공격하였다. 따라서 조선이 여진을 상대하려면 중장기병을 선봉에 세워 돌격하는 전술이 필요하였다. 즉, 내구마와 군사들의 전마를 이용한 기마전에서는 여진의 기병과 대치할 때를 상정하여 치고 찌르는 법을 가르쳐 선봉에 세웠다. 다시 말해서 조선의 기병은 일반적으로 칼보다는 창을 선호했는데, 말의 기동력이 떨어지는 구릉이나 산악지대에서 여진 기병과 대치할 때는 창을 가진 조선군이 유리하였다. 따라서 여진의 기병과 기마전이 예상되는 조선시대는 반드시 기창세와 배창세를 수련해야 했으며, 이를 무과나 갑사의 취재 때

---

60) 『世宗實錄』 권52, 세종 13년 6월 갑오.
61) 최형국, 2011, 「조선 숙종대 지방 기병부대 창설과 마상무예의 변화」, 『歷史와 實學』 44, 104~112쪽.
62) 강건작, 2005, 앞의 책, 83~93쪽.

필수과목으로 선정하였다.

또한 몽골의 기병이 금속의 통에 화약과 탄환을 채워서 발사하는 총통(銃筒)[63]을 사용한(1332년) 이후 조선의 중장기병도 임란 이후부터 총통과 총을 사용하였다. 특히 조선의 소승자총통(小勝子銃筒)은 현대식 소총과 거의 비슷한 외형을 가졌는데, 포를 쏘면 화염 때문에 앞을 분간하지 못할 뿐만 아니라, 폭발음이 커서 여진의 기병이 혼비백산하였다.

따라서 조선군이 야인을 제압하고 4군 6진을 설치할 수 있었던 것은 화약무기인 화포와 화전 및 총통을 기마전에 효과적으로 사용한 결과였다. 그리고 기병의 개인화기 중 총구가 3개인 삼안총을 사용하였지만, 빠른 기동력으로 위치가 순간적으로 변하는 기마전에서는 효과가 크지 않았다. 그러나 이와 같은 총을 이용한 일련의 전마 조련은 전마가 총소리에 익숙해지는 데에 큰 효과가 있었다.

그리고 기마전은 지형과 위치에 따라 평지기마전, 산악기마전, 성곽기마전으로 구분하는데, 조선의 중장기병은 적군의 부대 배치에 따라 전술의 형태를 다르게 하였다. 평지에서 여진과 기마전을 전개할 때는 장창을 든 조선의 중장기병이 깃발과 북소리 요란한 적진 속으로 달려가 깃발을 빼앗고, 적장을 베면 아무도 대적하지 못했다. 또한 마갑·갑옷·투구·방패로 무장한 중장기병이 창을 가지고 적진으로 돌진하여 적의 대열이 흩어지면 뒤따르는 보병이 적군을 살상하였다.

만약 적이 후퇴하면 말을 탄 궁수가 좌우측면에서 추격하였다. 측면의 궁수는 전술에 따라 빠른 기동력으로 적의 후방을 공격하기도 했다.[64] 특히 여진의 기병은 산골짜기에 기거하면서 모이고 흩어지는

---

63) 이홍두, 2007, 「고려의 몽골전쟁과 기마전」, 『歷史와 實學』 34, 35~44쪽.
64) 이홍두, 2012, 「한국 기마전의 시대적 변동 추이」, 『마사박물관지』 2011, 마사박

것이 자유롭고, 지형이 험한 곳으로 유인하며, 야음을 틈타 기습공격을 감행했는데, 그것은 산악기마전을 위해 달단마의 발바닥에 마제철(馬蹄鐵)을 붙였기 때문에 가능하였다. 그러나 조선의 기병은 여진을 제압하고 4군 6진을 설치한바, 그것은 화약무기인 화포와 화전, 총통을 기마전에 효과적으로 사용한 결과였다.

한편 임진왜란시기의 기마전을 보면, 일본군은 전술적으로 유리한 지형을 선점하여 울타리를 만들고 참호를 설치하였다. 그리고 조총부대와 창검부대를 숲속에 매복하고 일시에 공격했는데, 원거리에서는 조총을, 근접전에서는 단검을 사용하였다. 그러면 기창세에 능한 신립 장군의 휘하 기병대는 왜 탄금대 전투에서 일본군에게 패배했을까. 그것은 신립 장군이 조선의 활보다 투사거리가 먼 조총의 위력을 간과했기 때문이었다.[65]

따라서 순찰사 권율의 행주대첩(幸州大捷) 이후 조선군의 기마전은 '선수비 후공격'의 수성전술로 전환되었다. 즉, 조선 초기 여진의 기병을 상대로 전개한 공격적 기마전이 임란 이후부터는 성을 지키는 방어적 수성전을 전개하다가 적진에 틈이 보이면 성문을 열고 출격하였다.[66]

그러나 수성전술을 바탕으로 한 이러한 개문 출격 기마전은 청나라 팔기병이 침공할 때도 크게 변하지 않았다. 청나라 팔기병의 공격방법은 부대를 주대(駐隊)와 전대(戰隊)로 구분하여 전대가 공격하여 승기를 잡으면 일제히 공격하고, 성과가 없으면 주대가 공격하고 전대는 돌아와 휴식을 취했다. 다시 말해서 적이 한쪽에서 공격해 오면, 그들은 양쪽에서 공격하고, 적이 양쪽에서 공격해 오면 일부 병력을 돌려

물관, 18~19쪽.

65) 이홍두, 2006, 「임진왜란초기 조선군의 기병전술」, 『白山學報』 74, 270~275쪽.

66) 이홍두, 2006, 위의 논문, 281~287쪽.

편자 박기 김홍도 작. 갈색 말을 가마니 위에 눕혀 놓고 요동치는 말의 움직임을 조절하며 앞발의 편자에 못을 박는 인물의 야무진 표정과 동세는 생동감이 넘친다.

적의 후방을 공격하였다. 그리고 적이 사방에서 공격해 오면 원형진으로 대응하였으며, 적이 도주하면 즉각 추격하였다. 정묘·병자호란 때 조선군은 수성전술을 전개하면서 기병을 성 밖으로 출격시켰으나 모두 패배하였다. 다만 정봉수 의병장이 지휘하는 용골산성 전투만이 성 밖 기마전에서 승리하였다.[67]

Ⅱ. 기병의 무장과 기마전

1. 고구려 기병의 무장과 기마전

고구려 기병은 그 역할에 따라 경기병과 중장기병으로 구분한다. 경기병은 기동력을 이용하여 전술적 요충지를 선점하고, 적진의 측면과 후방을 공격하며, 정찰하는 임무를 수행하였다. 반면에 중장기병은 선봉에서 적진의 보병 대열을 타격하고 돌파하였다. 즉, 중장기병이 적진의 중앙으로 돌진하여 보병 대열이 무너지면, 측면에 있는 경기병이 흩어진 보병 대열을 공격하였다. 여기서 경기병과 중장기병의 차이는 기동력과 타격력인 셈이다.

따라서 경기병은 기동력을 확보하기 위해 활 등의 가벼운 무기를 사용한 반면, 타격력과 방호력이 핵심인 중장기병은 장창과 갑주(甲冑), 방패, 마갑(馬甲), 마면갑(馬面甲) 등으로 무장하였다. 그런데 기병은 기원을 전후로 한 시기에 등자(鐙子)를 사용함으로써 기동력뿐만 아니라 타격력을 획기적으로 증대하는 전술적 변화를 이루었다. 특히 중장기병은 고구려 광개토왕(375~413)의 주력 군대였다.

그동안 기병의 무기와 기마전에 대한 연구는 두 분야로 구분할 수 있다. 하나는 기병의 무기에 대한 고찰이고,68) 다른 하나는 기마전에

---

67) 이홍두, 2010, 「청나라의 조선침공과 기마전」, 『歷史와 實學』 45, 257~259쪽.
68) 이정빈, 2010, 「6~7세기 고구려의 쇠뇌운영과 군사적 변화」, 『軍史』 77 ; 서영교, 2004, 「고구려 기병과 등자 - 고구려 고분벽화 분석을 중심으로」, 『歷史學報』 181 ; 김성태, 2001, 「고구려 병기에 대한 연구」, 『고구려연구』 12 ; 이난영·김두철, 1999, 『한국의 마구』, 한국마사회 마사박물관 ; 여호규, 1999, 「고구려 중기의 무기체계와 병종구성」, 『한국군사사연구』 2 ; 김성태, 1995, 「고구려의 무기(2) -鐵矛, 戟, 弩, 도끼」, 『문화재』 27, 문화재관리국 ; 박진욱, 1986, 「고구려의 마구에 대하여」, 『조선고고연구』 ; 김기웅, 1985, 「고구려 무기와 마구」, 『한국사

대한 것이다.[69] 여기서는 삼국의 기병이 사용하는 활과 단검, 철기병의
무장에 쓰인 장창과 갑옷, 투구에 대해 살펴보고 기마전을 혁신한
등자에 대해서도 살펴보려고 한다. 먼저 고구려 기병의 무기와 기마전
은 중국의 왕조교체에 따른 무장의 변화에 따라 변동했다는 관점에서
고찰한다.

과하마는 체형이 작았으므로 기동력을 높이기 위해서는 마구(馬具)
를 적게 사용하고, 무기 역시 작은 활과 창 및 단검을 사용하였으며,
무사는 가벼운 가죽 갑옷을 입었다. 중장기병은 무거운 중량의 마구와
무기를 갖추기 때문에 중형 이상의 호마를 사용했다.

과하마는 고구려의 토종마로서 키가 3척(90㎝)에 불과했다. 그러나
하루에 1천 리를 달렸으며, 지구력이 강해 산악전에서 뛰어났다. 주몽이
부여를 탈출하여 고구려를 건국할 때 과하마를 타고 내려왔다. 그런데
과하마는 기원을 전후한 초기국가 단계부터 부여를 비롯한 고구려·동
예 등에서 일종의 특산물로 산출되었으며, 이들 마필은 백제를 거쳐
신라에 전래되었다.[70]

경기병의 무장에 사용하는 마구는 편자[馬蹄], 발걸이[鐙子], 안장이
있다. 편자는 비탈진 곳에서 말의 중심을 잡게 하는 데 용이할 뿐만
아니라 미끄러지거나 말발굽이 마모되는 것을 방지하기 때문에 말을
부리는 데 중요한 도구였다. 특히 3세기 말에 축조된 것으로 보이는

　　론』15, 국사편찬위원회 ; 김기웅, 1976, 「삼국시대의 무기소고」,『한국학보』
　　5 ; 전주농, 1959, 「고구려시기의 무기와 무장」,『문화유산』.

69) 이홍두, 2013, 「고구려 호마의 유입과 철기병」,『歷史와 實學』52 ; 이홍두, 2012,
　　「고구려의 남방 진출과 기마전」,『軍史』85 ; 이홍두, 2011, 「고구려 전기의
　　기마전」,『歷史와 實學』44 ; 이홍두, 2010, 「당나라의 고구려 침공과 기마전」,
　　『軍史』77 ; 이홍두, 2004, 「고구려의 대외전쟁과 기병전술」,『白山學報』68 ; 이
　　홍두, 2004, 「고구려의 선비족전쟁과 기병전술」,『史學硏究』75.

70) 南都泳, 1996, 앞의 책, 53쪽.

임강묘에서 편자가 출토되고, 태왕릉에서 다수의 편자가 출토되었는데,[71] 이것은 고구려에 유입된 호마에 편자를 사용해 산악전에서 기동력을 발휘한 것으로 보인다. 반면 고구려 경기병의 과하마는 편자 없이 맨 발굽으로 달렸다.

등자[72]는 말을 타고 달릴 때 발을 안정시켜 몸을 자유롭게 움직일 수 있게 하는 도구다. 흉노가 처음 발명했지만, 기마전에 사용한 것은 스키타이계의 사르마트(Sarmart, 기원전 400~기원후 400)다. 특히 철제 등자와 안장의 출현은 기마전에서 일대 혁신을 일으켰다.

고구려는 기원 전후시기부터 등자를 사용하였다.[73] 즉, 4세기 초에 출토된 칠성산 96호분의 등자가 이 문제의 해답을 제시한다. 칠성산 96호분은 길이 22m, 폭 17.6m, 높이 1.8m 크기의 돌기단 무덤이다. 박진욱이 "등자는 모두 돌기단 무덤에서 출토되었는데, 그 최고 연대는 기원 전후이고, 최후 연대는 4세기다"[74]고 주장한 바에 따르면, 고구려 기병은 기원 전후시기에 이미 등자를 사용한 셈이다. 따라서 고구려 철기병의 출현은 등자 사용을 전제로 한다는 견해[75]와 그렇지 않다는 견해[76]가 대립한다. 필자는 기원을 전후로 중장기병이 출현했다는 견해가 타당하다고 생각한다.

경기병의 무기는 만궁(彎弓, 굽은 활), 명적(鳴鏑), 단검, 전부(戰斧),

---

71) 김성태, 2005, 「최근 보고된 고구려무기의 검토」, 『고구려연구』 20, 125쪽.
72) 등자는 모양에 따라 輪鐙과 壺鐙으로 구분한다. 윤등은 등자 전체를 나무로 제작한 후 그 표면의 일부 또는 전체에 금속판을 덧대어 붙인 木心金屬板被輪鐙과 전체를 철이나 동 등의 금속으로 제작한 금속제윤등이 있다(강건작, 2005, 앞의 책).
73) 이형구, 2004, 『한국 고대문화의 비밀』, 김영사, 302~307쪽.
74) 이형구, 위의 책, 302~307쪽.
75) 신경철, 1985, 「古式鐙子考」, 『부대사학』 9.
76) 서영교, 2004, 앞의 논문.

경창(輕槍) 등이 있다. 만궁은 80~90㎝의 짧은 활이다.[77] 만궁은 짧으면서 굽었기 때문에 명중률과 살상력이 우수했다. 만궁의 전체 모습은 활의 중앙을 중심으로 활채가 많이 굽었으며, 활의 양쪽 굽은 부분의 활꼬지는 활채가 굽은 방향과는 반대로 굽었다.[78] 고구려 활이 짧으면서도 사거리가 먼 것은 굽은 활의 탄력을 이용했기 때문이다. 흉노족과 스키타이 등 북방 유목민족이 짧은 활을 사용했는데, 긴 활은 말을 타고 달리면서 활을 쏠 때 불편할 뿐만 아니라 흔들려서 명중률이 떨어졌기 때문이다. 따라서 고구려 활은 짧으면서 굽었기 때문에 명중률과 살상력이 우수했음을 알 수 있다.[79] 중국인들은 성능이 우수한 고구려 활을 맥궁이라고 칭했다.

활은 화살대와 깃 및 활촉으로 이루어졌다. 고구려는 싸리나무로 만든 화살을 호시(楛矢)라고 했는데, 중국에 수출할 정도로 그 성능이 뛰어났다. 화살대의 길이는 숙신과 읍루의 화살대가 각각 1자 5치와 1자 8치였던 것과 유사했을 것으로 보인다. 특히 화살대 뒷부분에 새의 날개털로 만든 깃을 달았는데, 이것은 화살의 비행방향을 고정시키고, 추진력을 강화시키는 역할을 하였다.[80]

고구려 활촉은 그 형태와 유형이 매우 다양하지만, 크게 넓적촉과 뾰족촉의 두 가지로 구분한다. 넓적촉은 촉신이 얇고 넓적하며 등이 없는 반면, 뾰족촉은 촉신이 뾰족하였다.[81] 이러한 활촉은 시대에

---

77) 박진욱, 1964, 「삼국시기의 활과 화살」, 『고고민속』 3, 3~8쪽.
78) 박진욱, 1964, 앞의 논문, 4쪽.
79) 고구려 활의 실물이 永和 9년(353) 銘 磚築墳에서 6개의 骨製 斷片이 출토되었다. 중국의 『晉書』와 『後漢書』에 의하면 肅愼의 것은 3尺(3자) 5치이고, 挹婁의 것은 4尺(4자)이었다. 자를 ㎝로 환산하면, 진나라의 한 자는 24.5㎝이고, 후한의 한 자는 23.5㎝다. 따라서 전체의 길이는 80~90㎝정도인 셈이다.
80) 박진욱, 1964, 앞의 논문, 8~9쪽.
81) 金廷鶴 編, 1972, 『韓國の考古學』, 河出書房新社, 234쪽.

고구려의 활 맥궁　무용총 수렵도의 활쏘는 기사

따라 변천했는데, 넓적촉은 초기의 다양한 형태에서 점차 단순화하여 후기에는 도끼날형으로 통일되었다. 그리고 초기에는 없었던 뾰족촉은 중기에는 송곳형으로 변했으며, 후기에는 그 모양이 더욱 다양해졌다.

한편 고구려는 우는 화살 또는 효시(嚆矢)라고 일컫는 명적을 만들어 사용하였다.[82] 명적의 모양은 두 가지가 있다. 하나는 양익촉으로 뼈로 만든 구형(球形)의 명향부(鳴響部)를 붙였으며, 다른 하나는 삼익촉의 날개 아래에 뼈로 만든 구형의 명향부가 붙어있다.[83]

경기병은 말 위에서 창, 칼, 도끼 등을 휘둘러 적을 제압했다. 그런데 경기병은 철의 무게 때문에 소매가 없는 철제용 단갑(短甲)을 입었으며, 대부분의 갑옷은 목도리가 있었다. 특히 소매가 없는 갑옷은 토시를 꼈다.[84]

경기병이 사용한 단검은 대도(大刀)와 소도(小刀)가 있으며, 길이는 70cm와 60cm 정도였다.[85] 단검의 길이가 이와 같이 짧은 것은 대부분의

---

82) '소리나는 화살'이라는 뜻으로, 화살의 한 종류다. 鳴鏑이라고도 하며, 화살촉을 피리 구조로 만들어서 날면서 피리에 바람을 불어넣는 것이다. 지휘관이 공격을 시작하는 신호나, 적에게 경고를 주는 등 여러 가지 용도로 사용되었다.

83) 南都泳, 1996, 앞의 책, 88쪽.

84) 박진욱, 1965, 「삼국시기의 갑옷과 투구」, 『고고민속』 2, 14쪽.

85) 김성태, 2005, 앞의 논문, 123~131쪽.

경기병 전투가 멀리서 활을 쏘는 원거리 전투였고, 한편으로 말 위에서 장검을 사용하면, 행동반경이 넓어 적의 역습에 노출되었기 때문이다.

한편 경기병의 전술은 세 가지가 있다. 첫째는 주력군으로 전투할 때이고, 둘째는 중장기병을 보조하여 전투할 때이며, 셋째는 적을 추격하거나 우회하여 적의 후방을 칠 때다. 먼저 경기병은 기동력을 바탕으로 전술을 운용했는데, 정찰병을 적진에 보내 적정을 살핀 뒤 허점을 파악한 다음에 말을 타고 기습 공격을 감행했다. 퇴각할 때도 몸을 뒤로 젖혀 추격병을 쏘았는데, 만약 적이 계속 추격하면 깊이 유인하여 복병으로 포위하여 섬멸하였다. 다음으로 부대의 측면에 위치해 있으면서 중장기병이 적진으로 돌진하여 적의 대열이 무너지면, 측면에서 공격하였다. 중장기병을 보조하는 전술인 셈이다. 마지막으로 아군이 적과 혼전중일 때 빠른 기동력을 이용해 우회하여 적진의 후방을 쳤다.

고구려가 2세기 이후 요동 진출을 시도함으로써 후한의 전차부대와 교전을 피할 수 없었다. 전차에 탑승한 후한의 전사는 원거리에서 투창과 활로 공격하다가 근접하면 창을 휘두르며 적의 대형을 돌파하였다. 그리고 밀집 보병대가 전차의 보호를 받으면서 전진하는 전술을 구사하였다. 따라서 고구려는 전차부대의 방어선을 돌파하기 위해 사람과 말에게 철제 투구를 씌우고, 철편으로 만든 갑옷을 입혔다.

중장기병(철기병)에 관해서는 246년(동천왕 20) 고구려 동천왕이 철기 오천(鐵騎五千)[86]으로 위(魏)나라 침공을 격퇴하였다[87]는 최초의

---

86) 정동민은『삼국사기』고구려본기 동천왕 20년(246)에 기록된 鐵騎를 중장기병으로 간주할 수 없다고 주장하면서 그 이유를『三國史記』기록을 신뢰할 수 없으며, 철기라는 개념이 모호하다는 두 가지 이유를 들었다. 한편 고구려 중장기병의 도입 계기를 연나라 모용씨에게 패배하면서 중장기병의 필요성을 절실히 느껴 후조의 도움을 받아 319~338년 사이에 도입했다고 하였다(정동민, 2007,「고구려 중장기병의 모습과 도입시점에 대한 소고」,『전통문화연구』6). 그러나 필자는 고구려 중장기병은 연나라 모용씨 이전에 이미 한나라

고구려의 중장기병 안악 3호분 벽화

문헌 기록이 있다. 그리고 408년(광개토왕 18) 덕흥리 고분벽화 기사도
를 통해서도 그 존재를 알 수 있다.

중장기병은 선봉에서 적진으로 돌진하는 역할을 수행했기 때문에
몸 전체를 덮는 철제 갑옷을 입었다. 갑옷은 목도리가 있는 갑옷저고리
와 갑옷바지를 착용하였다.[88] 특히 중장기병의 갑옷을 찰갑(札甲, 미늘
갑옷)이라고 하는데, 찰갑은 작은 철판에 구멍을 뚫어 만든 여러 개의

전차에 소속한 쇠뇌병과 창병의 공격을 방어하기 위한 목적에서 출현했다고
본다.
87)『三國史記』권17, 고구려본기 5, 동천왕 20년 8월.
88) 고구려 고분벽화에 나타난 갑옷의 형식은 크게 두 가지로 구분한다. 먼저
갑옷 저고리와 갑옷 바지가 모두 있는 것이고, 다음으로 갑옷 저고리만 있는
것이다. 한 벌의 갑옷은 소매가 있는 것과 없는 것으로 구분하며, 소매 길이에
따라 또다시 세 가지로 구분한다. 즉, 소매가 손목까지 오는 것, 팔꿈치까지
오는 것, 소매가 전혀 없는 것 등이 있다. 소매가 없거나 짧을 경우는 토시를
꼈다(박진욱, 1965, 앞의 논문, 14쪽).

고구려 중장기병 덕흥리 고분군 벽화

소찰(小札, 구형판)을 가죽 끈이나 쇠줄로 연결하였다. 소찰의 모양은 원형의 소찰, 위는 네모이면서 아래는 원형인 소찰, 타원형의 소찰 등 세 가지가 있는데, 소찰을 이어붙인 모양이 물고기의 비늘과 같았으므로 인갑(鱗甲)이라고 했다. 소찰은 길이 3㎝, 넓이 2㎝, 두께 2㎜ 정도의 얇은 철판인데, 소찰의 상하 좌우 가장자리에 구멍을 뚫어 쇠줄로 붙였다.

중장기병의 투구는 신라의 유물이 출토되어 상세히 알 수 있다. 투구는 겨울 방한모처럼 볼과 뒤통수를 모두 보호하였고, 정수리를 보호하기 위해 눈 위에 채양을 달았다. 투구의 구조는 긴 철판을 8단으로 구성했는데, 1단과 3단은 구형 내지는 제형의 소찰이고 나머지는 긴 한 장의 철판이다. 한편 고분벽화에 나타난 고구려 투구는 두 가지다. 하나는 볼과 뒤통수를 보호하는 모양이고, 다른 하나는 머리 부분만을 보호하는 것이다.[89] 특히 아차산 제4보루 아궁이에서 정수리 부분을 보호하기 위한 반구형의 복발(覆鉢) 챙이 있는 투구를 출토했는데,[90] 이것은 645년(보장왕 4) 당나라가 고연수와 고혜진을 패배시키고 명광개(明光鎧) 1만 개를 획득했다는 기록을[91] 통해 고구려가 후기에 명광개 투구를 광범하게 사용했음을 알 수 있다.

---

89) 박진욱, 1965, 앞의 논문, 15~16쪽.
90) 김성태, 2005, 앞의 논문, 133쪽.
91) 『三國史記』 권21, 고구려본기 9, 보장왕조, "獲馬五萬匹 牛五萬頭 明光鎧萬領".

마갑(馬甲, 말갑옷)은 고구려 고분벽화에서 그 내용을 자세히 알수 있다. 마갑은 말 몸 전체를 철제 갑옷으로 덮었다. 즉, 말의 목과 가슴, 배, 엉덩이 및 다리의 윗부분을 마찰갑으로 덮었으며, 그 밑부분에는 톱날형의 긴 천을 가로 드리워서 치장을 하였다. 또한 마면갑(馬面甲)은 말의 아래턱을 제외한 나머지 부분을 금속판으로 씌웠으며, 거기에 두 개의 눈 구명을 냈다. 이렇게 무장한 말을 개마(鎧馬)라고 불렀다. 그런데 『삼국사기』에서 철기라고 한 것은 이렇게 무장한 말에 탄 기병을 지칭한다.[92]

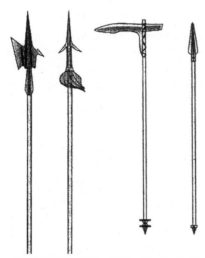

기병의 무기 삭(削), 정(鋋), 과(戈), 모(矛)

고구려 중장기병의 기본 무기는 모(矛)·삭(削)과 정(鋋)이다. 여기서 삭이란 1장(丈) 8척(尺)(4m)의 기병용 창을 말한다. 보병들도 삭을 사용했는데, 이를 보삭이라고 했다. 보병들은 긴 삭을 이용해 방진을 치고 기병을 격퇴하였다. 또한 정은 모와 비슷하지만, 선단부가 모에 비해 가늘고 길며 자루가 철로 된 창의 일종이다. 과(戈)는 전차전을 위해 특화된 창인데, 삭과 정이 찌르는 용도로 쓰였다면, 과는 전차병을 걸어서 베는 용도로 사용하였다.

한편 갑옷과 투구로 무장한 중장기병은 전투 대열의 선봉에서 적진으로 돌진하여 중국의 전차부대나, 북방 유목민족의 중장기병을 상대로

---

92) 박진욱, 1965, 앞의 논문, 12~16쪽.

등자

창검술을 전개했는데, 이처럼 화려한 마상무예를 발휘하려면, 말 위에서 힘을 쓸 수 있는 등자가 필요했다.

고구려 전쟁사에서 보면, 등자(鐙子, 발걸이)는 고구려 기병을 주력군으로 성장시킨 원동력이었다. 등자가 없었을 때 기병은 세 가지 방식으로 전투를 했다. 첫째, 전장으로 신속히 말을 타고 이동한 다음, 말에서 내려 보병과 같이 싸웠다.[93] 둘째, 말을 탄 무사 두 명이 한조를 이루어, 방패를 든 무사가 자신과 활을 가진 무사를 보호하였다.[94] 셋째, 장창과 휘어진 장검으로 무장한 기병대는 충돌 직전에 창을 던졌는데, 그것은 충돌의 반작용으로 말에서 떨어지는 것을 방지하기 위해서였다.[95]

등자의 기원에 대해서는 힌두 기병대가 기원전 1세기에 처음 사용했다는 견해,[96] 동양에서 등자를 처음 사용한 시기는 기원전 4세기이고, 아시아의 스키타이인과 사르마트인이 그것을 서양에 전한 것은 기원후 1세기라는 견해,[97] 등자는 유목민보다 기마술에 서툴렀던 한족이 기원후 4세기에 처음 사용했다는 견해[98] 등이 있다.

93) 정토웅, 1997,『전쟁사 101장면』, 가람기획.
94) 버나드 로 몽고메리 저·송영조 역, 1995,『전쟁의 역사 1』, 책세상, 78쪽.
95) 강건작, 앞의 책, 34쪽.
96) T. N. 두푸이 저·박재하 역, 1996,『무기체계와 전쟁』, 병학사, 62쪽.
97) 버나드 로 몽고메리 저·송영조 역, 앞의 책, 238쪽.

그렇다면 고구려 기병은 언제부터 등자를 사용했을까? 『삼국사기』에서는 주몽이 활을 잘 쏘고, 마상에서 활쏘기 시합을 했다는 기록이 나온다. 등자 없이 마상에서 활을 쏘기가 어렵다고 볼 때 고구려는 건국 초기부터 등자를 사용했다고 하겠다. 특히 4세기 말~5세기 초의 고구려 무용총 수렵도는 달리는 말 위에서 후방의 동물을 겨누는 역동적인 무사의 모습을 보여주고 있는데, '등자를 사용하지 않고도 과연 저와 같은 자세가 가능할까?'라는 의문이 생긴다.

고구려에서는 경기병과 중장기병이 모두 등자를 사용하였다. 말을 타고 활을 쏘는 경기병을 마궁수라 하고, 마궁수는 달리는 말에서 두 손을 놓고 활을 쏘는 경우가 많았는데, 만약 등자가 없다면 자세가 흔들려 명중률이 떨어질 수밖에 없었다. 또한 중장기병은 창을 가진 무사가 적진으로 돌진하여 적을 찌르거나, 적의 철기병과 창검술로 대결하는 경우가 많았는데, 만약 등자가 없었다면 이 같은 돌격전술을 감행할 수가 없었을 것이다.

그런데 현재까지의 등자 유물 발굴 결과만을 가지고, 고구려 최초의 등자 사용 시점을 4세기 중반으로 보는 견해가 있다.[99] 그러나 초창기 등자의 대부분이 목재로 만든 등자를 사용하였고, 현재 목재 등자 모두가 썩어서 확인할 수 없는 실정이다. 반면에 후대의 철제 등자 대부분이 4세기의 무덤이나 왕릉에서 출토되는데, 이러한 사실을 고려하지 않고, 등자의 최초 사용 시기를 4세기 전반으로 보는 것은 타당하지 않다고 본다.

고구려 기병이 상대한 중국과의 기마전은 각 왕조의 주력군에 따라

---

98) 이형구, 앞의 책, 306쪽.
99) 정동민, 2007, 「고구려 중장기병의 모습과 도입 시점에 대한 소고」, 『전통문화연구』 6.

세 시기로 구분한다. 먼저 후한과 조위의 전차를 상대한 기마전이고, 다음으로 전연과 후연의 철기병과의 기마전이며,[100] 마지막으로 당나라 주력군인 기병대와의 기마전이다. 여기서는 고구려 기병이 중국 각 왕조의 주력군을 상대로 교전하는 기마전을 경기병과 철기병으로 구분하여 고찰한다.

1세기 초에 고구려가 현도군과 요동군을 공격하면서 요동으로 영토를 확대하자, 후한의 광무제는 고구려의 요동 진출을 막으려고 요동태수에게 고구려 침공을 명했다. 그리고 요동태수는 28년 7월 수많은 군사를 이끌고 위나암성을 포위하였다. 후한군은 선봉에 전차를 배치하고, 쇠뇌병과 창병을 전차 뒤에 배치한 다음, 후방에도 전차를 배치하여 적의 기습에 대비하였다. 공격은 먼저 쇠뇌병이 원거리에서 쇠뇌[弩]를 쏘았으며, 적진이 가까워지면 투창병이 창을 던졌다. 그리고 전차부대가 적의 대형을 정면에서 돌파하면, 전차 뒤에 배치된 보병이 흩어진 적의 대열을 공격하였다. 만약 적이 도주하면 경전차가 즉시 추격하였다.[101]

고구려 초기의 주력군은 경기병이었다. 경기병은 대부분 활을 쏘는 궁수였기 때문에 충격력이 떨어져 후한의 전차부대와 정면에서 교전할 수가 없었다. 따라서 경기병의 이점을 살리기 위해서는 지형의 이점을 이용하거나 야음을 틈타 기습공격을 감행하는 수밖에 없었다. 기습공격도 경기병의 기동력을 이용해 공격한 다음, 신속히 적의 사정권에서 멀어져야 했다.

---

100) 중국의 고구려 침공은 기원 1세기 초(28년)부터 2세기 말(172년)까지 후한전쟁이 있고, 2세기 말(197년)부터 3세기 초(238년)까지 요동의 공손세력전쟁이 있으며, 3세기 중엽(239~246년)에는 조위가 침공하였다. 4세기 초 고구려가 요동군 서안평(311년), 대방군(314년), 현도군(315년)을 차례로 점령하자, 319년 요동지역을 장악한 모용외와 370년까지 전쟁을 하였다.
101) 이홍두, 2011, 「고구려 전기의 기마전」, 『歷史와 實學』 44, 8쪽.

실제 전투에서 기병이 적의 기병과 정면에서 교전하는 경우는 드물었다. 즉, 경기병은 화살로 적의 인마를 살상하는 것을 목표로 삼기 때문에 백병전은 가능한 피했다. 하물며 전차와 정면으로 맞서는 일은 생각할 수가 없다. 경기병의 임무는 교전 중 무너진 대열의 측면이나 후면을 공격하는 것이었으며, 중앙의 보병 대열을 공격할 때는 보병 대열에 틈이 있을 때만 가능하였다. 그것도 보병의 근접 지원을 전제로 한다. 후한의 요동군은 수적 우세를 믿고 몇 겹으로 위나암성을 포위하였지만, 고구려 여러 성에서 구원군을 파견하여 기습공격을 감행하자, 요동군은 고구려군의 빈번한 기습 공격으로 큰 타격을 받았다.

후한은 121년(태조왕 69) 1월 유주자사 풍환, 현도태수 요광, 요동태수 채풍 등 요동군의 연합세력이 고구려를 침공하였다. 이때 태조왕의 동생 수성은 3천기의 정예기병으로 현도군과 요동군을 우회 기습하여 두 성의 수비군 2천여 명을 살상하였다. 이러한 전술은 기동력을 바탕으로 한 것인데, 고구려 경기병이 유리한 지형을 이용해 자주 쓰는 전술이었다.

그런데 2세기 후반, 후한이 전차부대를 선봉에 세우고 대병력으로 침공하자, 고구려 신대왕은 좌상 명림답부가 청야입보전술을 써서 지키다가, 후한의 군대가 후퇴할 때 기병으로 추격하자는 견해를 허락하여 큰 승리를 거두었다. 청야입보전술은 방어적인 '선수 후전(先守後戰)'의 형태인데,[102] 특히 '후전'을 기마전과 관련하여 볼 때 두 가지로 구분한다. 하나는 성을 방어하다가 적의 방비가 취약하거나 경계에 허점이 보이면 성문을 열고 기병을 출격시키는 것이고, 다른 하나는 적이 포위를 풀고 퇴각할 때 기병이 적의 후미를 치는 것이다. 여기서

---

102) 이홍두, 2004, 「고구려의 대외전쟁과 기병전술 - 특히 한족과의 전쟁을 중심으로」, 『白山學報』 68, 14쪽.

전자의 경우는 경기병이 공격을 주도했지만, 후자는 중장기병이 공격을 주도했다.

수천기의 고구려 철기군은 도주하는 후한군과 좌원에서 교전하였다. 후한군은 전투 대열의 선봉에 전차부대를 내세우고, 방패와 창으로 무장한 밀집보병부대가 전차의 보호를 받으면서 그 뒤에서 전진하였다. 전차에 탑승한 전사[103]는 원거리에서 활이나 투창으로 공격하다가 근접전에서는 창을 휘두르며 적의 대형을 돌파하고 그 뒤를 따르는 보병이 적을 격퇴하였다.

그런데 당시 후퇴하던 후한군의 전차부대는 급히 추격하는 고구려 중장기병으로 인하여 방진을 효과적으로 운영하지 못했고, 전차부대를 보조하는 중장 보병도 보유하지 못했던 듯하다. 후한의 군대가 고구려 추격군의 공격을 이겨내지 못하고 크게 패배하여 "한 필의 말도 돌아가지 못했다"는 기록은 수천기의 고구려 철기병이 전투에 참여했음을 알 수 있다.

활을 주요 무기로 사용한 경기병은 주로 부대의 측면에 위치하면서 적의 보병 대열이 무너지면 공격하였다. 그리고 우회하여 적의 후방을 치는 것도 경기병의 몫이다. 이와 같은 일련의 과정을 볼 때 고구려 경기병이 방진을 친 후한의 전차부대를 활만 가지고 정면에서 공격할 수 없었을 것으로 보인다.

한편 조위의 유주자사 관구검이 246년(동천왕 20) 2월 유주의 무력을 총 동원하여 고구려를 침공했다.[104] 당시 양국의 군대는 장소가 각기

---

103) 중국의 전차는 네 필의 말이 끌었으며, 탑승 인원은 3명으로 창을 가진 전사, 마부, 활을 쏘는 사수로 구성하였다. 3명이 1조가 되어 측면의 창병과 사수가 공격하고, 가운데 마부는 유리한 위치를 차지하기 위해 네 필의 말을 효과적으로 몰았다. 적과 교전할 때는 각 전차를 대형으로 묶어서 부대단위 전투를 하였다(강건작, 앞의 책, 27쪽).

다른 세 곳에서 교전하였다. 첫 번째는 비류수 전투다. 동천왕은 물이 빠르고 둑이 가파른 비류수에서 격퇴시키려고 하였다. 따라서 경기병과 보병을 비류수 기슭에 매복시킨 다음, 중장기병을 전열에 배치하고, 도끼와 창을 가진 중장보병대가 중장기병을 지원했다. 관구검군의 전차부대가 강을 건너자, 매복한 고구려 경기병이 활을 쏘고, 중장기병이 전차부대의 중앙으로 돌진하여 3천여 명을 사살하는 전과를 올렸다.

두 번째는 태자하 상류의 양맥골짜기 전투다. 고구려군은 관구검을 격퇴하기 위해 양맥골짜기에 진지를 구축하고 군사를 매복시켰다. 관구검 군대가 양맥에 이르렀을 때 이곳에 매복해 있던 고구려군이 관구검 부대의 퇴로를 차단한 다음, 복병이 좌우 숲속에서 일제히 공격한 듯하다. 행군대형을 전투대형으로 전환하지 못한 관구검군의 전차부대는 골짜기 양쪽에서 쉴 새 없이 화살을 쏘는 고구려 기병을 차단하지 못해 3천명의 군사가 다치거나 죽었다.[105]

세 번째는 후퇴하는 관구검의 군대가 방진을 치고 결사 항전한 전투다. 관구검이 이끄는 조위의 군대는 전차부대에 소속한 창을 든 보병 4천여 명이었다. 그리고 고구려군은 중장기병 5천과 1만 5천의 경기병과 보병 등 총 2만여 명이었다. 군사의 숫자만으로 보면, 고구려가 다섯 배나 많았지만, 고구려 동천왕은 패배하였다. 즉, 동천왕이 먼저 경기병을 선봉에 세워 활을 쏘게 했지만, 그 때 관구검군의 보병이 쇠뇌를 쏘아 고구려 경기병을 원거리에서 제압하였다.[106]

이에 격분한 동천왕이 철기병 5천기를 이끌고 돌진하였다. 그때 후퇴하던 관구검군이 멈추어 방진을 쳤다. 방진의 선봉에는 보병이

---

104) 『三國史記』 권17, 고구려본기 5, 동천왕 20년 8월.

105) 이홍두, 2011, 「고구려 전기의 기마전」, 『歷史와 實學』 44집, 25쪽.

106) 이정빈, 2010, 「6~7세기 고구려의 쇠뇌 운영과 군사적 변화」, 『軍史』 77, 66~67쪽.

긴 삭(削)을 들고 밀집대형을 만들었다. 고구려 중장기병이 그들을 향해 돌격하자, 삭을 든 보병이 말 위의 무사를 겨누지 않고 말을 겨누었다. 보삭(步削)에 걸린 첫 번째 중장기병이 낙마하면서 뒤에 오던 대열이 무너지고 중장기병의 속도가 떨어졌을 때 삭을 든 관구검의 보병이 중장기병을 말에서 끌어내렸다. 그리고 땅에 떨어진 중장기병을 관구검의 창병이 일격을 가해 고구려군을 궤멸시켰다.

고구려의 보병과 기병 2만 중 주력군은 기병이다. 따라서 고구려군의 패배는 관구검의 보병에게 고구려 기병이 패했음을 뜻한다. 따라서 4천여 명의 관구검 군대가 1만 9천여 명의 고구려군을 도륙한 것은 두 가지 문제와 관련이 있다. 하나는 관구검군이 방진의 대형을 끝까지 유지함으로써 고구려 중장기병의 타격력이 크게 떨어졌다. 즉, 고구려 철기병은 창에 찔리길 원치 않았으며, 갑옷으로 무장한 말들도 강력한 대형을 이룬 창병에게 두려움을 느끼고 돌진하지 못했다. 다른 하나는 관구검군의 보병이 사용하는 쇠뇌와 장창의 위력이 컸다는 것이다.

중국의 쇠뇌는 기병을 상대로 장점을 발휘했는데, 특히 한나라 때는 북방 흉노의 기병을 상대하기 위해 쇠뇌를 중시하였다. 고구려는 후한의 전차병이 쏘는 쇠뇌를 제압하기 위해 중장기병을 창설하였고, 갑옷으로 무장한 중장기병은 쇠뇌의 공격을 크게 약화시켰다. 그러나 고구려는 삭을 든 관구검의 장창보병을 막지 못해 패배했다.

만약 고구려 중장기병이 그 지역을 빨리 이탈하여 평탄한 지형을 전장으로 선택하던지 아니면 관구검 군대의 퇴로를 끊고, 기병과 보병의 협조체제를 갖추었다면, 승리할 수도 있었을 것이다.107) 그러나 고구려군은 중장기병만으로 무모하게 정면에서 관구검 부대의 방진을 공격함으로써 패배를 자초하였다. 따라서 동천왕은 혼란한 나머지

---

107) 임용한, 2001, 『전쟁과 역사』, 혜안, 60쪽.

대오를 정비하지도 못하고, 중장기병 1천여 명을 데리고 압록원으로 후퇴할 수밖에 없었다.

2. 고려시대 기병의 무장과 기마전

고려는 북방 유목민족 요·금·원 왕조를 상대로 전쟁을 수행하였다. 이들 국가는 주력군이 기병이었으므로 평지 기마전을 선호하였다. 반면에, 고려는 요새형 산성을 쌓고 수성전을 전개하다가, 적진에 틈새가 보이면, 성 밖으로 기병을 출격시켰다. 고려는 거란전쟁과 여진전쟁 때 수성전과 성 밖 기마전의 비중이 비슷하다. 그러나 몽골전쟁 때는 왕실이 강도(江都)로 피난했기 때문에 본토에서는 소규모의 수성전을 전개할 수밖에 없었다. 따라서 고려는 유목국가의 기동력을 약화시키기 위해 여러 가지 방안을 강구하였다. 즉, 거란전쟁과 여진전쟁에서는 선봉에 검차를 배치하고, 몽골전쟁에서는 화포를 사용하였다.

그동안 고려시대 기병의 무장과 기마전 연구는 기병의 무기[108]와 기병전술[109]에 대한 연구가 있다. 따라서 여기서는 고려가 유목민족 거란, 여진, 몽골과 전개한 기마전과 경기병에 사용한 향마[토마]와 호마 및 기병이 기마전을 수행할 때 사용한 쇠뇌[弩]와 검차에 대해 살펴보려고 한다.

고려에는 두 종류의 말이 있다. 북방에서 온 호마와 고려의 향마(鄕馬)가 그것이다. 향마는 고구려의 과하마를 말하는데, 고려 초기에는 중국에 명마로 알려져 조공하는 품목이었다.[110] 그러나 중장기병을

---

108) 강건작, 앞의 책.
109) 이홍두, 2005, 「고려 거란전쟁과 기병전술」, 『사학연구』 80, 91쪽 ; 이홍두, 2007, 「고려의 여진정벌과 기마전」, 『軍史』 64, 132~159쪽 ; 이홍두, 2007, 「고려의 몽골전쟁과 기마전」, 『역사와 실학』 34.

육성하기 위해서는 체형이 큰 말이 필요하였고, 이에 따라 거란과 여진에서 말을 수입하였다. 특히 여진과는 130회에 걸쳐 마필을 교역했는데, 이러한 말들은 고려에서 종마나 전마로 사용되었다.111) 결과적으로 고려는 여진으로부터 확보한 양마(良馬)를 가지고 신기군을 창설하여 그들을 격퇴하였다. 한편 한국에서 호마가 급속히 증가한 것은 1276년(충렬왕 2) 원나라 세조가 탐라에 몽고마를 방목하면서부터다.112)

고려 기병의 마구와 무기는 경기병과 중장기병에 차이가 있다. 경기병은 기동력을 발휘하기 위해서 마구와 무기의 숫자를 줄여 무게를 가볍게 할 필요가 있었다. 반면에, 중장기병은 기병의 안전과 방어력 향상을 위해 다량의 마구와 무기를 사용하였다.

경기병의 마구는 재갈·고삐·안장·등자 등이 있고, 무기는 원거리에서는 만궁을, 근거리에서는 단검을 사용하였다. 중장기병의 마구는 등자와 안장이 있고, 공격용 무기는 베는 데 사용한 대검과 찌를 때 사용하는 창(鏘)이 있다. 방어용 무기는 기병의 갑주가 있고, 말의 갑옷인 마갑과 말의 투구인 마면갑이 있다. 한편, 진을 치고 적과 대치하면서 기마전을 전개할 때는 쇠뇌와 검차를 사용하였다.

쇠뇌113)는 보병의 주력무기로 기마전에서 장점을 발휘했다. 다 알다

---

110) 『冊府元龜』 권972, 外臣府17 朝貢 5 天成 4년 8월 ;『高麗史節要』 권2, 광종 10년 춘 조.
111) 南都泳, 1996, 앞의 책, 141쪽.
112) 『成宗實錄』 권281, 성종 24년 8월 정묘.
113) 쇠뇌는 기계장치를 활용해 쏘았는데, 활보다 사정거리가 길고, 파괴력이 강했다. 이러한 쇠뇌는 긴 나무틀과 彎弓으로 이루어졌다. 발사는 다리를 펴서 활에 걸고 목표물을 겨누어 방아쇠를 당기면 시위가 갈고리에서 벗겨지면서 화살의 뒷부분을 때려 화살을 날려보낸다(金基雄, 1976, 「三國時代의 武器小考」, 『韓國學報』 5, 5~6쪽).

시피 고려는 유목민족의 거란족·여진족·몽골족과 전쟁을 했는데, 그들의 주력군은 기병이었다. 따라서 이들 유목민족은 쇠뇌에 제압당하지 않으려고 중장기병을 발전시켰다.[114]

적의 기동력을 약화시키기 위해 사용한 무기는 검차가 있다. 검차는 길이 9자의 수레채에 예리한 칼날을 꽂고 방패를 설치했다. 말이 수레에 설치된 칼에 찔려 놀라거나 상처를 입었다. 당시 20여만 명의 거란군은 1010년(현종 1) 11월 23일 통주 서북쪽 60리의 동산 일대에 진을 치고, 24일에는 삼수채 전방 1㎞까지 진출하여 통주성 함락 작전을 준비하였다.[115] 통주성의 고려 방어군도 전투준비에 들어갔다. 방어적인 수성전보다도 성 밖에서 거란군에 정면으로 맞서는 기마전을 선택하였다.

11월 24일 고려 방어군은 성 밖 삼수채 주변의 산과 하천을 이용해 진을 쳤다. 강조는 부대를 중군·좌군·우군으로 구분한 다음, 강조가 지휘한 중군은 3개의 하천 지류가 모이는 통주 서쪽에 진을 치고, 좌군은 통주성 서북쪽 20리 지점에, 전방의 하천을 방패로 삼아 진을 쳤다. 우군은 통주성 서쪽 낮은 산등성이에 성을 등지고 진을 쳤다. 그리고 거란군의 기병돌격을 저지하기 위해 각 진영의 선봉에 검차를 배치하였다.[116] 고려가 부대를 세 개로 나눈 것은 거란군의 전력을 분산시키는 데 목적이 있었다. 그런데 실제로 거란군은 부대를 3로(路)로 구분한 다음, 각 로(路)가 고려의 삼군을 각자 공격하여 정면 돌파를 시도했다.

거란군의 선봉 보병대가 먼저 쇠뇌를 쏘았고, 그 사이에 기병이 강을 건너려고 시도하였다. 그러나 고려 방어군의 선봉에 배치한 검차

---

114) 李廷斌, 앞의 논문, 67쪽
115) 『高麗史』 권94, 열전 7, 양규.
116) 이홍두, 2005, 「고려 거란전쟁과 기병전술」, 『사학연구』 80, 91쪽.

의 방패가 그들의 쇠뇌 공격을 막아냈다.[117] 만약 거란의 기병이 강둑으로 올라오면, 고려의 보병대가 원거리에서 쇠뇌를 쏘아 제압할 심산이었다. 거란 기병이 계속 돌진하여 고려 진영에 접근하자, 검차에 장착된 예리한 칼에 말이 찔려 놀라거나 상처를 입어 기병이 낙마하였다.[118] 고려 방어군은 검차를 강 언덕에 근접 배치함으로써 거란 기병의 상륙을 적극 봉쇄하였다.

이에 거란군은 고려 방어진지를 정면 돌파하려던 전술을 포기하고 고려군의 3개 진영을 좌우로 우회하여 측면공격을 시도하였다. 그러나 고려군은 검차의 대열을 신속히 거란군의 공격 방향으로 이동시켜 거란군을 격퇴하였다.[119] 병법에서는 승리한 후 경계를 강화하라고 했다. 그런데 강조는 초반의 우세에 교만하여 장기를 두는 등 경계를 늦추었다. 거란군 선봉장 야율분노는 강조가 방심한 사실을 간파하고, 삼수채에 진을 친 중군을 야간에 기습 공격함으로써 고려군이 패배하였다.

그러면 1세기가 지난 후 고려-여진전쟁에서 양국의 기마전과 무기는 어떠하였을까. 여진군의 전투방식은 공성 전투와 평지 전투로 구분한다. 공성 전투는 군대가 성을 포위하면, 기병이 성 주변의 교통망을 장악하여 구원병이 오는 길목을 차단했는데, 이것은 상황이 위급할 경우 퇴로를 확보하는 목적도 있었다. 평지 전투는 50기를 최소단위의

---

117) 검차는 길이가 9자쯤 되는 두 개의 나무를 가지고 수레채를 만드는데, 앞뒤에는 나무를 가로대고 축을 받게 하여 외줄의 두 바퀴를 달며 그 위에 판자를 깐다. 그리고 수레채의 중간 부분에 각각 바퀴 하나씩을 달아 속에 넣어두었다가 수레를 끌고 갈 때는 두 개의 바퀴만을 사용하고, 수레를 멈추고 있을 때는 속에 넣어두었던 두 바퀴를 내려 네 바퀴를 이용한다. 수레채 맨 앞에는 예리한 칼날을 이중으로 장착하였으며, 짐승의 얼굴 모양을 단 세 겹의 방패를 설치하였다(宋圭斌,『風泉遺響』南湖管見新製常勝陣序 常勝陣并圖).

118) 안주섭, 앞의 책, 73쪽.

119) 유재성, 1993,『한민족전쟁통사Ⅱ』(고려시대편), 72쪽.

한 대로 하되, 중장기병과 경기병의 협력전술에 중점을 두었다. 전투 대열 앞에는 돌파용 타격무기를 장착한 20기의 중장기병을 배치하고, 뒤에는 활로 무장한 30기의 경기병을 배치하였다. 만약 적의 약점을 찾으면, 중장기병이 돌진하고, 경기병이 뒤에서 활을 쏘아 엄호하였다.

고려는 윤관이 9성을 설치하기 이전에는 성 밖 기마전이 많았고, 9성을 설치한 이후에는 성을 지키는 수성전이 많았다. 평지기마전에서는 예종대 창설한 별무반 소속의 신기군(神騎軍)이 기마전을 이끌었다. 즉, 고려 보병이 선봉에서 화전(火箭)을 쏘아 적진을 돌파하면, 기병대 신기군이 측면에서 적의 대열을 공격하였다. 신기군은 수성전으로 방어하면서도 개문 출격하여 적을 기습한 다음, 곧 성으로 돌아오는 전술을 폈다.[120]

그로부터 1세기가 지난 뒤 몽골과의 전쟁에서 고려의 기마전은 어떠하였을까. 몽골 기병은 공성 전투에서 대부분 승리했는데, 그것은 성을 공격할 때 투석기·충차·포 등을 능숙하게 사용했기 때문이다. 특히 평지기마전에서는 속전속결전술로 신속하게 적을 제압하였다. 반면에 보병이 없었으므로 후방의 방어가 취약하고 산악지형에 크게 불리했다. 고려의 기병은 여진정벌 때 설치한 별무반 소속의 신기군이 있었지만, 1170년(의종 24) 무신정변 이후 권신들의 사병이 확대되면서 신기군의 숫자가 크게 감소했다. 따라서 고려는 평지기마전보다 수성전을 전개하다가 개문 출격하는 기마전이 많았다.

1231년(고종 18) 9월 3일 몽골의 살례탑이 귀주성을 포위하였다.[121] 고려 병마사 박서는 군사를 세 부대로 나누어 배치하고, 12명의 기병 결사대를 결성했다. 몽골군이 귀주성을 여러 겹으로 포위하고 서문과

---

120) 이홍두, 2007, 「고려의 여진정벌과 기마전」, 『軍史』 64, 132~159쪽.
121) 『高麗史節要』 권16, 고종 18년 9월.

남문, 북문을 연속으로 공격하였다. 이때 기병 결사대가 남문으로 출격하여 몽골군을 격퇴하였다. 초전에 패배한 몽골군은 운제와 포차 등을 동원하여 남문·북문·동문을 공격했는데, 예비대를 번갈아 투입하면서 파상공격을 감행하였다. 그러나 고려 기병이 개문 출격하여 기습하자, 몽골군은 귀주성 북방으로 퇴각하였다.

3. 조선시대 기병의 무장과 기마전

조선시대 기병의 무장과 기마전은 상대국가의 전투 방식에 따라 세 시기로 구분한다. 먼저 야인정벌을 단행한 조선전기 기병의 무장과 기마전이 있고,[122] 다음으로 일본군을 상대로 한 임진왜란시기 기병의 무장과 기마전이 있으며,[123] 마지막으로 누루하치의 후금과 청나라 팔기병을 상대로 한 정묘·병자호란시기 기병의 무장과 기마전이 있다.[124] 따라서 여기서는 야인정벌에 따른 기병의 무장과 기마전은 조선군이 화포와 총을 사용하는 것을 중심으로 살펴보고, 임진왜란 중 기병의 무장과 기마전은 일본군의 조총을 막지 못해 패배할 수밖에 없었던 문제를 고찰하며, 정묘·병자호란시기 기병의 무장과 기마전은 청나라 팔기병의 속전속결의 기마전과 조선의 방어적 기마전을 중심으로 살펴본다.

먼저 조선의 야인정벌과 관련한 기마전이다. 조선이 여진족을 상대

---

122) 강성문, 1995,「조선시대 편전에 관한 연구」,『학예지』4, 육군사관학교 육군박물관 ; 이홍두, 2000,「조선초기 야인정벌과 기마전」,『軍史』41.
123) 노영구, 1997,「宣祖代 紀效新書의 보급과 陣法 논의」,『軍史』34 ; 이홍두, 2006,「임진왜란초기 조선군의 기병전술」,『白山學報』74.
124) 이홍두, 2002.「호란 이후 조선군의 전술변화」,『군사사연구총서』2 ; 이홍두, 2010,「청나라의 조선침공과 기마전」,『歷史와 實學』42.

로 전개한 최초의 기마전은 1410년(태종 10) 2월 동북면의 모련위 야인정벌이다.[125] 당시 정벌군은 북청 이북의 기병 1,150기를 동원하여 승리하였다. 야인들의 기병전술은 산골짜기에 기거하면서 모이고 흩어지는 것이 자유롭고, 지형이 험한 곳으로 유인하며, 한밤중에 일어나 기습공격을 감행하였다.

일반적으로 기병은 경사진 곳에서 미끄러지거나 말발굽의 마모가 심해 보행이 불가능했다. 여진의 기병은 구릉의 기마전에 능숙했는데, 그것은 그들의 말이 호마인 것과 관련이 있지만, 한편으로 산성전투를 위해 마제철(馬蹄鐵)을 사용하였기 때문이다.

이러한 야인들의 기마전에 착안하여 조선은 1433년(세종 15) 4월 서북면 제1차 야인정벌 때[126] 기병 1만, 보병 5천의 대규모 원정군을 7개 부대로 편성하여 여진부락을 동시에 공격하였다. 활을 사용하는 야인 기병은 그들의 군사가 많으면 포위해서 사로잡고, 숫자가 적으면 지형지물을 이용해 활을 쏘았다. 당시 조선군은 대오를 이루고 한 곳에 집결했기 때문에 부대의 피해가 컸다. 따라서 세종은 야인에 대응하기 위해 모이고 흩어지는 진법을 익히고, 한편으로 편전(片箭)을 발명하여 실전에 배치하였다.

서북면 제2차 야인정벌은 1437년(세종 19) 9월 7일부터 14일까지 이만주의 근거지인 오미부를 기습하여 조명간자를 국경선으로 확장하였다. 당시 정벌전은 평안도 도절제사 이천이 주도했는데, 그는 휴대하기 간편한 소형 총통인 세총통(細銃筒)을 정찰기병에게 지급하여 큰 성과를 올렸다. 정찰병이 적의 출현을 알리면, 본대를 다섯 개 부대로 나누어 진을 쳤다. 모든 부대는 중군의 명령에 따랐다. 각을 한 번

---

125) 『太宗實錄』 권19, 태종 10년 2월 기미.
126) 『世宗實錄』 권60, 세종 15년 5월 기미.

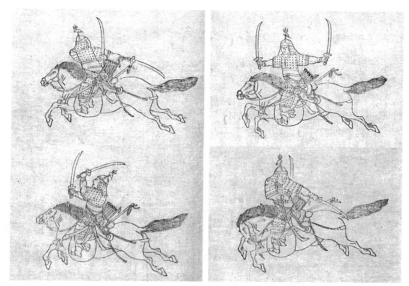

조선시대의 **기병** 『무예도보통지』 마상쌍검보

불면 각 부대에서 마병이 나와 경계에 들어가고, 다음으로 각 부대의
바깥쪽에 방패군을 배치했다. 이어서 창장검군(槍長劍軍), 화통궁수군,
기창병, 기사병이 차례로 벌리어 섰다. 다섯 개의 부대가 모두 그렇게
진을 쳤다.

　기병은 창병과 궁수의 두 종류가 있다. 전투가 시작되면, 말을 탄
창병이 먼저 공격하고, 창을 든 보병이 뒤를 따랐으며, 말을 탄 궁수는
주로 측면에서 공격했다. 두 사람이 한 조를 이루었는데 경우에 따라
방패군의 보호를 받았다. 기병과 보병의 관계는 서로 협조하는 관계였
다. 전투 중 적군이 패하여 도망하면 기병이 곧 추격하였다. 다만
기병은 창에 약했는데, 공격하고 돌아설 때 특히 취약했기 때문에
보병의 보호를 받았다. 그러나 야인 기병은 산악지대의 지형지물에
엄폐하여 상대적으로 안전한 반면, 대오를 갖추고 있던 조선군은 야인

의 화살에 노출되어 피해가 컸다.

그러면 임진왜란시기 조선군의 기마전은 어떠하였을까. 조선군은 방군수포제가 법제화된 중종대 이후 양인 상층 이상의 군역 이탈이 심화되면서 기병의 전투력이 크게 약화되었다. 반면에 일본군은 1575년 (선조 8) 오다 노부나가(織田信長)가 조총으로 무장한 보병대가 기병대를 격파하는 보병우위 전술체계를 확립하였다. 이어서 1582년(선조 15) 도요토미 히데요시(豊臣秀吉)는 전투부대를 기병과 보병으로 구분하고, 기병·총병·궁병·창검병의 단위부대를 편성함으로써 조총 중심의 전술을 정착시켰다.[127]

임진왜란시기 기마전은 삼도순변사 신립 장군의 탄금대 전투에서 확인할 수 있다. 1592년(선조 25) 4월 27일 신립은 8천의 군사를 이끌고 탄금대에 진을 쳤다. 같은 날 1만 8천 7백 명을 이끌고 단월역에 도착한 일본군은 28일 새벽에 군사를 세 부대로 나누어 진을 쳤다. 중군이 충주성을 점령하였고, 좌군은 달천 강변을 따라 내려가면서 공격하였으며, 우군은 강을 건너 신립군의 후방을 쳤다. 신립의 조선군은 전방을 공격한 일본군 선봉군을 제압하고, 일본군 좌군을 격퇴하였다. 그런데 일본군 우군이 조총을 쏘면서 후방을 공격하자 충주성으로 후퇴하였으나, 성을 점령한 중군의 공격을 받고 크게 패배하였다.

그 전에 신립은 요새지 조령에 군사를 매복시키자는 종사관 김여물의 건의를 물리치고 탄금대에 배수진을 쳤다. 신립이 험한 지형의 조령에 군사를 매복하여 기습 공격을 마다하고 탄금대에서 기마전을 전개한 것은 조선 주력군이 기병이었기 때문이다. 즉, 그동안 신립은 여진과의 수많은 기마전에서 대부분 승리하였을 뿐만 아니라 한편으로 군사의 수가 부족함을 배수진으로 극복하려고 했다.

---

127) 柳在成, 1996, 『한민족전쟁통사Ⅲ』(조선시대 전편), 국방군사연구소, 141쪽.

그런데 일본군은 전술적으로 유리한 지형을 선점하여 울타리를 만들고 참호를 설치했다. 그리고 조총부대와 창검부대를 숲속에 매복하고 일시에 공격했는데, 원거리에서는 조총을, 근접전에서는 단검을 사용하였다. 따라서 조선군의 기병이 쏜 화살의 사거리가 조총보다 짧았던 것이 주요 패인이라고 할 수 있다. 결과적으로 당시 상황에서 조선군의 전술은 방어에 주력하다가 틈이 보이면 기병이 성문을 나가 기습하는 수성전이 현실적 대안일 수밖에 없었다.

1593년(선조 26) 2월 12일, 전라도 순찰사 권율이 지휘한 행주대첩 이후 조선군의 전술은 '선수비 후공격'의 수성전술이 지배적 현상이 되었다. 즉, 조선초기 북방의 여진족을 상대로 전개된 평지기마전은 임란 이후부터 방어에 치중하는 수성전을 전개하다가 적진에 틈이 보이면 기병이 성 밖으로 출격하는 형태로 전환하였으며, 이러한 현상은 병자호란 때까지 지속되었다.[128]

마지막으로 정묘·병자호란시기 조선의 기마전을 본다. 후금의 태종은 정묘호란(1627년 1월) 때 3만의 팔기병을, 병자호란(1636년 12월) 때 12만 8천여 명의 팔기병을 이끌고 의주를 침공하였다. 당시 조선은 두 번 모두 성에 의지하는 '청야입보전술'로 대응하였다. 그것은 청나라 주력군은 기병이었던 반면, 조선의 주력군은 보병이었기 때문이다. 그렇다면 서북 국경지역의 선봉대가 험준한 지형을 이용해 지구전을 감행했더라면 청나라 팔기병의 속전속결전술을 막을 수 있었는데, 왜 처음부터 방어에 치중하였을까. 이것을 이해하려면 우선 임진왜란시기의 기마전을 살펴보아야 한다.

임진왜란 때 조선 기병의 전투력은 일본군의 조총 앞에서 무력했다. 그것은 신립의 탄금대 전투 패배에서 확인되었다. 패배의 원인은 조총

---

128) 이홍두, 2006, 앞의 논문, 287쪽.

의 탄환이 활보다 사정거리가 멀었기 때문이다. 반면 1593년 1월 9일 명나라 지원군이 평양성 전투에서 승리했는데, 그것은 조선이 명나라 척계광의 삼수병체제(포수·사수·살수)를 수용하는 결정적 계기가 되었다. 이후 조선은 군역체제와 전술체계를 모두 보병 중심의 『기효신서』 진법으로 전환하였다.[129]

다음 광해군대에 이르러 군사강국으로 부상한 후금의 침략에 직면한 조선은 여진족 방어에 효과적인 기병 중심의 전술로 복귀할 수밖에 없었다. 여기서 기병 중심의 전술은 척계광이 여진족을 물리치기 위해 편찬한 『연병실기』 진법을 지칭한다. 척계광은 남쪽의 왜를 정벌할 때는 『기효신서』 포살법(砲殺法)을 사용했고, 북쪽의 오랑캐를 막을 때는 『연병실기』 거기보법(車騎步法)을 사용했다. 『기효신서』의 포살법은 모두 보병 중심이므로 서북방에서 돌격하는 철기병을 상대할 수가 없었다. 반면에, 『연병실기』의 거기보법은 기병·보병·거병(車兵)으로 구성되었기 때문에 여진족을 방어하는 데 효과적이었다.[130] 그러나 『연병실기』에 바탕을 둔 전술을 곧바로 실행하기가 어려웠다. 당시는 『기효신서』를 바탕으로 군역과 군제를 편성하였기 때문이다. 결국 조선은 이를 실행하지 못한 상황에서 정묘호란과 병자호란을 맞이했다.

후금의 팔기병은 막강했다. 그래서 조선은 성을 지키는 수성전술로 방어하고, 서북방의 방어체계가 붕괴되면 강화도와 남한산성을 정비하여 수성전을 전개한다는 전략을 세웠다. 그런데 강화도로 피난하면 기마전을 전개할 수 없지만, 남한산성을 피난지로 선택할 경우, 공성전을 수행하다가 성 밖으로 나가 기마전이 가능하였다.

사실 조선은 정묘호란 이후 군마를 확보하고 기병의 진법을 훈련하여

---

129) 이홍두, 2002, 앞의 논문, 194~195쪽.
130) 『光海君日記』 권39, 광해군 3년 3월 기사.

『북새선은도권』의 〈길주과시도(吉州科試圖)〉 길주관아의 중앙 대청에는 붉은 관복을 입은 시험
관들이 모여 있고, 오른쪽의 앞마당에는 말타고 활을 쏘아 과녁을 맞추는 무과시험 장면이,
왼쪽의 초당에는 문과시험을 치르는 유생들 모습이 보인다(한시각 1664년 작. 국립중앙박물관
소장).

국경과 수도방위체제를 확립해야 했다. 그러나 인조는 군제개혁에
실패함으로써 10년 전과 똑같이 요충지의 성을 지키는 수성전을 고수하
였다. 따라서 청나라 군대는 소수의 공성군만을 남겨둔 채 주력군을
이끌고 신속히 남하할 수 있었다.

정묘호란 때 청나라 기병은 기동력과 타격력에서 조선 기병을 압도하
였다. 이러한 상황에서 서북 국경지역의 산성 방어군은 두 가지 전술을
폈다. 먼저 의주성과 창성진, 용천의 용골산성, 곽산의 능한산성에서는
청야입보전술에 따라 모집한 수만의 주민과 관군이 팔기병의 공성전에
참여하였다. 그리고 수성전을 전개하면서 성 밖으로 기병을 출격하였
으나, 정봉수 의병장이 지휘하는 용골산성만이 성 밖 기마전에서 승리
하였다.[131]

131) 이홍두, 2010, 「청나라의 조선침공과 기마전」, 『歷史와 實學』 53, 258~261쪽.

그러면 당시 청나라 팔기병의 기마전은 어떠했을까. 팔기병의 공격 전술은 행군 중 전투와 공성 전투 및 대규모 적과 대치한 평지 전투로 구분한다. 행군 중 전투는 팔기병의 기본 단위인 3백 명을 좌·우군으로 나누고 각 부대는 기동력이 뛰어난 10여 명의 정찰병을 배치하여 적의 정세를 사전에 탐지하였다. 적을 발견하면 정찰병은 적의 규모에 따라 대응했다. 먼저 적의 규모가 작으면 정찰병이 직접 공격하였지만, 규모가 크면 1천 5백 명으로 구성된 갑나액진에 연락하여 함께 공격하였다. 규모가 더 크면 7천 5백 명의 고잔액진에 알렸다.

청나라 팔기병은 행군 중에 성을 만나면 성의 지세나 방비 정도에 따라 우회 통과하거나 성을 함락하는 공성전을 전개하였다. 성을 함락하는 데 실패하면, 3백 명의 우록액진 부대를 남겨두고 계속 행군했는데, 이는 성을 고립시키는 우회작전이다. 이때 청군은 3백 명의 최소 인원으로 성을 포위하고 위장공격을 시도하였다. 먼저 성의 주변도로를 차단하여 고립시키고, 다음으로 야간에는 성문의 양쪽에 군사를 매복시켜 외부와 연락을 차단하였다. 그리고 성을 공격할 때는 성 주변의 숲과 참호를 제거했는데, 그것은 성을 공격하기에 앞서 청군의 활동을 쉽게 하려는 조치였다. 성벽을 오를 때는 포로로 생포한 노인과 어린이를 앞세워 그들의 정예 병사가 손상되는 것을 막았다.

한편 대규모 적과 대치할 때는 교전하기 전에 주변의 지형지물과 하천, 도로 등을 숙지하여 적보다 먼저 신속하게 유리한 지형을 장악하였다. 이러한 요건 등을 고려하여 전투 부대를 편성한 청군은 적진을 사면에서 포위 공격하는 것을 기본으로 하였다. 이때 3백 명을 한 개 우록액진으로 하고, 다섯 우록이 한 갑나액진을 구성했다. 그리고 다섯 갑나 즉, 7,500명이 한 면을 담당하였다. 또한 각 면에는 고잔액진이 임명되어 지휘하였다.

공격 방법은 부대를 주대(駐隊)와 전대(戰隊)로 구분하여 전대가 공격하여 승기를 잡으면 일제히 공격하고, 성과가 없으면 주대가 공격하고 전대는 돌아와 휴식을 취했다. 만약 적이 도주하면 즉각 추격하였다. 따라서 병자호란 패배 후 조선은 기병의 전투력을 향상하기 위한 방안으로 무과시험에서 마상재를 중시하게 되었다.

제4장

고구려의 중국 전쟁과 기마전

Ⅰ. 한족·유목민족 전쟁과 기마전

1. 고구려-후한 전쟁과 기마전

중국사에서 전한·후한의 시대는 전쟁과 평화가 공존하면서 흉노와 함께 살았다. 그런데 전쟁사 측면에서 보면 흉노는 기병이 주력군이고, 한제국은 보병과 마차가 주력군이었다. 중국과 흉노의 큰 전쟁은 세 번 있었다. 한고조(유방)와 한무제 및 신나라 왕망 때가 그것이다. 다 알다시피 흉노를 상대로 한 70년 전쟁의 개막은 역사상 유명한 백등산(白登山) 전투(기원전 200년)다. 흉노 묵특이 42만기를 이끌고 진양성(晉陽城) 아래에 이르자, 한고조가 친히 32만의 병력을 이끌고 출격하였다. 이때 묵특이 거짓으로 패주하며 한의 병력을 유인하자, 유방은 주력군 32만으로 북쪽을 향해 추격하였다. 그러나 거짓 후퇴를 추격하는 실수를 저지른 유방에게는 백등산 패배의 재앙이 따랐다.

한제국은 제7대 무제(기원전 141~88)가 흉노에게 반격을 가했다. 한고조의 신속관계를 파기하는 것이 목적이었는데, 남북의 전혀 다른 두 제국이 정면으로 싸우는 전쟁은 50년간 지속되었다. 전쟁 초기에는 주력군이 기병인 흉노가 유리하였으나, 한나라가 흉노 본토에 대한 직접 공격 대신에 기련산 방면의 타림분지로 진출하면서 흉노의 오아시스 도시지배가 붕괴되었다. 따라서 연합체의 결합이 느슨해진 흉노는 한나라 공세가 가해지고, 경제적 곤경 등으로 내분이 일어나 급속히 약화되었다. 무제를 계승한 소제(기원전 87~74)는 양국이 대등한 입장에서 화친을 하였지만, 외척 왕망(王莽)이 황제를 찬탈하고, 국호를 신(新)으로 변경한 사이(기원후 8~23) 양국은 대립관계로 변했다. 왕망은 20만 대군으로 흉노와 전면전을 수행했으나 실패로 끝났다. 결과적으로 흉노 전쟁은 오환과 선비가 재차 흉노체제에 들어감으로써 흉노제국은 오히려 예전의 강성함으로 돌아갔다.

한제국 기병은 전한과 후한 간에 차이가 있다. 전한에서는 한 무제가 범죄자나 소수민족을 대상으로 기병을 선발하였다.[1] 그러나 후한에서는 30년(건무 6) 군제개혁을 단행하여 전차와 기사(騎士)의 상비군을 혁파하고 일반백성으로 그것을 대체함으로써 후한 기병의 전투력은 오히려 약화되었다.[2] 또한 당시까지 말의 안장과 등자가 보급되지 않았던 것도 기병이 열세한 요인이다.

반면에 고구려는 유리한 목축 환경을 이용하여 일찍부터 말 타기를 즐겼다. 이러한 모습은 『위지 동이전(魏志東夷傳)』에서 "그곳의 말은 모두 작아서 타고 산에 오르기에 편하다. 백성들은 기력이 있으면 전투를 익힌다"[3]고 한 데서 나타난다. 고구려 군대는 보병과 기병이 있다. 건국 당시의 주력군은 보병이었지만, 유리왕이 부여를 정복한 기원후 13년(유리왕 32)부터는 기병의 숫자가 크게 증가하였다.[4] 기병은 경기병과 중장기병으로 구분하는데, 대부분의 경기병은 과하마였고,[5] 중장기병은 북방에서 수입한 호마를 사용했다.

그동안 고구려-후한 전쟁 및 고구려-조위 전쟁에 관해서는 많은 연구가 축적되었지만,[6] 기마전에 대한 연구는 없다.[7] 따라서 여기서는

---

1) 백기인, 1998, 『중국군사제도사』, 국방군사연구소, 82~83쪽.
2) 후한에서 실시한 모병제의 병역대상은 주로 농민, 상인, 소수민족 등이었다. 그런데 이들은 각종 부역의 면제나, 생활고를 해결하는 조건으로 동원되었기 때문에 체계적인 군사훈련을 거치지 않았다.
3) 『三國志』卷30, 魏書30, 東夷傳 第30 高句麗條, "其馬皆小 便登山 國人有氣力 習戰鬪".
4) 『三國史記』권13, 고구려본기 1, 유리왕 32년 11월.
5) 『三國志』卷30, 烏丸鮮卑東夷傳 30, 高句麗.
6) 이용범, 1985, 「삼국사기에 보이는 대외관계기사 - 특히 북방민족에 대하여」, 『삼국사기 연구논문선집』(국내편) 제1집, 백산학회 ; 박경철, 1989, 「고구려

먼저 요동 진출을 놓고 고구려와 후한 간에 전개되는 정복 전쟁을 통해 고구려 기마전을 살펴보려고 한다.

고구려는 일찍부터 목축에 유리한 환경을 이용하여 과하마를 길러 기병부대를 조직할 수 있었다. 다음의 사료가 그것을 설명하고 있다.

고구려는 부여에서 갈라져 나왔는데, 스스로 말하기를 그 선조가 주몽이라고 한다. (중략) 부여사람들이 주몽은 사람의 소생이 아니기 때문에 장차 딴 뜻을 가질 것이라고 하여 그를 제거하기를 청하니, 왕은 듣지 않고 그에게 말을 기르도록 하였다. 주몽은 모든 말들을 시험하여 능력에 차이가 있음을 알고, 준마에게는 먹이를 줄여 마르게 하고, 둔한 말은 잘 먹여 살찌게 하였다. 부여왕이 살찐 말은 자기가 타고 야윈 말은 주몽에게 주었다. (중략) 석자 크기의 말이 생산되는데, 옛날 주몽이 탔던 말이라고 하며 그 말의 종자가 곧 과하마다.[8]

위 사료는 주몽이 고구려를 건국하기 이전에 부여에서 말을 길렀으며[9], 주몽이 부여에서 타고 내려온 준마가 곧 과하마였다는 것이다.

<hr />

군사전략 고찰을 위한 일시론」, 『사학연구』 40 ; 여호규, 1998, 「高句麗 初期의 兵力動員體系」, 『軍史』 36호, 국방군사연구소 ; 임기환, 2000, 「3세기 4세기초 魏·晋의 동방정책」, 『역사와 현실』 36 ; 여호규, 2002, 「高句麗 初期의 濊貊과 小水貊」, 『한국고대사연구』 25.

7) 김철준, 1981, 「能步戰과 便安馬」, 『한우근박사 정년기념 사학논총』 ; 1975, 『한국고대사회연구』, 서울대출판부에 재수록 ; 이인철, 1996, 「4~5세기 고구려의 南進經營과 重裝騎兵」, 『軍史』 33 ; 임용한, 2001, 『전쟁과 역사』, 혜안.

8) 『魏書』 卷100, 列傳 88, 高句麗.

9) 우리나라가 최초로 말을 사육한 기사는 위만조선의 右渠가 말 5천 필을 배상해 주고 화친을 맺었다는 기록(『史記』 권115, 朝鮮列傳 55)에서 확인되며, 이 밖에도 『魏略』·『三國志』·『後漢書』 등 중국 사서와 『三國史記』·『三國遺事』 등 건국설화나 기마전을 통해 알 수 있다.

과하마는 3척쯤 되는 작은 말로써 중국의 광동(廣東, 德慶)지방에서 생산되었지만[10] 요동지역과 한반도가 주요 생산지였다. 과하마가 고구려 특산물이라는 사실은 『삼국지』 고구려전에서 "그 곳의 말은 모두 작아서 타고 산에 오르기에 편하다[기마개소 편등산(其馬皆小 便登山)]." 이라고 한 기록으로 알 수 있다. 특히 고구려가 동예와 부여를 정복한 이후 과하마 생산은 급속히 증대하였다. 한편 과하마는 남쪽의 백제에도 전래되었으며, 삼국통일 이후에는 신라의 주요 특산물이 되었다.[11]

기병을 경기병과 중장기병으로 구분할 때 과하마는 체구가 작았기 때문에 경기병으로 분류되는데, 고구려가 요동으로 진출하면서 기마전이 확대된 결과 4~5세기 이후부터는 중장기병도 점차 증가하는 추세에 있었다.[12] 그러나 고구려는 산악지대가 많았다는 사실과 관련해 볼 때 고구려에서는 경기병이 우세했다고 하겠다.

28년(대무신왕 11) 후한은 고구려가 현도군, 요동군을 공격했던 보복으로 고구려를 침공했는데, 다음의 사료를 통해 고구려 기마전의 실상을 가늠할 수 있다.

대무신왕 11년 7월 한의 요동태수가 침입하므로, 왕이 여러 신하에게

---

10) 南都泳, 1996, 앞의 책, 34~35쪽.
11) 과하마가 백제와 신라에 전래되었던 사실은 『新唐書』 百濟傳 "武德 4년(621) 武王이 처음으로 사신을 보내 과하마를 바쳤다"는 사료와 『新唐書』 新羅傳 "玄宗 開元(713~741) 연간에 수 차례 들어와 예방하고 과하마를 바쳤다"는 기록으로 확인된다.
12) 고구려 기병은 건국 초부터 경기병과 중장기병의 이원체제로 운영되었다. 과하마는 처음부터 경기병이었고, 마갑으로 중무장한 중장기병은 과하마와는 다른 품종이었다. 『三國史記』 여러 곳에 보이는 良馬와 『三國史記』 권2, 고구려본기 2, 대무신왕조에 왕이 사냥을 하다가 얻었다는 神馬 駏驤가 그것이다. 한편 중장기병은 대부분 鐵騎兵으로 표기하여 경기병과 구별하고 있다.

대응책을 물었다. 우보 송옥구가 말하기를, "(중략) 오늘날 중국은 흉년이 들어 각처에서 도적이 벌떼처럼 일어나고 있는데, 까닭없이 군대를 일으켰으니, 이는 나라에서 국책으로 정한 것이 아니라 변방의 장수가 무단으로 침략한 것입니다. 천도(天道)와 인리(人理)를 어기면 전쟁에서 이길 수 없을 것이니, 요새에 진을 치고 있다가 기병(奇兵)을 내어 공격하면 반드시 격파할 수 있을 것입니다." 하였다. 좌보 을두지가 말하기를, "(중략) 고구려 병력과 한나라 병력은 어느 쪽이 더 많습니까? 모략으로 치는 것은 옳지만 힘으로는 이길 수 없습니다." 하였다. 왕이 "모략으로 치는 것이 무엇이냐."고 묻자 대답하기를, "지금 한나라 군사가 멀리 와서 싸우니 그 예봉을 당할 수가 없습니다. 대왕께서는 성문을 닫고 지키다가 한나라 군대가 지칠 때를 기다려 공격하면 좋을 것입니다." 하였다. 왕이 그렇게 여겨 위나암성에 들어가 수십 일을 기다리자, (중략) 마침내 한나라 군대가 철수하였다.[13]

위 사료는 후한의 요동태수가 위나암성을 포위하자, 고구려 우보 송옥구는 기습공격으로 후한군을 격파하자고 주장한 반면, 좌보 을두 지는 성을 지키는 수성전술을 주장했음을 알 수 있다. 후한군을 격퇴하 는 것에는 송옥구와 을두지의 견해가 일치하지만, 전술을 사용하는 것은 상호 차이가 있다. 즉, 우보 송옥구는 기동력이 뛰어난 기병을 험한 지형에 매복시킨 다음, 한나라 군사를 기습하자고 주장하였다. 그러나 좌보 을두지는 성을 지키는 수성전술로 방어하다가 후한군이 지칠 때를 기다려 공격하자고 주장하였다.

우보 송옥구가 기습전술을 사용하려는 이유는 두 가지다. 하나는 고구려는 산악지형이 많다는 것이고, 다른 하나는 후한군의 주력 부대

---

13) 『三國史記』 권14, 고구려본기 2, 대무신왕 11년 7월.

가 전차였다는 것이다. 전차는 상대의 전투 대형을 무너뜨리는 임무를 수행하였으나, 험한 지형에서는 기동력이 크게 떨어지는 단점이 있다. 따라서 송옥구는 후한의 전차를 험준한 지형까지 유인한 다음, 매복한 보병과 경기병으로 일시에 공격하려고 하였다. 사실, 고구려 군사들의 전술은 농경지역 변방에 대한 습격과 초원의 몰이사냥에서 발전된 전술이었다. 즉, 사냥감에게 몰래 접근하는 것은 정찰조를 전방으로 보내는 방법을 가르쳐 주었고, 들판에서 사냥할 때 몰이대형을 사용하여 달아나는 야생동물을 잡는 것은 적군을 양익으로 포위하는 것을 가르쳐주었다. 따라서 우보 송옥구의 전술은 고구려 기병의 뛰어난 기습 전술을 전제로 한 타당한 전술이었다.

한편으로 좌보 을두지는 후한군의 숫자가 많기 때문에 정면으로 맞서는 기습전술은 모험이라고 생각하였다. 즉, 고구려가 군사력이 우세한 한나라 군사를 상대하기 위해서는 성곽의 방어시설에 의거한 수성전술이 타당하다고 생각하였다. 마침내 고구려가 수성전술을 채택함으로써 후한군은 처음의 속전속결전술에서 성을 포위하는 장기전으로 전환하였다. 이때 고구려 진영에서는 물고기를 잡아 수초에 싸서 술과 함께 보내자, 후한의 장수는 그들의 계획이 모두 틀렸음을 알고 군대를 철수하기 시작하였다. 따라서 을두지의 수성전술은 방어에만 치중한 것이 아니고, 승산이 있다고 판단되면 언제든지 기병을 출격시킨다는 공격적 측면도 내재해 있다.

위나암성 전투의 승리는 동북아시아에서 고구려의 입지를 더욱 확고히 하였으며, 1세기 중반 고구려가 북방으로 진출하는 토대를 마련하였다. 49년(모본왕 2)에 고구려는 강력한 기병부대로 멀리 우북평(右北平), 어양(漁陽), 상곡(上谷)을 거쳐 태원(太原)까지 원정한 사실을 통해 그것을 알 수 있다.[14] 당시 고구려가 왕복 7~8천리가 되는 먼 거리를 다니면서

기습작전을 벌인 것은 고구려 기병이 토종의 과하마였기 때문에 가능했다.[15]

후한은 2세기를 전후하여 선비족의 침략을 받고, 한편으로 각종 부세가 증가함으로써 요동지역 방어력이 크게 떨어졌다. 이에 따라 고구려는 105년(태조왕 53) 후한의 요동군을 침공하여 여섯 개 현을 점령하였으며,[16] 118년(태조왕 66)에는 예맥과 함께 현도군 화려성을 습격하였다.[17] 이에 대한 보복으로 후한은 121년(태조왕 69)에 고구려를 침공하였다. 당시 후한은 유주자사 풍환, 현도태수 요광, 요동태수 채풍 등을 시켜 예맥의 거수(渠帥)를 격살하고, 병마와 재물을 모두 빼앗았다.

태조왕은 아우 수성에게 군사 2천여 명으로 후한군과 싸우게 했는데, 수성은 험한 곳에 의지하여 후한군을 막는 동시에 군사 3천 명을 우회시켜 현도와 요동의 2개 군을 점령하였다.[18] 이때 수성이 3천의 기병으로 우회하여 적의 후방을 공격한 전술은 고구려가 기동력을 갖춘 경기병을 소유했기 때문에 가능하였다.

이후 고구려와 후한 간에는 몇 차례 소규모 전투가 있었지만 평화적 관계가 지속되었다. 그런데 대륙팽창정책을 실시한 고구려가 146년(태조왕 94) 8월에 요동부 서안평현을 공격하고, 168년(신대왕 4)에 선비와 함께 후한의 유주(幽州)와 병주(並州, 산서성)를 공격하자, 후한은 172년

---

14) 『三國史記』 권14, 고구려본기 2, 모본왕 2년 봄.
15) 고구려에서는 농업과 함께 목축업이 일찍부터 발전하였다. 목축업 가운데서도 특히 말 기르기가 발전했는데, 果下馬라는 고구려 말은 체형이 작지만 힘이 있고 날래어 평원뿐 아니라 산간에서도 잘 달리는 우수한 품종이었다(『三國志』 卷30, 魏書 30 濊傳, 高句麗傳).
16) 『三國史記』 권15, 고구려본기 3, 태조왕 53년 1월.
17) 『三國史記』 권15, 고구려본기 3, 태조왕 66년 2월.
18) 『三國史記』 권15, 고구려본기 3, 태조왕 69년 봄.

(신대왕 8) 11월에 대군으로 고구려를 침략하였다. 그러나 좌원에서 크게 패배하였다. 다음의 사료를 통해 당시 양국의 기마전을 알 수 있다.

8년 11월에 후한이 대병력으로써 고구려를 향해 오므로 왕이 여러 신하에게 공격과 수비 중 어느쪽이 좋은가를 물었다. 여러 신하들이 말하기를, "한나라 군사는 숫자가 많은 것만 믿고 우리를 깔보기 때문에 만일 나가서 싸우지 않으면 그들은 우리를 겁쟁이라고 여겨 자주 침공할 것입니다. 또 우리나라는 산이 험하고 길이 좁으니, 한 명이 길목을 지키면 만 명이라도 당할 수 없습니다. 후한의 군사가 많다고 해도 우리를 어찌할 수 없을 것이니, 군대를 동원하여 항전하기를 청합니다." 하였다. 명림답부(明臨答夫)가 말하기를, "그렇지 않습니다. 후한은 나라도 크고 백성도 많습니다. 지금 강병(强兵)을 보내 싸우러왔는데, 나가서 싸우면 당해낼 수가 없습니다. 더구나 "군사가 많은 쪽은 싸우는 것이 유리하고, 적은 쪽은 방어하는 것이 유리하다."는 것은 병가(兵家)의 상식입니다. 지금 후한군은 천리 밖에서 군량을 운반해 오니, 오래 버틸 수 없습니다. 그러니 우리가 참호를 깊이 파고 성벽을 높이 쌓고 들에 있는 곡식을 모두 치우고 기다린다면 그들은 조만간에 철수할 것입니다. 바로 그때 우리가 강한 군사를 내어 기습한다면 틀림없이 이길 것입니다." 하였다. 왕이 동의하자, 고구려군은 성문을 굳게 닫고 방어만 하였다. 후한의 군대가 여러 차례 공격하였으나, 고구려군이 방어하였다. 후한의 군대는 굶어죽을 지경에서 철수하기 시작했다. 명림답부가 수천기로 추격하여 좌원에서 싸워 후한군이 대패하여 한 필의 말도 돌아가지 못했다. 왕이 크게 기뻐하여 좌원과 질산 두 곳을 명림답부에게 식읍으로 주었다.[19]

위 사료에서 후한군의 침공에 대한 고구려군의 대응 전술을 엿볼 수가 있다. 여기서 대응 전술은 두 가지다. 하나는 여러 신하들이 주장한 것으로 후한의 군대를 험한 지형의 함정으로 유인하여 기병으로 공격하는 것이고, 다른 하나는 명림답부의 주장인데, 성 안에서 방어에 치중하다가 후한군의 군량이 떨어져 굶주릴 때 기병을 성 밖으로 출격시키는 것이다.

신대왕은 좌상 명림답부의 주장을 받아들여 청야수성전술(淸野守城戰術)로 후한의 군대를 격파했다. 여기서 명림답부의 전술은 '선수후전(先守後戰)'의 전술인데, 이는 적의 세력이 강할 때는 성 안에서 방어에 치중하다가, 적의 대열에 틈이 생기면 기병을 출격시키는 전술이다. 명림답부는 '수성전술'로 결정한 직후, 각 주군의 백성들에게 여분의 식량과 가축을 모두 불태우고 성으로 들어오게 하였다.

따라서 후한의 군대는 몇 개월 동안 성을 포위하였으나, 소득이 없을 뿐만 아니라 전투를 하려고 해도 고구려군이 응하지 않기 때문에 후한군은 군량 보급의 단절, 장거리 이동에 따른 피로, 추위에 대한 적응력 부족 등 취약점이 드러나자 군대를 철수하기 시작하였다. 사실, 처음에 후한군은 속전속결 전투를 전개하였기 때문에 이 같은 일련의 장기전은 후한군의 약점으로 작용하였다.

명림답부는 이때를 기다렸는데, 직접 수천기의 기병을 거느리고 후한의 군대를 추격하였다. 즉, 고구려 경기병들은 화살을 쏘면서 후한의 군사들을 쉴새없이 공격하는 임무를 수행하였다. 그리고 이것이 기동력이 느린 보병과 마차부대의 후한군 대오에 엄청난 혼란을 가져왔다. 고구려 군사들은 기마민족으로 어린 시절부터 말을 타고 활을 쏘던 기마궁수였다. 특히 전쟁을 담당하는 1만 명의 기병대가

___
19) 『三國史記』 권16, 고구려본기 4, 신대왕 8년 11월.

쏘는 화살은 절대 빗나가는 법이 없었다.

특히 후한의 대군이 소비하는 군량은 대단하였다. 군량은 주둔지로
부터 조달할 수 있을지라도 곡식을 불태운 들에서는 하나도 구할 수가
없었다. 고구려 기병은 급히 후퇴하는 후한군을 바람처럼 습격하고
비가 내리듯이 화살을 쏘았다. 마침내 후한의 각 부대는 좌원에서
대패하여 한 필의 말도 돌아가지 못했다.

한편 2세기 말 후한에서는 황건(黃巾)의 난으로 통치질서가 무너졌다.
이를 기회로 요동의 지배권을 확립한 공손도는 고구려의 요동진출을
막기 위해 184년(고국천왕 6) 고구려를 침입하였다. 그러나 고국천왕이
직접 정예 기병을 이끌고 좌원에서 후한군을 크게 격파하였다.[20] 189년
(고국천왕 11) 요동태수로 임명된 공손도는 190년초까지 요동군과
현도군은 물론 서쪽으로 산동반도 일부까지 세력을 확장하였다. 고구
려 침략기회를 엿보던 공손도는 197년(산상왕 1) 고구려왕실의 내분[21]
을 계기로 3만의 군사를 보내 고구려를 침공하였다. 그러나 유리한
지형에 매복군을 배치한 고구려가 후한군을 기습하여 크게 승리하였으
며, 198년(산상왕 2)에는 환도성을 쌓았다.[22]

204년(산상왕 8) 공손도가 죽고, 공손강(公孫康)이 요동태수가 되자
그는 197년의 패배를 만회하려고 고구려를 침공하였다. 그러나 고구려
는 국왕이 직접 기병부대를 끌고 출전하여 좌원에서 적을 크게 격파하였

---

20)『三國史記』권16, 고구려본기 4, 고국천왕 6년.

21) 197년 고구려 고국천왕이 죽었지만 아들이 없어 왕위 계승문제를 놓고 왕의
동생들인 발기와 연우간에 싸움이 벌어졌다. 동생 연우가 형수와 결탁하여
왕이 되자, 그의 형 발기가 이를 분하게 여겨 군사를 동원하여 3일간이나
왕궁을 포위하였다. 그러나 발기는 연우의 완강한 저항에 부딪치고 귀족들의
지지에 실패하여 뜻을 이루지 못했다. 이때 발기는 공손세력의 군대를 고구려에
끌어들이는 행위를 하였다.

22)『三國史記』권16, 고구려본기 4, 상산왕 2년 2월.

다.[23] 이후 고구려에서는 공손강 세력의 팽창을 막기 위하여 서북방면에 성을 쌓았으며, 209년(산상왕 13)에는 수도를 환도성으로 옮겼다. 당시 수도를 이전한 것은 공손세력을 제압하고 서북으로 진출하려는 대륙팽창정책의 일환이었다.

2. 고구려-조위 전쟁과 기마전

한제국은 220년(산상왕 24)에 멸망하고 중국은 위·촉·오의 삼국시대가 되었다. 삼국은 경쟁적으로 영토를 확장하여 대외적으로 한족의 위세를 크게 떨쳤으며, 특히 위나라는 동북면으로 진출하여 그 세력이 요동과 한반도 서북까지 미쳤다. 그러나 요동지방에서는 공손강의 아들 공손연(公孫淵)이 연(燕)나라를 세우고 위나라와 오나라의 대립을 이용하여 요동정권을 유지하고 있었다.

고구려는 한때 오나라와 국교를 맺었지만 조위가 공동으로 공손세력을 멸망시킬 것을 제의하자, 238년(동천왕 12) 군대를 파견하여 조위군을 지원함으로써[24] 공손연을 멸망시키고, 요동지방을 점령하였다.[25] 그런데 조위가 고구려 점령지역까지 요구하자, 양국은 239년부터 전쟁

---

23) 204년 공손강의 고구려 침입사건을 『三國史記』 편찬자는 『三國史記』 권16, 고구려본기 4, 고국천왕 6년(184) 조에 기록하였으나 이것은 편찬상의 착오로 생긴 결과라고 한다.

24) 238년에 위나라 太傅 司馬宣王(司馬懿)이 무리를 이끌고 와서 요동의 공손연을 토벌할 때 동천왕은 主簿와 大加에게 군사 1천명을 주어 위나라 군대를 돕게 하였다. 『三國史記』 권17, 고구려본기 5, 동천왕 12년.

25) 공손연이 멸망할 당시 위나라 왕은 曹丕였다. 조비는 아직 반독립적인 요동지역을 평정하기 위해 관구검을 유주자사로 임명하여 공손연을 공격하였다. 그러나 승부가 나지 않자 司馬懿를 파견하였다. 마침내 공손연은 사마의와 관구검, 고구려의 삼중 작전에 의해 살해되었다.

에 돌입하였다. 고구려는 242년(동천왕 16) 요동군 서안평[26]을 습격하여 현성을 함락시켰다.[27] 이때 조위의 유주자사 관구검은 7명의 아문장군을 보내 고구려를 공격하였으나, 244년(동천왕 18) 고구려가 재 반격하였다. 245년(동천왕 19) 5월 조위는 오환족의 추장 선우를 선봉장으로 삼아 고구려 내륙을 침략하였지만 패배했으며, 같은 해 현도태수 왕기가 부여를 우회하여 고구려 후방을 침입했는데, 또한 실패하였다.

246년(동천왕 20)에는 조위의 관구검이 두 번이나 침공함으로써 대륙진출이 잠시 위축되었다. 그러나 259년(중천왕 12)에 중천왕이 기병 5천기를 이끌고, 양맥골짜기에서 조위의 군사 8천여 명을 죽임으로써 또다시 대륙진출이 가능했다. 고구려가 이처럼 짧은 시간에 동북아시아의 군사강국으로 등장한 것은 고구려 기병의 비약적 발전에서 그 원인을 찾을 수 있다. 즉,『삼국사기』고구려본기 중 정기 오천(精騎五千)·수천기(數千騎)·보기 이만(步騎二萬) 등의 기록은 고구려 주력군이 기병이었음을 뜻한다.

위나라 군대는 중앙군과 지방군으로 편성되었다. 중앙군은 중군과 외군으로 구분되며, 지방군은 각지의 주·군병이 핵심을 이루었다. 주·군병은 소속 주의 자사 및 군의 태수가 통제하였다. 따라서 위나라 군대는 최대 50만 명에 육박했지만, 조조 때 이들의 대부분은 보병이고, 기병은 600명에 불과했다. 그러나 조조가 원소(袁紹)와 함께 청(青)·기(冀)·유(幽)·병(幷) 4주를 점령하고, 오환과 관중(關中)을 평정한 후에는

---

26) 서안평은 현재의 신의주 바로 건너편인 요녕성 단동현으로 추정되고 있다. 이곳은 북한과 요동을 이어주는 길목으로서 지금도 이 선을 따라 심양, 장춘으로 연결되는 철도가 놓여있다. 이곳은 압록강 하구이므로 이곳을 점거하면 낙랑과 대방군을 요동으로부터 고립시킬 수 있다(임용한, 2001, 『전쟁과 역사』, 혜안, 58쪽).

27)『三國史記』권17, 고구려본기 5, 동천왕 16년

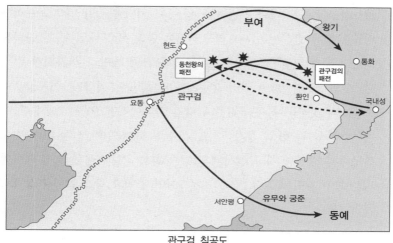

부여

왕기

현도

동천왕의
패전

관구검의
패전

통화

관구검

요동

환인

국내성

서안평

유무와 궁준

동예

관구검 침공도

점차 정예 기사(騎士)를 보유한 소수민족으로 기병대를 육성하였다.[28]
이같이 조조는 북방을 통일하는 과정에서 기병을 보완하여 위나라
군대의 전투력을 발전시켰다. 결과적으로 조조가 패권을 장악한 220년
이전에 위나라 군대는 보병과 기병이 결합한 협동작전의 단계까지
진전하게 되었다.[29]

246년(동천왕 20) 8월, 위나라 장수 관구검이 고구려를 침공하자,
고구려 동천왕은 군대를 이끌고 세 번을 접전하였다. 그렇다면 마차가
주력군인 위나라와 기병이 주력군인 고구려가 기마전을 전개할 경우
그 결과는 어떠했을까? 이 문제는 다음의 사료에서 그 해명의 실마리를
찾을 수 있다.

20년 가을 8월 위(魏)나라가 유주자사 관구검을 시켜 군사 1만 명을

28) 『三國志』卷30, 魏書 烏丸鮮卑東夷傳 30.
29) 백기인, 1998, 앞의 책, 95쪽.

거느리고 현도를 나와 침범하니, 왕은 보·기(步騎) 2만 명을 거느리고 비류수 상류에서 싸워 깨뜨리고, 3천여 명의 목을 베었다. 또 군사를 이끌고 양맥(梁貊) 골짜기에서 두 번째 싸워 깨뜨리니 참획한 수가 3천여 명이었다. 왕이 여러 장수에게 말하기를, "위나라 대군이 우리 소군보다 못하구나. 관구검은 위나라 명장이지만 오늘 그 목숨은 내 손 안에 있다" 하고 철기 5천을 선두로 하여 위나라 군사를 치니, 관구검이 방진을 치고 결사적으로 싸웠다. 고구려군은 크게 패하여 1만 8천여 명이 죽었다. 왕은 겨우 1천여 기병과 함께 압록강 상류로 달아났다.[30)]

위 사료에서 기마전의 승패는 지형과 주력군의 병종 및 전술에 따라 결정된다는 사실을 알 수가 있다. 고구려 동천왕은 관구검 군대와 세 번을 접전한바, 협소한 골짜기에서는 두 번을 승리하고, 평지에서는 패배하였다.[31)]

고구려는 2만의 보병과 기병을 출동시켜 비류수에 방어진을 치고 관구검의 군사를 기다렸다.[32)] 사실, 고구려의 제1차 저지선은 태자하상류의 양맥 골짜기였지만 관구검의 군대를 유인하기 위해 그곳을 지나쳤다. 그런데 관구검이 성급하게 추격함으로써 고구려는 비류수를 장애물로 이용하여 관구검의 군대 3천여 명을 죽이는 큰 전과를 올렸다.

---

30) 『三國史記』 권17, 고구려본기 5, 동천왕 20년 추8월.

31) 위나라 조비의 휘하 유주자사 관구검이 1만 명으로 고구려를 침략하자, 동천왕이 보병과 기병 2만으로 위나라 군사를 공격하여 3천여 명을 죽였다. 그리고 퇴각하는 위나라 군대를 추격하여 양맥 골짜기에서 3천여 명을 사살한 다음, 철기병 5천 명으로 추격하였다. 그러나 위나라 군대가 방진을 치고 결사적으로 항전하여 고구려군 1만 8천 명이 전사하고 동천왕은 압록원으로 도주하였다.

32) 서병국, 1997, 『고구려제국사』, 혜안, 69~71쪽.

비류수 전투에서 승리한 동천왕은 후퇴하는 관구검 군대를 계속 추격하여 양맥 골짜기에서 또다시 3천여 명을 사살했다. 특히 관구검의 군대가 비류수 골짜기와 양맥 골짜기에서 패배한 것은 그들의 주력군이 마차부대인 것과 관련이 있다. 즉, 마차는 골짜기의 소로에서는 기동력이 떨어지기 때문에 갑자기 나타나 화살을 비 오듯이 쏘아대는 고구려 기병의 공격을 감당하지 못하고, 두 곳의 전투에서 6천 명을 잃었던 것이다.

그러나 관구검의 보병들이 방진(方陣)을 치고 반격한 양맥 골짜기의 전투는 그 이전과는 달랐다. 이전에 두 차례 패배한 관구검은 실패 원인이 기동력이 우수한 고구려 기병 때문이라고 판단하였다. 그래서 흩어진 군사들을 모아 고구려 기병이 통과하는 길목에 네모의 방진을 쳤다.[33] 그리고 좌우 산비탈에 궁수를 매복시켰다.[34] 이때 고구려 기병은 보병의 지원 없이 정면에서 성급하게 공격함으로써 관구검의 군대에게 크게 패배하였다. 당시 전사한 고구려군의 숫자는 1만 8천명에 달했고, 살아남은 기병이 1천여 명에 불과할 정도로 대패했다.

당시 관구검군이 방진을 친 장소는 양맥 골짜기로써 지형적 측면에서 볼 때 고구려 철기병에게는 불리한 상황이었다. 철기병은 적진을 돌파하고 밀집대형을 파괴하는 것이 주요 임무였다. 그러나 보병이나 경기병의 측면 지원이 없으면 효과가 없었다. 특히 보병은 기동력에서는 기병과 비교할 수 없지만 산악지형에서 전투할 때는 큰 위력을 발휘하였다. 따라서 고구려 기병은 그곳을 빨리 이탈하여 평탄한 지형을 전장으

---

33) 당시 관구검이 편성한 방진의 모양은 먼저 据馬槍으로 사각의 전투대형을 만들어 그 안에 보병을 두고, 다음으로 병력을 駐隊와 戰隊로 편제하여 방어와 공격의 임무를 부여한 것으로 여겨진다.

34) 전준현, 1995, 앞의 책, 113쪽.

로 선택하던지 아니면 관구검 군대의 퇴로를 끊고, 기병과 보병의 협조체제를 갖추었어야 했다.[35] 그러나 고구려군은 기병만으로 무모하게 정면에서 위나라 군대의 방진을 공격함으로써 패배를 자초했다. 결국 동천왕은 흩어진 대오를 정비하지도 못하고, 기병 1천여 명을 이끌고 압록원으로 후퇴할 수밖에 없었다.[36]

한편 동천왕은 흩어진 군사들을 집결하면서 남옥저로 계속 도주하였다. 이때부터 고구려와 위나라는 제2단계의 기마전을 전개하였다. 다음의 사료를 통해 양국의 기마전을 알 수가 있다.

가을 10월 환도성을 함락시킨 관구검은 사람들을 살육하고 장군 왕기를 보내어 왕을 추격하였다. 왕은 남옥저(南沃沮)로 달아나 죽령에 이르니, 군사는 거의 모두 흩어졌다. 동부의 밀우(密友)만이, "지금 추격병이 너무 가까이 왔으니, 계속 달아날 수도 없습니다. 신이 죽음을 각오하고 적을 막겠사오니, 대왕께서는 그 틈에 몸을 피하소서"하고 결사대를 모집하여 추격하는 적군에게 달려들었다. 왕은 사잇길로 빠져나가 산곡간에 흩어진 군사를 모아 자위(自衛)하였다. (중략) 왕은 사잇길로 전전하여 남옥저에 이르렀으나 위나라 군대가 추격을 그만두지 않으므로 왕은 계책이 다하고 사세가 꿀리어 어찌할 바를 몰랐다. 동부사람 유유(紐由)가 말하기를, "(중략) 신에게 어리석은 계책이 있으니, 음식을 가지고 가서 위군을 대접하면서 기회를 보아 적장을 찌르겠습니다. 신이 성공하면 왕께서는 그때를 노려 공격하소서" 하였다. 왕이 허락하자, 유유가 위군에게 거짓으로 항복하였다. (중략) 위장(魏將)이 듣고 장차 그의 항복을 받으려 할 때 유유는 식기 속의 칼을

35) 임용한, 2001, 앞의 책, 60쪽.
36) 사회과학원력사연구소, 1991, 『조선전사』(고구려편), 64쪽.

가지고 앞으로 나가 위장의 가슴을 찌르고 그와 함께 죽었다. 위군이 마침내 어지러워졌다. 왕이 군사를 세 길로 나누어 급히 치니, 위군은 진영을 갖추지도 못하고 드디어 낙랑 방면을 거쳐서 후퇴하였다.[37]

위 사료에서 동천왕이 동부의 밀우와 유유의 도움으로 왕기 군사의 추격을 저지하고 전황을 역전시켰음을 알 수 있다. 그런데 여기서 관구검이 246년 10월 환도성을 함락시키고 계속 추격했다는 것은 동천왕의 철기군을 격파한 관구검이 여세를 몰아 정현(頹峴)을 거쳐 두 달 후에 환도성에 진입했음을 지칭한 것이다. 이 과정에서 관구검이 휘하 장군 왕기에게 동천왕을 추격하도록 했고, 남옥저(오늘의 함경남도)로 도주하던 동천왕은 죽령에서 위기에 처했다. 이때 동천왕은 동부사람 밀우의 도움으로 위기에서 탈출하였고, 유유가 위나라 장수 왕기를 살해하자, 그 시세를 타고 왕이 왕기의 군대를 격파하였다.

그런데 여기서 도주하는 동천왕과 추격하는 위나라 왕기의 군사가 모두 기병이라는 사실이 주목된다. 즉, 제2단계 고구려와 위나라 왕기의 전투는 기마전으로 전개되었다. 특히 위나라 군대가 처음부터 속전속결전술을 사용한 사실은 당시 위나라 군대 중에서 기병의 숫자가 많았음을 입증한다. 이는 후한대까지는 마차가 주력군이었는데, 이때에 와서 그것이 붕괴됨에 따라 나타난 결과로 보인다. 요컨대 위나라 기병의 기동력과 기사(騎射)는 고구려 기병의 그것을 따라갈 수 없었다. 그러나 동천왕을 한 때 위기에 처하게 했던 그들의 기동력은 무시할 수 없는 존재였다.

당시 밀우는 기병으로 결사대를 조직했는데, 이들 결사대는 기습의 이점을 확보하기 위하여 신속히 반격한 것으로 보인다. 즉, 밀우는

---

37)『三國史記』권17, 고구려본기 5, 동천왕 20년 추10월.

동부지역에 익숙하지 못한 왕기의 추격군을 자신이 잘 알고 있는 험한 지역에 미리 배치한 복병들 속으로 유인하였다. 그리고 정면에서 맹렬한 기병 돌격을 감행하자, 왕기의 추격군은 그동안 무리하게 추격하여 지치고, 전선의 대오가 단절되면서 추격의 기세가 꺾였던 것으로 보인다. 한편 동천왕은 밀우의 결사대가 왕기 부대의 추격을 저지함으로써 흩어진 대열을 수습하여 방어할 수 있는 여건을 마련하였다. 다시 말해서 밀우가 왕기 부대의 추격을 완전히 격퇴하지는 못했지만, 동천왕의 군대가 반격할 수 있는 토대를 마련한 셈이다. 마침내 동부사람 유유가 거짓으로 항복하여 적장 왕기를 칼로 찔러 죽이면서 왕기 부대의 전투대열이 급속히 무너졌다. 이어서 동천왕의 부대가 세 방면에서 동시에 공격하자, 왕기의 부대는 사방으로 흩어져 환도성으로 가지 못하고 낙랑국 쪽으로 도주할 수밖에 없었다.

결국 제2단계 고구려-조위 전쟁에서 고구려가 승리할 수 있었던 요인은 다음 세 가지로 정리할 수 있다. 먼저 고구려는 산악지대에 익숙한 다수의 과하마를 보유하였고, 다음으로 기마술과 맥궁에 의한 기사 능력이 뛰어났으며, 마지막으로 군량의 보급문제가 원활하였다. 한편 259년(중천왕 12) 12월 위나라는 장수 위지해(尉遲楷)를 보내 고구려를 침략하였지만, 중천왕이 정예 기병 5천 명을 이끌고 양맥 골짜기에서 위나라 군대와 싸워 크게 격파하고, 8천여 명을 죽였다.[38] 그 후 조위는 멸망할 때까지 고구려를 침략하지 못했다.

---

38)『三國史記』권17, 고구려본기 5, 동천왕 12년 동12월.

3. 고구려-전연 전쟁과 기마전

관구검기공비

고구려는 246년(동천왕 20) 관구검이 침공하여 환도성(통구)과 수도 국내성을 파괴하자, 247년에 평양성을 쌓고 종묘사직을 이전하였다.[39] 한편 3세기말부터 선비가 침공했는데,[40] 당시 중국에서는 4세기 초 8왕의 난으로 서진의 국력이 약화된 사이 북방 이민족이 남하하여 5호 16국시대가 열렸다. 이에 고구려는 대륙의 정세변동에 편승하여 적극적으로 요동진출을 모색하였다.[41]

그러나 3세기 말 모용외(慕容廆)가 서진과 우호관계를 맺고 고구려를 여러 차례 침공하였고,[42] 319년(미

---

39) 『三國史記』 권17, 고구려본기 5, 동천왕 21년 2월.

40) 선비는 2세기 말부터 3세기 초까지 요동과 요서지방에서 慕容, 宇文, 檀 등 여러 집단을 이루고 살았다. 이 가운데 고구려와 국경을 접했던 부족은 모용씨였는데, 이들이 고구려를 처음 침공한 것은 238년이다. 즉, 모용씨의 초대 추장 莫護跋은 고구려를 직접 침공하지는 않았으나, 238년 조위 군대와 함께 요동군 공손세력을 칠 때 참여하였다. 그리고 그 아들 木延은 246년 조위의 관구검이 고구려를 침공할 때 선비족 부대를 이끌고 전쟁에 직접 참여했다.

41) 고구려는 302년(미천왕 3)에 군사 3만 명으로 현도군을 침입하여 8천 명을 포로로 잡았다. 그리고 311년(미천왕 12)에는 요동의 서안평현을 점령하였으며, 313년(미천왕 14)에는 낙랑군을 쳐서 2천 명을 포로로 잡았다. 314년에는 대방군을 침략하였다.(『三國史記』 권17, 고구려본기 5, 미천왕 3~15년).

42) 慕容廆는 五胡 중 하나인 鮮卑族에 속했는데, 그는 大棘城(지금의 錦州省 錦縣)에

천왕 20)에는 우문선비(宇文鮮卑)와 단선비(段鮮卑)를 제압한 결과 고구려의 요동진출은 기세가 꺾였다. 특히 모용황(慕容皝)이 334년(고국원왕 4) 연나라 왕을 자칭하고, 339년(고국원왕 9) 신성(무순) 부근까지 침공해 오자,43) 고구려는 370년(고국원왕 40)까지 전연과 전쟁을 수행하였다.44) 전연은 유목민족이 세운 최초의 호족(胡族) 정권인바, 그들의 지배체제 핵심은 강력한 기병조직이다.

한편 기마전의 특성에 따라 중국 왕조를 분류하면, 후한시기, 위진남북조시대, 수당대의 세 시기로 구분한다. 후한시기 기병은 안장을 사용했지만, 등자를 사용하지 않았기 때문에 전투력에는 한계가 있었다. 그러나 보병과의 협동작전에 기여하였다.45) 위진남북조시대는 16국의 유목민족이 고유의 기병조직을 유지함으로써 기동력과 기병전술에서 우세하였다. 반면에 통일왕조 수당대는 보병과 기병을 균형적으로 편제하고, 진법을 효율적으로 운용하였다.46)

고구려는 후한과 조위의 속전속결전술에 대해 수성전술로 대응하였다. 그런데 고구려의 수성전술은 '선수 후전'으로 먼저 방어에 치중하다가 적군의 사기가 떨어졌을 때 기병을 성 밖으로 출격시켰다.47) 따라서 여기서는 고구려와 선비족 모용황이 요동에 세운 전연(349~370)과의

살면서 鮮卑大都督, 또는 鮮卑大單于라고 칭했다. 모용외는 285년에 부여를 침공하였고, 293년(봉상왕 2)에는 고구려 서북방을 침공하였다. 그러나 이때 고구려 고노자가 5백의 기병으로 모용외를 물리쳤다. 그 후 모용외는 296년(봉상왕 5)에 재침하여 서천왕의 능묘를 도굴하려다가 고구려군의 추격으로 물러갔다.

43) 손영종, 2000, 『고구려의 제문제』, 신서원, 124쪽.
44) 사회과학원역사연구소, 앞의 책, 68쪽.
45) 백기인, 1998, 앞의 책, 69쪽.
46) 백기인, 1996, 『중국군사사상사』, 국방군사연구소, 83쪽.
47) 이홍두, 2004, 「고구려의 대외전쟁과 기병전술 - 특히 한족과의 전쟁을 중심으로」, 『白山學報』 68, 14쪽.

전쟁을 통해 고구려의 기마전을 살펴보려고 한다. 모용황은 서쪽의 우문선비와 서남쪽의 후조(後趙, 319~350)[48]를 치기 전에 후방의 근심을 제거할 목적으로 342년(고국원왕 12)에 고구려를 침공하였다. 다음 사료를 통해 당시 고구려와 전연의 기마전을 엿볼 수 있다.

12년(342) 10월에 연왕(燕王) 모용황(慕容皝)은 수도를 극성(棘城)에서 용성(龍城)으로 옮겼는데, 입위장군 모용한(慕容翰)이 모용황에게 권하기를, 먼저 고구려를 취하고 다음에 우문씨를 없애야만 중원을 도모할 수 있다고 하였다. 고구려에는 남북의 두 길이 있는데, 그 북쪽 길은 넓고 남쪽 길은 험하고 좁아서 군사와 사람들은 북쪽 길로 가는 것을 좋아했다. 모용한이 말하기를, "고구려에서는 대군이 북쪽 길로 오리라고 하여 북쪽을 중히 여기고, 남쪽을 소홀하게 여길 것이니, 이때 정병(精兵)을 거느리고 남쪽 길로 진격하여 기습하면 북도(北都)를 쉽게 취할 것입니다. 따로 한 소대를 보내어 북쪽 길로 나가면 설령 실수가 있더라도 그 중심이 무너지면 나머지는 힘을 쓰지 못할 것입니다." 하였다. 모용황은 그 말에 따랐다. 11월에 모용황이 정병 4만 명을 직접 거느리고, 남쪽 길로 진격할 때 모용한·모용패(慕容霸)로 선봉을 삼았다. 그리고 장사(長史) 왕우(王㝢)는 군사 1만 5천 명을 거느리고 북쪽 길로 진격하여 고구려를 침공하였다. 고국원왕은 아우 무(武)에게 정병 5만 명을 통솔하여 북쪽 길을 막게 하고, 왕은 약졸을 거느리고

---

48) 흉노 출신의 劉淵은 304년(미천왕 5)에 진(晉)나라 황제로부터 五部單于로 책봉되었다. 그리고 308년(미천왕 9)에는 한나라 후예라는 명분으로 황제를 칭했는데, 이 흉노의 수령이 세운 나라가 곧, 前趙이다. 북중국을 통일한 유연의 계승자인 劉聰(310~318)이 318년(미천왕 19) 사망하자, 그의 부관이었던 石勒은 329년(미천왕 30) 유총의 전조를 폐하고, 새로운 흉노 왕조 後趙를 세웠다. 후조는 대략 330년경부터 350년까지 20년간 지속되었다(르네 그루쎄 지음, 김호동·유원수·정재훈 옮김, 1998, 『유라시아 유목제국사』, 111쪽).

남쪽 길을 방어하였다. 모용한 등이 먼저 남쪽 길로 와서 전투를 하고, 모용황이 대군으로 뒤를 이으니, 우리 군사가 대패하였다. 좌장사 한수(韓壽)가 우리 장군 아불화도가를 베고 여러 군사의 승세를 타서 마침내 환도성에 입성하였다. 왕이 홀로 말을 몰아 단웅곡으로 도주하자, 연나라 장수 모여니(慕輿埿)가 왕모 주씨(周氏)와 왕비를 사로잡아 갔다. 그때 연나라 장수 왕우 등이 북쪽 길에서 싸우다 모두 죽었기 때문에 모용황은 추격하지 않고 사람을 보내어 왕을 불렀다. 그러나 왕은 단웅곡에서 나오지 않았다. 모용황이 환국하려고 할 때 한수가 말하기를, "고구려 땅은 험하여 지키기 어렵고 지금 국주는 도망하고 백성은 흩어져 산골짜기에 숨었습니다. 그런데 연나라 대군이 떠나면 반드시 다시 모여 남은 군중을 수습할 것이기 때문에 오히려 걱정거리가 될 것입니다. (후략)" 하였다.[49]

위 사료에서 고구려를 침공한 모용황은 지형이 험한 남쪽 길[50]에 정예군 4만 명을, 평탄하고 넓은 북쪽 길에 1만 5천 명을 보낸 반면, 고구려 고국원왕이 북쪽 길에 5만 명을, 남쪽 길에 약졸 1만여 명을 배치한 것은 그 전략과 전술에서 양국의 뚜렷한 차이를 볼 수 있는데, 이같이 서로 다른 부대 배치가 전쟁의 승패를 결정했음을 말하고 있다. 여기서 모용황이 주력군을 남쪽 길에 배치한 것은 그동안 고구려의 부대 배치를 분석한 다음, 그것을 반대로 적용한 전술이었다. 결과적으

---

49) 『三國史記』 권18, 고구려본기 6, 고국원왕 12년 2월.

50) 전연이 고구려 국내성을 공격할 때 두 길이 있었다. 그 경로는 학자들 간에 견해가 다르지만 남쪽 길은 渾河·蘇子河 합류점→ 渾河→ 蘇子河→ 富爾江→ 渾江→ 新開河→ 國內城이고, 북쪽 길은 渾河·蘇子河 합류점→ 渾河상류→ 柳河→ 輝發河→ 渾江→ 葦沙河(淸河)→ 國內城이다(佟達, 1993·3, 「關于高句麗 南北交通路」, 『博物館硏究』, 34~38쪽 ; 공석구, 1998, 앞의 책, 36쪽에서 재인용하였음)

로 고구려는 북쪽 길의 적군 1만 5천명을 전멸시켰으나, 남쪽 길에서 패배함으로써 환도성이 함락되었다.

당시 전연이 고구려에 승리한 이유는 두 가지로 요약할 수 있다. 하나는 전연 군대의 파격적인 부대 배치이고, 다른 하나는 유목민의 후예로서 기마와 기사에 능한 군사적 우월성이다. 특히 전연 군대의 지휘부는 고구려가 주력군 5만을 평탄한 북쪽 길에 배치했기 때문에 그곳으로 진격한 자국의 군사 1만 5천여 명 모두가 죽게 될 것을 예측했다. 그럼에도 불구하고 약졸을 배치한 남쪽 길로 정예 기병을 진격케 하여 환도성을 함락시켰던 것이다.[51]

위 사료에서는 공격과 방어 루트 및 두 길에 배치한 군사 숫자만을 언급했기 때문에 양국의 구체적인 기마전은 현재 알 수가 없다. 그러나 다음 몇 가지 사실을 통해 당시 기마전을 재구성할 수 있다.

전연의 주력군이 기병이라는 사실은 앞에서 언급했다. 따라서 그들은 빠른 기동력으로 속전속결전술을 구사했는데, 이때 선봉대가 전술의 핵심이었다. 당시 모용한과 모용패는 선봉대를 이끌고 목저성에 도착하여 그곳의 지형과 고구려군의 정세를 탐지하였다. 그리고 고국원왕이 지휘하는 고구려 군대와 조우했는데, 고구려군이 각 성과 연대하여 완강히 저항하였다.

한편 전연의 군대는 성을 고립시키는 전술에 능숙했다. 남쪽 길의 전투장소였던 목저성 주변에는 오룡산성(五龍山城), 궤자석산성(櫃子石山城), 목기(木奇) 동남쪽의 평지성, 하서촌(河西村)의 평지성 등이 분포

---

51) 전연이 고구려를 공격할 때 정예병을 배치한 남쪽 길은 木底城을 興京老城과 無順으로 연결하는 지점인 木奇일대로 비정하는 견해가 일반적이다(今西春秋, 1935,「高句麗の南北道と南蘇·木底」,『靑丘學叢』22). 木奇 주변에는 五龍山城, 櫃子石山城, 木奇 동남의 평지성, 河西村의 평지성 등 고구려성이 분포되어 있는데, 이 가운데 하나가 목저성일 가능성이 있다고 한다.

해 있었다.[52] 그러나 모용희의 선봉군은 이곳의 산성과 평지성을 모두 탈취하여 목저성을 함락시키고, 주변의 교통망을 장악하여 공격의 주도권을 확보하였다. 마침 이때 모용황이 거느린 4만의 본대가 도착함으로써 전세가 급격히 역전되어 고구려군은 패배할 수밖에 없었다.

또한 양국의 전투시기가 11월이라는 것도 고구려군에게 불리했다. 남쪽 길 목저성 일대는 산림과 경사지, 개천, 하천 등으로 이루어져 기마전을 펼치기에는 적합하지 않았다. 그러나 당시는 동절기로써 모든 하천이 결빙되었기 때문에 전연의 기병은 기동력을 이용해 고구려의 여러 성을 함락시켰다.

그렇다면 당시 고구려의 전술은 어떻게 평가할 수 있을까? 이에 대해서는 고구려의 병력 배분 방식에 문제가 있었다는 견해가 있다.[53] 그러나 고국원왕이 남쪽 전선에 소수의 병력을 배치한 것은 전쟁을 안이하게 생각해서가 아니고 전투에서 지형적 조건을 고려한 부대 배치였다. 그런데도 고구려가 패했던 것은 전연군이 부대를 파격적으로 배치한 것에서 찾을 수밖에 없다. 특히 선비족은 그들의 우수한 기동력 위에 중국의 무기를 수용하는 중이었기 때문에 물자나 장비, 병력동원 능력과 통제력, 조직 등에서 크게 발전하고 있었다. 따라서 전력상으로 열세인 고구려 측에서는 정예병을 최대한 한쪽으로 몰아주어 적의 주력을 강타하고, 남쪽 길에서는 험한 지형을 이용하여 최대한 지연하는 작전을 전개하는 것이[54] 최선의 전술이었다.

그리고 통신연락체계를 세우지 못하고, 예비 병력을 준비하지 못한 것 때문에 고구려가 패배했다는 견해가 있다.[55] 그러나 유목민의 기마

---

52) 공석구, 1998,『高句麗 領域擴張史 研究』, 서경문화사, 37쪽.
53) 임용한, 2001, 앞의 책, 72쪽.
54) 임용한, 2001, 앞의 책, 67쪽.

전술이라는 측면에서 검토하면 이것은 재해석의 여지가 없지 않다. 즉, 그들이 사용하는 전술은 흉노와 돌궐이 사용하던 옛날 방식으로써 그것은 농경지역에 대한 약탈과 초원의 몰이사냥에서 발전된 유목민의 전술이었다. 따라서 고도의 기동력을 갖춘 기병을 이용하여 작전이 개시되기 전부터 이미 적을 당황케 하는 기습과 편재의 효과가 뛰어났다. 만약에 적이 한 걸음도 물러서지 않으면 유목민은 그들의 거점을 공격하지 않았다. 전연의 군대도 유목민의 약탈자들처럼 흩어져 사라졌다가 적이 경계심을 늦추면 다시 돌아올 준비를 하였다. 다시 말해서 남쪽 길에 배치한 고구려 군사들이 한 걸음도 물러서지 않았다면 연나라 군대는 정면에서 진격하지 못했을 것이다. 그러나 고구려에서는 남쪽 길의 험한 지형 조건만을 고려하여 1만 5천의 약졸을 배치함으로써 전연의 중장기병이 한 번 공격하자, 대열이 무너져 패배할 수밖에 없었다.

한편 당시 연나라 전술의 핵심은 적의 배후를 공격하는 데에 있었다. 중원 진출의 배후를 안정시키는 수단으로 고구려와 우문씨를 공격한 것이나, 패전한 고국원왕이 국내성으로 돌아가지 못하고 단웅곡으로 갈 수밖에 없었던 것도 연나라가 배후를 차단했기 때문이다. 아무튼 남쪽 길 전투에서 승리한 연나라 기병은 패주하는 고구려군사를 추격하여 거의 전멸시켰던 것으로 보인다. 당시 중국측 기록에는 고국원왕이 말 한 필을 타고 겨우 도망쳤다고 기록하고 있다. 그러나 북쪽 길로 침략한 장사(長史) 왕우의 부대가 고구려 정예병에게 패배함으로써 모용황 역시 본국으로 철수하였다.

---

55) 사회과학원력사연구소, 앞의 책, 70쪽.

4. 고구려-후연 전쟁과 기마전

383년(소수림왕 13) 전진왕(前秦王) 부견(符堅)이 동진(東晋)에게 패배하면서 양자강 이북의 북중국 형세가 급변하였다.[56] 즉, 일찍이 부견에게 귀속했던 모용황의 다섯째 아들 모용수(慕容垂)가 부견을 이탈하여 385년(고국양왕 2) 중산(中山)에서 후연을 건국하였다. 따라서 북중국은 점차 후연의 세력권으로 편입되었고, 요동지방은 모용씨에게 귀속되었다.[57]

한편 342년(고국원왕 12) 전연의 모용황이 고구려 환도성을 함락시켰던 사실은 그들의 주력군이 기병이었기 때문에 가능했다. 다시 말해서 당시 선비족의 일파인 전연군은 자신들의 장기인 기마전술에다가 중국 한족의 전술과 무기사용을 습득함으로써 전투력을 한층 강화시켰다. 그러므로 여기서는 고구려와 후연간의 전쟁을 통한 양국의 기마전을 고찰하려고 한다.

고구려는 전진과 후연 간의 정권교체를 이용하여 환도성이 함락된 이후 40여 년 만에 요동진출을 재개하였다. 다음의 사료가 그것을 설명하고 있다.

2년 6월에 왕은 4만의 군사를 거느리고, 요동을 습격하였다. 이에 앞서 연왕 모용수(慕容垂)가 대방왕 모용좌(慕容佐)로 하여금 용성(龍城, 지금의 錦州城 朝陽)을 지키게 하였다. 모용좌는 고구려군이 요동을 습격한다는 말을 듣고, 사마(司馬) 학경(郝景)을 시켜 군사를 거느리고

---

56) 351년 저족 계열의 符建은 장안에서 大秦을 세우고 황제를 칭했다. 그리고 아들 符堅대에는 세력이 더욱 강해져서 양자강 이북의 북중국을 놓고 전연과 양분하는 형세를 이루었다.

57) 공석구, 1998, 앞의 책, 40~43쪽.

요동을 구원케 하였다. 고구려 군사가 이를 격파하여 마침내 요동과 현도를 함락하고, 남녀 1만 명을 포로로 붙잡아 돌아왔다. 11월에 연나라 장수 모용농(慕容農, 모용수의 아우)이 군사를 이끌고 침범하여 요동·현도 두 군을 수복하였다.[58]

위 사료는 고구려와 후연 간의 전쟁에서 고구려가 승리하여 요동군과 현도군을 점령했다는 내용이다. 당시 고구려가 후연에게 승리할 수 있었던 것은 다음 두 가지 사실과 관련이 있다. 하나는 소수림왕이 내정을 정비하여 국력을 크게 신장한 것이고, 다른 하나는 후연이 내부반란으로 인해 요동지역을 장악하지 못한 것이다. 그런데 후연이 요동을 점령한 지 5개월여 만에 요동군과 현도군을 수복하였다. 그리고 요동지역을 후연의 행정구역에 편입함으로써 요동에 대한 지배체제를 확립하였다. 따라서 후연이 요동지역을 직접 지배하자, 고구려와 후연은 요동진출권을 놓고 충돌할 수밖에 없었다.

한편 386년(고국양왕 3) 선비족의 탁발씨(拓跋氏)가 위왕(魏王)을 자칭하고 후연을 압박하자, 후연은 395년(광개토왕 5) 탁발씨에게 패하여 수도를 중산에서 용성으로 옮겼다. 마침내 후연은 모용성(慕容盛) 때 하북의 지배권을 상실하고, 요서·요동지역으로 축소되었다. 결국 모용성은 서방으로의 진출을 포기하고, 동방진출을 적극 시도하던 중 고구려를 침략했던 것이다.[59] 다음 『삼국사기』의 사료를 통해 그것을 알 수 있다.

가) 9년 2월에 후연왕 모용성이 고구려왕의 빙례가 거만함을 이유로

---

58) 『三國史記』 권18, 고구려본기 6, 고국양왕 2년 6월.
59) 공석구, 1998, 앞의 책, 46쪽.

친히 군사 3만 명을 거느리고 습격했는데, 표기대장군 모용희로 선봉을 삼아 신성과 남소성을 함락하여 7백여 리의 땅을 개척하고, 그곳의 5천여 호를 옮기고 돌아갔다.[60]

나) 11년 왕이 군사를 보내어 후연의 숙군성(용성의 동북)을 치니, 후연의 평주자사 모용귀가 성을 버리고 달아났다.[61]

다) 14년 1월에 후연왕 모용희가 고구려의 요동성을 공격했는데, 성을 함락시키기 직전에 모용희가 군사에게 명하기를, "성에 오르지 마라. 그 성을 함락한 후에 짐이 황후와 함께 가마를 타고 입성하겠다"고 하였다. 이로 인해 성의 방비를 엄하게 하였으므로 후연왕은 마침내 이기지 못하고 돌아갔다.[62]

라) 15년 12월에 후연왕 모용희가 거란을 습격하여 형북에 이르렀다. 그런데 거란의 무리가 많음을 꺼리어 돌아가려 하여 드디어 치중병(輜重兵)을 버리고 경기병으로 우리를 습격하였다. 후연군은 전후 3천여 리를 행군하여 병사와 말이 피곤하고 추위에 얼어 죽는 자가 즐비했는데, 우리의 목저성(지금 요녕성 목기)을 치다가 이기지 못하고 돌아갔다.[63]

위의 가)는 후연왕 모용성이 광개토왕의 무례함을 이유로 399년(광개토왕 9) 고구려를 공격하여 신성과 남소성을 함락시켰음을 말하고 있고, 나)는 광개토왕이 401년(광개토왕 11) 숙군성을 공격하여 후연에 보복했음을 설명하고 있으며, 다)는 모용희가 404년(광개토왕 14) 고구

---

60) 『三國史記』 권18, 고구려본기 6, 광개토왕 9년 2월.
61) 『三國史記』 권18, 고구려본기 6, 광개토왕 11년.
62) 『三國史記』 권18, 고구려본기 6, 광개토왕 14년 1월.
63) 『三國史記』 권18, 고구려본기 6, 광개토왕 15년 동12월.

려 요동성을 함락하지 못하고 귀국했음을 말하고 있고, 라)는 405년 12월 거란을 습격하던 중 고구려 목저성을 공격했지만 모두 실패했음을 전하고 있다.

이상의 사료는 후연과 고구려 양국은 모두 주력군을 기병으로 편제했는데, 후연군이 속전속결전술로 공격하자, 고구려에서는 방어에 치중하는 수성전술로 대처했다고 할 수 있다. 위 사료 중에 후연이 "7백 리의 땅을 빼앗았다"고 한 것과 "3천여 리를 행군했다"는 사실은 후연의 공격 범위가 넓었음을 뜻하는데, 이러한 전술은 주력군이 기병일 때만이 가능했다고 하겠다.

한편 고구려의 수성전술은 적군의 사기가 상승세인 초기전투에서는 방어에 치중하지만, 적의 사기가 떨어졌다고 판단되면 즉시 성 밖으로 기병을 출격시켰다. 따라서 고구려는 후연과 기마전에서 수성전술로 네 번을 전투하여 세 번을 승리하였다.

그런데 399년(광개토왕 9)에 고구려가 후연에게 패배한 것은 다음 세 가지 문제와 관련이 있지 않을까 한다. 먼저 후연이 선봉대[64]로 고구려를 기습한 것이고, 다음은 후연이 전차와 기병을 함께 보유하여 기동력과 충격력을 동시에 갖추었으며, 마지막으로 오늘날 무순방면에 해당하는 신성은 후연이 전차와 기병의 합동작전을 펼치기에 용이한 개활지였다는 것이다.

그러나 고구려는 401년(광개토왕 11), 404년(광개토왕 14), 405년(광개토왕 15) 등 세 차례 전쟁에서 모두 승리하였다. 당시 고구려가 승리한 것은 건국 이후 계속적인 군사력의 증대와 전략전술의 계발에

---

64) 선봉대는 본대 앞에서 향도 역할을 담당하는 부대다. 그런데 인원은 본대의 10분의 1로 구성되었으며, 이동하는 과정에서 예상되는 적의 기습을 방지하기 위해 조직되었다. 행군하다가 적을 만나면 선봉대가 직접 공격하여 초토화 작전을 수행하여 본대가 속전속결 전투를 하는 데 기초를 닦았다.

따른 전 국토의 요새화에 기인한다.[65] 즉, 고구려는 그동안 정전제를 통해 기병을 양성하고 훈련했는데, 4세기 중반부터는 종전의 특권적 전사단 대신 공민(公民)을 기병으로 징병함으로써[66] 기병의 숫자를 크게 확대하였다. 그리고 전략적 문제는 전국의 다섯 개 강을 중심으로 요새화했는데, 압록강 요새, 두만강 요새, 대동강 요새, 요하 요새, 송화강 요새[67]가 그것이다. 특히 광개토왕은 공수(攻守)를 불문하고 이러한 전국적 요새화를 통해 영토를 크게 확대할 수 있었다.

한편 405년 12월 후연의 모용희는 거란을 공격할 듯하면서 기병만으로 3천리를 행군하여 고구려 목저성을 공격하였으나 크게 패배하였다. 목저성은 소자하 부근 신빈현(新賓縣) 수보산성으로 비정되는데, 이곳은 국내성으로 통하는 북도와 남도의 분기점으로써 비교적 평탄한 지형이었다. 전쟁은 지형에 따라 부대배치를 다르게 한다. 즉, 평평한 지형이면 전차를 많이 쓰고, 험한 산악 지형에서는 기병을 쓰며, 좁고 막힌 지형이면 노병(弩兵)을 쓴다.[68] 이와 같은 사실을 고려할 때 목저성은 평지였기 때문에 기병과 전차가 상호 협력하는 전술운용이 필요했다. 따라서 후연군의 패배는 기병만으로 고구려를 침략한 것이 그 직접적 이유였던 것으로 보인다.

5. 고구려-수나라 전쟁과 기마전

580년(평원왕 22) 수나라가 건국됨으로써,[69] 3백여 년 동안 분열되었

---

65) 박경철, 1989, 「고구려군사전략 고찰을 위한 일시론」, 『史學硏究』 40, 4쪽.
66) 여호규, 1998, 「고구려 초기의 병력동원체계」, 『軍史』 36, 32쪽.
67) 박경철, 1989, 앞의 논문, 4~5쪽.
68) 황병국, 1987, 「조선조의 진법 고찰」, 『軍史』 15, 63쪽.
69) 581년 北周의 외척 楊堅이 북주의 왕권을 빼앗아 수나라를 건국하였다.

수 양제

던 중국이 통일을 이루었다. 따라서 수나라가 점차 팽창하자 고구려는 위협을 받았으며,[70] 이전까지 고구려 세력이었던 거란과 말갈도 이탈하기 시작하였다. 그런데 수나라가 노골적으로 복속할 것을 강요하자 고구려는 전쟁의 길을 선택할 수밖에 없었다. 598년(영양왕 9) 고구려가 요서지방의 수나라 전진기지를 공격함으로써 양국의 전쟁이 시작되었다. 당시 수나라는 네 차례 침공했지만 참담하게 패배하였다.

수나라는 전대왕조 북주(北周)의 지배를 벗어나 한족 중심의 사회를 세우려고 하였다. 이것을 군제사적 측면에서 보면, 고유한 부족의 향병을 국가적 부병체계로 편제하는 일련의 과정이었다. 즉, 수나라 군사편제는 전기의 문제(581~604) 때에는 향병적 측면이 우세했지만, 후기의 양제(604~618) 때에는 부병적 측면이 지배적이었다. 여기서 부족의 향병은 선비족 기병을 지칭하는데, 이는 곧 수나라가 북방 유목민족에 기원하고 있음을 뜻한다.[71] 따라서 여기에서는 고구려 기병의 팔진법과 수나라 표기

---

70) 439년 北魏가 북방 유목민족을 통일한 남북조시대에도 선비족은 고구려를 침공하지 않았다. 그러나 534년 북위가 東魏·西魏로 분열하고, 이어서 北齊·北周로 서로 대립하다가, 577년 북주가 북제를 멸망시키면서 고구려 침공이 시작되었다.

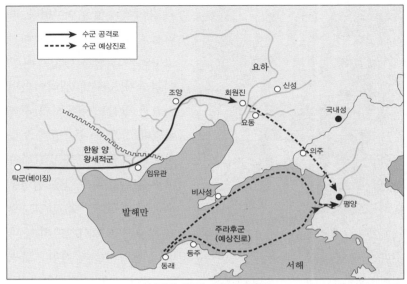

수군 공격로
수군 예상진로

요하

신성

조양   회원진
국내성

요동

한왕 양
왕세적군

의주

임유관

탁군(베이징)

비사성

발해만   평양

주라후군
(예상진로)

등주

동래   서해

수나라의 제1차 고구려 침략도

(驃騎)와 전차 중심의 기마전을 고찰하려고 한다.

　수나라의 고구려 침공은 수 문제 때 한 번, 수 양제 때 세 번 모두
네 차례 이루어졌다. 제1차 고·수전쟁은 598년(영양왕 9) 고구려가
요서지방을 공격하자 수 문제가 크게 노하여 문제의 다섯째 왕자인
양량(楊諒)을 행군원수로 삼고, 그 휘하에 50여 명의 행군총관과 총병력
30만 명으로 편성하였다. 이 중에서 수군은 6천여 명이고, 나머지는

---

71) 북조의 군대는 기병과 보병으로 운용되었으나 주력은 기병이었다. 북위 전기의
拓跋部 부락성원의 군대 또한 모두 기병이었으며, 북위 후기는 步騎에 의한
협동작전이 빈번하게 전개되었지만 기병이 전투부대의 주력이었다. 한편 東魏,
北齊의 군대도 기병이 차지하는 비중이 컸다. 당시 20만 명의 선비병이 운용되었
는데, 이들은 모두 기병으로써 이를 주관하는 騎兵省이 별도로 존재하였다.
西魏, 北周의 군대 역시 보병과 기병이 주요 병종이었지만 기병의 비중이 더
컸다. 다만 출정할 때는 전술상 보병과 기병이 상호 결합된 방식으로 운용되었다
(백기인, 1998, 앞의 책, 125~127쪽).

육로군이었는데, 주력군 육군은 행군총관의 지휘아래 보병 4천 명과 기병 2천 명을 단위 부대로 편성되었다.[72]

이때 고구려는 군사력을 국경 서쪽 전초기지인 무려라성에 집중하였으며, 수나라의 한 부대를 집중적으로 공격하고 거짓 후퇴하는 전술을 사용하였다. 그러나 고구려군은 병력의 숫자가 크게 부족했기 때문에 무려라성에서 퇴각할 수밖에 없었다. 성에서 퇴각한 고구려군은 요하 동쪽 연안에 집결하여 침략군이 요하를 도하하는 방어전투에 참가하였다. 당시 수나라는 장마, 군량부족, 질병 등으로 전투력이 급속히 떨어져 요하 경계선을 넘지 못하고 본국으로 철수하였다.[73]

제2차 고·수전쟁은 612년(영양왕 23) 3월부터 시작되었다.[74] 당시 수나라 군대는 비전투원을 포함하여 2백만의 대군이었던 반면에 고구려군은 소수의 병력이었다. 이와 같은 상황에서 고구려군은 기병의 기동력에 바탕을 둔 거짓으로 후퇴하는 전술을 사용하였다. 다음의 사료를 통해 고구려의 기마전을 엿볼 수 있다.

　　요동 방면의 별군(別軍)인 9군이 모두 압록수 서쪽에 모였다. (중략) 중로(中路)에 이르러 군량이 거의 바닥이 났다. 이때 영양왕은 대신 을지문덕을 시켜 수나라 진영에 가서 거짓 항복케 하니, 실상은 적의 허실을 정탐해 보려 함이었다. (중략) 을지문덕은 우문술의 군사가 굶주린 기색이 있음을 보고, 더욱 그들을 피로케 하려고 싸울 때마다

---

72) 『資治通鑑』 卷198, 開皇 18年(598).

73) 사회과학원력사연구소, 앞의 책, 213쪽.

74) 이때 수나라 양제는 수·육군 총 113만 3천 8백 명의 군사와 군사만큼의 수송부대를 이끌고 평양으로 진격하였다. 하루에 한 군단씩 출발했는데, 군단과 군단 사이가 40리나 되었다. 40일이 되어서야 출발이 마무리되었고, 그 행렬이 80리에 달했다(『三國史記』 권20, 고구려본기 8, 영양왕 23년 1월).

후퇴하였다. 우문술이 하루 동안에 일곱 번 싸워 모두 이기니 그는 승리에 자신을 가지게 되고, 또 군의(群議)에 쫓기어 동진(東進)하여 살수를 건너 평양성에서 30리 거리의 산에 의지하여 진을 쳤다. 을지문덕이 다시 사람을 보내어 거짓으로 항복하며 우문술에게 청하기를, "만약 군사를 철수하면 왕을 모시고 수주(隋主)의 행재소에 가서 알현하겠다."고 하였다. 우문술은 사졸이 피곤하여 다시 싸울 수 없음을 보고, 또 평양성이 험하여 함락시키기 어려움을 알고 결국 거짓 항복에 의해 군대를 철수하였다. 우문술이 방진을 치면서 후퇴하니, 우리 군사가 사면에서 그들을 공격하였다. 우문술은 싸우면서 달아났는데, 7월에 살수에 도착하여 반쯤 강을 건너려 할 때 우리 군사가 뒤에서 후군을 치자, 적장 신세웅(辛世雄)이 전사하였다. 결국 수나라 여러 부대가 모두 붕괴하여 걷잡을 수 없이 무너졌다.[75]

　　위 사료의 내용이 바로 을지문덕 장군의 유인전술을 잘 설명하고 있다. 여기에 보이는 수나라 9개 군단의 별동부대[76]가 고구려 수도 평양성을 침공하였으나, 을지문덕의 유인전술에 걸려 한민족 전쟁사에 유래가 없을 정도로 참패했음을 볼 수 있다. 이 같은 유인전술은 을지문덕이 항복 절차를 논의한다는 조건으로 압록강을 건너 수군 별동대의 진영에 들어간 담력으로 인해 가능했으나, 그 후 과정에서 을지문덕은 싸울 때마다 패배함으로써 거짓 후퇴를 추격하게 만들었다. 그런데

---

75) 『三國史記』 권20, 고구려본기 8, 영양왕 23년 5월.

76) 수나라 양제는 2개월여 동안 요동성 공격이 교착상태를 벗어나지 못하자 새로운 돌파구를 모색하였다. 즉, 요동성 공격을 계속하면서 기동력이 뛰어난 정예 별동부대를 편성하여 고구려 수도 평양을 점령한다는 전략을 채택했다. 따라서 좌·우 24개 군단 중에서 9개 군단이 선발되어 우문술의 지휘를 받도록 했다. 별동부대의 숫자는 30여 만의 대군이었다(서인한, 2005, 『한국고대 군사전략』, 156쪽).

고구려의 이 같은 유인전술은 기병의 기동력을 전제로 한다.

을지문덕의 유인전술은 고도의 기동력을 갖춘 경기병을 이용하여 작전을 수행하였다. 즉, 고구려 기병은 수나라 별동대와 일정한 거리를 유지하면서 넓게 산개하여 자주 위협과 도발을 반복하였다. 그러나 수나라 별동대가 전투를 하려고 근접하면 기마의 속도를 이용하여 바람처럼 사라졌다. 수나라별동대는 7번을 승리했다고 생각했지만, 잡을 수 없는 고구려 기병의 움직임에 매번 희롱당하고, 뛰어다니다가 평양성 30리 거리에 진을 쳤을 때는 이미 지쳐버렸다.

을지문덕 동상 어린이대공원

고구려 기병은 후퇴를 거듭하면서 그때마다 일대에 남아있는 군량이 되는 모든 것을 불살라 버렸다. 이와 같이 고구려군은 수나라 별동대에 정면의 접전을 피하고, 의도한 거짓 후퇴와 청야작전으로 들판에 남아 있는 것 모두를 소각하면서 추격하도록 했다. 다시 말해서 수나라 30만 별동부대가 소비하는 군량은 대단하였다. 군량은 주둔지로부터 조달하였지만,[77] 초토화된 들에서는 하나도 구할 수가 없었다. 따라서 고구려 기병대는 점차 약해지기 시작한 수나라 별동대를 갑자기 나타나

---

77) 수나라 별동부대 정예병들은 한 번에 1백일 분량의 군량과 기타 장비를 지급받았지만, 감당하기가 어려웠다. 그래서 군사들은 숙영할 때마다 지휘관의 감시를 피해 식량과 장비를 조금씩 파묻어 무게를 줄여 나갔다(서인한, 2005, 『한국고대군사전략』, 156쪽).

습격하고, 비가 내리는 것처럼 화살을 쏘았다. 수나라 별동대는 피해가 증가하자, 공포가 엄습한 것으로 보인다.

한편 사졸이 피곤하여 싸울 수 없고, 평양성이 험하여 함락할 수 없다고 판단한 우문술은 마침내 퇴각을 결정하였다. 그런데 우문술이 퇴각을 결정하는 데는 대동강에 도착하기로 한 수로군과의 연락이 두절된 것도 철군을 서두르게 된 요인이었다.[78] 위 사료에는 포함되어 있지는 않지만, 수나라 양제는 보병별동대 병력만으로는 평양성 함락이 어렵다고 보고, 대동강을 이용한 수군 병력을 전개하는 작전을 세웠다.

그러나 수나라 수군 모두가 함선에 승선한 채로 평양성 근처까지 이동할 수는 없었다.[79] 즉, 일부의 수군은 함선에서 내려 대동강 강변으로 행군할 수밖에 없었다. 그런데 대동강 강변 일대는 대소 하천과 소택지 및 구릉이 뒤섞여 있어서 오로지 평탄한 강변으로만 행군해 가는 것이 불가능했다. 따라서 수나라 수군은 강변으로부터 멀어지게 되었고, 마침내 함선과의 연결을 상실하였다. 그 때 고구려 기병이 바람처럼 출몰하여 공격한 것으로 보인다.

한편 을지문덕의 유인전술은 우문술의 별동대가 방진(方陣)을 치고 평양성을 철수하면서 고구려 기병이 추격하는 돌격 작전으로 전환하였다. 돌격 작전은 평양에서 안주까지의 구간과 살수(청천강)를 건너는 과정에서 이루어졌다. 그런데 우문술이 방진을 치면서 후퇴하니, 고구려 군사가 사면에서 공격했다는 기록이 주목된다. 일반적으로 방진을 치는 경우는 정면에서 돌격해오는 적국의 기병을 저지하기 위해 보병들

---

78) 서인한, 2005, 앞의 책, 158쪽.
79) 당시는 7월 하절기라서 강물은 부족하지 않았으나, 강바닥이 얕은 곳도 있었고, 대동강 중간에 있는 똥섬들도 장애물이 되었을 것이다.

이 전방을 향해 긴 창을 45도 각도로 세웠다. 따라서 수나라 별동대를 4면에서 공격했다는 것은 경기병을 별동대의 전·후, 좌·우에 매복하여 기습했음을 지칭한다.

고구려군의 전술은 앞에서 언급한 것과 같이 흉노가 사용하던 형태와 유사하다. 그것은 농경지역 변방에 대한 약탈과 초원의 대규모 몰이사냥으로 요약된다. 특히 후퇴하는 적군을 포위하는 방법은 초원에서 사냥할 때 몰이대형을 사용하여 달아나는 야생동물 무리의 방향을 바꾸게 하는 것에서 배웠다. 다시 말해서 전위와 양익에 매복한 고구려의 경기병들은 화살을 쉴새없이 쏘면서 공격하였고, 이것이 별동대의 대오에 큰 혼란을 가져왔다. 흉노족과 마찬가지로 고구려 군사들도 어린시절부터 말을 타고 활을 쏘던 기마궁수였는데, 절대로 빗나가는 법이 없는 그들의 화살은 2백여 m에 있는 사람을 명중시켰다. 한편 7월 하순, 수나라 별동대가 청천강을 반쯤 건넜을 때 상류의 제방을 한꺼번에 무너뜨리는 수공작전은 순식간에 별동대의 전열을 와해시켰다. 그리고 강물이 불어나 우왕좌왕하는 군사들은 매복하여 도하를 기다리던 고구려 기병이 기습공격을 가했다.

제3차 고·수전쟁은 613년(영양왕 24) 4월 수 양제가 군사를 직접 이끌고 요수를 건너 요동을 공격하면서 시작되었다. 전일의 실패를 거울삼아 이번에는 장수들에게 폭넓은 재량권을 부여하여 각자가 공격토록 하였다. 수군은 여러 무기로 여러 날을 공격하였으나 고구려군은 임기응변으로 이에 맞서 요동성을 지켰다.[80] 이때 귀족 양현감(楊玄感)

---

80) 당시 수나라 양제는 포대 백만 개에 흙을 가득 담아 성벽에 둑처럼 큰길을 쌓아올렸다. 그 높이는 성에 육박하였고, 넓이는 30미터가 넘었다. 또 바퀴가 여덟 개나 되는 樓車를 성보다 높게 쌓고, 성을 내려다보며, 양쪽에서 공격할 준비를 마쳤다. 고구려군도 그 위세를 보고는 위축될 지경이었다(『東國通鑑』; 『三國史記』권20, 고구려본기 8, 영양왕 24년 4월).

이 반란을 일으켰다는 급보가 도착하자, 양제는 밤에 장수들을 불러 철수를 명했다. 고구려는 이러한 사실을 알았지만 감히 공격하지 못했는데, 그것은 수나라의 속임수로 여겨졌을 뿐만 아니라 군대가 대군이었기 때문이다. 한편 수군이 철수한 지 이틀이 지나서야 수천의 군사로 추격했는데, 이때도 8, 90리의 거리를 두고 뒤따랐다. 요서 근처에서 이미 양제의 본진이 건너간 것을 알고서야 후진을 공격해서 수만 대군을 격파하고 대승을 거두었다.[81]

II. 고구려-당나라 전쟁과 기마전

1. 당 태종의 제1차 침공과 기마전

당나라는 서쪽으로 투르크족과 토번·서돌궐을 정복하고, 동쪽으로 백제와 고구려를 정복하여 세계제국을 건설하였다. 그런데 당나라의 세계제국 건설은 이전 왕조의 군사전략을 혁신함으로써 가능했다. 즉, 전차부대를 축소하고 경기병[82]을 주력군으로 편제함으로써 기동력을 향상시켰으며, 수나라 부병제[83]를 계승하여 상시로 농민들을 동원하였다. 따라서 고구려와 당나라간의 기마전은 당시의 전략전술을

---

81) 『三國史記』 권20, 고구려본기 8, 영양왕 24년 4월.
82) 당나라에서는 기동성을 살리기 위해 말의 갑옷을 모두 벗겼다. 기병 역시 철갑의 양을 절반으로 줄이고, 가죽을 사용하여 무게를 줄였다. 이러한 개혁을 통해 중장기병이 상실했던 속도와 기동성을 크게 향상시켰다(임용한, 2001, 앞의 책, 177~178쪽).
83) 수나라 병제는 농민 중에서 선발한 부병을 절충부에 예속시켰지만, 전시에는 이들을 모두 동원하였다. 그러나 통일 이후 당나라 부병은 평생토록 병역에 종사했는데, 일단 징집되어 伍에 편입되면 60이 되어야 독립하였다.

이해하는 데 중요한 테마가 되기에 충분하다고 할 수 있다.

당나라 병제는 기병으로만 구성한 도탕대(跳盪隊), 기병과 보병을 절반씩 편성한 전봉대(戰鋒隊), 전차만으로 편제한 주대(駐隊)가 있다.[84] 즉, 도탕대는 중장기병인데 적진으로 돌진하는 선봉대이고, 전봉대는 공격을 주도하였으며, 주대는 방어하는 임무를 주로 수행하였다. 다만 전봉대가 휴식할 경우, 주대가 나가서 싸웠다. 당나라 군대는 적이 일면을 공격하면 기병을 측면에 배치하여 엄호하였고, 적이 양면에서 공격해 오면 기병을 적진 후방으로 돌려서 공격하였으며, 적이 패주하면 기병으로 즉각 추격하였다. 특히 한나라 때의 주력군이던 전차부대[85]를 기병 중심의 편제로 전환하고 일련의 기병전술을 습득함으로써 결국 고구려를 정복하였다.

한편 고구려 군대는 기병을 주력군으로 삼고, 보병은 기병을 보조하는 전술을 전개하였다. 즉, 철기병이 적의 방어선을 돌파하면 경기병은 기동력을 이용해 적군의 측면을 공격하거나, 신속한 기동력으로 군사적 요충지를 선점하였다. 또한 보병은 도끼를 무기로 사용하는 선봉대가 있고, 기병을 보조하는 일반 보병이 있었다. 따라서 기병과 보병의 비율은 적군의 편제나 지형에 따라 다양하게 변동하였다. 그러므로 고구려와 당나라간의 기마전에 대한 고찰은 두 나라 전략전술의 변동 양상을 파악하는 것이 관건이 되겠다.

---

84) 李靖 저·이현수 역, 『李衛公兵法』上卷, 1999, "臣以今法參用之 則跳盪騎兵也 戰鋒隊 步騎相半也 駐隊兼車乘而出也".

85) 고대 중국의 전차전 양상은 세 명이 한 조가 되어 상대편 전차에 대해 양 옆의 무사들이 창이나 활로 공격하고, 가운데 위치한 마부는 유리한 위치를 차지하기 위해 네 필의 말을 몰았다. 따라서 전차는 창을 가진 전사, 마부, 활을 쏘는 사수가 한 조를 이루었다. 한나라 때는 전차 한 대에 100~150명의 보병을 배치하였다. 특히 이들 전차 부대는 밀집대형을 갖춘 후 서로 마주 달려가 한 번에 승패를 결정지었다(강건작, 2005, 『무기와 전술』, 27쪽).

당 태종 이세민

그동안 고구려의 대당전쟁 연구는 전쟁사[86]와 전략전술[87] 등 2개의 범주로 구분·설정하고 있는 것이 요즈음 학계의 일반적 경향으로 보인다. 이 같은 구분은 전쟁사 연구를 일반적 단계, 전략전술 연구를 심층적 단계로 이해한바, 현재 국사학계의 연구 수준은 심층적 연구가 크게 부족한 실정이다. 따라서 여기서는 고구려와 당나라간의 전쟁에 나타난 기마전을 집중하여 고찰하려고 한다. 먼저 당 태종의 1차(645) 침공과 기마전을 요동성 전투와 안시성 전투를 통해 살펴보고, 다음으로 당 태종의 2차(647~648) 침공과 기마전을 국경 근처의 소규모 전투를 중심으로 고찰하며, 끝으로 당 고종이 주도한 나·당연합군의 침공에 따른 기마전을 살펴보려고 한다.

645년(보장왕 4) 5월 이세적이 요동성에 도착하고, 당 태종은 요택의

---

86) 서인한, 2005, 「고구려 대외 전쟁기」, 『한국고대 군사전략』, 군사편찬연구소 ; 임용한, 2001, 『전쟁과 역사』, 혜안 ; 이만열, 1978, 「고구려와 수·당과의 전쟁」, 『한국사』, 국사편찬위원회.

87) 이홍두, 2012, 「고구려의 남방진출과 騎馬戰」, 『軍史』 85 ; 이홍두, 2011, 「고구려 전기의 기마전」, 『역사와 실학』 44 ; 이홍두, 2010, 「당나라의 고구려 침공과 기마전」, 『군사』 77 ; 강건작, 2005, 『무기와 전술』, 율커뮤니케이션 ; 박경철, 1989, 「高句麗軍事戰略考察을 위한 一試論」, 『史學硏究』 40.

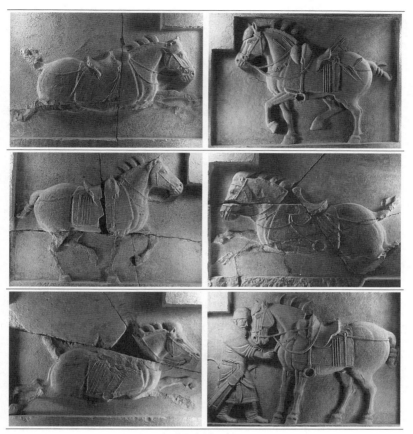

당 태종과 말 육준도

동쪽을 건넜다. 이에 양국 군대는 요동성 밖에서 기마전을 전개하였다.
다음의 사료에서 양국 기마전에 대한 실마리를 찾을 수가 있다.

　　보장왕이 신성과 국내성의 보기(步騎) 4만을 내어 요동을 구원하니,
　도종이 4천의 기병을 거느리고 항거했다. 싸움이 어우러지자, 행군총관
　장군예가 후퇴하여 달아나자, 당나라 군사가 무너졌다. 도종이 흩어진

군사를 수습하여 높은 데 올라보니 우리의 진영이 어지러운지라 날랜 기병 수천과 함께 공격하였다. 이세적이 군사를 끌고 와 도우니 우리 군사가 크게 패하여 죽은 자가 천여 명이었다. (중략) 이세적이 포차를 벌여놓고 큰 돌을 날리자 3백보를 지나가 부딪히는 곳은 바로 무너졌다. 우리는 나무토막을 쌓아 다락을 만들고 굵은 새끼로 그물을 맺어 막았다. 당 태종은 날랜 군사를 시켜 충간의 끝에 올라가 그 서남쪽 다락에 불을 지르니 불이 성안을 태웠다. 그 틈에 장병을 지휘하여 성에 오르니 우리 군사가 힘을 다하여 싸웠으나 이기지 못했다. 죽은 자 만 명, 붙잡힌 용맹한 군사 만 명, 남녀 4만 명, 군량 50만 석이었다. 그 성을 요주로 삼았다.[88]

위 사료에서 당시 양국이 기마전을 전개한 상황을 엿볼 수가 있다. 고구려는 두 번의 기마전에서 한 번은 승리하고, 한 번은 패배하였다. 먼저 보·기병 4만의 고구려 증원군은 요동성 서쪽 교외에서 당나라 장군예가 지휘하는 4천의 기병과 접전하였다. 고구려는 3만여 보병이 대열의 선봉에서 방진을 치고, 적의 좌·우에는 경기병을, 중앙에는 중장기병을 배치한 것으로 보인다. 고구려 경기병이 화살을 날려 쉴새 없이 공격하자, 장군예의 중장기병이 돌격했는데, 이때 방진을 치고 방어하던 고구려 보병대는 대형별로 자주 교체되면서 일시에 사격을 퍼붓고는 빠져나갔다. 마침내 장군예의 기병이 기동력을 잃게 되자, 중앙에 배치한 고구려 중장기병이 긴 창과 군도를 빼들고 돌진하여 장군예의 기병을 살상한 것으로 보인다.

초기 기마전에서 승리한 고구려 증원군은 승리에 도취되어 경계를 소홀히 하였다. 즉, 높은 곳에 올라가 고구려 증원군의 배치를 확인한

---

88) 『三國史記』 권21, 고구려본기 9, 보장왕 상 4년 4월.

도종이 흩어진 군사를 수습하여 밀집대형이 해제된 고구려 보병대 중앙을 기습하자, 대열이 곧 무너졌다. 결국 보병의 지원을 받지 못한 고구려 기병대는 도종이 지휘하는 중장기병의 돌격에 간격을 허용하게 되었다. 이를 확인한 도종은 자국의 중장기병을 선봉에 세워 고구려 기병의 중앙을 파괴했으며, 이에 증원군의 좌우 전열도 무너질 수밖에 없었다. 한편으로 도종의 기병대는 우회하여 교체를 위해 대기 중인 고구려 보병대를 치는 중에 이세적의 군대가 합세함으로써 고구려에서는 1천여 명의 사상자가 발생하였다.

고구려와 당나라간의 2차 기마전은 당 태종이 이끄는 본대가 5월 10일 요동성에 도착하면서 시작되었다. 특히 이세적의 군대가 최선두에서 석포·충차 등 공성장비를 대거 동원하였으나, 고구려군이 이를 무력화시켰다. 그런데 당 태종이 날랜 기병을 선발하여 성의 서남쪽 다락에 불을 지르게 하자, 성 안에 불이 붙었으며, 그 틈에 당 태종이 정예 군사를 지휘하여 요동성을 함락시키고 대승을 거두었다.

한편 수성전술로 방어하는 고구려군의 기마전은 두 가지 전술을 사용했다. 먼저 당군의 주력 부대를 상대할 때는 창을 사용해 질주하면서 적진을 돌파하였고, 다음으로 기병이 성문을 나가 포차의 공격을 피하면서 근접 기마전을 수행할 때는 창과 갑주로 무장하고 속주(速走)하는 공격 방법을 사용하였다. 성을 방어하는 기마전에서 갑옷은 중요한 방어무기였다. 경기병은 창과 두 겹의 가죽으로 만든 갑옷을 착용하였고, 중장기병은 기병도와 철제 갑옷으로 무장하였다. 따라서 고구려 기병은 이러한 갑옷을 착용하고 충차의 지원을 받으면서 성 밖에서 기마전을 수행하였으나, 포차와 화공전술로 무장한 당군의 공성전을 막지 못해 요동성을 지킬 수가 없었다.

645년 5월 요동성을 점령한 당군의 주력 부대는 6월 하순부터 안시성

영성자산성 원경 안시성으로 추정된다.

89)을 공격하기 시작하였다. 당시 고구려는 욕살 고연수와 고혜진이 15만의 고구려·말갈 연합군을 이끌고 안시성 동남쪽에 진을 쳤다. 이에 따라 두 나라는 안시성 밖에서 기마전을 수행하게 되었다. 다음의 사료가 당시 양국의 기마전에 대해 말하고 있다.

고연수가 듣지 않고 군사를 끌고 곧장 나아가 안시성과 40리 떨어져 진을 치니, 당 태종은 그들이 머뭇거리고 오지 않을까 염려하여 대장군 아사나두이를 시켜 돌궐의 기병 1천을 거느리고 가서 유인토록 했다. 싸움이 시작되자 거짓 후퇴하니, 고연수가 "볼 것이 없다" 하고 다투어 나아가 기세를 타서 안시성의 동남 8리 지점에 당도하여 산을 의지하여 진을 쳤다. 당 태종이 장손무기 등과 함께 수백의 기병을 데리고 높은 데 올라가서 산천의 형세를 둘러보고 복병할 수 있는 곳과 군사를 내어 들일 곳을 살폈다. 우리 군사가 말갈군과 합세하여 진을 쳤는데, 그 길이가 40리에 잇댄 것을 보고, 당 태종은 두려워하는 기색을 나타내면서 (중략) 사신을 시켜 연수를 유혹하기를, "나는 너희 나라 신하가

---

89) 안시성은 오늘날 요동반도 남쪽 해성시 동남쪽 영성자산성으로 추정된다. 길이는 2.5㎞의 토성이며, 타원형 산등성이를 따라 축조하였다. 요동평원에서 요하 지류로 진입하는 교통의 중심이면서 군사요충지였다.

임금을 죽였기로 와서 죄를 묻는 것이오, 마주쳐 싸우는 것이 본심이 아니다." 하였다. (중략) 당 태종은 밤에 장수들을 불러 작전계획을 지시했다. 이세적을 시켜 보병 1만 5천을 거느리고 서쪽 구릉에 진을 치도록 하고, 장손무기와 우진달로 하여금 정병 1만 1천을 거느리고 기병(奇兵)이 되어 산 북쪽으로부터 좁은 골짜기로 나와 적의 후방을 치도록 하고, 당 태종은 친히 보·기병 4천명을 거느리고 북과 깃발을 가지고 산에 올랐다. 당 태종은 여러 군에게 명령하기를, "북소리가 들리거든 일제히 나와 돌격하라." 하고 이어 관원을 시켜 막사 옆에 항복 받는 막사를 짓도록 했다. 이튿날 고연수 등은 이세적의 군사가 얼마 되지 않는 것을 보고 군사를 몰아 싸우려고 하니, 당 태종이 장손무기의 군사가 먼지를 일으키며 오는 것을 보고 북을 치고 깃발을 쳐들게 하니, 여러 군사가 고함을 치며 함께 나아갔다. 고연수 등이 두려워하여 군사를 나누어 막으려 하였지만, 그 대열이 벌써 무너졌고 때마침 뇌성과 번개가 쳤다. 용문사람 설인귀가 이상한 군복을 입고 호통을 치며, 진(陣)을 부수어 닥치는 곳마다 대적할 자가 없는 데다 아군이 쓰러지고 적의 대군이 덮치니, 아군이 크게 무너져 죽은 자가 3만여 명이었다.[90]

위 사료는 당 태종이 안시성을 지원하기 위해 출동한 고연수·고혜진의 부대를 패배시켰음을 말하고 있다. 여기서 고연수는 당나라 대장군 아사나사이 기병의 거짓 후퇴를 추격하는 실수를 저질렀다. 그런데 이것은 당군이 안시성의 지원부대를 안시성에서 멀리 떨어진, 그들에게 유리한 지형으로 유인하는 전술이었다. 당시 고구려 병력은 15만이고, 당나라 병력은 3만에 불과했다. 따라서 당 태종은 고연수군과

---

90) 『三國史記』 권21, 고구려본기 9, 보장왕 상 4년 5월.

전면적인 결전을 피하고 거짓 후퇴 작전을 펴면서 계속 추격하도록 했다. 그리고 그들에게 유리한 지형을 차지한 다음, 고구려군을 혼란케 하여 철기병으로 돌격한다는 작전이었다.

당 태종은 아사나사이[91] 장군에게 기병 1천 기를 주어 거짓 후퇴로 고연수 부대를 안시성 동남쪽으로 유인하였다.[92] 그리고 안시성 동남쪽 8리에 있는 구릉에 올라가 매복할 장소를 선정하고 진을 쳤다. 특히 정병(正兵)과 기병(奇兵)을 구분하여 진을 쳤는데,[93] 정병은 공격하는 부대이고, 기병은 매복해 있다가 적의 측면을 기습하는 부대이다. 이와 같은 기준에서 보면, 서쪽 능선에 매복한 1만 5천의 이세적 부대는 정면에서 공격하기 때문에 정병이고, 산 북쪽 계곡에서 나온 1만 1천의 장손무기와 우진달 부대는 적의 후면을 치기 때문에 기병인 셈이다. 아무튼 당 태종은 정병술과 기병술 운용 능력이 뛰어났다.[94]

이튿날 아침 고연수는 이세적 부대가 소수라는 사실을 알고, 공격 태세에 돌입했다. 그때 산 위에 진을 친 당 태종이 장손무기의 부대가 고구려군 후방으로 이동하는 것을 보고, 즉시 북을 치고 깃발을 들어 공격하도록 신호를 보냈다. 기병으로 위장한 이세적 부대는 정병의

---

91) 阿史那社爾는 돌궐족 處羅可汗의 둘째 아들이다. 636년 당 나라에 항복하여 좌효기대장군에 봉해졌으며, 당나라 군대를 거느리고 高昌國, 龍玆國 등을 물리쳤다.
92) 당나라 군대는 후퇴하면서 한 차례 교전을 한 뒤 고구려군의 동태를 관찰하였다. 그런데 고구려군이 앞을 다투어 당나라의 거짓 후퇴에 속아 계속 추격하자, 고연수를 무능한 장수로 평가했다.
93) 당 태종은 正兵과 奇兵에 대해 두 가지로 이해하였다. 먼저 전진하는 군사를 正이라 하고, 후퇴하는 군사를 奇라고 하였다. 다음으로 적을 정면에서 맞아 싸우는 대병력을 正兵, 지휘관의 재량으로 내보내는 병력을 奇兵이라고 하였다.
94) 正兵術은 아군이 正兵을 쓰면서 적에게는 奇兵을 쓰는 것처럼 보이게 하고, 奇兵術은 아군이 기병을 쓰면서 적에게는 정병을 쓰는 것처럼 보이게 하는 것이 핵심이다.

대부대로 진형을 바꾸어 고구려군을 정면에서 공격할 준비를 마쳤다. 선봉에는 기병과 보병을 반반으로 편성한 전봉대를 배치하였고, 후방에는 전차와 보병을 혼합한 주대[95]를 배치하였으며, 전봉대와 주대 사이에는 기병으로 편성한 도탕대를 배치하였다. 즉, 전봉대는 보병으로 구성한 6개 부대를 방진으로 배치하고, 보병의 안쪽으로는 기병을 원형으로 배치하여 앞의 보병 대열이 무너질 때를 대비하였다.

고구려 사령관 고연수는 수만 기의 기병을 선봉에 배치하여 이세적군의 공격을 차단하려고 하였다. 그러나 말들이 편상거에 꽂힌 창과 칼에 놀라서 전진하지 못했다. 따라서 고구려 기병의 전투력이 급속히 떨어져 대열이 붕괴되었다. 이때 편상거 후방에 대기하던 장군 설인귀가 철제 갑옷으로 무장한 도탕대를 이끌고 고구려 진영으로 돌격하여 고구려 기병대를 격퇴한 것으로 보인다.

기병대가 무너지면서 고구려군이 후퇴하자, 1만의 장손무기의 기병대가 북쪽의 산골짜기를 따라 후방을 공격하였다. 결국 고연수 부대는 후방을 방어하지 못해 3만여 명의 군사가 죽고, 안시성 교외 산으로 퇴각하여 전세를 관망할 수밖에 없었다. 당군은 사방에서 고구려군을 공격하면서 한편으로 고구려군의 퇴로를 차단하였다. 따라서 고립무원의 고구려군은 3만 6천여 명의 군사를 수습하여 당 태종에게 투항하게 되었다.

6월 하순에 안시성 밖의 기마전에서 승리한 당군은 8월 초순에 주력부대를 안시성으로 옮겨 성을 포위하였다. 이때 안시성 성주 양만춘은 유격전의 일종인 기병(奇兵)전술로 대응하였다. 다음의 사료가 당시

---

95) 후방에 배치한 주대는 전차에 偏箱車를 연결하여 원형의 鹿角車營으로 진을 쳤다. 한 개의 편상거에는 75명의 보병을 전방과 좌·우측 3개로 나누어 25명씩 배치하였다. 특히 편상거 지붕은 판자로 덮었는데, 전후·좌우에는 긴 창을 꽂고 전진하였다.

토산건축 사례

양국의 기마전을 설명하고 있다.

　도종이 군중을 독려하여 성의 동남쪽 모퉁이에 토산을 쌓아 차츰
성의 높이와 같아졌다. 성 안에서도 성을 높이 증축하여 항거하였다.
병졸들은 반을 갈라 하루에 7~8번씩 교전했는데, 충차(衝車)와 쇠뇌[弩]
를 쏘아 우리 성 귀퉁이를 무너뜨리자, 성 안에서도 목책을 세워 무너진
곳을 막았다. 도종이 밤낮으로 쉬지 않고 토산을 쌓았다. 50만 명의
인력으로 60일을 쌓으니 그 토산의 꼭대기가 성보다 두어 길이 높아져
성 안을 내려다 볼 수 있었다. 도종은 과의 부복애에게 군사를 주고
산꼭대기에 주둔하면서 적을 방비토록 하였다. 그런데 토산이 무너지
며 성을 누르고 성첩이 무너졌다. 그때 부복애가 개인일로 부대를
이탈하였기 때문에 고구려 기병 수백 명이 성의 무너진 곳으로 나와
토산을 점령하고 참호를 만들어 지켰다. 당 태종은 부복애를 죽이고
여러 장수에게 공격을 명령하여 교전하였지만, 3일이 지나도 이기지
못했다.[96]

---

96) 『三國史記』 권21, 고구려본기 9, 보장왕 상 4년 9월.

위 사료는 당군이 성 밖에 토산을 쌓고 공격하자, 안시성에서도 성벽을 높이 쌓고 대응하면서 기병을 성 밖으로 내보내 하루에 6~7번의 기마전을 전개하였으며, 토산이 무너지자 기병을 출격시켜 신속하게 토산을 점령했다는 내용이다.

안시성은 난공불락의 요새화한 성이었다. 당 태종은 공성전 포위장비인 충차와 쇠뇌로 성벽을 부수고 성내로 진입코자 하였다. 그러나 안시성의 군사들도 투석기를 쏘아 공성기인 충차와 쇠뇌를 부수었다. 특히 수백 명의 중장기병이 하루에 6~7번씩 성 밖으로 출격하여 기마전을 수행함으로써 안시성을 방어하였다.

당나라 군대는 사다리를 준비하고, 성 높이에 해당하는 토산을 쌓아 안시성 포위 전략을 다양화 했다. 특히 토산 안에 다섯 개의 길을 내고 흙을 날랐으며, 군사들이 토산 꼭대기에 올라가 안시성을 내려다보면서 맹렬히 공격하였다. 그러나 고구려군은 성을 더 높이 쌓아 당군이 성 안으로 들어오는 것을 저지하였다.

그런데 토산이 높이를 이기지 못하고 무너지자, 안시성에서는 수백명의 기병을 출격시켜 신속하게 토산을 점령하였다. 이와 같이 당시 안시성 방어에는 기병의 역할이 매우 컸다. 따라서 당 태종은 군량이 바닥나고 물과 풀을 얻을 수 없었으므로 군대를 철수할 수밖에 없었다.

2. 당 태종의 제2차 침공과 기마전

647년(보장왕 6) 당 태종은 고구려 재침을 논의한바, 이전의 대규모 속전속결전술을 버리고 소규모 유격전술로 전환하였다. 즉, 소부대로 고구려 변방을 자주 침입하여 사회혼란이 심화되면 대부대로 고구려를 정복한다는 전략이었다.

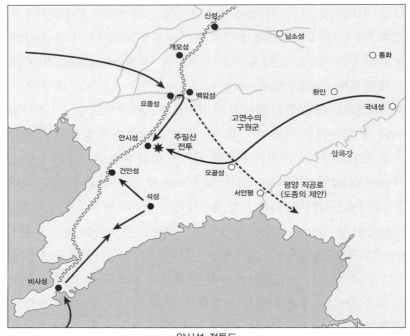

안시성 전투도

    당 태종은 647년 3월에 고구려 침략을 위한 원정군을 편성하였다.
먼저 대장군 우진달에게 1만의 군사를 주고 산동반도에서 배를 타고
평양을 공격토록 하였다. 다음으로 태자 첨사 이세적을 요동도 행군대
총관으로 삼아 군사 3천을 주었으며, 마지막으로 영주도독부의 군사들
은 신성(新城) 쪽으로 진격케 하였다.

    이세적의 휘하 부대는 수전에 능한 자가 많았기 때문에 요하를 어렵지
않게 건너 5월에 남소성에 도착하였다.[97] 남소성의 고구려군이 성문을
등지고 진을 쳤기 때문에 당군은 기병을 본대의 좌·우측에 배치하여
고구려군의 측면 공격을 시도하였다. 전방에는 주대를 배치하고, 소수

---

 97) 『資治通鑑』 卷198, 21年 5月 7日.

의 기병(奇兵)을 선봉에 배치하여 남소성의 부대가 공격하도록 유인하였다.

남소성의 고구려 부대는 적의 규모가 소수인 사실을 알고 기병을 앞세워 중앙 대열을 공격하였다. 그러나 당군은 주대를 앞세워 6개의 방진을 치고 고구려 기병대를 파괴하였다. 고구려의 중앙 기병대가 파괴되었을 때 좌·우익의 대열도 무너졌다. 이때 당군이 우회하여 기병으로 고구려군의 측면과 후면을 공격하였고, 보병으로는 고구려군의 중앙을 가격하였다. 고구려군은 성 밖 기마전에서 당군에게 패배하여 많은 병사가 전사했다. 이후 남소성에서는 청야입보전술로 전환하여 수성전술을 전개하였다. 한편 목저성의 전투도 처음에는 성 밖 기마전으로 시작했지만, 전차와 기병을 앞세운 당군에게 패배함으로써 수성전술로 전환할 수밖에 없었다.

당 태종은 648년 1월 고구려를 토벌하기 위해 설만철에게 수군 3만을 주어 압록강 하구로 진출시켰다. 그리고 4월에는 당나라 전초기지인 오호진 소속의 수군이 압록강 하구에 도착하여 일진일퇴를 거듭하였다. 특히 설만철이 거느린 3만 명의 당군이 압록강 어구에서 교란작전을 벌이다가 9월에는 박작성[98] 부근까지 진출하여 기마전을 전개하였다. 다음의 사료가 그러한 사실을 말하고 있다.

　설만철 등이 바다를 건너 압록강으로 들어와 박작성 남쪽 40리에 진을 치고 주둔하니, 박작성 성주 소부손수가 보·기병 만여 명을 거느리

---

[98] 박작성의 위치에 대해서는 두 가지 학설이 있다. 하나는 당시의 압록강이 지금 요하를 지칭함으로 요하의 하구부근, 즉 지금의 반산 부근으로 비정한다. 다른 하나는 일찍이 고 이병도 박사가 박작성을 "지금의 안평하구"라고 했는데, 이는 압록강을 지금의 압록강(당시 패수)으로 보는 견해다. 필자는 이병도의 견해를 따랐다.

고 항거했다. 만철은 우위장군 배행방을 보내어 보졸 및 여러 군을 지휘해 승세를 타고 진격해 우리 군사가 무너지니 행방이 진격해 와 포위하였다. 박작성은 산에 의지해 험준한 요새를 만들고, 압록강을 등지고 있었기 때문에 어떠한 공격으로도 깨뜨리지 못했다. 우리 장수 고문이 오골성과 안시성 등 여러 성의 군사 3만여 명의 구원군이 도착하자, 부대를 두 개로 나누어 진을 쳤다. 설만철이 군사를 나누어 이에 대응했는데, 우리 군사가 패배하였다.[99]

위 사료는 고구려 군대가 박작성 남쪽 40리에서 설만철 부대와 기마전을 전개하여 패배하였으며, 9월에는 고구려 연합군 3만이 설만철 부대와 기마전을 전개했지만 패배했다는 내용이다.

설만철[100]의 휘하 3만의 군대가 4월에 압록강어구에 도착하여 6월말에는 압록강 상류 60리에 진을 쳤다. 이때 박작성을 지키던 고구려 장수 소부손이 보·기병 1만여 명을 이끌고 박작성 남쪽 40리까지 출격하였다. 이때 설만철은 우위장 배행방에게 작전권을 주어 고구려 소부손 부대와 교전토록 하였다.

배행방은 주대를 원형의 녹각거영으로 만들어 선봉에 배치하였다. 주대는 편상거 1대와 무장한 75명의 보병이 기본 단위였는데, 그들은 짧은 창과 방패를 가지고 적의 접근을 차단하였다. 이같이 배행방의 당군은 녹각거영을 이용하여 전투력을 유지하고 전진하면서 고구려

---

99) 『三國史記』 권22, 고구려본기 10, 보장왕 하 7년 9월.

100) 설만철은 당나라 때 지금의 감숙성 돈황현의 변방족 출신 장군이다. 수나라 琢郡太守 薛世雄의 아들로 당나라 고조 때 형 薛萬鈞과 함께 당나라에 귀순하였다. 당나라 태종 즉위 후에 李靖을 따라 돌궐 정벌전에 참여하였고, 648년에는 고구려 침공에도 참가하였다. 이정은 설만철에 대해 "용맹하지만 지혜가 없어서 홀로 작전을 수행하기는 어렵다"고 평했다(李靖 저·이현수 역, 1996, 『李衛公兵法』 상권, 68쪽).

기병의 공격을 효과적으로 막아냈다.

　배행방은 기병으로만 편성된 도탕대를 후방에 배치하고, 그 중간에는 보병과 기병을 반반씩 섞은 전봉대를 배치했을 것이다. 특히 전봉대 소속의 보병은 전방의 편상거에 소속한 보병보다 기동력이 뛰어났는데, 기병이 적의 보병대열을 무너뜨리면 재빨리 따라가 무너진 대열을 공격하였다. 따라서 고구려군은 후퇴하여 박작성에 들어가 청야입보전술로 방어할 수밖에 없었다.

충차 복원모형

　이후 당군은 성을 포위하고 2~3개월간 공성전을 전개하였다. 먼저 배행방의 침략군은 요새화된 박작성을 포위하고 충차를 쏘아 성 안으로 진입하려고 했다. 그러나 박작성의 군사도 포차로 돌을 쏘면서 불을 붙인 통나무, 뜨거운 물, 기름 등을 부어 저항하였다. 당군은 여러 방법으로 계속 공격하였지만, 결국 박작성 함락에 실패하였다.

　이때 고구려 장수 고문이 구원군 3만여 명을 이끌고 박작성에 도착하였다. 고문은 3만의 군대를 두 개로 나누어 진을 쳤다. 설만철도 3만의 군대를 두 진영으로 나누고 즉시 응전하였다. 양국의 기마전은 고구려군의 패배로 끝났는데, 그 이유는 고구려 기병이 당군의 편상거와 보병으로 구성한 주대의 방진을 뚫지 못했기 때문이었다. 당군은 고구

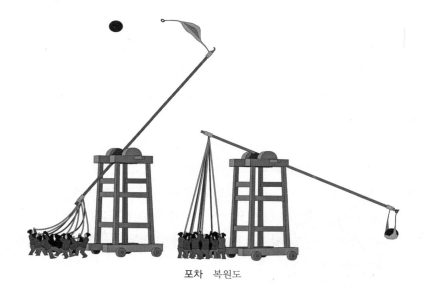

포차 복원도

려 구원군을 격파했지만, 박작성을 점령하는 데는 실패했다.

3. 당 고종의 침공과 기마전

650년(보장왕 9)에 즉위한 당 고종은 고구려를 공격하기 위해 신라를 동맹자로 끌어들이는 한편 백제를 고구려에서 분리코자 하였다. 그러나 고구려는 655년(보장왕 14) 백제와 연합하여 신라의 북쪽에 있는 33개의 성을 빼앗고, 양국의 동맹을 더욱 강화했다. 이에 신라는 당나라에 구원을 요청하였다.

신라의 구원 요청을 고구려 침략 구실로 삼은 고종은 655년 2월 영주도독 정명진과 좌위중랑장 소정방을 사령관으로 한 침략군을 편성하고, 고구려를 침공하였다. 다음의 사료가 당시 양국의 기마전을 설명하고 있다.

가) 14년 5월 정명진 등이 요하를 건너니 우리 쪽에서 그 병력이 얼마 되지 않음을 보고 성문을 열고 귀단수(혼하)를 건너가 막아 싸우니, 명진 등이 들이쳐서 크게 이기고, 천여 명을 베어 죽이고, 그 바깥 성과 촌락을 불사르고 돌아갔다.[101]

나) 17년 6월 당의 영주도독겸동이도호 정명진, 우령군중랑장 설인귀가 군사를 거느리고 와 공격하였으나 이기지 못하였다.[102]

위 사료 가)는 655년(당 고종 14) 5월 영주도독 정명진이 요하를 건너오자, 고구려군이 성문을 열고 출격하여 혼하에서 교전했지만, 패배했다는 내용이고, 사료 나)는 658년 6월 당나라의 영주도독겸동이 도호 정명진과 우령군중랑장 설인귀가 침략군을 편성하고, 적봉진을 불의에 공격하여 승리했다는 내용이다.

정명진이 요하를 도하해 신성 앞에 진을 쳤다. 신성의 고구려군은 요하를 도하한 정명진의 군대 숫자가 소수라는 사실을 아는 순간, 성 문을 열고 출격하여 당나라 군대와 기마전을 전개했다.

정명진은 소수의 기병을 선봉에 배치하여 고구려군을 유인하였다. 그런데 고구려 기병이 앞 다투어 추격해 오는 것을 보고는 즉시 창을 가진 보병대를 전면에 배치하였다. 강력한 창병이 출현하자, 고구려 기병이 탄 말들이 놀랐다. 한편으로 고구려 기병도 당군의 창병들을 정면에서 공격할 수가 없었다.

보병의 근접지원도 없이 돌격한 고구려 기병대의 전열이 무너지자, 기병의 후방에 배치한 보병 전열에도 틈이 생겼다. 이때 적장 정명진이 휘하의 거란 기병을 출격시켜 먼저 보병의 지원을 받지 못한 고구려

---

101) 『三國史記』 권22, 고구려본기 10, 보장왕 하 14년 5월.
102) 『三國史記』 권22, 고구려본기 10, 보장왕 하 17년 6월.

기병을 공격하였고, 다음에는 기병의 지원을 받지 못하고 있던 보병을 공격하였다.[103]

658년(당 고종 17) 6월 당나라는 또 다시 정명진과 설인귀가 지휘하는 침략군을 편성하여 적봉진을 불의에 침공하였다. 당나라의 침공을 예상한 고구려는 장군 두방루가 지휘하는 3만여 명의 정예병을 적봉진에 파견해 구출작전을 벌였다.

그러면 당시 양국의 기마전은 어떠했을까? 그것은 『資治通鑑』에서 "적장 정명진이 휘하에 있던 거란군으로 하여금 고구려군의 배후를 기습케 했다"[104]는 사료가 그 해답을 제시한다.

위 기사의 핵심은 거란군이 고구려 군의 배후를 기습했다는 것인데, 이것은 거란 기병의 기동력이 우수했음을 반영한다. 일반적으로 "기병은 상대적으로 취약한 적군의 측면 또는 후면을 공격하는 데 사용한다."[105]는 사료가 그 실마리를 제공한다. 정명진이 기마전을 전개하기 직전, 기병의 중앙에 전봉대를 배치했는데, 그것은 보병의 근접지원이 필요했기 때문이다. 다음으로 후방에는 순수한 기병대인 도탕대를 배치했는데, 그것은 고구려군의 측면을 공격하여 전투 대열을 무너뜨리고, 한편으로 도주하는 고구려군을 추격할 필요가 있었기 때문이다.

660년(보장왕 19) 당나라는 백제를 멸망시키고, 661년에는 17만 5천여 명을 35개 군단으로 편성하여 수륙 양면으로 고구려를 공격하였다.[106] 고구려 공격은 두 방향에서 전개되었다. 먼저 설필하력[107]의 휘하

---

103) 『資治通鑑』 卷200, 顯慶 3年 6月.
104) 위와 같음.
105) 아더 훼릴 저·이춘근 역, 1990, 『전쟁의 기원』, 인간사랑, 109쪽.
106) 『資治通鑑』 卷200, 高宗 龍朔 1년(661).
107) 설필하력은 중국 당나라 무장으로 고구려와의 전쟁에서 활약하였다. 鐵勒部 출신의 후손인데, 계필하력(契苾何力)이라고도 한다. 632년에 1천여 명을 이끌

주력군이 요동지방의 육로로 공격하고, 다음으로 소정방은 수군을 거느리고 대동강으로 진격하였다.

그러면 당군이 평양성을 포위하는 일련의 과정에 나타난 양국의 기마전에 대해 살펴보자. 다음의 사료가 그것을 말하고 있다.

가) 8월 소정방이 패강(대동강)에서 우리 군사를 부수고 마읍산을 빼앗고, 드디어 평양성을 포위하였다.[108]

나) 9월 개소문이 그 아들 남생을 시켜 정병 수만 명으로 압록강을 지키니, 당나라 여러 군대가 건너오지 못했다. 설필하력이 당도하니 마침 얼음이 얼었으므로 하력이 군중을 이끌고 얼음을 타고 강을 건너 고함치고 진격하니 우리 군사가 무너졌다. 하력이 수십 리를 쫓아와 3만여 명을 살해하니 남은 군중이 모두 항복하고 남생은 겨우 몸만 빠져 나왔다. 그즈음에 "군사를 철수하라"는 당 고종의 조서가 있어 드디어 돌아갔다.[109]

다) 1월 당의 좌효위장군백주자사옥저도총관 방효태가 개소문과 더불어 사수 가에서 싸워 전군이 함몰당하고 그의 아들 13명도 함께 싸우다 죽었다. 소정방이 평양성을 포위하였다가 큰 눈이 내리는 바람에 포위를 풀고 물러갔다. 무릇 전후의 걸음에 다 이렇다 할 공이 없이 물러갔다.[110]

위 사료 가)는 소정방이 평양 부근의 마읍산을 정복하고 평양성을

고 당나라에 귀화했다. 土容渾, 高昌, 龍玆, 西突厥 등의 정벌전에 참가하여 공을 세워 鎭軍大將軍을 지냈다. 뒤에 涼國公에 봉해졌다.
108) 『三國史記』 권22, 고구려본기 10, 보장왕 하 20년 8월.
109) 『三國史記』 권22, 고구려본기 10, 보장왕 하 20년 9월.
110) 『三國史記』 권22, 고구려본기 10, 보장왕 하 21년 1월.

포위했다는 내용이고, 나)는 연개소문이 당군의 전투력을 분산시킬 목적으로 아들 남생을 압록강에 파견했지만, 설필하력에게 패배했다는 내용이며, 다)는 연개소문이 평양 서남쪽으로 진출하여 소정방과 연합하려던 방효태 부대를 격퇴했다는 내용이다.

대동강 부근에 상륙한 소정방은 평양 근처의 마읍산을 빼앗아 지형적으로 유리한 위치를 차지했다. 이때 주력군을 성의 서남쪽의 개활지와 서북쪽의 산악지역에 배치하고, 예비대를 마읍산 쪽에 배치하였다. 그러나 평양성의 고구려군이 경기병을 이끌고 성의 서쪽과 북쪽으로 나가 소정방의 군대를 기습하고, 전세가 불리하면 성 안으로 들어오는 전법을 사용함으로써 공성전은 성과가 없었다.

한편 당나라의 수륙양군 협동전술을 격파하기 위해서는 요하를 건너 신성 쪽으로 진격하는 당나라 주력군을 분산시킬 필요가 있었다. 이에 고구려는 각 성이 독자적으로 대응하는 전술을 버리고, 여러 성의 방어를 위해 1만, 4만, 15만 등의 별동부대를 편성하여 당군의 배후를 공격하는 전술로 전환하였다. 연개소문이 그의 장남 남생을 압록강에 보내 적군의 공격을 방어토록 한 것은 이러한 전술의 일환이었다.

압록강은 설필하력의 당나라 주력군이 평양으로 진출하기 위해서는 반드시 통과해야 하는 관문이다. 교전하기 직전의 전황은 고구려군에게 더 유리했다. 왜냐하면 고구려군은 상류에 위치함으로써 물의 흐름과 바람의 기세를 주도하였고, 또한 설필하력과 그 장병들 대부분이 북방유목민족 출신으로 물을 잘 다루지 못했기 때문이다.

그런데 날씨가 갑자기 추워지면서 설필하력의 부대가 얼어붙은 압록강 얼음판을 타고 물밀듯이 강을 건너 치열한 격전이 벌어졌다. 처음 양국의 군대가 접전할 때는 상호 대등했는데, 시간이 흐르면서 고구려군 대열이 점차 무너졌다. 그것은 설필하력의 군대가 편상거와 녹각차로 사각 전투 대형을 만들어 고구려군을 전면에서 저지하고, 중앙과 측면에서는 중장기병이 상대적으로 취약한 고구려군의 측면과 후방을 공격했기 때문이다. 그런데 연남생이 퇴각을 명령한 이후 설필하력의 기병대가 10리까지 추격하여 무참히 살상한 바 연남생 부대의 3만 명이 이때 전사하였다.

한편 662년(보장왕 21) 2월 당나라 좌효위장군 방효태가 북쪽의 육로로 평양성을 공격하였다. 평양성을 방어하던 연개소문이 정예기병을 이끌고 성 밖 사수(합장강) 가에 진을 쳤다. 연개소문의 휘하 병력은 방효태와 그 아들 13명이 지휘하는 7개 군단의 병력과 비교할 때 수적으로 열세였다.

그러나 연개소문은 사수 주변에 군사를 매복시키고, 한편으로 평탄하고 넓은 개활지에 진을 쳐 지형적으로 유리하였다. 그때 방효태 군대가 고구려 기병이 소수인 사실을 확인하고 보병의 지원도 없이 기병대를 출격시켰다. 그러나 말들이 놀라 달아나면서 전투대열이 무너졌고, 후열의 보병 전열에도 빈틈이 생겼다. 고구려 기병이 무너진 대열의 측면을 공격하자, 부대의 전투 대열이 급속히 무너졌다. 이어서 고구려군의 맹렬한 추격전이 전개되고 수만 명의 살상자가 발생했다.

방효태 부대는 후퇴하다가 거의 전멸상태에 이르렀는데, 사료 다)의 "방효태가 연개소문과 사수에서 싸워 그의 아들 13명과 함께 전군이 모두 죽었다"고 기록한 내용이 그것을 입증한다. 사수전투에서 방효태 군대가 전멸하자, 평양성 서남쪽에서 공성작전을 전개하던 소정방 군대도 철수할 수밖에 없었다.[111]

한편 압록강으로 침공한 설필하력의 군대도 고구려군의 잦은 역습으

---

111) 『資治通鑑』 卷200, 高宗 龍朔 2年(662) ; 『三國史記』 권6, 신라본기 6, 문무왕 2년 2월.

로 퇴각할 수밖에 없었다. 따라서 661년에서 662년간 당나라의 고구려 침공은 실패로 끝났다.

666년(보장왕 25) 연개소문이 죽자, 그의 세 아들을 두고 귀족들 간에 정권 쟁탈의 내분이 발생했다. 다시 말해서 동생 남건이 막리지에 오르자, 형 남생은 당나라에 투항하고 숙부 연정토는 12성을 가지고 신라에 투항했다. 이러한 고구려 지배층의 정치적 혼란이 고구려의 군사지휘체계를 마비시키고, 당나라가 고구려를 침공하는 원인을 제공하였다.

667년 9월 당나라가 고구려의 서북요새지 신성을 공략했다. 고구려 막리지 연남건은 15만 명을 동원하여 요하 경계선을 방어토록 하였지만, 고구려군 15만 명이 전사하였다.[112] 당나라는 신성을 격파한 여세를 몰아 668년(보장왕 27) 2월에는 부여성을 공격하였다.

만약 고구려가 부여성을 지키지 못하면 후방의 경계선이 무너질 뿐만 아니라 당나라의 모든 군사가 평양성으로 집결하기 때문에 양국은 양보할 수 없는 결전을 준비했다. 다음의 사료가 그것을 설명한다.

> 가) 27년 2월 설인귀가 금산에서 우리 군사를 격파하고 승세를 타서 3천 명을 거느리고 선봉이 되어 나아가 우리 군사와 싸워 승리하여 부여성을 빼앗으니 부여도의 40여 성이 모두 항복을 청하였다. (중략) 남건은 다시 군사 5만 명을 보내어 부여성을 응원하다가 이적 등과 설하수에서 만나 싸워 패하니 죽은 자가 3만여 명에 달했다.[113]
>
> 나) 9월 이적이 평양성을 함락시켰다. 이적이 대행성을 항복시키니

---

112) 『新唐書』 卷220, 列傳 高句麗.
113) 『三國史記』 권22, 고구려본기 10, 보장왕 하 27년 2월.

다른 길로 나온 모든 부대도 이적과 합세하여 나아가 압록책에 당도하였다. 우리 군사가 항거했으나, 이적 등은 이를 무너뜨리고 2백여 리를 좇아가 욕이성을 빼앗음에 여러 성이 서로 도망하고 항복하곤 하였다. 설필하력이 먼저 군사를 끌고 평양성 아래 당도하고 이적의 군이 뒤를 이어 평양성을 한 달이 넘도록 포위하니 보장왕이 천남산을 보내어 수령 98명을 거느리고 백기를 들고 이적에게 와 항복하였다. 이적은 예로써 대접했으나 천남건은 오히려 성문을 닫고 지키며 자주 군사를 보내어 출전하였으나 패배하였다.[114]

위 사료 가)는 당나라 장수 설인귀가 소수의 정예 기병을 이끌고 선봉이 되어 부여성을 함락했다는 내용이고, 나)는 연남건이 지휘하는 고구려 군사들이 방어 중심의 청야입보전술을 펼치다가 기회를 보아 성 밖 기마전을 펼쳤다는 내용이다.

설인귀의 휘하 병사 3천여 명이 부여성에 도착했을 때 당시 성문 밖에는 고구려 군사 수만 명이 진을 치고 있었다. 공격하는 쪽의 군사가 방어하는 쪽보다 3배가 많아야 한다는 견해로 보아도 설인귀 부대의 선제공격은 무모하였다. 따라서 후속하는 이적[115]의 부대가 도착한 이후에야 교전이 가능했다.

그러나 설인귀 부대는 선제공격을 감행하여 승리하였다. 당시 양국 군대의 기마전은 사료가 없기 때문에 알 수 없지만, 위 사료 중 "마침내

---

114) 『三國史記』 권22, 고구려본기 10, 보장왕 하 27년 9월.
115) 李勣은 당나라 초기의 명장이다. 성은 徐氏이고, 이름은 世勣이다. 지금의 산동성 하택현 서북지역인 曹州 離孤 출신으로 국성을 하사받아 이씨가 되었다. 태종 이세민의 '世'자를 피하여 이적으로 개명하였다. 여러 차례 출전하여 전공을 세웠으며, 당나라의 고구려 침공에도 주장이 되었다. 뒤에 曹國公에 봉해졌다.

북성 평양성 최후의 보루였다.

선봉이 되어 아군을 물리쳤다"고 한 내용이 당시 양국의 기마전 상황을 반영한다. 즉, 설인귀는 기병과 말을 갑옷으로 무장한 철기병을 이끌고, 자신이 선봉에서 공격 루트를 개척하였다. 설인귀가 이끄는 철기병의 충격이 매우 커서 부여성을 방어하던 고구려 보병 전열에 틈이 생겼다. 그 순간 철기병을 근접 지원하던 설인귀의 보병이 기습 공격을 감행한 것으로 보인다.

　부여성 보병 대열이 돌파되기 직전에 고구려 기병이 적의 주력군에 대항하여 돌파를 시도했지만 실패함으로써 부여성이 함락될 수밖에 없었다. 연남건이 군사 5만을 보내어 부여성을 구출하려고 설하수(소자

하)에서 교전했지만, 이적의 군대에게 패하여 3만 명의 고구려 군사가 죽었다.

이적이 거느린 당나라 주력 부대는 대행성과 욕이성(청천강)을 차례로 함락하고, 8월에는 평양성을 포위하였다. 이때 연남건은 청야입보전술로 방어하면서 성 밖에서 여러 차례 기마전을 전개했다. 다시 말해서 평양성은 대동강 하류 북안에 있는데, 동쪽과 북쪽은 강과 산으로 막히고, 서남쪽은 넓은 개활지였다. 따라서 연남건은 주력군을 성의 서남쪽에 집결시키고 개문 출격하여 기마전을 전개하였다.

그러나 고구려 기병돌격대의 공격은 성과가 없었다. 왜냐하면 고구려 기병돌격대와 처음 접촉한 당군의 보병이 강력한 방진을 이루고 대처했기 때문이다. 한편으로 기병 공격의 이점을 살리기 위해서는 보병의 근접지원과 매복을 통한 지원이 필요하였다. 그러나 이러한 일련의 지원이 부족한 평양성이 함락됨으로써 마침내 700여 년의 고구려 역사가 끝이 났다.

제5장

고려시대 유목민족 전쟁과 기마전

I. 거란 전쟁과 기마전

1. 고려의 제1차 거란 전쟁과 기마전

거란의 소손녕은 993년(성종 12) 10월 압록강을 도하하였다. 그들의
목표는 두 가지였다. 하나는 고려군 총사령부가 있는 청천강 남안의
안북부를 점령하는 것이고, 다른 하나는 빠른 기동력으로 서경을 압박
할 수 있는 전략적 위치를 확보하고, 강화교섭을 통해 청천강 이북지역
을 할양받는 것이었다. 이에 고려는 30만의 광군(光軍)을 방어군의
주축으로 편성하고, 각 도에 징병관을 파견하여 지방 병력을 동원하였
으며,[1] 시중 박양유를 상군사로, 내사시랑 서희를 중군사로, 문하시랑
최양을 하군사로 임명하였다.[2] 그리고 선봉군사 윤서안을 봉산군에
투입하여 거란군의 남진을 저지한다는 방어 전략을 수립하였다.

거란 기병의 공격 전술은 세 가지가 있다. 첫째는 행군 전투이고,
둘째는 공성(攻城) 전투이며, 셋째는 적과 대치할 때의 전투이다. 행군
전투는 본대의 전후 좌우 4면에 선봉군을 배치하여 적의 기습에 대비하
였으며, 행군 중에 만난 적의 규모가 작으면 직접 공격하고, 규모가
크면 본대에 알려 공동으로 대처하였다. 공성 전투는 성을 고립시키는
것에 중점을 두었다. 그러나 성을 함락시키지 못할 때는 성을 우회하는
방법을 선택하였다.[3]

한편 고려 기병의 공격 전술은 산성을 쌓고, 다중 방어선을 형성한
다음, 적군의 사기가 떨어질 때 기병이 성문을 열고 나와 일제히 공격하

---

1) 『高麗史節要』 권2, 성종 12년 추8월.
2) 『高麗史節要』 권2, 성종 12년 동10월.
3) 안주섭, 2003, 『고려 거란 전쟁』, 83~87쪽.

였다. 여기서는 고려의 제1차 거란 전쟁 중 봉산군 전투와 안융진 전투에 나타난 기마전을 고찰하려고 한다. 다음의 사료가 그 실마리를 제공하고 있다.

　가) 윤10월에 성종은 서경으로 행차하고, 그곳에서 안북부까지 나아갔다. 그런데 거란의 소손녕이 대군을 이끌고 봉산군을 공격하여 고려측 선봉군사인 급사중 윤서안을 사로잡아 갔다는 보고를 받고, 더 나가지 못하고 돌아왔다. 서희가 병력을 이끌고 봉산군을 구원하려 달려가자, 소손녕이 호언하기를, "요나라가 이미 고구려 옛 땅을 차지했는데, 이제 너희 나라에서 국경을 침범하였기에, 이를 토벌하러 왔다"고 하였다.[4]

　나) 소손녕은 이몽전이 돌아간 뒤 오래도록 회답이 없자, 마침내 안융진을 공격하였다. 중랑장 대도수(大道秀)와 낭장 유방(庾方)이 그들과 싸워 이겨내자, 소손녕은 감히 더 전진하지 못하고, 사람을 보내 항복해 오기만을 재촉하였다. 성종은 화통사로 합문사 장영(張瑩)을 거란군의 진영으로 보냈다. 소손녕이 말하기를, "그대 말고 책임있는 대신을 보내, 다시 우리 군영 앞에서 대면하게 하라"고 하였다.[5]

　위의 가)는 993년(성종 12) 10월 봉산군 전투에서 고려군 선봉장 윤서안이 체포되자, 성종이 예정된 안북부 방문을 취소하고, 중군사 서희를 봉산군에 투입했다는 내용이며, 나)는 소손녕[6]이 안융진을

---

4) 『高麗史節要』 권2, 성종 12년 10월.
5) 『高麗史節要』 권2, 성종 12년 10월.
6) 『高麗史』는 蕭遜寧으로 기록했지만, 『遼史』는 蕭恒德으로 기록하였다. 따라서 遜寧은 字이고, 恒德은 성명이기 때문에 蕭恒德이라고 해야 한다(金渭顯, 1996, 『遼金史硏究』, 유풍출판사, 67쪽).

백마산성 남문 고려시대에는 흥화진, 조선시대에는 백마산성으로 불렀다.

공격하였지만, 고려군이 거란군을 격퇴했음을 말하고 있다.

993년 8월 동경 요양부를 출발한 거란군은 10월 압록강 보주에 도달하였다. 보주는 나루터를 통해 도강할 수 있는 유일한 곳이다. 거란은 내원성을 쌓고 이곳에 군대를 주둔시키고 있었으므로 쉽게 압록강을 도하할 수 있었다.

거란군은 보주 남방 25리의 흥화진(백마산성) 방면으로 1개 부대를 진출시켜 압록강 하류 연안 지역의 고려군과 내륙의 귀주성에 배치된 고려군과의 연락을 차단하였다. 그러나 압록강 연안의 고려선봉대는 거란 기병대를 기습하여 타격을 가했다. 이러한 고려군의 유격 활동은 거란군의 남진을 지연시키고, 윤서안의 출정군과 서북계 방어진이 전투태세를 갖출 수 있게 하였다.[7] 그러나 군사력이 우세한 거란군은

---

7) 국방부전사편찬위원회, 1990, 『麗遼戰爭史』, 12~14쪽.

천마에서 귀주를 잇는 통로를 거쳐 귀주 동남쪽 15리 지점의 봉산군에 진출하였다.[8]

봉산군 일대는 넓은 개활지와 촌락으로 형성되었기 때문에 대규모 군사집결이 가능하였다. 그런데 봉산군에는 아직 성을 축성하지 않았으므로 주진군은 없었고, 윤서안의 선봉군과 인근 주민들이 진을 치고 있었다. 먼저 소손녕은 봉산군의 주요 교통로와 구원병의 예상 접근로 및 보급 통로를 차단하고, 주력부대로 고려군을 포위하였다. 그리고 원정군을 4개 부대로 나누어 공격하였다. 최초의 공격은 기동력을 갖춘 기병부대가 담당하였다.

그러나 윤서안의 선봉군은 기병을 효과적으로 제압할 수 있는 방진으로 맞섰다. 즉, 선봉군의 최전방에는 참호를 파고, 참호 뒤에는 보루를 쌓았으며, 보루에 의지하여 보병들이 방진을 쳤다. 그리고 선봉군 좌우에는 기병을 배치하여 후퇴하는 거란군을 공격하였다.

봉산군 공격에 실패한 거란군은 보병이 선봉대가 되고, 기병은 좌우에서 엄호하는 전술로 2차 공격을 시도하였다. 새로운 전력을 지닌 공격부대를 계속 투입하자, 윤서안의 선봉군 전열이 마침내 무너졌다. 이 틈을 이용하여 거란 기병대가 순식간에 파상공격을 감행하자, 고려 선봉군 진영이 함락된 것으로 보인다.

안북부 고려 본영에서는 중군사 서희 부대를 봉산군에 투입하였다. 서희군은 봉산군 남방 10리 지점으로 진격하여 반격태세를 갖추었다.

---

8) 봉산군은 고려군과 거란군이 최초로 전투를 벌인 곳인데, 현재 평안북도 구성시 동남쪽 25리 지점 기룡리 일대로 비정한다. 봉산군은 귀주에서 정주에 이르는 교통로와 귀주에서 태주·박주에 이르는 교통로를 동시에 통제할 수 있는 요충지였다. 만약 거란군이 봉산군을 확보하면, 태주성을 거치지 않고 박주 또는 가주 일대로 갈 수 있는 통로, 그리고 정주와 운전 방향으로 남하하는 통로를 동시에 확보하게 된다(안주섭, 2003, 앞의 책, 98쪽).

백마산성(흥화진) 〈해동지도〉

이때 거란군은 봉산군에 본영을 설치하고, 주변의 접근로상에 기병을 배치하여 고려군의 반격에 대비하였으므로 고려군은 상황을 살피면서 거란군과 대치할 수밖에 없었다.[9]

한편 거란군도 그들의 배후에 서북계 북로 군사가 배치되어 있고, 정면에는 고려 출정군이 포진하자, 불안한 상황이 되었다. 따라서 거란군은 봉산군에서 더 이상 남진하지 않고, 서희군과 대치하면서 항복 요구문서를 보냈다. 서희는 이를 조정에 보고하였고, 성종은 이몽전을 거란 군영에 보내 화친을 청했다. 소손녕은 화친에 앞서 먼저 항복하라고 하였다. 고려의 항복 회신이 늦어지자, 소손녕은 군사 행동을 개시하여 안융진을 공격하였다.

안융진은 안북부 서쪽 약 26㎞ 지점의 청천강 하구 남안에 위치한 포구이다. 안융진은 태주와 박주를 경유하지 않고, 한 번의 도하로 청천강 남안으로 진출할 수 있는 지역으로, 안북부를 측면에서 공격할 수 있는 통로에 해당된다. 안융진 주변에는 청천강 지류 등 개활지가 넓게 형성되었으며, 강폭은 1~3㎞에 이르렀다. 따라서 봉산군을 출발한 거란군은 정주 → 운전을 경유하여[10] 청천강 하구 북안에 이르러 부대를

9) 유재성, 1993, 『한민족전쟁통사Ⅱ』(고려시대편), 국방군사연구소, 32쪽.
10) 봉산군에서 안융진까지의 이동로는 봉산군에서 가주 → 운전을 경유하여 안융진에 도달했다는 견해(국방부전사편찬위원회, 1990, 『麗遼戰爭史』)와 봉산군에서 정주 → 운전에 이르렀다는 견해가 있다(안주섭, 2003, 앞의 책, 196쪽). 필자는 후자의 견해에 따른다.

소손녕군의 진로

분산 배치한 다음, 얼어붙은 청천강을 건너 안융진을 향해 접근하였
다.[11]

　당시 안융진에는 작은 토성이 있었으며, 중랑장 대도수와 낭장 유방
이 거느리는 1천여 명의 병력이 주둔하고 있었다. 거란군 선봉대가
부교를 설치하고,[12] 청천강을 건너기 시작하자, 고려 출정군이 강둑에
포진하여 화살을 집중적으로 쏘아 거란군의 도강을 저지했다.

2. 고려의 제2차 거란 전쟁과 기마전

　거란 성종은 강조의 대역죄를 고려 원정의 명분으로 삼아, 1010년(현
종 1) 11월 중순 40만 군사를 이끌고 직접 고려를 침공하였다. 주요

---

11) 유재성, 1993, 앞의 책, 35쪽.
12) 청천강 하구는 조수간만의 영향으로 유빙현상이 발생하여 완전 결빙하는 기간
　이 2개월에 불과했을 것으로 보인다. 따라서 완전 결빙 이전에는 부교를 설치했
　을 것이다.

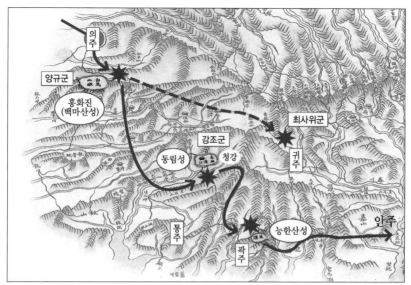
거란군의 2차 침입 진로와 격전지

공격로는 북계 서로로 정하고, 부대를 본군과 별군으로 나눈 다음,
별군은 북계 동로로 진출시키고, 본대는 북계 서로에 위치한 흥화진을
공격하였다. 한편 고려는 강조를 행영도통사로 삼아 총 병력 30만
명의 방어군을 편성하고, 전략적 요새인 흥화진에는 북계 도순검사
양규 등 3천여 명의 병력을 주둔시켰다. 따라서 여기서는 흥화진·통주·
곽주 전투를 중심으로 고려 기마전을 고찰하려고 한다. 다음의 사료가
양국 기마전에 대한 실마리를 제공하고 있다.

가) 현종 원년에 거란주가 직접 군사를 거느리고 와서 강조를 친다는
　　 명분으로 흥화진을 포위하였다. 양규가 도순검사가 되어 (중략)
　　 성문을 닫고 고수하니, 거란 성종이 통주성 백성을 시켜 항복을
　　 권하는 글을 보냈다. (중략) 흥화진 부사 이수화의 답신을 통해

항복하지 않을 것을 알고, 병력 20만 명을 인주 남쪽 무로대에 주둔시키고, 20만 명을 이끌고 통주에 이르렀다.[13]

나) 강조는 군사를 거느리고 통주성 남쪽으로 나와 세 개 부대로 나누어 강을 사이에 두고 진을 쳤다. 한 부대는 통주 서쪽의 세 갈래 물길이 합쳐지는 지역을 거점으로 포진하고, 강조는 그 중앙에 위치하였으며, 한 부대는 통주 근처에 있는 산에, 그리고 또 한 부대는 성벽에 밀착하여 진을 쳤다. 강조는 각 부대에 검차(劍車)를 배치하여 거란병이 공격해 오면, 검차와 병력이 함께 적을 공격하였으므로 거란군의 공격은 번번이 실패하였다. 강조는 마침내 적을 깔보는 마음이 생겼다. 그래서 사람들과 한가로이 바둑을 두었다. 이때 거란군의 선봉 야율분노가 상온 야율적노와 함께 삼수채(三水砦)의 강조부대를 격파하였다.[14]

위의 가)는 거란 성종이 기병 40만을 이끌고 여러 차례 흥화진을 공격했지만 실패했다는 내용이고, 나)는 흥화진에서 남진한 거란군과 고려의 강조군이 통주 청강 삼수채에서 전투한 내용이다.

흥화진[15] 전투는 1010년 11월 17일부터 23일까지 7일 동안 전개되었다. 거란군은 먼저 1대(隊 : 5백~7백명)의 병력을 4개 부대로 나누어 용주-흥화진, 무로대-흥화진, 통주-흥화진, 귀주-흥화진 간의 통로를 차단하고, 본대가 흥화진성을 포위하였다.[16] 흥화진성은 130~170고지의 능선을 따라 축조했는데, 북쪽과 동쪽 및 남쪽은 급경사를 이루었

---

13)『高麗史』권94, 열전 7 양규.
14)『高麗史』권127, 열전 40 강조.
15) 흥화진은 백마산(400 고지)이 남으로 뻗어 형성된 독립된 지역으로 천연적인 요새이면서 삼교천을 연하여 형성된 개활지를 통제할 수 있는 지역이다.
16) 유재성, 1993, 앞의 책, 60쪽.

투석기 복원모형

운제(雲梯) 성을 올라가는 긴 사다리

던 반면, 서쪽은 산세가 낮고 능선이 완만했다. 또한 삼교천이 성의
동쪽에서 남쪽을 거쳐 서쪽으로 흘렀기 때문에 거란군은 서쪽을 집중하
여 공략하였다.

흥화진성을 공격하는 거란군의 1차 선봉대는 보병과 특수병이었다.
보병이 운제, 당차, 발석차 등의 공성장비를 갖고 성을 공격하면, 포병과

강동 6주의 하나인 통주성 지도 〈1872년 지방지도〉

노병(弩兵) 등 특수병이 공성군을 엄호하였다. 그러나 고려 출정군의
완강한 저항으로 공성 작전은 거듭 실패하였다. 거란군은 정규군이
아닌 한인, 해인, 발해 유민 등 이민족으로 공성부대를 편성하여 공격했
지만, 그 때마다 고려군은 파괴된 성벽을 신속히 복구하고, 병력을
증강함으로써 성을 방어하였다. 여기서 거란 기병은 요새지의 공성
전술에 매우 취약하다는 사실을 알 수 있다. 따라서 거란군은 흥화진성
포위망을 푼 다음, 무로대(인주)에 20만 명을 잔류시키고, 흥화진을
우회하여 통주로 진출하였다.

거란군의 본대는 11월 23일 통주 서북쪽 60리 동산(銅山) 일대에
진을 치고, 통주성[17] 공략을 준비하였다. 한편 고려 방어군 총사령관

17) 통주성은 367m와 257m 고지를 둘러싸고 형성되었으며, 성의 둘레는 4㎞에

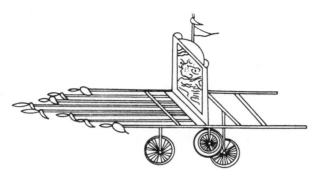

검차(劍車) 수레 위에 방패를 설치하고 앞에 여러 개의 창검을 꽂아 돌출시킨 무기

강조는 전쟁의 주도권을 확보하기 위해 적극 공격하는 전략을 선택하였다. 따라서 방어군 주력을 이끌고 성 밖으로 나와 세 개 부대로 나누어 좌군은 통주성 서북쪽 20리 청강 삼수채 상류에 배치하고, 우군은 삼수채 하류에 배치하였으며, 중군은 삼수채에 지휘본부를 두고 강조가 직접 지휘하였다. 그리고 각 부대에 다수의 검차를 배치하여 거란 기병의 돌격에 대비하였다.

거란군은 부대를 삼로(三路)로 나누고, 각 노(路 : 5만~7만)가 교대로 공격하였다. 먼저 11월 24일 공격을 주도한 일로(一路)가 부대를 도(道)와 대(隊) 단위로 나누어 청강을 도하한 다음, 청강 연안의 개활지에 기병을 배치하고, 정면 돌파를 시도하였다. 그러나 거란의 기병은 강을 건너는 중에 기동력이 떨어져 진퇴가 자유롭지 못했다.

이때 고려군은 수레채에 예리한 칼날을 꽂고 방패를 설치한 검차로 거란 기병을 집중 공격하였다. 만약 거란 기병이 검차의 공격을 피해

달한다. 서북계 남로의 최대 요충지로써 주변의 삼수채와 도로를 관측하고 통제할 수 있으며, 하천과 개활지로부터 보호받을 수 있어 방어가 유리한 곳이다.

강둑으로 올라오더라도 제2선에 대기한 고려 기병의 공격에서 벗어날 수가 없었다. 강조가 중군의 지휘본부를 강의 삼각지점에 둔 것도 거란 기병의 이러한 취약점을 간파했기 때문이다. 특히 고려군의 검차는 기병을 격파하기 위해 제작한 특수 무기로서 그 기능이 탁월하였다. 따라서 삼수채 초기전투는 고려군의 일방적 승리로 끝났다. 당시 강조군의 승리는 검차와 고려 기병의 뛰어난 기사(騎射)에 기인한다. 그러나 한편으로 강조군의 승리는 거란군이 정예병을 후방에 배치하고, 최하등 병사들을 선봉에 배치한 전략과 무관하지 않다고 하겠다.

이에 거란군은 그동안의 정면 돌파에서 측면 기습 작전으로 전환하고, 선봉에는 기마술과 궁술이 뛰어난 수색대 원탐난자군과 기병돌격대 철요군을 배치하였다. 그리고 검차의 공격을 피하기 위해 야간 공격을 시도하였다. 한편으로 본대로부터 증파된 대규모 거란군은 강조 휘하의 중군과 좌군, 우군의 측면을 공격하였다. 따라서 강조의 중군이 수세에 몰리기 시작하였다. 이때 고려의 좌군과 우군이 본진을 구원하러 나섰지만, 거란 기병이 고려 3군의 연결 통로를 이미 차단하고 있었다.[18]

강조는 초기 전투에서 승리하였지만, 작전을 소홀히 함으로써 거란군 야율분노가 이끄는 기병돌격대의 포로가 되었다. 고려군 본진이 무너지자, 좌군과 우군은 자체 방어에 급급하였다. 거란군은 고려군을 수십리까지 추격하여 3만여 급을 참수하였다. 따라서 고려 출정군은 혼란에 빠져 중군과 우군의 일부는 통주성으로 들어가 방어군을 조직하였고, 좌군과 중군의 일부는 곽주로 퇴각하였다.[19]

거란군은 삼수채 전투에서 생포한 노전(盧戩)과 마수(馬壽)를 통주성

---

18) 유재성, 1993, 앞의 책, 72~73쪽.
19)『高麗史』권4, 세가 숙종 원년 11월 기해 ;『高麗史』권127, 열전 40 강조.

으로 보내 항복을 권유하였지만, 고려 군민들의 완강한 항전으로 거란
군의 공성작전은 실패하였다. 거란군은 고려군을 배후에 남겨둔 채
12월 6일 곽주로 진출하였다.

곽주성 전투는 12월 초와 12월 중순 두 차례 있었다. 12월 초 고려군은
완항령에서 군사를 매복시켜 거란군을 기습하는 전과를 올렸다.[20]
그러나 12월 6일 곽주성이 함락됨으로써,[21] 거란군은 청천강을 건너
안북부를 공략하고, 12월 9일에는 서경 근처까지 진출하였다.

12월 10일 동북방 방비를 담당한 지채문과 동북면 도순검사 탁사정이
증원군을 이끌고 평양성에 도착하였으며, 12월 11일, 12일에는 거란의
정찰기병과 본대 기병이 평양성 외곽에 도착함으로써 양국의 부대가
기마전으로 접전하였다. 다음의 사료가 이러한 사실을 말하고 있다.

12월 10일 거란 성종은 마보우(馬保佑)를 개성유수로, 왕팔(王八)을
부유수로 삼고, 을름(乙凜)을 보내 기병 1천 기로 마보우를 호위케
하였다. 12월 11일 한기는 기병돌격대 2백 기를 이끌고 서경성 북문으로
왔다. (중략) 탁사정(卓思政)은 지채문(智蔡文)과 모의하여 휘하의 정인
(鄭仁) 등을 시켜 경기병으로 한기 등 1백 기를 죽이고 나머지는 모두
사로잡았다. 탁사정이 지채문을 선봉으로 삼아 나가서 을름과 싸웠는
데, 을름과 보우가 패하여 달아났다. (중략) 거란 성종은 다시 을름을
보내 공격하였다. 지채문이 먼저 탁사정에게 알리고, 12월 12일 탁사정
은 승려 법언과 함께 군사 9천 명을 거느리고, 임원역 남쪽에서 적군을
맞아 3천여 명을 죽였다. 그러나 법언은 전사하였다. 12월 13일 지채문
이 다시 나가 싸우니, 거란군이 달아났다. 성안의 군사들이 성에 올라가

<hr>

20) 『高麗史節要』권3, 현종 원년 11월 기해.
21) 『高麗史節要』권3, 현종 원년 12월 경술.

이를 바라보고는 다투어 나가 추격하여 마탄에 이르자, 거란군이 반격하여 성을 포위하고 거란 성종은 성의 서쪽 절에 머물렀다.[22]

위 사료에서 거란과 고려의 기마전 상황을 엿볼 수 있다. 그런데 양국의 기마전은 1010년(현종 1) 12월 11~13일까지 서경성(평양) 외곽에서 세 차례 전개되었다.[23]

첫째는 12월 11일, 동북면 도순검사 탁사정과 휘하 정인이 서경성 북문에서 경기병으로 거란의 중장기병 2백기와 접전하여 1백여 기를 살해하고, 나머지를 모두 사로잡았다. 그런데 거란의 중장기병 모두를 베거나 포로로 잡은 전과를 올린 것은 고려 경기병의 기습작전에 기인한다. 결과적으로 거란 중장기병의 패인은 미처 전투 준비를 갖추지 못한 상태에서 고려 경기병이 기습했기 때문이다.[24]

둘째는 12월 12일, 탁사정과 법언이 군사 9천 명을 이끌고 서경

---

22) 『高麗史節要』 권3, 현종 원년 12월.
23) 서경성 북문 전투는 12월 9일 거란 정찰기병대 원탐난자군이 서경 북쪽 10리의 중흥사탑을 불태우고, 민가를 초토화시키면서 시작되었다. 같은 날 중랑장 지채문과 대장군 정충절의 부대가 성의 남쪽 일대에 진을 쳤으며, 동북계 도순검사 탁사정도 방어군의 주력부대를 이끌고 서경성에 도착하여 지채문·정충절 부대와 합류하였다(『高麗史』 권94, 열전 7 지채문).
24) 당시 거란 중장기병의 참패는 다음 세 가지 문제와 관련이 있다. 먼저 거란 성종은 고려의 강화제의를 항복으로 여겨 마보우를 개성유수로, 왕팔을 부유수로 임명했다. 따라서 이들도 고려를 속국 또는 점령지역으로 취급하여 경계태세가 느슨하였다. 다음으로 서경성 북문 앞에는 보통강이 흐르고 있었으며, 주변은 산림과 경사지였기 때문에 두 관원을 호위하는 을름의 호위 기병에게는 험지로서 기동력이 크게 떨어진 상태였다. 마지막으로 서경성의 항복을 받아오라는 거란 성종의 명을 받은 韓杞의 호위기병을 정인이 경기병 1천기로 기습하여 1백여 명을 살해하고, 나머지 1백여 명은 생포하였다. 한편으로 서경성 외곽에 위치한 을름의 호위기병 1천여 명은 지채문이 성밖에 진을 치고 기다렸다가 기습하자 패하여 달아났다.

외곽의 임원역25)에서 거란군 3천 명을 베는 임원역 전투이다. 양국의 기마전이 실로 격렬하였음은 위 사료 사상자의 숫자가 시사한다. 현재 사료가 부족하여 당시 기마전에 대한 정확한 부대배치 상황은 알 수가 없다. 그러나 서경 지역의 지형과 전투 상황은 추정할 수가 있다.

거란군의 본대는 12월 12일 서경 북방 50리 순안에 이르렀다. 따라서 거란 성종은 주력군을 안정역에 주둔시키고, 을름을 시켜 서경을 공격하도록 했다. 이에 을름은 5천여 기병으로 서경성 북쪽 20리 임원역에 진을 쳤다. 이때 동북계 도순검사 탁사정도 지채문, 승장 법언26)과 함께 임원역 남쪽에 진을 쳤다. 양국의 부대는 정찰기병의 활동으로 부대이동을 이미 파악한 상태였기 때문에 전투는 탐색전보다 정면대결의 양상으로 전개되었다. 초기전투는 기동력과 충격력에서 앞선 거란 군이 우세한 것으로 판단된다. 그러나 전투 장소가 산비탈이고, 한편으로 서경성에 주둔한 탁사정의 부대가 임원역으로 진출하여 거란군 3천 명을 베는 전과를 올렸다. 그러나 고려군도 다수의 관군과 승군이 전사하였다.27)

셋째는 12월 13일 고려군이 패주하는 거란 군사를 추격하다가 마탄28)에서 역습을 당해 대패하여 서경성이 함락되었다. 지채문이 성밖으로 나가 공격하자 거란군이 도주했는데, 그것은 거짓 후퇴 전술이었다. 즉, 고려군이 너무 강하다고 판단한 거란군은 서경성에서 멀리 떨어진

---

25) 정확한 위치는 비정할 수 없으나 『麗遼戰爭史』에서는 서경 북쪽 20리 지점으로 보고 있다.

26) 이홍두, 2005, 「고려시대의 군제와 승군 - 隨院僧徒의 정규군 편성을 중심으로」, 『白山學報』 72, 241~243쪽.

27) 『高麗史』 권94, 열전 7 지채문 ; 『高麗史節要』 권3, 현종 원년, 12월 병진.

28) 정확한 위치는 비정할 수 없으나 『麗遼戰爭史』에서는 임원역 북방 10리 지점 보통강 가의 마식리로 추정하고 있다.

마탄을 함정으로 설정하고 고려군을 유인하였다. 고려 기병은 거란 기병의 거짓 후퇴를 추격하는 실수를 저질러 큰 재앙이 따랐던 것으로 보인다. 다시 말해서 거란 기병이 마탄으로 퇴각한 것은 미리 배치된 복병들 속으로 고려 기병을 유인했다가 그 뒤 갑자기 추격하여 허겁지겁 도주하는 고려 기병을 베는 전술이었다. 실제로 마탄에서 반격을 시작한 거란 기병은 도로 양쪽과 중앙에서 화살을 날려 후퇴하는 고려 기병을 쉴새없이 살상하였고, 이것이 고려군의 대오가 무너져 패배한 이유였다.

한편 고려군의 패배는 거란군의 본대와 을름의 기병대가 합세한 것과 관련이 있지만, 전투 장소가 보통강에 연한 개활지였던 것도 거란군이 승리한 주요 요인이었다. 따라서 탁사정이 도주하고, 장군 대도수가 항복한 상황에서[29] 서경성은 한때 위기에 처할 수밖에 없었다. 그러나 강민첨이 민심을 수습하고 성의 방비를 강화함으로써,[30] 거란군은 서경성을 우회하여 개성으로 진출할 수밖에 없었다.[31]

거란군은 1011년(현종 2) 1월 1일 개경에 입성하여 궁궐과 민가에 불을 질렀으며, 1월 3일 고려 국왕의 친조를 조건으로 1월 11일에 회군을 결정하였다.[32] 청천강 이북의 회군로는 태주, 귀주, 안의진, 흥화진, 보주의 북계 동로를 이용했는데, 북계 서로는 고려군이 장악하여 퇴로가 차단된 상태였다.[33] 따라서 고려군은 1월 17일부터 29일까지 퇴각하는 거란군을 공격하여 수천 명을 살상하였다.

---

29) 『高麗史節要』 권3, 현종 원년 12월 병진.
30) 『高麗史節要』 권3, 현종 원년 12월 기미.
31) 『高麗史節要』 권3, 현종 원년 12월 신유.
32) 『高麗史節要』 권3, 현종 2년 1월 을유.
33) 안주섭, 2003, 앞의 책, 140쪽.

3. 고려의 제3차 거란 전쟁과 기마전

강동 6주는 고려·거란 양국에게 절대적으로 필요한 전략전술적 요충지였다. 그러므로 이 지역을 확보하기 위해 양국은 3차에서 6차에 걸쳐 전쟁을 하였다.[34] 제3차~제5차전을 통해 강동 6주의 탈환에 실패한 거란은 1018년(현종 9) 10월 다시 전열을 정비하여 6차 전쟁을 일으켰다.[35] 고려에서는 행영도통사 강감찬을 상원수로, 대장군 강민첨을 부관으로 임명하고, 208,300명의 출정군을 영주(안주) 일대에 배치하였다. 여기서는 고려와 거란 6차 전쟁 중 거란군이 남진할 때의 삼교천 전투, 금교역 전투, 철수할 때의 귀주 전투를 중심으로 양국의 기마전을 고찰하려고 한다.

1018년 12월 10일 압록강을 도하한 거란군은 삼교천 일대에서 강감찬이 지휘하는 고려군과 최초로 접전하였다. 삼교천은 흥화진성을 동쪽

---

34) 거란이 제1차 전쟁 때 강동 6주를 할양했던 것은 이 지역을 직접 장악하는 것보다 고려가 사대만 하면 조공을 받고 대송외교를 차단하는 것이 유리했기 때문이다. 거란은 제1차 전쟁 후에 압록강을 중심으로 고려·여진·송·거란간의 교역로를 장악하기 위해 보주에 각장을 설치하였다(1005년). 또한 제2차 전쟁에서는 강동 6주를 제대로 공략하지 못했다. 뿐만 아니라 강동 6주는 거란의 영향권에서 벗어나 있는 한반도 동북방의 동여진이 황해로 남진하는 것을 차단할 수 있는 곳이었다. 한편 고려에게도 강동 6주의 지정학적 중요성은 컸다. 고려는 제1차 전쟁 이후 강동 6주에 집중적으로 성을 구축하여 방비태세를 강화했다. 이러한 강동 6주를 잃는 것은 청천강 이북 지역의 영토를 포기하는 것이 될 뿐만 아니라 청천강 이남 지역의 방어도 위협받게 된다. 또한 강동 6주는 고려가 압록강 연안으로 영토를 확장하기 위한 발판이 되는 지역이다(안 주섭, 2003,『고려 거란 전쟁』, 150~151쪽).

35) 거란은 1018년 11월 도통 소배압을 원정군 총사령관으로 하여 병력 10만의 고려 침공군을 편성하고, 12월 10일에 압록강을 도하하여 보주로 진격하였다. 그리고 부대를 본대와 별대로 구분한 다음, 본대는 서북계 북로로, 별대는 서북계 남로로 진격하였다.

강감찬 장군 동상　낙성대

에서 서쪽으로 둘러싼 하천이다. 고려는 거란군의 침입이 있기 전에
영주에 주둔하던 출정군을 이 지역에 배치하였다. 한편으로 그동안
전쟁에서 흥화진 공략에 실패한 거란군은 6차 침공에서는 흥화진을
공격하지 않고 우회하는 작전을 세웠다. 거란군이 흥화진을 우회하기
위해서는 현재의 조양골·서하동·지경동을 거쳐 피현 일대로 이동하든
지 석교리와 감초리를 거쳐 피현 일대로 이동해야 했다.[36]

　거란군이 흥화진을 우회할 것이라는 작전 의도를 감지한 강감찬은
우회지점에서 수공을 겸한 매복 작전을 준비하였다. 다음의 사료에서
양국의 기마전을 엿볼 수 있다.

　가) 무술일에 (중략) 영주로 북상한 강감찬은 흥화진까지 진출하여
　　　기병 1만 2천 기를 뽑아 산골짜기에 매복시켰다. 그리고 굵은 밧줄로

---

36) 안주섭, 앞의 책, 165쪽.

쇠가죽을 꿰어 흥화진성 동쪽의 흐르는 큰 냇물을 막아놓고 적을 기다렸다. 적이 도착하자, 물고를 트고 복병을 풀어 적을 급습하여 대패시켰다. 소배압이 주력군을 이끌고 개경으로 내려가자, 강민첨이 자주 내구산까지 추격하여 패배시켰다. 시랑 조원(趙元)의 부대도 마탄에서 적을 공격하여 1만 명의 목을 베어 죽이거나 사로잡았다.[37]

나) 신유일에 소배압은 개경에서 1백리 떨어진 신은현까지 진출하였다. 현종은 도성 밖의 주민들을 모두 성 안으로 수용하고, 청야 수성전술로 적의 공격에 대비하였다. 소배압은 야율호덕에게 서신을 지참시켜 통덕문으로 보내어 고려측에 자군의 철수를 통고하는 한편, 은밀히 척후 기병 3백 명을 금교역으로 파견하였다. 그러나 현종은 즉시 병사 1백 명을 출동시켜 야간에 거란의 척후기병을 기습하여 섬멸하였다.[38]

위의 가)는 강감찬이 흥화진 삼교천 전투에서 수공을 겸한 매복 작전으로 기마전에서 승리하였고, 강민첨은 내구산 전투, 조원은 마탄 전투에서 거란군을 상대로 기마전에서 승리했음을 말하고 있다. 나)는 금교역 전투에서 청야수성전술로 대응한 현종이 거란 척후 기병을 기습하여 승리했음을 설명하고 있다.

강감찬은 먼저 흥화진에 진출하여 기병 1만 2천 기를 뽑아 산골짜기에 매복한바, 여기의 산골짜기는 조양골 일대를 지칭한다. 그리고 흥화진성 동쪽의 냇물을 막았다고 했는데, 그곳은 석교리에서 감초리 일대를 뜻한다. 그러나 실제 수공작전을 실시한 지역은 물 흐름이나 둑을

---

37) 『高麗史節要』 권3, 현종 9년 12월 무술.
38) 『高麗史節要』 권3, 현종 10년 1월 신유.

강민첨 영정

쌓기 위해 폭이 좁아지는 지형을 고려할 때 석교리로 생각된다. 고려군은 조양골 일대에 기병을 매복하여 거란군을 석교리 방향으로 유인한 후 거란 기병이 삼교천을 건널 때 막아놓았던 둑을 터트렸다.

다시 말해서 거란 기병은 조양골에 매복한 고려 기병의 거짓 후퇴를 추격하는 실수를 저지른 그들에게는 재앙이 기다렸는데, 그것은 수공작전이 전개될 함정으로 유인하는 것이었다. 즉, 고려 매복군들은 우군이 있는 곳으로 퇴각하였으나, 이것은 미리 배치된 복병 속으로 적을 유인한 다음, 기습하기 위한 전략이었다.

강감찬은 방어군을 좌군과 우군 및 중군으로 편성한 다음, 좌군은 삼교천 상류지역에 배치하여 흙을 채운 쇠가죽 부대로 강을 막도록 하였고, 우군은 삼교천 서안 석교리에 매복시키고, 중군은 강감찬과 함께 삼교천 동쪽 중간지점에 진을 쳤다. 거란군의 도하 대열이 삼교천 중간에 이르렀을 때 좌군이 쇠가죽으로 막았던 제방을 터트리자, 도하 중이던 거란군 대열이 큰 혼란에 빠졌다.

특히 대열이 와해된 거란군은 허겁지겁 강둑으로 몰렸는데, 이때 우군 소속의 기병대가 도하 대열의 후미를, 중군 소속의 기병대는 도하대열 선봉을 기습하였다. 그리고 양쪽의 강둑에 매복한 고려 기병이 화살을 날려 쉴새없이 파상공격을 퍼부었다. 따라서 거란군의 도하

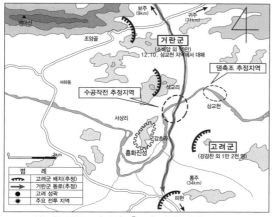

대열이 순식간에 무너져 엄청난 혼란에 직면했다. 결국 거란군은 보주 방면으로 패주했는데, 이때 흥화진의 기병대가 패주하는 거란 기병을 기습하여 큰 전과를 올렸다.

삼교천 전투 안주섭, 『고려 거란 전쟁』, 166쪽

위의 나)는 금교역 전투로 지칭하는바, 1019년(현종 10) 1월 개경으로 압박해 들어오는 거란군과 이를 저지하려는 고려군 사이에 전개되었다. 같은 해 1월 3일, 거란군은 개경 북쪽 1백리 지점의 신은현에 도착했다. 고려에서는 12월 26일 이미 수도권 지역에 계엄을 선포하고, 거란군의 남진에 대비하여 개경 인근지역 주민을 도성 안으로 대피시키고 청야수성전술을 실시하여 장기전에 대비하였다.[39]

고려 현종은 청야수성전술을 실시해 거란군의 보급에 큰 타격을 입혔다. 즉, 소배압은 고려 진영에 야율호덕을 사신으로 보내 거란군이 회군할 것이라고 허위 사실을 알리면서 은밀히 정찰 부대인 원탐난자군 3백 기를 개경으로 출동시켰다. 그러나 거란군의 기만전술을 간파한 현종은 거란 척후병이 금교역을 지날 때 야간을 이용하여 그들을 모두 격퇴하였다.

---

39) 고려에서는 평주(평산) 북방 20리 금교역 일대에 방어진을 구축하였다. 즉, 강감찬은 1019년 1월 2일 병마 판관 김종현의 기병 1만 기와 동북계의 기병 3천 3백 기를 개경으로 이동시켰다.

금교역 전투에서 패배한 거란군은 개경 공략을 포기하고 퇴각할 수밖에 없었다. 그런데 거란군이 퇴각한 이면에는 현종의 대담한 기습 전술이 크게 기여하였다. 즉, 현종은 고려의 척후 기병 1백 기를 소집하여, "거란 기병이 두려운 것은 그들이 조준해서 화살을 쏠 때뿐이다. 칼과 창으로 무장한 다음, 어두움을 이용하여 그들이 방어태세를 갖추기 전에 공격하면 승산이 있다"고 말했으며, 실제로 그렇게 되었다.

1019년 1월 하순 고려군은 위주·연주성 전투에서 거란군 5백 명을 살상하고, 후퇴하는 거란군을 계속 추격하였다. 거란군은 2월 1일 귀주성 동쪽의 동문천 벌판에 이르러 고려군과 대치하였다. 당시의 상황을 『고려사절요』의 찬자는 다음과 같이 요약하여 설명하고 있다.

> 2월 2일 거란 군사가 귀주를 지나니 강감찬 등이 동쪽 들에서 맞아 크게 싸웠는데, 양편의 군사가 서로 버티어 승패가 결정되지 않았다. 김종현이 군사를 이끌고 구원하러 왔는데, 갑자기 비바람이 남쪽에서 오고, 깃발이 북쪽을 가리키므로 고려 군사가 형세를 타서 분발하여 치니, 용기가 두 배가 되었다. 거란 군사가 패하여 북쪽으로 도망함으로 고려 군사가 추격하여 쳐서 석천을 건너 반령에 이르렀을 때는, 넘어져 죽은 시체가 들판을 덮고, 사로잡은 군사와 말·낙타·갑옷·투구·병기는 셀 수가 없었으며, 살아 돌아간 자가 겨우 수천 명 뿐이었다. 거란 군사의 패함이 이와 같이 심한 적이 없었다.[40]

위 사료에서 고려의 제6차 거란전쟁에서 승리한 출정군 사령관 강감찬의 전략전술과 뛰어난 용병술을 엿볼 수 있다. 여기서 기병의 전투력은 지형과 기상 등 전투 여건에 따라 결정된다는 것을 알 수 있다.

---

40) 『高麗史節要』 권3, 현종 10년 2월.

1019년 2월 2일, 강감찬은 귀주를 지나가는 거란군과 성의 동쪽에서 접전하였으나, 승패가 나지 않았다. 귀주성은 분지로써 북쪽은 보주, 남쪽은 정주, 동쪽은 태주로 도로망이 연결되었다. 하천은 성의 동남쪽에 운천강이 흐르고, 운천강에서 북서쪽으로는 동문천이, 서쪽으로는 백석천이 흐르고 있었다. 그러므로 동문천과 지류들이 퇴각하는 거란군에게는 장애물이 되었던 셈이다. 즉, 북쪽으로 퇴각하는 거란군에게는 절대 불리한 지형조건이었다.

강감찬은 귀주성 동문 밖의 태주로 가는 도로의 좌우측 일대에 기병대를 배치하였다. 그런데 이러한 부대 배치는 강민첨·김종현 부대와 협동작전을 전제로 하는 전술이었다. 반면에 거란군은 동문천과 백석천이 갈라지는 개활지[41] 즉, 귀주성의 동남쪽 벌판으로 고려군을 유인하여 기마전을 전개할 속셈이었다. 따라서 강감찬은 거란군이 평지의 유리한 지형조건을 이용해 기마전을 전개하려는 전술을 간파하고, 거란군의 동태를 관망하였다.

그런데 정주쪽에서 김종현이 군사를 이끌고 성의 남쪽, 즉 백석천 남안에 도착했을 때 갑자기 비바람이 남쪽에서 불어오자 고려군이 형세를 타고 분발하여 공격하였다. 고려 기병이 패배하여 도주하는 거란군을 추격하여 석천을 건너 반령에 이르렀을 때는 살아 돌아가는 군사가 수천 명에 불과할 정도로 거란군이 참패하였다.

고려군이 크게 승리한 데는 기상여건이 유리하게 작용한 측면이 없지 않다. 그러나 남북 양쪽 협공작전의 전술적 기여도가 더 컸다고 하겠다.[42]

---

41) 운천강에서 동문천과 백석천으로 갈라지는 지점은 귀주성의 남쪽 평지와 연결되는 개활지였다(서일범, 1999, 「서희가 구축한 성곽과 청천강 이북 방어체계」, 『서희와 고려의 고구려 계승의식』, 155쪽).

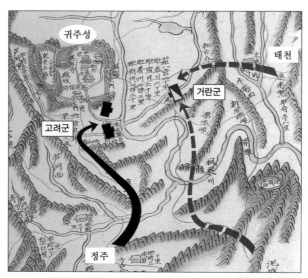

■ ■ ■ 거란군 이동 추정로

귀주성 전투도

　사실 거란과의 6차 전쟁은 고려가 가장 큰 전과를 올린 전쟁이었다. 즉, 거란군이 초기의 삼교천 전투에서 크게 패배했음에도 불구하고 험준한 북계 동로로 무리하게 개경까지 진입을 시도하였기 때문에 참패하였다. 다시 말해서 거란군은 지형과 기상 등 전투 여건을 고려하지 않고 무리하게 남진을 강행한바, 북계 동로의 지형이 험한 산악지역에서는 그들의 장기인 기마전 수행이 어려웠다.

　반면에 고려군은 우세한 군사력과 청야수성전술 및 자국의 지형 등에서 유리하였다. 특히 산악지역의 기마전에서 고려 기병의 뛰어난 기동력이 거란군의 남진을 차단한 것으로 보인다. 한편으로 눈과 추위 등 혹한 속에서 험준한 북계 동로로 퇴각하는 거란군을 귀주에서 퇴로를

---

42) 유재성, 1993, 앞의 책, 121쪽.

차단하고 기병이 추격함으로써 대승을 거두었다.

II. 여진 정벌과 기마전

1. 고려의 제1차 여진 정벌과 기마전

그동안 고려의 여진 정벌에 대한 연구는 대외관계에서 일제의 타율성 론을 극복하는 논리적 근거를 제공하였다. 그러나 국난 극복사로서의 전쟁사 연구가 크게 축적된 현재는 기마전의 전략전술 문제도 체계적으 로 연구할 필요가 있다.

한편 제1차 여진 정벌에 패배하고 귀환한 윤관은 "적군은 기병인 반면에 아군은 보병이어서 패배했다."[43]고 하였다. 그리하여 고려는 1104년(숙종 9) 신기군과 신보군 및 기병을 지원하는 도탕군 등 특수 병종으로 구성한 별무반을 창설하였다. 실제로 신기군은 1105년(예종 즉위) 동북면에 배치함으로써 제2차 여진 정벌에 크게 기여하였다. 따라서 당시 여진기병을 상대로 한 기마전에서 신기군이 사용한 기병전 술이 어떠했는지를 고찰할 필요가 있다.

여진족의 청장년은 모두 의무적으로 군대에 복무했는데, 평시에는 목축과 수렵에 종사하다가 전시에는 발근부대에 소속하여 도발극열의 지휘를 받았다.[44] 그리고 여진군의 전투 방식은 공성 전투와 평지 전투가 있는바, 공성 전투에서 기병은 성 주변의 교통망을 장악하여

---

43) 『高麗史』 권96, 열전 9 윤관.
44) 각 部의 추장을 발근, 몇 개 部의 지도자를 도발근, 최고 추장을 도발극열이라고 하였다. 발근·도발근·도발극열은 여진 부족의 행정 책임자이면서 전시에는 부대의 지휘관으로 부족 군대를 통솔하였다.

적의 구원병이 오는 길목을 차단하였다. 이것은 상황이 위급할 경우, 퇴로를 확보하는 목적도 있었다. 반면에 평지 전투에서는 50기를 최소 단위의 한 대(隊)로 하여 경기병과 중장기병이 상호 협력하는 체제를 구축하였다. 즉, 전투 대열의 선봉에는 돌파용 타격무기를 장착한 20기의 중장기병을 배치하고, 좌우 측면에는 활로 무장한 30기의 경기병을 배치했는데, 중장기병이 돌진하여 적의 대열을 무너뜨리면, 좌우 측면의 경기병은 대열에서 이탈하는 군사를 향해 활을 쏘았다.[45]

　그동안 고려·여진 전쟁에 대해서는 많은 연구가 이루어졌다.[46] 그러나 기마전과 기병전술에 관해서는 연구가 미진한 실정이다. 여기서는 먼저 1104년 2월 정주성전투에서 임간과 윤관이 여진군에게 패배했을 때의 기마전을 살펴보고, 다음으로 여진 기병을 격파하기 위해 창설한 별무반 소속의 신기군과 특수 병종이 함께 협력하여 펼치는 기마전에 대해 고찰하려고 한다.

　고려의 여진 정벌의 발단은 갈라전(曷懶甸) 지역의 소유를 놓고 양국이 정면으로 충돌하는 것에서 찾을 수 있다. 갈라전의 위치는 정확하지

---

45) 임용한, 2004, 『전쟁과 역사 2 - 거란·여진과의 전쟁』, 혜안, 263~264쪽.
46) 정해은, 2006, 『고려시대 군사전략』, 국방부 군사편찬연구소 ; 장학근, 2004, 『고려의 북진정책사』, 국방부 군사편찬연구소 ; 유재성, 1993, 『한민족전쟁통사Ⅱ』(고려시대편), 국방군사연구소 ; 추명엽, 2001, 「11세기 후반~12세기 초 여진정벌문제와 정국동향」, 『한국사론』45, 서울대국사학과 ; 나만수, 1983, 「고려전기 對女眞政策과 윤관의 北征」, 『軍史』7, 국방부 전사편찬위원회 ; 최규성, 1981, 「고려초기의 여진관계와 북방정책」, 『동국사학』15·16합집 ; 방동인, 1980, 「고려의 동북지방경역에 관한 연구 - 특히 윤관의 9성설치 범위를 중심으로」, 『영동문화』창간호 ; 서병국, 1978, 「고려시대 여진교섭사연구」, 『관동대논문집』6 ; 김구진, 1977, 「윤관 9성의 범위와 조선 6진의 개척 - 여진세력 관계를 중심으로」, 『사총』21·22합집 ; 방동인, 1976, 「尹瓘 九城再考 - 九城설치 범위를 중심으로」, 『백산학보』21, 백산학회 ; 이기백, 1969, 「고려별무반고」, 『김재원회갑기념논총』, 을유문화사.

여진 기사

않으나, 대체로 한반도 동북의 함흥평야에서 두만강 유역에 이르는 토착 여진의 거주지로 파악된다.[47]

갈라진 지역의 여진족들은 본래 고려에 귀순하며 살았기 때문에 친고려파들이 많았다. 그런데 완옌부 여진이 점차 강성해지자, 완옌부 여진에 귀순하고자 하는 부족이 나타났다.[48] 완옌부 여진의 등장으로 갈라전의 여진족들은 고려와 여진 중 어느 한 쪽을 선택할 수밖에 없는 운명에 직면했다. 따라서 완옌부의 우야소[烏雅束]는 군사력 증강을 위해 친고려세력을 공격하였다. 이 과정에서 우야소에게 패한 대부분의 여진족이 고려의 영내로 들어왔다.[49] 이에 우야소는 1104년 1월

---

47) 김한규, 2004, 『요동사』, 문학과 지성사, 481쪽.
48) 최규성, 1995, 「거란 및 여진과의 전쟁」, 『한국사』 15, 국사편찬위원회, 329쪽.
49) 『高麗史』 권12, 세가 숙종 9년 봄 정월.

6일 정주성 관문 앞에 진을 치고 여진인의 송환을 요구하였다.[50] 고려 정부는 완옌부 여진의 침공을 물리치기 위해 1월 9일 여진 정벌군을 편성하였다.

2월 총사령관에 임명된 임간은 적군의 상황을 정확히 파악하지 못한 채 군사를 이끌고 정주성 밖으로 출격하였지만 패배하였다. 고려에서는 정벌군 사령관을 윤관으로 교체하고 정주성 북쪽 여진군을 공격하여 전과를 올렸으나, 아군의 사상자도 전체 군사의 절반을 넘었다.[51] 임간이 제1차 여진 정벌 기마전에서 패배한 상황을 『고려사절요』의 찬자는 다음과 같이 요약하여 설명하고 있다.

2월에 임간이 여진과 정주성 밖에서 싸워 대패하였다. 처음에 내시 임언이 출병의 논의를 주장하였다. 직사관 이영이 말하기를, "무기는 흉기요, 싸움은 위험한 일이니, 망동함이 옳지 않다. 그런데 임언이 무사할 때 군사를 일으켜 틈을 내려함은 심히 불가하다"고 하였다. 임금이 듣지 않았다. 임간이 공을 세우려고 훈련되지 않은 군사를 이끌고 급히 나가 싸워 패전하여 대부분이 죽었다. 오직 추밀원 별가 척준경이 병기와 개마(介馬)를 임간에게 요청하여 적진으로 들어갔다. 장수 한 명을 베고 포로 두 명을 구출하였으며, 교위 준민과 덕린이 각각 적 한 명을 쏘아 죽였다. 적이 조금 후퇴할 때 군사를 돌이켰다. 적이 1백 명의 기병으로 추격하자, 척준경이 대상(大相) 인점과 함께 적장 두 명을 쏘아 죽였다. 적이 감히 앞으로 나오지 못하여 아군은 성 안으로 들어왔다.[52]

---

50) 송화강 유역의 동여진은 친고려 세력과 반고려 세력으로 구분할 수 있다. 숙종 8년(1103) 완옌부의 우야소[烏雅束]에게 쫓기던 친고려 세력은 2천명을 이끌고 고려에 귀순하였다.
51) 『高麗史』 권12, 세가 숙종 9년 3월.

위 사료에서 동북면병마사 임간이 여진군의 유인전술에 속아 크게 참패한 상황을 엿볼 수가 있다. 여기서 임간이 "훈련되지 않은 군사를 이끌고 급히 나가 싸워 패전하여 대부분이 죽었다."는 것은 여진군이 후퇴하는 것으로 간주하여 무리하게 추격하다가 전선이 단절됨에 따라 일시에 역습을 받아 참패했음을 시사한다. 한편으로 임간의 패배에 대해『고려사』의 찬자는 "적을 얕보고 깊이 들어간 것이 패인이다."[53]고 지적한 사실 역시 고려 정벌군이 여진군의 거짓 후퇴를 경솔하게 추격함으로써 유인전술에 걸렸음을 말하고 있다.

앞에서 설명한 것과 같이 여진 기병의 전술은 넓게 산개하여 막막한 산중에서도 바람처럼 불시에 나타나고 적과 일정한 거리를 유지하면서 자주 위협과 공격을 반복하였다. 그러나 정신을 가다듬고 전투를 하려고 하면 기마의 속도를 이용하여 바람처럼 사라졌다. 처음 임간이 지휘하는 고려 군사는 여진 기병을 거의 잡았던 것으로 생각했지만, 잡을 수 없는 여진 기병의 기동력에 매번 희롱당하고 뛰어다니다가 지쳤다. 게다가 잠시 정신이 들면 적진 깊은 함정으로 들어와 유인에 빠졌음을 아는 순간, 고려군이 퇴각하려고 시도해도 여진의 기마병이 비가 내리는 것처럼 화살을 쏘았다.

그런데 전세가 불리할 때 중추원 별가 척준경이 개마(介馬, 철기)를 타고 적진으로 돌격하여[54] 적장을 쏘아 죽이고 인질들을 구출하였다.

---

52)『高麗史節要』권7, 숙종 9년 2월.

53)『高麗史』권12, 세가 숙종 9년 3월.

54) 돌격대는 삼국시대의 경우 도끼부대였고, 별무반을 창설한 이후에는 특수군이 그들이며, 조선 초기에는 彭排가 돌격대였는데, 防牌軍이라고 칭했다. 방패군은 경인년에 처음 창설하였으며, 창설 당시 인원은 3백 명이었다. 방패군은 좌작진퇴의 절차와 陣法을 익혔다. 그 뒤에 1천 2백 명을 더 선발하여 戰陣의 일을 익히게 했는데, 1418년(세종 즉위년)부터 營繕하는 일을 시켰다(『世宗實錄』권88, 세종 22년 3월 계묘).

따라서 여진군이 잠시 추격을 멈추고 주춤하는 사이에 정벌군은 성으로 들어왔다. 여진군은 정주성 남쪽 선덕관으로 난입하여 고려군을 수없이 죽이고 노략질을 하자,[55] 고려군은 다수의 사상자를 내고 천리장성 이남으로 철수할 수밖에 없었다.[56]

사실, 임간이 지휘하는 고려 정벌군은 대부분 보병으로서 기병이 주력군인 여진 기병과 평지 전투에서는 상대가 되지 않았다.[57] 당시 임간이 거느린 정벌군의 규모는 알 수가 없다. 그러나 "군사를 이끌고 급히 나가 싸워서 패배했다."[58]는 사료를 통해 고려 정벌군의 숫자가 여진군보다 적었음을 알 수 있다. 만약 적은 병력의 고려 정벌군이 여진군과 기마전을 전개하려고 했다면 장소는 평지가 아닌 험지에서 싸워야 했고, 시간은 낮보다 야간이 적격이었다. 한편으로 기동력이 열세인 임간의 정벌군은 처음부터 청야수성전술로 방어에 치중하다가 틈이 생기면 기마전을 전개할 필요가 있었다.

만약 고려군이 후퇴할 때 장창을 가진 보병이 방진을 쳐서 추격하는 여진 기병을 저지하여 시간을 지체토록 했다면, 정벌군은 그 사이에 부대의 재편성이 가능했을 것이다. 그러나 임간의 정벌군은 훈련되지 않은 군사가 대부분이었기 때문에 전황을 역전시킬 수가 없었다.

11세기까지 여진족은 부족을 기본단위로 하였기 때문에 병종은 물론 전략 전술도 없는 오합지졸에 불과했다. 따라서 고려군이 여진족을 격퇴할 때는 선봉 정찰대의 정보를 토대로 군사를 매복하거나, 적의 퇴로에 대기하였다가 기습 작전을 전개하였다. 그러나 완옌부 추장

---

55) 『高麗史』 권96, 열전 9 윤관.
56) 앞의 주와 같음.
57) 유재성, 1993, 앞의 책, 169쪽.
58) 병력이 많을 경우에는 여유를 두어 지구전을 수행하고, 병력이 적을 경우에는 급히 싸운다(成百曉 역, 1995, 『兵學指南演義 Ⅰ』, 국방군사연구소, 165쪽).

우야소가 주변 부족을 통일하고 두만강을 세력권으로 하여 부족의 군대를 통합하면서 여진의 지휘체계는 물론 전투력이 크게 향상되었다.

고려 정부는 2월 21일 전쟁에 패한 임간을 파직하고, 동북면 행영병마도통 윤관을 정벌군 총사령관에 임명했다. 윤관은 3월 4일 병력을 이끌고 정주성 북방의 천리장성 밖으로 진격하여 여진군을 공격하였다.[59] 이 전투에서 고려 정벌군은 도망치는 여진군을 추격하여 벽등수에서 큰 전과를 올렸다.[60] 정주성전투에서 패한 여진은 천리장성 북방에 설치한 성책을 모두 철거하고, 그해 6월 사신 60여 명을 고려에 보내어 화의를 요구하였다. 따라서 고려와 완옌부 여진은 강화를 맺고 각각 철군하였다.[61]

한편 고려는 1104년(숙종 9) 1월부터 3월초까지 여진 정벌을 감행하여 그들의 침략을 저지하였다. 그러나 고려 병사도 사상자가 절반을 넘었던[62] 사실은 고려군이 패한 전쟁으로 규정할 수도 있다. 윤관이 개경에 귀환한 직후 전쟁의 패인을 '여진군은 기병인 반면, 고려군은 보병이었기 때문이다'고 보고한 사실이 그것을 입증한다. 이 같은 사실은 윤관이 향후 승패의 관건이 기병에게 있음을 시사한 것이어서 주목된다.

따라서 고려 정부는 1104년 12월 윤관의 건의를 받아들여 별무반을 창설하였다. 별무반[63]의 병종은 기병의 신기군과 보병의 특수군인 신보군·도탕군·경궁군(梗弓軍)·정노군(精弩軍)·항마군(降魔軍)·발화군(發火軍) 등이다.[64] 별무반을 설치한 목적이 여진 기병의 격파에

---

59) 유재성, 1993, 앞의 책, 170쪽.

60) 『金史』 卷135, 列傳 高麗,

61) 『高麗史』 권12, 세가 숙종 9년 6월 ; 『金史』 卷135, 列傳 高麗.

62) 『高麗史』 권12, 세가 숙종 9년 3월.

63) 別武班에 관해서는 다음 논고를 참조할 것. 이기백, 1969, 「고려별무반고」, 『김재원박사회갑기념논총』.

윤관 장군 초상 충북 청원군 파평윤씨 종중대표 소장(사진제공 : 문화재청)

있었기 때문에 신기군의 역할은 매우 컸다. 그러나 신기군은 특수군의 지원을 받았을 때 전투력이 향상되었던 사실을 감안하면, 기마전에서 특수부대의 역할이 매우 컸음을 알 수 있다.

그러면 별무반 소속의 특수군은 기병과 어떻게 합동전술을 펼쳤을까? 다음의 사료가 그 해답을 제시한다.

숙종 9년 12월에 윤관이 아뢰어 처음으로 별무반을 두었다. 문무·산관·이서로부터 상고·복예·주·부·군·현민에 이르기까지 말이 있으면 신

---

64) 고려시대 승군에 관해서는 다음 논고를 참조할 것. 이홍두, 2005, 「고려시대의 군제와 승군」, 『白山學報』 72.

기군으로 삼고, 말이 없으면 신보군·도탕군·경궁군·정노군·발화군으로 삼았다. 20세 이상인 자 가운데 과거 응시자가 아니면 모두 신보군에 소속시키고, 양반과 함께 여러 진(鎭)과 부(府)의 병사를 4계절 훈련하였다. 또 사원의 수원승도를 선발하여 항마군으로 삼았다.[65]

위 사료는 별무반을 설치할 때 말이 있으면 신기군에 편성하고, 말이 없으면 신보군으로 삼았으며, 사원의 수원승도를 항마군에 소속케 했다는 내용이다. 그 밖에 별무반에는 도탕군, 경궁군, 정노군, 발화군 등 특수 병종이 있었다.

도탕군은 도끼부대인데, 그 역할이 두 가지다. 하나는 전투 중에 목책과 같은 장애물을 제거하여 아군의 기병이 공격할 수 있는 공간을 확보하는 것이고, 다른 하나는 갑옷으로 무장한 중장보병이나 기병을 공격하는 것이다.[66] 도탕군이 기병에 앞서 적의 대열을 공격하는 선봉대였음은 "관선(冠宣)이 종군했을 때 큰 도끼를 들고 앞장서서 적을 쳐 10여 명을 죽이니, 관군이 세를 타서 적을 대파했다."[67]는 것과 "김부식이 승려 상숭(尙崇)을 시켜 도끼를 들고 반격케 했는데, 10여 명을 죽이자 적진이 붕괴되었다."[68]는 사례를 통해 알 수 있다.

경궁군은 활을 쏘는 궁수부대다. 궁수는 아군이 공격할 때 활을 쏘아 엄호하고, 방어할 때는 돌격해 오는 적의 중장기병을 쏘아 공격을

---

65) 『高麗史』 권81, 지35 병5 숙종 9년 12월.
66) 도끼는 내려치는 힘이 매우 강하다. 특히 투구를 쪼개고 미늘갑옷을 찢는데 매우 효과적인 무기였다. 미늘갑옷은 창과 화살같이 찌르는 힘에는 강하지만, 베거나 도끼와 같은 강한 충격을 동반한 공격에는 취약할 수밖에 없다(임용한, 2001, 『전쟁과 역사(삼국편)』 혜안, 29쪽)
67) 『高麗史』 권98, 열전 11 김부식.
68) 『高麗史』 권98, 열전 11 김부식.

고려 중장기병의 모습

저지하였다. 뿐만 아니라 경궁군은 보통 궁수가 사용하는 맥궁보다 훨씬 무거운 활을 사용하였기 때문에 파괴력도 매우 컸다. 특히 적과 대치한 상태에서 출중한 궁술의 소유자가 활을 쏘아 적장을 죽이면 일순간에 전세를 유리하게 전환할 수 있었다. 1232년(고종 19) "살례탑이 와서 처인성을 공격하니, 승려 김윤후가 활을 쏘아 죽였다."는 사례가 그것이다.

항마군은 수원승도로 편제된 승군인데, 병종은 보병이었다.[69] 항마군은 여진 기병의 빠른 기동력을 제압하기 위해 긴 창을 가지고 방진을 쳤다. 한편 항마군이 기병이었음을 시사하는 사료가 있다. 송나라 서긍은 『고려도경』에서 재가화상이 "말을 타는 데는 익숙하지 않았다(不閑於馳逐)"고 한 것이 그것이다. 그러나 항마군의 주 임무는 적진을 공격하는 선봉대 역할이었다.[70]

아무튼 별무반을 창설한 이후 고려 기병의 전투력은 크게 향상되었다. 그것은 전쟁이 시작됨과 동시에 별무반 소속의 특수부대가 적진을 유린함으로써 기병이 신속하게 적진을 파괴할 수 있는 여건을 마련하였

---

69) 이기백, 1969, 앞의 논문, 11쪽.
70) 降魔軍의 기병적 성격에 대해서는 이홍두, 앞의 논문을 참조할 것.

기 때문에 가능했다.

2. 고려의 제2차 여진 정벌과 기마전

고려의 제2차 여진 정벌은 고려 전역에서 병사를 징집하여 준비한 총력전이었다. 총사령관 윤관은 1차 정벌의 실패를 교훈삼아 속전속결의 단기전을 선택하였다. 여진의 집요한 반격을 피해 군사목표를 달성하기 위해서는 장기전은 바람직하지 못하다고 판단했기 때문이다. 따라서 윤관은 군대를 다섯 개 부대로 나누어 수륙 양면으로 정주성을 비롯한 전략적 요충지를 일시에 공격하였다.[71]

여기서는 큰 희생을 치르지 않았던 문내니촌의 동음성·석성 전투와 여진 전쟁에서 최초로 패배한 가한촌의 병목 전투 및 여진에게 9성을 반환하기 직전의 전투를 통한 양국의 기마전을 고찰하려고 한다.

고려는 1107년(예종 2) 10월 윤관을 원수로, 오연총을 부원수로 임명하여 제2차 여진 정벌을 단행하였다. 『고려사절요』에 나타난 여진 정벌에 동원한 병력수는 다음과 같다.

고려 여진정벌군 편제

군별	지휘관	출발지점	군액
본군	원수 윤관	정주 대화문	53,000
중군	중군병마사 김한충	안륙수(함남 정평)	36,700
좌군	좌군병마사 문관	정주 홍화문	33,900
우군	우군병마사 김덕진	선덕진(함남 함주) 안해	43,800
수군	선병별감 양유송 등	도린포	2,600
			합계 170,000

---

71) 정해은, 앞의 책, 184쪽.

당시 윤관은 병목[甁項]을 점령하여 그곳에 고려의 군사기지를 건설함으로써 여진의 군사력을 초기에 제압한다는 전략을 세웠다. 이 같은 전략의 성공을 위해선 병목까지 군사를 신속히 이동할 필요가 있었다. 윤관은 군사 이동에 앞서 여진 부족을 분열시키기 위한 몇 가지 기만전술을 준비하여 실행하였다.[72]

17만의 정벌군을 이끌고 12월 4일 동계 장춘역(정평)에 진을 친 윤관은 12월 14일, 정주성에 집결하여 군사를 5개 부대[73]로 나누어 일시에 공격하였다. 이때 3개 부대는 선봉에 배치하고, 2개 부대는 기습 공격에 대비하였다. 이른바 선제 공격을 하면서 측면과 후방을 치는 전술이었다. 따라서 고려군은 군사적 접전을 피하면서 정주성 일대를 신속히 점령하고, 대내파지촌을 지나 반나절을 행군하여 동음성에서 처음으로 접전하였다. 다음의 사료를 통해 당시 양국의 기마전을 알 수 있다.

　　윤관이 대내파지촌을 지나 한나절을 행군하니, 여진이 우리 군사의
　　기세가 매우 성함을 보고 모두 도망하여 달아나고 오직 축산만 들에

---

72) 첫째, 17만의 고려 정벌군 숫자를 20만이라고 하여 군세가 크다는 것을 과장한 다음, 정주(함남 정평)에 두 장수를 보내 여진의 추장 4백여 명을 유인하여 격살하였다. 둘째, 천리장성 밖에 있는 여진의 후방 병력을 주력군과 접전하기 전에 쳤다. 즉, 윤관은 장춘역에 진을 친 직후 병마판관 최홍정과 황군상을 천리장성 안에 위치한 정주와 장주에 나눠 들여보내고 여진 추장에게 속여 말하기를, "국가에서 許貞과 羅弗을 석방하려고 하니, 너희들은 와서 명을 들으라"고 하였다. 추장이 이를 믿고 古羅 등 4백여 명이 오자, 술로 취하게 한 다음, 군사를 매복시켜 섬멸하였다. 그리고 용맹한 여진군 5, 60명은 경기병을 출동시켜 생포하였다(『高麗史節要』 권7, 예종 2년 12월).

73) 여진 정벌군은 본군, 중군, 좌군, 우군, 수군의 5개 부대로 구성하였다. 그러나 본군은 윤관에게 직속된 전투부대이면서 예비대이고, 수군은 육군의 보조부대이기 때문에 실제로 정벌군은 3개 부대인 셈이다.

깔려 있었다. 문내니촌에 이르니 적이 동음성에 들어가 방비하였다. 윤관이 병마 영할 임언과 최홍정을 보내어 정예부대를 거느리고 급히 쳐 격파하니 도주하였다. 좌군은 석성(石城) 아래에 이르러 여진이 모여 있는 것을 보고 통역 대언을 보내어 항복하라고 했다. 여진이 "우리는 한 번 싸워서 승부를 결정하려고 하는데, 어찌 항복하라고 하느냐."고 하면서 석성에 들어가 항거하였다. 화살과 돌이 빗발 같아서 아군이 공격할 수 없었다. 윤관이 척준경에게 말하기를, "해는 저물고 사태가 위급하니 그대가 이관진 장군과 함께 공격할 수 있겠느냐."고 하였다. (척준경이) 석성 아래에 이르러 갑옷을 입고 방패를 가지고 적진으로 달려가 추장 몇 명을 쳐 죽였다. 이에 윤관의 휘하도 좌군과 함께 쳐서 죽기로 싸워 크게 격파하니, 적이 스스로 암석에 투신하며 노유와 남녀가 모두 죽었다.[74]

위 사료에서 그동안 큰 희생을 치르지 않은 고려 정벌군 총사령관 윤관이 정주 일대를 신속히 점령한 다음, 계속 북쪽으로 진출하여 문내니촌 동음성에서 최초로 접전한바, 속전속결의 기습전술로 접전하였음을 말하고 있다. 당시 여진 기병은 윤관의 출정 군사를 발견하자마자 군사 한 명이 서너 대씩 화살을 쏘면서 돌진하였다. 그러나, 고려군이 물러서지 않자, 너무 강하다고 판단하여 문내니촌 동음성으로 퇴각하였다.

일반적으로 여진군은 적이 너무 강하다고 판단되면, 일단 후퇴하여 전략적 요충지에 진을 쳤다. 여기서 여진군의 요충지는 동음성이다. 얼핏 보면 이것은 어디까지나 패주한 것처럼 보이지만, 지역에 익숙하지 못한 고려군을 자신들이 잘 알고 있는 자국의 중심부로 유인하는

---

74) 『高麗史』 권96, 열전 9 윤관.

전략이었다. 즉, 고려군이 무리한 추격으로 지치고 사기가 떨어져 대열이 흩어질 때 일시에 역습하여 전복시키려는 전략이었다.

그런데 여진군의 이와 같은 전술을 간파한 윤관은 시간을 지체하지 않고 즉시 휘하 정예 기병을 보내어 동음성을 포위하였다. 그리고 정예 병사를 선발하여 공격하는 한편으로 군대를 여러 부대로 나누어 보병과 기병을 적당하게 벌려 세운 다음, 여진군이 성 위에서 공격하지 못하도록 화전(火箭)을 쏘았다. 이어서 정예병사로 구성한 선봉대가 성문을 공략하여 성을 함락하자, 여진군은 도주하여 석성에 진을 친 것으로 보인다.

고려 정벌군의 좌군은 12월 15일 석성에서 수성전을 전개하는 여진군과 격전을 벌였다. 석성의 여진군은 두 부대로 방어했는데, 먼저 성문 앞에 배치한 기병은 그들의 숙달된 좌·중·우 3개 대열로 나누어 각각 활을 쏘며 뛰어들어 고려군을 교란하고 종횡으로 말을 달렸다. 한편 성 위의 여진군은 돌을 굴리고 비가 내리는 것처럼 화살을 쏘자 접근할 수가 없었다. 이때 윤관이 척준경에게 적진으로 돌격할 것을 지시하자, 척준경이 갑옷과 방패 및 장창으로 무장하고 적진으로 돌진하여 추장 몇 명을 쳐서 죽였다. 마침내 승세를 타고 윤관의 휘하와 좌군이 합세하여 석성을 함락시켰다.

그런데 당시 척준경과 함께 철기를 타고 적진으로 돌격한 부대는 별무반의 특수군이었을 것으로 여겨진다.[75] 이들은 성을 공격하거나, 평지에서 양국의 군대가 접전할 때 돌격대로 활약하였으며, 군대의 좌우익에 배치하여 싸움이 한창 치열할 때 적진에 투입하여 승부를 결정지었다.

---

75) 별무반의 특수군은 도끼부대 跳盪軍, 활부대 梗弓軍, 큰활부대 精弩軍, 화포부대 發火軍, 승군 돌격대 降魔軍이 있다.

한편 정벌군 사령관 윤관은 이위동[76]에서 여진군과 대치하였다. 이위동 골짜기의 지형은 병목이었지만, 수륙으로 도로가 모두 통했다.[77] 여진군은 유리한 지점을 선점하고 공격하였으나, 울창한 산림과 심한 경사 및 험준한 이곳의 지형은 주력군이 기병인 여진군에게 크게 불리하였다. 고려 돌격부대가 이곳에서 여진군 1,200명을 살상하자, 여진군은 이위동 북쪽으로 퇴각하였다.

윤관은 지금까지의 전과[78]에 따라 논상을 실시하고, 여러 장군을 나누어 보내어 동쪽, 서쪽, 북쪽의 경계를 확정하였으며, 영주, 웅주, 복주, 길주를 개척하고 이곳에 성을 쌓았다.[79] 마침내 여진군과 고려군은 1108년(예종 3) 1월 14일 가한촌 병목에서 전투를 벌였다. 다음의 사료를 통해 당시 양국의 기마전을 알 수가 있다.

윤관과 오연총이 정병 8천을 거느리고 가한촌 병목의 소로에 다다르니 적이 군사를 소로부근 숲속에 매복하고 있다가 윤관의 부대가 그곳에 당도할 무렵에 급히 돌격하였다. 윤관의 부대는 진이 무너져 흩어지고 다만 10여 명만 남았다. 적이 윤관 등을 여러 겹으로 포위하고, 오연총도 화살에 맞아 형세가 매우 위급하였다. 이때 척준경이 용사 10여 명을 거느리고 그들을 구원하려고 하니, 그의 아우 낭장 척준신이

---

76) 이위동 주변은 첩첩산중인데, 동해안에서 우뚝 솟아 고려 북쪽 변방까지 뻗쳤다. 지형이 험준하고 숲이 울창하여 사람과 말이 지날 수가 없다. 그 사이에 흔히 병목[瓶項]이라고 부르는 작은 길이 있는데, 그곳은 작은 구멍을 통해서 출입할 뿐이다. 만약 그 길을 막으면 여진의 길은 끊긴다고 한다(『高麗史節要』권7, 예종 2년 10월).

77) 『高麗史節要』권7, 예종 3년 5월.

78) 고려 정벌군의 전과는 촌락 135개, 살상 3,740명, 포로 1,030명이다(『高麗史』권96, 열전 9 윤관).

79) 『高麗史』권96, 열전 9 윤관.

말리면서 말하기를, "적진이 견고하여 좀처럼 돌파하지 못할 듯한데, 헛되게 죽는 것은 이익이 없다."고 하였다. 척준경이 말하기를, "너는 돌아가 늙으신 아버지를 공양하라. 나는 몸을 나라에 바쳤으니, 의리상 가만히 있을 수가 없다." 하고 크게 호통을 치면서 돌진하여 10여 명을 쳐 죽였다. 최홍정과 이관진 등이 산골짜기로부터 군대를 이끌고 와서 구원하였다. 적들이 포위를 풀고 도주하므로 추격하여 36명을 죽였다. 윤관 등은 해가 저물었으므로 영주성으로 돌아갔다.80)

위 사료는 윤관이 정병 8천을 거느리고 가한촌 병목에서 포위당했는데, 척준경의 분전으로 간신히 위기에서 벗어났다는 내용이다. 여기서 여진군이 패주를 거듭한 것으로 보이지만, 사실은 지형에 익숙하지 못한 고려군을 자국의 함정으로 유인하는 전략으로 볼 수 있다. 여진군은 윤관의 본대가 병목 지점에 집결하기 전에 숲속에 이미 군사를 매복시켰다. 그런데 당시 기병에 의한 신속한 전개와 기사의 위력을 마음껏 사용한 여진군의 전술과 전법은 흉노와 돌궐 그리고 몽골 등에서 공통으로 보인다.

처음 윤관과 오연총의 정예 병력 8천여 명이 가한촌의 병목 지점에 도달한 순간, 숲속에 매복한 여진군이 갑자기 섬뜩한 비명과 고함을 내지르며 기습하였다. 이는 희생물을 제어하기 위하여 그것을 흥분시키고 갈피를 못 잡게 하는 사냥꾼의 오래된 짐승의 몰이방법이었다. 다시 말해서 여진군의 이 같은 유인전술은 농경지역 변방에 대한 지속적인 습격과 초원의 대규모 몰이사냥에서 발전된, 유목민들의 영구불변한 전술이다.

당시 여진 기병은 조운진(鳥雲陣)81)으로 고려군을 포위하고 강한

---

80) 『高麗史節要』 권7, 예종 3년 춘정월.

활을 쏘았던 것으로 보인다. 여기서 조운진은 흩어지는 새와 모여드는 구름과 같은 모양으로 대오를 이루지 않고 접전하는 전술을 말한다. 즉, 여진의 기병은 깊은 산속에서도 바람처럼 불시에 나타나고, 고려군과 일정한 거리를 유지하면서 공격하였으며, 고려군이 근접전으로 전투하려고 하면 기마의 기동력을 이용해 바람처럼 사라졌다. 따라서 고려군은 협소한 지형에서 기습을 당했기 때문에 전투 대열이 급속히 무너져, 개미처럼 한 곳으로 뭉칠 수밖에 없었으며, 이 때문에 화살에 의한 피해가 매우 컸다.

한편 윤관의 본대가 가한촌 병목에서 갑자기 적의 공격을 받고 위험한 고비를 맞았을 때, 척준경이 용감한 군사 10여 명과 함께 돌격하여 윤관과 오연총을 구원한 사실이 주목된다. 위 사료에서 보듯이 가한촌 병목 지역은 한 명의 군사와 전마가 겨우 지날 정도의 좁은 길로써 군대의 대열이 일시에 통과할 수 없었다.

그런데 척준경은 윤관을 구출하기 위해 도끼부대 도탕군[82]을 이끌고

---

81) 적과 대치하여 진을 칠 때는 반드시 衝陣으로 배치하고, 군사를 편리한 지형에 주둔시키며, 그런 다음에 기병을 나누어 鳥雲陣을 친다. 중국의 『六韜三略』에서는 조운진을 까마귀 오자를 사용해서 오운진이라고도 하였다. 조운진의 특징은 까마귀가 불시에 흩어져 날아가는 것 같고, 구름이 뭉게뭉게 한데 모이듯이 홀연히 흩어졌다 홀연히 모여드는 것처럼 그 변화가 무궁무진하다. 따라서 조운진은 흩어지는 새와 모여드는 구름과 같은 모양으로 대오를 이루지 않고 접전하는 진법을 말한다. 산 위에서 전투를 할 때는 주로 조운진을 쳤다. 즉, 한 두 곳에 병력을 집중시키고, 이들 한 두 곳을 신속하게 지원할 수 있는 지점에 예비대를 배치하면, 적이 어느 한 곳을 집중적으로 공격하더라도 예비대가 그 한 곳으로 신속하게 이동할 수가 있다. 따라서 좌우측을 방어하면서 후위에서 이 둘 사이를 신속히 지원하는 병력 배치 개념이 조운진이다. 특히 여진군은 적보다 군사가 많으면 포위에 힘쓰고, 적보다 숫자가 적으면 나무나 돌에 숨어서 강한 활을 쏘았는데, 산천이 험하고 좁아 열을 이룰 수 없는 곳에서 여진군이 사용한 조운진은 일종의 게릴라 전술이다.

82) 도탕군의 돌격적 성격은 다음 논고를 참조할 것. 이홍두, 2010, 「당나라의

적진으로 돌격하여 여진군 10여 명을 죽였다. 그리고 좌군의 최홍정과 이관진 장군은 산골짜기에서 군대를 지휘하여 협공하였다. 활을 쏘면서 공격하던 여진군은 방패와 창검 및 화기로 무장한 고려군의 공격을 감당하지 못하고 도주했는데, 이때 고려 기병이 패주하는 여진군을 추격하여 36명을 사살했다.

아무튼 가한촌 병목 전투는 여진군이 지형의 이점을 용병에 활용해 요새지를 선점하였기 때문에 고려군이 절대 불리하였으나, 철기군과 창검으로 무장한 척준경의 용맹함과 별무반을 창설한 이후 향상된 고려 기병의 돌파력 등으로 인해 여진 기병을 제압할 수 있었다. 한편으로 고려 기병은 가한촌 병목 전투에서 승리했지만, 계속 북진할 수가 없었다. 그것은 여진군이 북쪽으로 통하는 수륙의 주요 통로를 차단하였기 때문이다.

따라서 윤관의 본대는 일단 영주성으로 돌아온바, 이는 여진의 침공을 초래하였다. 즉, 여진군은 1108년(예종 3) 1월, 보·기병 2만으로 영주성 남쪽에 진을 쳤다. 당시 영주성의 고려군 본대의 군사는 8천여 명이었다. 아군은 소수이고 적군은 다수였으므로 윤관은 성문을 닫고 방어하는 수성전술을 채택하였다. 그런데 척준경이 군량과 구원군을 확보하지 못한 상황에서 수성전술은 위험하다고 주장하면서 신기군과 도탕군 및 경궁군으로 결사대를 조직한 다음, 성문을 열고 적진 깊숙이 돌격하여 19명을 죽이니 적이 패하여 북쪽으로 도주하였다.[83] 2월에는 여진의 주력군 수만 명이 웅주성을 포위하였지만, 최홍정이 4대문을 열고 일시에 기병을 출격시켜 전차 50여 량, 충차 2백여 량, 전마 40필을 노획하는 전과를 올렸다.[84]

고구려 침공과 기마전」, 『軍史』 77, 34쪽.
83) 『高麗史節要』 권7, 예종 3년 춘정월.

3. 윤관의 9성 축성과 양국의 기마전

　지금까지 여진을 초기에 제압하면 승산이 있다고 판단한 윤관의 속전속결전술에 따른 양국의 기마전을 살펴보았다. 그 결과 윤관은 여진이 전력을 가다듬기 전에 2단계 작전에 돌입한바, 9성을 축조하는 현상으로 나타났다고 할 수 있다. 따라서 윤관은 1107년(예종 2) 2월에 영주성, 웅주성, 복주성, 길주성을 쌓고,[85] 1108년(예종 3) 2월에는 함주와 공험진에 성을 쌓았으며,[86] 3월에는 의주, 통태진, 평융진에 3개 성을 쌓아 '윤관 9성'을 완성하였다. 그리고 북정(北征)의 전말을 자세히 기록한 공적비를 공험진에 세워 고려 국경으로 삼았다.[87] 이어서 남쪽의 백성 6만 9천여 호를 이주시켰다.[88]

　그런데 고려가 거점 확보를 위해 시행한 공세 전략은 예상치 못한 결과를 가져왔다. 완옌부 여진이 고려가 확보한 지역의 여진과 연합해 반격을 가해오면서 고려의 전진이 좌절되었던 것이다. 한편 9성 축조 당시 중군 사령관 김한충과 병마부사 박경인이 "적진 깊숙이 성을

---

84) 『高麗史節要』 권7, 예종 3년 춘정월.

85) 윤관은 예종 2년에 여러 장군들을 거느리고 여진을 쳐서 쫓고, 군사를 나누어 땅을 차지하였다. 동으로는 화곶령에 이르고, 북으로는 궁한령에 이르며, 서쪽으로는 몽라골령에 이르렀다. 몽라골령 아래에 성곽 9백 90간을 쌓아 이름을 영주라 하고, 화곶산 아래에 9백 92간을 쌓아 이름을 웅주라 하고, 오림금촌에 7백 74간을 쌓아 이름을 복주라 하였다. 궁한촌에는 6백 70간을 쌓아 이름을 길주라 하였다(『高麗史』 권96, 열전 9 윤관).

86) 함주는 별호를 함평이라 하였고, 오늘의 함흥인데, 수복한 동북부 지역에서 중요한 거점이었다. 남쪽 백성 1천 9백 48호를 이주시키고, 대도독부를 설치하였으며, 진동군이라고 불렀다. 한편 공험진은 수복한 지역의 가장 북쪽에 있었으며, 오늘의 동녕현성으로 옛 고구려 발해의 영토였다. 남쪽 백성 5백 32호를 이주시키고 방어사를 두었다.

87) 김구진, 1976, 「공험진과 선춘령비」, 『백산학보』 21, 112~113쪽.

88) 『高麗史節要』 권7, 예종 3년 3월.

윤관 9성의 공험진 위치 『고려시대 군사전략』, 184쪽

쌓으면 지키기가 어렵다"고 하면서 반대하였다. 즉, 소수의 병력으로
넓은 점령지를 지키다가 만약 여진이 협공한다면, 퇴로가 없는 상황에
서 배수진을 친 채 여진을 상대할 수밖에 없는 상황을 말한 것이다.[89]
그리하여 윤관은 17만 군대 대부분을 9성에 남겨 그곳을 방어하였지만,
함주에서 공험진까지는 지역이 너무 넓었다. 이 같은 상황은 윤관이
여진의 군사력을 과소평가하고 적진 깊숙이 들어간 고려가 자초한
위기였다. 결국 여진은 강온 양면 작전으로 치열하게 저항하여 고려로
하여금 이 지역을 다시 되돌려 주지 않을 수 없게 만들었다.
　여진의 조직적인 반격은 1108년(예종 3) 1월부터 시작되어 1109년(예

---

89) 정해은, 앞의 책, 189쪽.

첩경입비도 윤관이 9성 축조 후 선춘령에 '高麗之境'이라고 새긴 비를 세우는 장면

종 4) 7월 양국이 화의를 맺을 때까지 계속되었다. 그런데 여진군은 웅주와 길주에 병력을 집중해 최대 병력으로 고려군에 반격을 가했다. 특히 적장 알새가 4월 8일 웅주성 밖에 목책을 치고 성을 포위함으로써

고려 정벌군과의 전투는 피할 수가 없었다. 웅주성 전투는 5월 4일까지 한 달여 간 전개되었는데, 다음의 사료를 통해 당시 양국의 기마전을 알 수 있다.

> 5월에 여진군이 웅주성을 27일 동안 공격하였다. 병마 영할 임언, 도순검사 최홍정 등이 장군들과 함께 부대를 나누어 굳게 지키며 오래도록 싸웠다. 그러나 사람과 말이 모두 피곤하여 성이 위태롭게 되었다. 오연총이 문관, 김준, 왕자지 등에게 정병 1만을 거느리고 네 길로 나누어 수로와 육로로 동시에 진격케 하였다. 오음지와 사오 두 고개 아래 도착하니, 여진군이 먼저 고개 입구를 점거하고 있었다. 아군이 앞을 다투어 돌격해서 적병 191명을 죽이니, 적들이 도주하였다. 그런데 적들이 다시 평지에 진을 치고 반격을 시도하였다. 관군이 이긴 기세를 타고 힘껏 싸워 크게 격파하여 적병 291명을 죽였다. 여진군은 할 수 없이 목책을 불사르고 도망하였다.[90]

위 사료에서 여진군이 웅주성을 27일간 포위하고 공격하자, 성 안의 군사와 전마가 지쳐서 위태로운 상황이 되었는데, 성문을 열고 나가 기마전을 전개해 승리했음을 말하고 있다. 그동안 고려군이 확보한 9성은 여진이 기동력과 지형의 이점을 이용해 공격하자 위험에 처했다. 성을 포위한 여진군은 고려가 인접한 9성과 연락하지 못하도록 차단시킨 채 장시간 성을 포위함으로써 고려의 병참선을 차단시켜 위기를 고조시켰다.[91]

여진군의 전략은 장기적으로 고려의 전투력을 분산시켜 전력을 약화

90) 『高麗史節要』 권7, 예종 3년 5월.
91) 정해은, 앞의 책, 192쪽.

시키는 것이었다. 따라서 오연총[92]이 1만의 구원군을 네 개 부대로 나누어 육로와 수로로 진격한 이유가 여기에 있다. 마침내 구원군은 오음지와 사오고개에서 최초로 여진 기병과 접전하였다. 초기전투는 유리한 고지를 선점한 여진 기병이 우세하였으나, 고려 구원군은 험한 지형의 전투에 익숙한 별무반 소속의 특수군을 배치함으로써 여진군 191명을 사살하는 전과를 올렸다. 결과적으로 여진군의 패배는 별무반 소속의 신기군과 기병을 보조한 도탕대 등 특수돌격대간의 협력전술 때문이었다.

한편 도주하던 여진군은 평지에서 전투대열을 정비하고 반격을 시도하였다. 대열의 전면에는 병거(兵車)와 중거(中車)[93] 및 기병 50기를 1대로 하는 기병대[94]를 배치하였다. 승세를 타고 파죽지세로 진격하던 고려 구원군은 신속하게 방진을 치고 여진군의 반격을 격퇴하였다. 이때 구원군은 화기와 돌격대의 기동력으로 여진군의 중장기병과 경기병을 격파하고 291명을 사살하였다.

산악지형의 전투는 중장기병과 경기병의 혼합체로 구성된 여진군보다 돌격대와 협동작전을 구사한 고려군이 우세하였다. 그런데 이 같은 상황은 여진 기병에 대응하여 별무반을 창설한 이후에 나타난 현상이어서 주목된다. 마침내 웅주성의 군대와 증원군에게 포위된 여진군은

---

92) 윤관과 오연총이 웅주성을 떠난 것은 여진군이 웅주성을 포위하기 6일전인 1108년 4월 2일이고, 그들이 개경에 돌아온 것은 4월 9일이다. 따라서 고려 정부가 병마부원수 오연총을 웅주성 구원 책임자로 임명한 것은 4월 23일이고, 그가 구원군을 이끌고 웅주성에서 적을 격파한 것은 5월 4일이다.

93) 『高麗史節要』 권7, 예종 3년 2월.

94) 여진의 기병대 50기 가운데 앞의 20기는 돌파용 타격무기를 장착한 중장기병이고, 뒤의 30기는 활로 무장한 경기병이다. 중장기병은 적의 약점을 찾아서 돌진하고, 경기병은 후방에서 활을 쏘아 돌격대를 엄호하였다. 만약 적진이 파괴되면 전군이 모두 출격하였다(임용한, 2004, 앞의 책, 263쪽).

함경도 명천성 마을 뒤편이 명천성인데, 윤관이 쌓았다고 전한다.

목책을 태우고 도주할 수밖에 없었다.

그런데 앞에서 살펴본 것처럼 고려가 군사 요충지로 설정한 병목은 수륙의 도로가 사통팔방으로 뚫려있어 고려가 예상한 것과 크게 달랐다. 그래서 윤관은 여진의 왕래를 차단할 수 있는 지역을 찾아 처음 계획보다 더 북상하였다. 결국 한정된 군사를 가지고 더 넓어진 점령지역을 관할하려다 보니, 위험한 상황을 수시로 겪으면서 심각한 타격을 입게 되었다. 따라서 1108년 4월 23일, 개경으로 개선한 윤관과 오연총이 재차 왕명을 받들고 출정했으나, 1년여 동안 일진일퇴를 거듭하였다.

결정적인 위기는 1109년 5월에 있었다. 당시 길주성이 함락 직전에 이르자, 고려정부는 5월 16일 병마부원수 오연총이 이끄는 구원군을 보냈으나, 여진의 기습을 받아 대패하였다.[95] 다음의 길주성 전투를 통해 당시 양국 기마전의 실상을 파악할 수 있다.

여진군이 길주성을 포위하였다. 성에서 10리 정도 떨어진 곳에 작은 성을 쌓고 6개의 목책을 세워 몇 개월 동안 쉴새없이 성을 공격하여

---

95)『高麗史』권96, 열전 9 오연총.

거의 함락될 뻔했다. 병마부사 이관진 등이 군사를 독려하여 하룻밤에 다시 중성을 쌓고 성을 지켜냈다. 그러나 성을 지키다가 지쳐서 사상자가 매우 많았다. 오연총의 증원군이 길주성을 구원하려고 하였으나, 여진군이 길을 막고 기습하여 우리 군사가 크게 패하였다. 죽고 포로로 잡힌 것은 모두 셀 수가 없었다. 오연총은 장계를 올려 죄 받기를 청하였다.[96)]

위 사료는 길주성을 포위한 여진군이 10리 후방에 진지를 구축하고 몇 개월을 공격함으로써 아군의 사상자가 많았으며, 이를 구원하러 갔던 오연총이 여진군의 기습을 받아 참패했다는 내용이다.

여기서 여진군이 10리 정도 떨어진 곳에 작은 성을 쌓고 6개의 목책을 세웠다는 것은 당시 여진군의 전투 방식을 시사하는 것이어서 주목된다. 즉, 여진군이 몇 개월 간 쉴새없이 길주성 공격이 가능했던 것은 군사들을 나누어 성을 공격했는데, 이때 교대한 군사가 후방 진지에서 휴식을 취했기 때문이다. 특히 후방의 진지 앞에 목책을 친 것은 고려 기병이 후방 진지를 기습할 것에 대한 대응책이었다.

그리고 여진군이 몇 개월 동안 길주성을 고립시킨바, 성 안에서는 군량과 무기 조달이 끊겨서 패배의 공포가 엄습하였고, 이 때문에 고려 군사들의 사기가 떨어져 사상자가 많았던 것으로 보인다.

한편 위 사료에서 오연총의 길주성 구원 작전이 완전히 실패로 끝났음을 알 수 있다. 고려 정벌군이 경험한 두 번째 대참패였다. 9성을 쌓아 여진족을 두만강 밖으로 축출하려던 윤관의 야망은 그것을 향해 들어가다가 패배하였다. 일반적으로 여진 기병은 넓게 산개하여 막막한 산중에서도 바람처럼 불시에 나타나 활을 쏘면서 돌진하였다. 만약

---

96) 『高麗史節要』 권7, 예종 4년 5월.

적이 물러서지 않으면 그들은 우군이 있는 곳으로 퇴각하지만, 이것은 미리 배치된 복병 속으로 적을 유인하는 것이다. 특히 적과 일정한 거리를 유지하면서 기습과 공격을 반복하였다. 그러나 적이 승기를 잡고 공격을 하면, 기마의 속도를 이용하여 바람처럼 사라졌다.

당시 여진 기병은 오연총의 대규모 구원군과 전면전을 피하는 한편으로 구원군이 지나는 길목에 군사를 매복하여 기습하였다. 그런데 바람처럼 출몰한 여진 기병은 신속한 기동력과 기사의 위력을 마음껏 발휘하였다. 여진 기병은 좌·중·우군의 숙달된 전투대형을 이룬 다음, 초원에서 사냥할 때의 몰이대형을 사용하였다. 즉, 달아나는 고려군을 양익으로 포위하여 뛰어들고 활을 쏘며, 고려군의 대형을 교란하면서 종횡으로 말을 달렸다. 따라서 오연총의 구원군은 산산이 붕괴되고 어찌할 바를 모르다가 포로가 되거나 살상되었다. 결과적으로 윤관의 9성 축조는 분산되어 있던 여진을 단합시키는 계기가 되었다.

고려 정부는 길주성을 구원하기 위해 오연총을 또다시 파견하였다. 그러나 6월 12일 구원군이 정주를 출발하여 나복기촌에 이르렀을 때 완옌부 추장 우야소가 화의를 청함으로써 정주에 주둔하게 되었다.

따라서 1109년(예종 4) 6월 23일, 고려 조정은 대신 회의에서 강화문제를 정식으로 논의하였다. 당시 재상들과 대간, 6부의 관원이 윤관 9성의 반환을 주제로 하여 찬반토론을 벌였다.[97] 당시 9성의 반환 문제를 놓고 관료들이 상호 대립한 것은 병목 지역에 대한 전술적 차이 때문이다. 즉, 윤관 9성의 반환에 찬성하는 자들은 병목 지역만 점령하면 소수의 보병만으로도 여진 침략을 막을 수 있다고 믿었다. 그런데 병목 지역의 수륙교통이 사방으로 통한다는 사실을 확인한[98]

---

97) 『高麗史節要』 권7, 예종 4년 2월.
98) 『高麗史節要』 권7, 예종 2년 10월.

이상 군사적 비용이 많이 든다는 것이었고, 반환에 반대한 자들은 이미 고려 기병의 숫자가 많기 때문에 9성 방어를 확신했던 것이다. 그러나 고려 정부가 1109년(예종 40) 7월 9성을 반환하기로 결정하자, 5일 만에 신속히 정벌군을 철수시켰다.[99]

III. 고려의 몽골 전쟁과 기마전

1. 고려의 제1차 몽골 전쟁과 기마전

몽골 기병의 전술은 앞에서 설명한 것과 같이 흉노와 돌궐이 사용하던 옛날 방법의 개선된 형태였다. 그것은 농경지역 변방에 대한 지속적인 습격과 초원의 대규모 몰이사냥에서 발전한바, 유목민들에게 전해온 영원불변의 전술이었다. 몽골군에게 가장 훌륭한 전쟁은 사냥감을 지치게 하는 것이다. 즉, 갈팡질팡하다가 지치게 한 뒤, 포위하여 조직적인 살육으로 끝을 내는 거대한 몰이사냥의 모습을 띠고 있다.

몽골군은 적을 발견하자마자 한 사람이 서너 대씩 화살을 쏘면서 돌진한다. 적이 꺾이지 않으면 그들은 우군이 있는 곳으로 퇴각하였다. 그러나 이것은 미리 배치된 복병들 속으로 적을 유인하고, 추격하기 위한 행동일 뿐이다. 적이 너무 강하다고 판단되면 하루나 이틀이 지나도록 후퇴하면서 통과하는 지역을 약탈하거나, 좋은 장소에 진을 쳤다. 그리고 적이 줄을 지어 지나가기 시작하면 기습하였다. 그들의 전술은 여러 가지가 있는데, 병력 대부분은 적을 포위하기 위하여 양익에 배치하였다. 만약 적이 1차 기병 돌격을 감행하면, 포로들과

---

99) 유재성, 1993, 앞의 책, 188쪽.

외국인 보조부대로 이루어진 1선으로 맞서게 하였다. 그들은 이 일을 주도면밀하게 하기 때문에 적은 그들을 실제보다 훨씬 더 많은 것으로 착각하였다. 적이 완강하게 방어하면 전열을 열어주어 적이 도망칠 수 있도록 했다가 그 뒤 갑자기 추격하여 가능한 많은 도주자들을 베었다. 그러나 그들은 화살로 적의 인마를 살상하는 것을 목표로 삼기 때문에 백병전은 가능한 한 피했다.[100] 그리고 적이 어느 정도 앞으로 유인되고, 원거리 사격으로 기동력을 잃게 되면, 중장기병이 굽은 군도를 빼들고 돌진하여 적을 동강내었다.

고려군의 기병전술은 두 가지로 구분한다. 먼저 1104년(숙종 9) 12월 별무반 소속의 신기군을 창설하면서 기병이 주력군이 되었던바, 신기군 창설 이전에는 성에 의지하여 방어하다가 틈이 생기면 성 밖으로 기병을 출격시키는 수성전술을 사용하였고, 다음으로 신기군을 창설한 이후에는 성 밖에서 기마전을 전개하였다.

그동안 고려·몽골 전쟁은 관군이 전투를 주도한 연구[101], 강화 성립 이후 삼별초가 항쟁을 주도한 연구[102], 전략전술과 관련한 연구[103]가

100) 르네 그루쎄 지음, 김호동·유원수·정재훈 옮김, 『유라시아 유목제국사』, 332쪽.
101) 이인영, 1992, 「몽고 침입과 처인성 대첩 소고」, 『기전문화』 10 ; 윤용혁, 1980, 「몽고의 2차침구와 處仁城勝捷 - 특히 廣州民과 處仁部曲民의 抗戰에 주목하여」, 『한국사연구』 29 ; 주채혁, 1979, 「초기 려몽전쟁과 略察 - 양군의 작전 여건을 중심으로」, 『청대사림』 3, 청주대 ; 김윤곤, 1979, 「抗蒙戰에 참여한 草賊에 대하여」, 『동양문화』 19.
102) 이익주, 1994, 「고려후기 몽고침입과 민중항쟁의 성격」, 『역사비평』 계간 24호 ; 윤용혁, 1994, 「삼별초 항몽정권의 진도 항전」, 『창해박병국교수정년기념 사학논총』 ; 윤용혁, 1991, 「몽고의 침략에 대한 고려 지방민의 항전 - 1254년 鎭州(鎭川)民과 충주 多仁鐵所民의 경우」, 『국사관논총』 24 ; 윤용혁, 1989, 「몽고의 경상도침입과 1254년 尙州山城의 승첩 - 고려 대몽항전의 지역별 검토(2)」, 『진단학보』 68 ; 장세원, 1986, 「대몽항쟁 주체의 성격에 관하여 - 別抄와 草賊의 의병적 활동을 중심으로」, 『군산실업전문대학논문집』 ; 윤용혁, 1984, 「13세기 몽고의 침략에 대한 호서지방민의 항전 - 고려의 대몽항전의 지역별 검토」,

있다. 그러나 기마전에 관해서는 아직도 미개척 분야로 남아있는 실정이다. 여기서는 고려 방어군과 살례탑이 벌인 동선역 전투·안북성 전투, 병마사 박서가 이끄는 귀주성 전투를 중심으로 양국의 기마전을 고찰하려고 한다.

1229년(고종 16) 황제에 오른 태종(오고타이)[104]은 금나라를 정복하기 전에[105], 배후 세력인 고려를 정복한다는 전략을 세우고, 살례탑을 원정군 총대장에 임명하였다. 살례탑은 1231년(고종 18) 8월 9일 압록강을 도하하여[106] 8월 10일에는 7천여 명으로 함신진(의주)을 포위하였다. 당시 함신진에는 방수장군[107] 조숙창이 3천 명으로 성을 방어하였으나, 방어용 무기가 부족할 뿐만 아니라 구원병이 도착하지 않아 8월 11일 함신진이 함락되었다.

함신진을 탈취한 몽골군은 군대를 남로군·북로군·본군 등 3군으로

『호서문화연구』 4, 충남대 ; 김윤곤, 1981, 「삼별초의 대몽항전과 지방 군현민」, 『동양문화』 20·21합집, 영남대 ; 김석형, 1949, 「몽고침략에 대한 인민의 항전」, 『력사제문제』 14.

103) 윤용혁, 1982, 「고려인의 海島入保策과 몽고의 戰略變化 - 여몽전쟁 전개의 一樣相」, 『역사교육』 32.

104) 칭기스칸이 1227년 8월 서하를 정복하는 중에 사망하자, 제3자 오고타이가 1229년 황제의 자리를 계승하였다.

105) 1213년 칭기스칸이 금나라 수도 연경을 포위하였다. 이때 금나라는 황하 이남 개봉으로 천도하고, 황하 상류인 동관 일대에 방어선을 구축하였다. 칭기스칸이 1215년 동관을 공격하였지만, 금나라에 패배하였다. 칭기스칸은 1219년 고려와 연합하여 금나라를 멸망시켰다. 1225년 몽고 사신이 압록강 연안에서 금나라 잔당에게 피살되었는데, 원나라는 그 책임을 고려에게 묻고 전쟁을 선포하였다.

106) 『元史』 권2, 본기 태종 3년 8월

107) 고려의 지방군은 남도의 주현군과 양계(서북면의 북계, 동북면의 동계)의 주진군이 있다. 방수군은 중앙군이나 남도의 주현군을 차출하여 변방에서 1년 단위로 복무하는 군대로써 주요 요충지에 배치되었다. 부대 규모에 따라 방수장군, 방수중랑장, 방수낭장 등을 지휘관으로 편성했다(안주섭, 2003, 『고려 거란 전쟁』, 경인문화사, 63~64쪽).

칭기스칸[108]

편제하고 각 군에게 임무를 부여하였다. 먼저 남로군은 용주, 철주, 곽주, 정주를 지나는 남로를 거쳐 청천강을 도하하여 안북부로 진출한다. 여기서 북로 방면으로 퇴각하는 고려군을 섬멸하고, 순주, 자주, 서경, 황주, 평주를 거쳐 수도 개경으로 남진한다. 다음으로 북로군은 삭주, 귀주, 태주, 위주를 지나는 북로를 거쳐 청천강을 건너 안북부로 진출한다. 이후 청천강 남북 연안지역을 장악하여 고려군의 반격에 대비한다. 마지막으로 원수 살례탑이 지휘하는 본군은 남로군의 진출 경로를 따라 남진하여 안북부에 본영을 둔다.[109]

---

108) 칭기스칸으로 불리는 이수게이의 장남 테무진은 1167년 오논 강의 오른쪽 기슭 델리운 볼닥 지역에서 태어났다. 이곳은 오늘날의 러시아(외몽골) 영토로서 대략 동경 115도 부근이다. 그리고 1227년 사망했는데, 그때 나이는 60세였다. 칭기스칸은 키가 크고 체격은 탄탄하였으며, 이마가 넓고 '고양이 눈'을 하였으며, 말년에는 수염을 길렀다. 유년기의 방랑, 매서운 추위와 숨막히는 더위에 대한 저항력, 비상한 참을성, 패배·후퇴·포로상태에서 부상과 학대에 개의치 않음은 모두 칭기스칸의 놀랄 만한 생명력을 입증한다. 칭기스칸의 육체는 청년기부터 더할 수 없이 한랭한 기후와 한없이 불확실한 환경에서의 단련으로 가장 가혹한 시련에도 길들여졌다. 즉, 테무진의 정신은 자기가 받았던 시련으로 인해 처음부터 담금질되었다. 이러한 경험들이 그를 세계를 놀라게 한 鐵人으로 만들었다.

109) 유재성, 1993, 앞의 책, 210쪽.

선봉부대 남로군은 9월 15일 황주 남쪽 동선령에서 고려 3군과 결전을 벌였다. 반면에 북로군은 9월 3일 귀주성을 공격하였다. 그러면 먼저 귀주성 전투를 통해 양국의 기마전을 살펴보자. 다음의 사료가 그것을 설명하고 있다.

몽골 군사가 귀주성에 이르니, 병마사 박서, 삭주 분도장군 김중온, 정주 분도장군 김경손이 정주·삭주·위주·태주의 수령과 함께 각각 군사를 거느리고 귀주로 모였다. 박서가 김중온의 부대는 성의 동서를 지키게 하고, 김경손의 부대는 성의 남쪽을 지키게 하며, 도호 별초와 위주·태주 별초 250여 명으로 삼면을 나누어 지키게 하였다. 몽골의 대군이 도착하자, 남문에 있던 김경손이 정주 관아의 결사대 12명과 여러 성의 별초를 거느리고 성 밖으로 나가 공격하기 직전에, 병사들은 국가를 위해 결코 후퇴해서는 안 된다고 하였다. 우별초가 땅에 엎드려 불응하자, 김경손은 모두 성으로 들여보내고, 검은 기를 든 몽골 기병을 직접 쏘아 죽였다. 결사대가 이것을 보고 분전하였다. 김경손은 팔에 화살을 맞아 피가 흐르는 데도 북치는 손은 놓지 않았다. 네다섯 번을 싸우다 몽골 군사가 도망함으로 김경손이 대열을 정리하고 피리를 불며 군영으로 돌아왔다. 박서가 절하고 모든 일을 그에게 위임하였다. 몽골 군사가 성을 몇 겹으로 에워싸고 밤낮으로 서문과 남문 및 북문을 공격하므로 관군이 성 밖으로 나가 출격하여 격파했다. 몽골 군사가 위주부사 박문창을 사로잡고 성에 들어와 항복할 것을 권유하자, 박서가 박문창을 목베어 죽였다. 몽골군이 정예 기병 3백기를 선발해 북문을 공격함으로 박서가 쳐서 물리쳤다. 몽골군이 수레에 땔감을 싣고 진격함으로 김경손이 포차(砲車)로 쇳물을 녹여 쏟아 부어 그 쌓은 풀을 다 태우니, 몽골군이 물러났다.[110]

위의 사료는 몽골군이 귀주성을 네 차례 공격하였으나, 고려군이 귀주성[111]을 지켰다는 내용이다. 몽골군이 9월 3일 새벽에 귀주성을 공격하자, 귀주성의 고려 군사는 수성전술로 맞섰다. 즉, 고려 병마사 박서가 김중온 부대는 성의 동쪽과 서쪽에 배치하고, 김경손 부대는 성의 남쪽에 배치하였으며, 귀주 도호부와 위주, 태주 소속의 별초군 250여 명을 성의 3면에 분산 배치하였다.

몽골군은 귀주성의 교통로를 장악하고, 여러 겹으로 성을 포위한 다음, 동서남북 네 개의 성문을 공격하였다. 최초의 전투는 남문에서 시작되었다. 성을 포위한 몽골군은 성문 좌우에 기병을 배치하고 고려 군을 성문 밖으로 유인한 다음, 지휘하는 고함소리 없이 기수의 신호에 따라 작전을 전개할 속셈이었다. 그런데 김경손이 검은 기를 든 몽골 기수를 쏘아 죽이자, 몽골 기병은 사기가 떨어졌고, 김경손의 결사대가 그 틈새를 공격하여 분전한 것으로 보인다. 이후 양국의 기병은 네다섯 차례 기마전을 전개하다가 몽골 기병이 후퇴함으로 김경손이 성 안의 군영으로 돌아왔다. 당시 몽골 기병이 후퇴한 것은 고려 기병을 함정으로 유인하기 위함이었다. 만약 고려 기병이 거짓 후퇴를 추격하는 실수를 저질렀다면 큰 재앙이 따를 뿐이었다.

초전에 패배한 몽골군은 9월 4일 또다시 귀주성을 여러 겹으로 포위하고 운제와 포차 등을 동원하여 남문, 동문, 북문을 공격하였다. 몽골군은 선제공격에 이어서 예비대를 번갈아 투입하여 파상공격을 감행하였으나, 고려군은 활과 포차를 쏘아 몽골군의 공세를 저지하였다. 한편

110) 『高麗史節要』 권16, 고종 18년 9월.
111) 귀주성은 해발 229m 용산의 자연 지형을 적절히 이용하여 축성했는데, 성의 외곽으로는 동문천과 지류가 흘러 귀주를 통과하는 도로를 통제할 수 있는 요충지였다. 귀주성의 동·서·북쪽은 절벽이거나 경사면으로 이루어졌고, 남쪽은 평지와 연결되었다(안주섭, 앞의 책, 168쪽).

밤이 되면서 성 밖의 몽골 기병은 화살을 조준해서 쏠 수가 없었다. 이에 고려 진영에서는 칼과 창으로 무장한 기병을 성 밖으로 출격시켜 몽골 기병을 격파한 것으로 보인다.

따라서 공성전을 계속 전개하였지만 귀주성 함락에 실패한 몽골군은 위주부사 박문창과 박문창의 휘하 고려 포로병을 징집하여 대열의 선봉에 세우는 새로운 공성전을 감행하였다. 그러나 고려 병마사 박서가 박문창을 죽였기 때문에 귀주성 함락에 실패하였다.

마침내 몽골군은 정예 기병 300명으로 북문을 집중 공격하였다. 즉, 몽골군은 땔감을 실은 수레를 엄폐물로 삼아 북문을 공격하였지만, 고려군이 포차에 뜨거운 쇳물을 장전하여 쏘아 풀 섶을 모두 태웠다. 이에 몽골군은 누거(樓車, 망루가 있는 수레)와 목상(木床, 나무로 만든 평상)을 만들어 그 속에 병사를 숨긴 다음, 성벽에 붙여 누거 위에서 성벽 안으로 활을 쏘았다. 그리고 성벽 아래에 땅굴을 파기 시작하였다.

고려군은 성에 구멍을 뚫고 뜨거운 쇳물을 부어서 누거와 목상을 태우고, 풀 섶에 불을 붙여 땅굴 입구에 넣어 30여 명을 살상하였다. 이에 몽골군이 공격지점을 남문으로 바꾸어 큰 포차 15대로 성문을 집중 공격하였고, 이때 남문의 성벽 일부가 파손됨으로써 귀주성은 한때 위급한 상황에 처했다. 그러나 고려군은 곧 남문에 축대를 쌓고서 성 위에서 포차를 쏘아 몽골군을 물리쳤다. 마침내 몽골군은 포위를 풀고 귀주성 남쪽으로 후퇴하였다.

그러나 몽골군은 귀주성을 점령하지 않으면 배후가 위험하였기 때문에 10월 20일 귀주성에 대해 2차공격을 시도하였다. 북문과 남문 앞에 기병 1개 부대를 배치하고, 동문에는 기병 2개 부대를 배치하여 동문으로 공격을 집중하였다.[112] 몽골군은 수십대의 운제와 포차로 귀주성을

---

112) 김재홍, 1988, 앞의 책, 216쪽.

몽골 기병의 모습

공격하여 성랑 2백여 칸을 무너뜨렸다. 그러나 고을 백성들이 즉시 수축하였다. 몽골군은 10월 21일 다른 곳에서 생포한 포로를 앞세워 공격을 재개하였다. 이때 몽골군은 성을 에워싸고 신서문 정면 28곳에 포대를 설치한 후 서문을 향해 포를 집중으로 쏘았다. 몽골군은 성랑 50여 칸을 파괴하고 성안으로 돌입하였다.[113] 몽골군은 10월 20일 귀주성을 포위 공격한 후 11월 초순까지 20여 일 동안 총공격을 감행하였다. 그러나 박서[114]와 김경손[115]이 기민하게 대응함으로써 몽골군을 물리쳤다. 결국 몽골 기병은 우수한 기동력으로 넓은 평지와 무방비상태의 도시들을 파괴하는 데는 뛰어났지만, 요새화된 귀주성을 함락시키는 기술은 갖추지 못했다고 여겨진다.

11월 22일 몽골군은 귀주성에 대해 3차 공격을 감행하였다. 다음의 사료에서 당시 기마전을 알 수가 있다.

가) 몽골군이 북계 여러 성의 군사를 몰아 귀주를 공격했는데, 포차 30대를 줄지어 대 놓고 성랑 50칸을 격파하였다. 박서가 무너지는 대로 따라서 수축하고, 철조망으로 얽어 매었더니 몽골 군사가

---

113) 『高麗史節要』 권16, 고종 18년 10월.
114) 『高麗史』 권103, 열전 16 박서.
115) 『高麗史』 권103, 열전 16 김경손.

다시는 공격하지 못했다. 박서가 출전하여 크게 이겼다.[116]

나) 몽골군이 다시 큰 포차를 가지고 귀주성을 공격하므로 박서도
포차를 쏘아 돌을 날려 수없이 쳐 죽이니, 몽골군이 물러나 둔을
치고, 목책을 세워 지키었다. (중략) 몽골군이 운제(雲梯)를 만들어
성을 공격코자 하므로 박서가 대우포(大于砲)로 맞아 치니, 모두
부서져 사다리를 대지 못했다. 대우포란 큰 날이 달린 무기였다.
몽골 장수 중에 70세 된 자가 있었다. 성 아래에 이르러 성루와
기계를 둘러보고 탄식하기를, "내가 어려서부터 종군하여 성의
요새지를 공격하고 방어하는 것을 여러 번 보았지만, 일찍이 이처럼
크게 공격을 당하고도 끝내 항복하지 않는 자는 처음이다. 성 중의
여러 장수가 반드시 모두 장상이 될 것이다"고 하였다.[117]

사료 가)는 몽골군의 귀주성 3차 공격에 대한 내용이다. 당시 몽골군
은 포차를 사용해 성벽을 격파했는데, 그 때마다 박서가 곧 성을 쌓고
철조망으로 성벽을 보호했음을 알 수 있다. 사료 나)는 몽골군의 귀주성
4차 전투에서 고려군이 승리했음을 말하고 있다.

3차 전투 때 몽골군은 북계에서 포로로 잡은 군사들을 앞세워 귀주성
을 공격했는데, 포차 40대를 줄지어 세우고 성벽 50칸을 파괴하였다.
박서가 무너지는 대로 보수하자, 몽골군이 공격하지 못했다. 박서는
기병을 성 밖에 출전시켜 지쳐있는 몽골군을 크게 격파하였다.

몽골군이 귀주성 4차 전투 때 큰 포차로써 귀주성을 공격하자, 박서도
큰 포차를 쏘아 많은 적을 쳐 죽였다. 몽골군은 후퇴하여 진을 치고
목책을 세워 방어하였다. 살례탑이 사람을 보내어 항복을 권유하였다.

---

116) 『高麗史節要』권16, 고종 18년 11월.
117) 『高麗史節要』권16, 고종 18년 12월.

몽골군이 성을 포위 공격하는 모습

그러나 박서는 성을 굳게 지키고 항복하지 않았다. 몽골군이 큰 사다리와 운제 수십 대를 귀주성 4면에 걸치고 성벽을 기어오르자, 박서가 큰 칼날이 달린 대우포로 운제를 공격하여 몽골의 공성전을 저지하였다.118)

여기서 우리는 귀주성의 방어전술이 몽골군의 공성전술보다 우세했음을 알 수 있다. 다시 말해서 귀주성을 방어하는 고려군이 몽골군의 기병돌격전술, 포격전술, 화공전술, 땅굴을 파고 성 밑을 허무는 전술, 성벽을 파괴하고 성을 넘어 공격하는 전술 등 온갖 전술과 전법을 물리친 것이 그것을 입증한다.

한편 몽골 북로군이 귀주 전투에서 패배하는 동안 남로군은 용주·선주·곽주·정주 등에 소수의 병력만을 남겨둔 채 남진을 계속하였다. 따라서 9월 10일 서경에 도착한 남로군은 서경을 공격하였지만, 고려군이 저항하자 계속 남진하여 9월 13일에는 동선령 부근까지 진출하였다. 몽골군은 정찰 기병대를 파견하여 고려군이 동선령 일대에 진을 치고

118) 앞의 주와 같음.

있다는 정보를 입수하자, 전군을 동원하여 고려 3군을 기습하였다. 고려군은 초병의 경보에 따라 즉시 전투태세로 전환했지만, 대오가 무너져 큰 혼란에 빠졌다. 이때 상장군 이자성과 이승자·노탄 등의 장수들이 완강히 저항하고, 중군이 몽골군의 배후를 공격함으로써 전투를 승리로 이끌었다.[119]

9월 14일 대오를 정비한 몽골군은 공격을 재개하자, 고려 3군은 전날 몽골군의 기습공격을 물리친 후 목책을 세워 몽골 기병의 공격에 대비하였다. 즉, 북계 병마사 채송년은 보병이 주력군인 고려 3군이 평지에서 몽골 기병과 싸우는 기마전은 고려군에게 불리하다고 판단하고, 목책을 세워 방어하는 데 전력하였다.

몽골군의 도보부대는 기병의 엄호를 받으면서 고려군의 방어진지로 접근하여 목책을 불태웠다. 목책 일부가 불에 타자, 몽골 기병대가 그 틈새로 돌격을 감행하였다. 따라서 고려군의 방어진지가 위급한 상황에 처했다. 그러나 산원 이지무와 이인식이 이끄는 4, 5명의 용사들이 백병전으로 몽골군을 격퇴하였다. 이때 마산의 산적으로 종군한 두 사람이 몽골군 여러 명을 살상하였다. 몽골군은 더 이상 남진을 포기하고 진로를 북으로 돌려 정주까지 퇴각하였다.[120]

몽골군은 9월 18일 정주로 퇴각하여 그들이 남진할 때 함락하지 못한 남로의 여러 진을 공략하는 전략을 세웠다. 따라서 9월 20일에 용주를, 29일에는 곽주·선주를 점령하고 병력을 정주에 집결시켜 북상하는 고려 3군과 청천강 부근에서 승부를 결정할 태세를 갖추었다. 한편 고려 3군은 몽골군의 후퇴 경로를 따라 북상하여 9월 말경에 안북성에 당도하였다. 그리고 안북성을 중심으로 서북계 여러 진에

---

119) 『高麗史節要』 권16, 고종 18년 9월.
120) 유재성, 1993, 앞의 책, 226쪽.

안북성(안주성)의 모습   조선후기

흩어져 있는 대소 부대들과 연락을 유지하면서 재차 결전을 치를 준비를
하였다.[121]

　　고려 3군의 전술은 두 가지였다. 3군의 최고 지휘관 채송년은 수성전
술을 펼쳐 방어에 치중하자고 주장한 반면, 우군 지휘관 태집성은
전군이 성 밖으로 나가 지친 몽골군을 기마전으로 격파하자고 주장하였
다. 고려군은 태집성의 주장을 받아들여 성 밖에서 몽골군과 기마전을
전개하였다. 다음의 사료가 그것을 설명한다.

　　3군이 안북성에 주둔하니, 몽골군이 성 밑까지 와서 싸움을 걸어왔다.
　　그러나 3군은 성 밖으로 나가 싸우려고 하지 않았다. 이때 후군 책임자
　　태집성이 억지로 주장하여 성 밖에 나가 진을 쳤다. 그런데 3군의

---

121) 유재성, 1993, 앞의 책, 228쪽.

지휘관들은 앞에 나오지도 않고 성 위에 올라가 관망하였다. 태집성도 성 안으로 들어왔다. 따라서 3군은 지휘관도 없이 몽골군과 싸웠다. 몽골군은 모두 말에서 내려 대(隊)로 나누어 줄을 지어서고 기병이 고려 우군을 공격하였다. 그런데 화살이 비가 오듯 떨어졌다. 우군이 무너지자 우군을 구원하려다가 중군도 패배하였기 때문에 급히 성으로 들어왔다. 몽골군이 승세를 타고 추격하여 절반이상을 살상하였다.[122]

위 사료는 안북성에서 고려 기병이 몽골 기병과 성 밖에서 기마전을 벌였지만, 고려군이 패배했음을 말하고 있다. 몽골군은 안북성이 요새형 산성이므로 탈취하는 것이 어렵다고 판단하고 고려군을 성 밖으로 유인하는 전술을 세웠다. 이에 대해 고려군은 먼 길을 행군하였기 때문에 성 밖으로 나가 싸우면 불리하다고 판단하였다.

고려 3군은 우군 지휘관 태집성의 주장에 따라 10월 20일 밤 성의 동문·서문·북문을 열고 일제히 출격하였다. 그러나 몽골군은 고려군의 갑작스런 출격에도 불구하고 기병을 말에서 내리게 한 다음, 대오를 산개하였다. 이어서 산개한 대열 사이로 기병이 고려군을 향해 돌격하였다.

고려 우군은 몽골 기병의 공격으로 대오가 흩어져 혼란에 빠져 동문으로 후퇴하였다. 이때 몽골 기병이 퇴각하는 고려군의 배후를 공격하였다. 성의 서문과 북문으로 출격하였던 좌군과 중군의 상황도 우군과 동일하였다. 고려군은 성 안으로 퇴각하는 과정에서 몽골 기병의 추격으로 큰 피해를 입었다.[123] 안북성 전투에서 패한 고려 방어군은 더 싸우지 않았다. 그것은 고려 정부가 1232년 2월 몽골군과 강화교섭을

---

122) 『高麗史節要』 권16, 고종 18년 10월.
123) 유재성 1993, 앞의 책, 228쪽.

진행한 것과 관련이 있다.

2. 고려의 제2차 몽골 전쟁과 기마전

1232년(고종 19) 6월 무신집권자 최우는 반대 의견[124]을 물리치고 강화도 천도를 단행하였다. 수도를 강화도로 옮긴 후 고려는 두 가지 군사적 조치를 취했다. 먼저 개경을 지키는 것이고, 다음으로 백성들에게 산성과 섬에 들어가 몽골군을 격퇴하는 산성해도입보령을 내렸다. 산성해도입보령을 내릴 때는 반드시 산성과 섬에 방호별감[125]을 파견하였다.

해전에 미숙한 살례탑은 강도(江都) 공격을 포기한 대신에 고려 본토 공략에 군사력을 집중하였다. 10월에는 개경을 거쳐 한양산성을 공략하였고, 11월에는 광주성을 공격하였으며, 12월 16일에는 처인성을 공격하였다.[126] 여기서는 광주성과 처인성에 입보한 백성들이 몽골군에 맞서 싸우는 전투를 통해 고려 기마전을 살펴볼 것이다.

먼저 광주방호별감 이세화가 몽골군에게 어떻게 대항했는가를 살펴보자.

임진년에 예빈소경 어사잡단에 임명되었다. 이해 여름에 국가는 오랑캐의 침범으로 인해 도읍을 옮기려고 하였다. 광주(廣州)는 중도(中

---

124) 야별초 지유 김세충을 비롯한 하층무관들은 수도를 개경에 그대로 두고 항전할 것을 주장하였다. 그러나 당시 군사적 상황은 개성을 고수한다고 장담할 수 없는 실정이었다.
125) 방호별감은 군사적 임무를 수행하는 무관으로서 고을의 원과는 별도로 임명되었다. 물론 지방의 고을 원이 방호별감을 겸하기도 하고, 방호별감이 고을 원을 겸하는 경우도 있었다.
126) 윤용혁, 1980, 앞의 논문.

강화 외성

道)의 거진이기 때문에 조정의론으로 적임자를 간택하여 공을 보내 지키도록 하였다. 11월에 몽골의 대군이 침입하여 수십 겹으로 포위하 고 몇 달 동안 갖은 방법으로 공격하였다. 이세화는 밤낮으로 수비를 튼튼히 하고 수시로 응변하는 일을 그들이 전혀 예측할 수 없게 하였다. 한편 불의에 성 밖으로 나가 반격을 가하니 살상포로가 매우 많았다. 몽골군은 이길 수 없다는 것을 알고 마침내 포위를 풀고 물러났다. 광주는 남도로 가는 길목이므로 이 성이 함락되면 나머지 성들은 보존할 수가 없다. 공이 없었다면 매우 위태로웠을 것이다.[127]

위 사료는 몽골군이 남한산성[128]을 포위하자, 광주 목사 이세화가 수성전술로 성을 지키다가 틈이 나면 성 밖으로 출진하여 기마전을

---

127) 『東國李相國集』 후집 권12, 李世華 묘지명.
128) 일장산성은 둘레가 26㎞이고, 높이는 7~8m에 달했다. 돌로 쌓은 석성이었기 때문에 매우 견고하였다.

전개했음을 말하고 있다. 살례탑은 남한산성을 탈취하기 위해 여러 방법을 동원했던 것으로 보인다. 먼저 성 중의 군사를 끌어내기 위해 회유와 협박을 하였고, 군대를 교대로 밤낮없이 공격케 함으로써 성의 군사가 휴식할 틈을 주지 않았으며, 포를 사용하여 성문을 파괴하였다.

몽골군이 성을 탈취할 때는 성벽에 사다리를 걸치고 올라가 화전(火箭)에 불을 붙여 쏘았다. 이때 선봉대는 점령지에서 징발한 군대를 앞세웠다. 한편으로 포를 쏘아 성문을 직접 파괴하는 방법을 사용하였다.[129] 그리고 성을 공격할 때는 목책을 2중으로 세우고 참호를 한 길이 넘게 팠는데,[130] 그것은 고려 기병의 공격을 막는 데 목적이 있었다.

특히 성문을 파괴할 때는 집을 지은 전차로 돌격하였다.[131] 그러나 이세화는 성루에서 화전을 쏘아 전차를 불태우고, 곧 기병으로 결사대를 조직하여 목책을 부수고 돌격전을 감행하였다. 살례탑은 성벽 아래 토대석(土臺石)이 빠진 곳을 집중 공격했는데, 그것을 본 고려군은 잠시 동요하였으나 몽골군이 성 주변의 도로를 차단하였기 때문에 다른 부대와 협공할 수도 없었다.

이세화는 남한산성의 둘레가 26㎞에 달하는 큰 성이라는 점에 착안하여 새벽 야음을 틈타 군사를 몽골군의 측면에 매복시키고 정면에서 공격함으로써 몽골군을 크게 격파하였다. 이에 몽골군은 포위를 풀고 퇴각하였다.

살례탑은 처인성(경기도 용인시)에 육박해 왔다. 처인성은 작은 토성

---

129) 『高麗史』 권101, 열전 14 문한경.
130) 『高麗史』 권121, 열전 34 조효립.
131) 전차 위에 지은 작은 집은 나무로 만들었다. 4면에 창이 나 있어서 적의 동정을 정찰하면서 동시에 적의 화살을 막을 수 있었다.

이다. 그런데 집단천민인 부곡인들이 살았다. 그들은 중앙에서 파견한 방호별감도 없이 스스로 대오를 편성하여 성을 지켰다. 처인부곡인들의 용맹에 대하여 사료는 다음과 같이 말하고 있다.

가) 금년(1232) 12월 16일에 이르러 수주(수원)의 속읍인 처인부곡의 작은 성에서는 그들과 대전하여 적의 괴수 살례탑을 사살하고, 사로잡은 자도 또한 많았으며, 남은 무리들은 산산이 흩어졌다. 이로부터 적은 기세를 상실하여 안정하지 못하고 이미 회군하여 퇴각하였다.[132]

나) 살례탑이 처인성을 공격하니, 한 중이 난리를 피하여 성에 와 있다가 성중에서 살례탑을 쏘아 죽였으므로 국가에서 그 공을 가상히 여겨 상장군에 제수하였다. 중이 공을 다른 사람에게 사양하기를, "한창 싸울 때에 나는 활과 화살이 없었는데, 어찌 감히 헛되게 중상을 받겠습니까"하고 굳이 사양하고 받지 않았으므로 이에 섭낭장으로 삼았다. 이 중이 바로 김윤후다.[133]

사료 가)는 처인성의 부곡민들이 몽골원수 살례탑을 사살했다는 내용이고, 사료 나)는 국가가 살례탑을 죽인 김윤후에게 관직을 제수하였지만, 김윤후가 관직을 사양했음을 말하고 있다. 몽골의 2차 침입 때 최씨 정권은 천도를 단행하면서 개경의 5부(部)를 강화로 옮기게 하고, 지방의 군현민들은 산성과 섬으로 들어가도록 지시하였다. 따라서 국가의 관군은 대몽전쟁에 전혀 참여하지 않았다.

그러나 처인성 전투에서 부곡민들은 막강한 몽골 침략군을 물리쳤

---

132) 『東國李相國集』 권28, 答東眞別紙.
133) 『高麗史節要』 권16, 고종 19년 9월.

다. 처인성 승첩에서 부곡민들의 역할이 컸음은 처인부곡이 처인현으로 승격된 사실을 통해서 확인할 수 있다.[134] 그런데 당시 처인성의 승첩에 대해서는 처인성 부곡민들의 전투력을 인정하기보다는 살례탑이 우연히 활에 맞았다는 견해[135]가 지배적이다. 과연 그러한가?

이러한 견해는 지금까지 부곡을 군현의 하부행정단위[136]로 생각하고 부곡민의 군사적 성격에 대해서는 전혀 고려하지 않는 것과 관련이 깊다. 이제 부곡이 호족의 사병(私兵) 내지는 국가의 관군으로 존재했던 사실에 대해 살펴보자.

나말여초에 부곡은 호족의 사병으로 존재하였으며, 광종대 이후에는 관군으로 거란전쟁에 참여하였다.[137] 당시 사람들은 부곡인을 재가화상(在家和尙)[138]이라고 했는데, 고려가 거란에게 승리할 수 있었던 것은 이들의 힘이 크게 작용했기 때문이다.[139]

재가화상이 부곡인이라는 사실은 김부식이 묘청의 서경반란을 진압한 다음, 그중에 용감하고 사나워서 항거한 자는 '서경역적(西京逆賊)'이라는 네 글자를 자자(刺字)하여 섬에 유배시키고, 그 다음은 '서경(西京)'이라는 글자를 자자하여 향·부곡에 나누어 배속시켰다[140]고 한 것이

---

134) 처인부곡은 1232년 이후 1260년 사이에 처인현으로 승격되었다(「崔瑞墓誌銘」, "中統元年 出爲處仁縣令").

135) W.E. Henthorn, 1963, Korea ; the Mongol Invasions, Leiden, 74쪽.

136) 박종기, 1990, 『고려시대 부곡제연구』, 서울대학교출판부.

137) 이홍두, 1998, 「부곡의 의미변천과 군사적 성격」, 『韓國史硏究』 103, 127~135쪽.

138) 和尙은 형벌을 받은 복역자들이다. 그런데 夷族 사람들은 그들이 수염과 머리를 깎았기 때문에 和尙이라고 하였다. 재가화상은 평시에는 관청에서 물건을 나르고 도로를 쓸고 도랑을 내며 성과 집을 수축하는 일에 종사하였다. 그러나 국경에 적이 침입하면 전쟁에 참여했는데 매우 씩씩하고 용감했다(『高麗圖經』 권18, 재가화상).

139) 『高麗圖經』 권18, 재가화상.

140) 『東史綱目』 제8 하, 인종 14년 춘2월 23일.

처인성 전경

처인성 성벽에서 바라다본 남쪽 들판

그것이다.

　이로써 처인성의 부곡인들이 살례탑을 사살한 것은 우연이 아니었음을 알 수 있다. 특히 처인성 전투는 몽골 기병의 돌격전과 공성전이 처인 부곡민들의 수성전술에 의해 격파되었던 사실이 주목된다. 그러면 부곡인들과 몽골군 사이에 벌어진 처인성 전투에 대해 살펴보자.

살례탑이 사살된 처인성[141]은 현재의 경기도 용인군 남사면 아곡리 일대로 비정되고 있다. 처인성은 구릉을 따라 축성한 읍성이다. 처인부곡에 도착한 살례탑은 낮은 수전(水田) 지대를 사이에 두고 처인성 앞 구릉지대에 진을 쳤다.[142] 따라서 처인성에 입보한 부곡민들과 몽골군의 접전은 피할 수가 없었다.

먼저 몽골군은 처인성을 여러 겹으로 포위하였다. 그리고 성문에 집중하여 포를 쏘았다. 처인성에서는 성 주변에 해자를 파고 물을 채워 몽골군이 쉽게 접근할 수 없도록 방비를 갖춘 다음, 성루 위에서 화전을 쏘아 반격을 가했다. 마침내 살례탑은 부곡민들이 쏜 유시(流矢)를 맞고 죽었다.[143] 이로써 몽골군은 사기가 크게 떨어졌다. 이어서 부곡민들은 성문을 열고 나가 돌격전을 감행함으로써 수많은 몽골군을 살상하였다. 당시 처인성에는 중앙에서 파견한 관리나 산성별감, 군대가 없었으며, 항전을 벌린 것은 오직 부곡민뿐이었다. 따라서 처인성 부곡민들은 몽골의 2차 침입을 물리친 주역이라고 하겠다.

---

141) 처인성은 『新增東國輿地勝覽』, 龍仁縣 古蹟條에 "在縣南二十五里 土築 今盡頹廢 有軍倉"이라고 하였다. 성의 면적은 3천 평이고, 둘레는 4백m이며, 높이는 5~3m로서 흙으로 쌓았다(문화재관리국, 1977, 『문화유적총람(상)』, 177쪽). 한편 "아곡리 입구 들판 중간에 약간 돌기한 구릉에 쌓은 토성으로 남아있는 성의 길이는 약 250m 정도다. 높이는 최고 7~8m에서 최저 2~3m가 남아있다"고 하였다. 성 안은 평탄하고 북쪽으로 약간 경사져 있다(경기도, 1978, 『우리 고장의 문화재총람 - 지정문화재편』, 462쪽).

142) 윤용혁, 1980, 앞의 논문, 62쪽.

143) 『元史』 卷208, 外夷 高麗傳.

3. 고려의 제3차~제6차 몽골 전쟁과 기마전

몽골은 제3차 전쟁(1236. 윤7~1239. 4)부터 그 영역을 전국으로 확대시키고 강화도와 인접한 경기·서해도 지역을 집중 공략하였다. 이는 고려를 초토화시켜 고려 조정이 강화도에서 더 이상 항쟁을 지속할 수 없도록 하는 데 목적이 있었다.[144] 따라서 고려 정부는 전국에 산성해도입보령을 내리고 방호별감을 각 지역에 파견하여 수성전을 강화하였다.

1236년(고종 23) 대군을 이끌고 서북면으로 침입한 당고는 6월까지 청천강 이북의 모든 지역을 장악하고,[145] 7월부터는 남쪽으로 내려갔다. 이때 고려군은 소수의 군대로 야간 기습과 매복전을 감행하였다. 여기서는 고려·몽골 3차전쟁 중 죽주성전투를 통해 양국의 기마전을 살펴보려고 한다.

다음의 사료가 그러한 사실을 말해준다.

몽골군이 죽주성에 이르러 항복할 것을 권유하자, 성안의 군사들이 출격하여 패주시켰다. 다시 와서 공격하니, 성의 네 문이 포에 맞아 무너졌다. 성 안에서도 포를 가지고 맞서니 몽골군이 감히 접근하지 못했다. 조금 후에 몽골군은 또 사람의 기름과 소나무와 마른 짚을 가지고 와서 불을 질러 공격하였다. 성안의 군사들은 일시에 성문을 열고나가 치니 몽골군의 죽은 자는 셀 수가 없었다. 몽골군은 갖은

---

144) 정해은, 2006, 『고려시대 군사전략』, 국방부 군사편찬연구소, 245~248쪽.

145) 6월에 몽골 군사가 의주강을 건너 오물기천과 삭녕진에 진을 쳤고, 유격병이 가주와 안북주(안주) 운암역에 진을 쳤다. 그리고 선주 형제산 들판에는 17곳에 나누어 진을 쳤는데, 자주·삭주·귀주·곽주의 4주에 가득하게 벌렸다. 선봉은 황주에서 신주와 안주에 이르렀다(『高麗史節要』 권16, 고종 23년 6월).

죽주산성 성벽

방법을 다하여 15일 동안이나 공격하여도 성을 함락시키지 못하자, 마침내 공성무기를 불사르고 달아났다. 방호별감 송문주는 일찍이 귀주에 있으면서 몽골군의 공성술을 잘 알고 있었으므로 몽골군의 의도를 모두 먼저 알았다. 그는 번번이 군중들에게 말하기를, "오늘은 적이 반드시 어느 기구를 사용할 것이니, 우리는 이러한 것으로 응전하여야 할 것이다."라고 하면서 즉시 준비시켜 기다리게 하였다. 적이 달려드는 것을 보니, 과연 그의 말과 같았다.146)

위 사료는 몽골군이 죽주성에서 15일간 공성전을 감행했지만, 방호별감 송문주가 이를 물리쳤다는 내용이다. 죽주성은 둘레가 3,874척의 작은 성이었으나, 돌로 쌓았기 때문에 매우 견고하였다.147)

---

146) 『高麗史節要』 권16, 고종 23년 9월.
147) 『新增東國輿地勝覽』 권8, 죽산현 고적.

몽골군은 죽주성을 공격하기 전에 먼저 군대의 위용을 보이면서 항복하기를 권유하였다. 그러나 죽주성에서는 기병을 출격시켜 기습공격을 감행하였다. 몽골군이 곧 대열을 정비하고 포를 쏘면서 반격했는데, 이때 성의 동·서·남·북문이 모두 무너졌다. 이것을 보고 성 안에서도 즉시 포를 쏘아 응전하자, 몽골군이 접근하지 못했다.

몽골군은 사람의 기름과 소나무 및 마른 짚에 불을 붙여 성에 접근하여 성벽을 허무는 작전을 폈다. 죽주성에서는 성문을 열고 기병을 일시에 출격시켜 돌격하는 작전으로 대항하였다. 이어서 도끼부대 등 성 안의 특수부대가 근접전으로 몽골군사를 셀 수 없이 살상하였다. 몽골군은 여러 가지 방법으로 죽주성을 15일 동안 공격했지만 실패했는데, 그것은 방호별감 송문주가 일찍이 귀주전투에서 몽골군의 공성술을 경험하였기 때문이다.

1236년(고종 23) 12월 몽골군은 대흥성(충남 홍성)을 탈취하기 위해 수일동안 성을 포위하였다. 그러나 대흥성에서는 성문을 열고 기병을 출격시켜 적을 크게 격파하였다. 몽골군은 많은 무기와 전투장비를 남겨둔 채 도망하였다. 당시 고려 백성들은 관군도 없이 수성전술로 향촌을 방어하였다.

1237년(고종 24) 초부터 몽골군의 군사행동은 중지되고 양국간에는 강화를 위한 담판이 벌어졌다. 몽골은 제3차 침입초기부터 주장하던 "국왕출륙친조"를 강화담판이 끝날 때까지 실현하지 못하고 철수하였다.

몽골은 1246년(고종 33) 7월 "국왕출륙친조"를 강요하면서 고려를 침략하여 염주에 이르렀다. 이것이 제4차 침입이다. 그러나 1248년 3월 몽골황제 정종(구육)이 갑자기 죽자, 침략군을 철수시켰다.

이후 몽골은 1253년(고종 40) 7월 압록강을 건너 고려를 침략했는데,

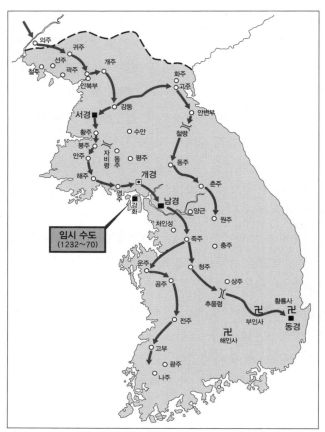

몽골군의 고려 침공로(1235~1239)

이것이 제5차 침입이다. 몽골군은 8월에 양산성(椋山城)을 함락시켰다.[148] 그리고 9월 20일에는 춘주성(춘천)을 공격하자, 춘주성에서는

---

148) 양산성은 4면이 절벽이고, 또한 길이 매우 좁아서 人馬가 겨우 지나갈 정도였다. 그런데 방호별감 권세후가 험한 지형만 믿고 방비를 게을리 하였다. 몽골군은 포를 쏘아 성문을 부수고, 火箭을 쏘아 성안의 집을 불태웠다. 마침내 몽골군이 사방으로 들어와 성이 함락되었다(『高麗史節要』 권17, 고종 40년 8월 ;『高麗史』 권101, 열전 14 문한경).

기병결사대를 조직하여 대항하였다. 다음의 기사가 당시의 기마전에 대해 말해준다.

　몽골군이 춘주성을 여러 겹으로 포위하고 또 목책을 2중으로 세웠으며, 깊이가 한길이 넘는 참호를 파고 여러 날을 공격하였다. (중략) 안찰사 박천기는 더는 대책도 없고 힘도 없었으므로 먼저 성안의 재물과 양곡을 불사르고 결사대를 거느리고 목책을 파괴하면서 포위망을 돌파하려고 하였다. 그러나 참호에 부닥쳐 나오지 못하고 한 사람도 탈출하지 못하였다. 마침내 그 성이 함락되었다.[149]

　위 사료에서 춘주성은 봉산성을 말하는데, 둘레는 2,463척이고, 높이는 10척정도의 작은 돌성이다.[150] 몽골군은 봉산성을 중앙에 두고 원을 그리며 포위하였다. 몽골군은 봉산성을 여러 겹으로 포위한 다음, 2중으로 목책을 치고 참호를 깊게 팠다. 그리고 성을 완전히 봉쇄한 이후에 연일 포와 불화살을 쏘면서 맹렬하게 공격하였다. 이러한 사실은 춘주성이 방어에 치중할 수밖에 없었음을 반영한다.

　춘주성에서는 성이 함락되기 직전에 기병으로 결사대를 조직하여 성문을 열고 나가 몽골군을 향해 출격하였다. 결사대는 곧 목책을 돌파하였지만, 깊고 넓게 파놓은 참호는 뛰어넘을 수가 없었다. 따라서 고려군은 한 사람도 탈출하지 못했다.

　기병은 보병 8명에 해당하는 전투력을 갖고 있으며, 적의 허점을 살펴 기습하는 역할을 한다.[151] 이때 적군이 미처 대오를 정리하지

---

149) 『高麗史節要』 권17, 고종 40년 9월.
150) 『新增東國輿地勝覽』 권46, 춘천도호부 고적 봉산고성.
151) 『六韜三略』, 6犬韜 제55 均兵.

못하고 전군과 후군이 연락을 취하지 못했을 때는 아군의 기병이 적군을 쉽게 격파할 수가 있다.[152] 그러나 당시 몽골군은 이미 대오를 정돈하여 견고할 뿐만 아니라 병사들도 투지가 넘쳤기 때문에 적진을 함락할 수 없었다.

당시 소규모의 춘주성에는 많은 사람들이 집결함으로써 물이 크게 부족하였다. 따라서 백성들은 소와 말의 피를 마시면서 전투를 수행할 수밖에 없었다. 최후의 순간이 닥쳐오자 춘주성 주민들은 결사대를 조직하여 개문 출격하였지만, 몽골군에게 정면공격은 승산이 없었다. 또한 춘주성이 함락된 것은 성이 고립된 상태에서 항전할 수밖에 없었던 점과 국가 차원의 방어군이 없었던 것이 주요 원인이라고 하겠다.[153]

춘주성은 방어에 치중하다가 함락되었지만, 대부분의 다른 성에서는 수성전술로 몽골군을 물리쳤다. 원주에서는 방호별감 정지린이 성을 굳게 방비하여 몽골군의 포위망에서 벗어날 수 있었다.[154] 한편 고려군은 수성전을 전개하다가 몽골군의 진영에 틈새가 보이면 기병을 성 밖으로 출격시켜 기마전을 전개하였다. 1253년 11월 교동별초가 평주성 밖에 복병했다가 밤에 몽골군의 진영을 쳤던[155] 사실을 통해 그것을 알 수 있다.

1253년 12월 몽골군은 충주성에서 포위를 풀고 물러났는데, 그것은 충주성에서 기병을 성 밖으로 출격시켜 적극 공격하였기 때문이다. 다음의 사료가 그러한 사실을 설명하고 있다.

---

152) 『六韜三略』, 6犬韜 제59 戰騎.
153) 당시 무신집권자들은 각 지방의 농민군을 돕기 위한 실제적인 대책은 세우지 않고 고식적인 "산성해도입보령"에만 매달리고 있었다.
154) 『高麗史節要』 권17, 고종 40년 11월.
155) 앞의 주와 같음.

가) 충주에서 몽골군이 포위를 풀었다고 보고하였다. 그때 포위를 당한
지가 모두 70여 일이나 되어 군량이 떨어지게 되었다. 방호별감
낭장 김윤후가 군사들에게 타일러 격려하기를, "누구든지 힘을
다하여 싸우는 사람이면 귀천의 차별없이 벼슬을 주겠다. 너희들은
나의 말을 의심하지 말라." 하고 관노들의 등록문서를 불살라버렸
다. 그리고 노획한 소와 말을 나누어 주었다. 사람들은 모두 죽을
힘을 다하여 적과 싸웠다. 몽골군의 기세가 꺾여 다시 더 남하하지
못했다.[156]

나) 차라대가 충주산성을 공격했는데, 졸지에 큰바람이 휘몰아치고
비가 세차게 쏟아졌다. 성 중의 사람들이 정예한 군사를 뽑아 맹렬히
반격하자, 차라대가 포위를 풀고 드디어 남쪽으로 내려갔다.[157]

사료 가)는 1253년 10월 제5차 침입 때 몽골군이 충주성을 70여
일동안 포위하고 공격하였지만, 방호별감 김윤후가 충주성의 천민군과
함께 적의 공격을 막아냈다는 내용이고, 사료 나)는 1254년(고종 41)
9월 제6차 침입 때 차라대가 충주성을 공격하자, 충주성에서는 방어에
만 치중하지 않고 때마침 불어오는 폭풍우를 이용하여 기병을 성 밖에
출격시켜 몽골군을 물리쳤다는 내용이다.

여기서 천민군은 부곡민과 노비를 지칭한다.[158] 그들은 군역 의무가
없었지만, 전시에는 충주성 방어전에 참전하여 성을 지켰다. 몽골군으
로부터 노획한 말들을 천민들에게 지급했다는 사료를 통해 천민들이

---

156) 『高麗史節要』 권17, 고종 40년 12월.
157) 『高麗史節要』 권17, 고종 41년 9월.
158) 부곡민의 군사적 역할에 관해서는 다음의 저서를 참고할 것. 이홍두, 2006,
『한국중세 부곡연구』, 혜안.

충주산성 남문쪽

기마전을 수행했을 것으로 여겨진다. 그리고 제2차 침입시 적장 살례탑을 사살할 때도 천민군의 공로가 컸던 사실이 이를 입증한다.

당시 충주성 전투에서 승리할 수 있었던 것은 충주 읍성을 비롯한 6개의 성159)이 상호 연계하여 전술을 펼쳤기 때문이다. 다시 말해서 충주성에서는 춘주성처럼 단순히 수성전에만 치중하지 않고, 기병대를 성 밖에 잠복시켜 매복전과 요격전을 함께 병행하였다. 충주에 인접한 6개 성은 모두 돌성으로서 매우 견고하였고, 험한 산악지형을 이용하여 구축하였으므로 몽골 기병이 불리할 수밖에 없었다.160)

『고려사』에는 "10월 차라대가 상주산성을 포위하고 치자, 황령사 중 홍지가 제4관인을 사살하였으며, 몽골군의 전사자가 절반을 넘었

---

159) 6개의 산성은 읍성, 충주남쪽 10리의 대림산성, 충주동쪽 13리의 동악산성, 충주동쪽 45리의 월악산성, 충주서쪽 15리의 천룡산성, 충주서쪽 28리의 봉황성이다.
160) 김재홍, 1988, 앞의 책, 290쪽.

충주 마지막재 대몽항쟁전승기념탑

다."161)는 사실을 전한다. 이러한 사실은 상주성 밖에서 전개된 요격전에서 승군과 신기군의 역할이 매우 컸음을 짐작케 한다.

한편 고려의 요새형 산성을 탈취하는 데 실패한 몽골군은 계속 남하하기 위해 성을 우회하였다. 우회하는 경우 확보하지 못한 성은 고립시키는 작전을 썼는데, 그것은 먼저 성을 포위하고 위장 공격을 가함으로써 개문 출격할 수 없게 하는 것이고, 다음으로 성 주변의 교통망을 차단하여 다른 성과의 연계를 끊는 것이 주요 목적이었다.

몽골군은 산성을 탈취하는 데 실패하자, 제7차 고려-몽골전이 시작되는 1256년(고종 43)을 전후하여 배를 만들어 섬을 공격하기 시작하였다.162) 이에 조정에서는 장군 이광과 송군비를 보내어 수군 300여 명을 거느리고 남쪽으로 내려가 막게 하였다.163)

당시 고려는 산성해도입보령에 따라 병선에는 포를 설치하고 해안방어에서도 포를 사용하였다. 따라서 차라대가 수군 70척을 거느리고

161) 『高麗史』 권24, 세가 고종 41년 10월.
162) 『高麗史節要』 권17, 고종 42년 12월.
163) 『高麗史節要』 권17, 고종 43년 1월.

압해도(전라남도 무안군)를 공격하였지만, 압해도 사람들이 전함에
두 개의 포를 설치하고 대응함으로써 몽골군은 참패할 수밖에 없었다.

제6장

조선시대 대외전쟁과 기마전

Ⅰ. 조선의 야인 정벌과 기마전

1. 동북면 야인 정벌과 기마전

여진족 기병 조각

조선왕조는 개국 직후[1] 국경선을 길주에서 두만강 하류의 공주(孔州)까지 전진시키고, 그 곳에 경원도호부를 설치하였다.[2] 이 같은 국경선 전진배치는 일대의 여진족과 영토의 지배권을 놓고 충돌할 수밖에 없었다.[3]

조선의 제1차 야인 정벌은 1410년(태종 10)의 모련위 정벌이다.[4] 정벌군은 같은 해 2월 29일 기병 1,150기를 거느리고,

---

1) 고려는 13세기 중엽부터 1백여 년간 원의 지배를 받으면서 영토가 평양, 영흥이남으로 축소되었다. 그런데 공민왕이 국토확장책의 일환으로 원나라 쌍성총관부를 탈취한 결과 위원·강계·갑산·길주의 이남지역을 회복할 수 있었다. 그러나 두만강 이북지역은 여전히 야인의 세력권에 있었다.

2) 1403년(태종 3) 동가강(파저강) 일대의 이만주가 명나라의 협조 하에 건주본위를 세우자, 1405년(태종 5) 퉁맹가테무르[童猛哥帖木兒]는 명나라에 입조하여 건주좌위를 세웠으며, 오도리[斡朶里]족도 같은 해에 입조하여 모련위를 세웠다. 따라서 조선은 여진족이 지배권에서 벗어나자, 그 보복조치로 회사품을 중지하고, 경원성 밑에 열어주던 시장을 철폐하였다.

3) 유재성, 1996, 『한민족전쟁통사Ⅲ』(조선시대 전편), 93쪽.

4) 정벌 동기는 혐진 우디케가 1406년 경원과 종성에 침입한 이후 1409년과 1410년 2월 4일, 또다시 慶源府를 침입하여 병마사 韓興寶와 군사 15명을 죽이고 우마와

길주를 출발하여 3월 6일 오음회(회령)에 도착하였다. 그러나 우디거(兀狄哈)는 이미 산속으로 도주하였다. 정벌군은 목표를 선회하여 오랑캐(兀良哈)와 오두리(吾都里)의 적당 160명을 베고 27명을 생포하는 전과를 올렸다.[5]

당시 조선에서는 북청 이북의 기병만으로 정벌전을 전개한바, 그것은 기병의 기동력을 이용한 기습 전술과 관련이 있다. 따라서 여기서는 동북면 야인 정벌을 통해 여진과 조선의 기마전을 고찰하려고 한다. 다음의 사료가 당시 야인들의 기마전 풍습을 말하고 있다.

> 가) 처음에 한흥보가 죽은 뒤에 맹가테무르(猛哥帖木兒)가 (중략) 천호 김희주를 보내어 조연에게 이르기를, "이번에 들어와 침노한 우디거(兀狄哈)는 탐주의 갈다개와 구주의 김문내 등인데, 만일 추포하지 않는다면 깊은 곳의 수많은 도적들이 모두 업신여기는 마음을 내어 번번이 들어와 침노하는 근심이 없지 않을 것이오. 찰리사가 병마를 거느리고, 이를 쫓는다면 내가 마땅히 힘을 같이 하여 싸움을 돕겠소." 하였다. 이에 조연이 김희주를 시켜 동지휘(童指揮)가 있는 곳에 돌아가게 하니, 동지휘가 김희주에게 이르기를, "찰리사가 만일 추포할 마음이 있다면 몰래 군사를 숨겨 들어와 경원에 성을 쌓는다 말하고 또 사람을 시켜 내게 통지하면 내가 군사를 거느리고 동행하여 불의에 나가서 습격하겠다." 하였다. 그리고 동지휘의 아우 어허리(於虛里)도 말하기를, "초목이 무성해지면 적을 잡기가 어려우니 마땅히 빨리 군사를 행하시오. 만일 조선에서 철기 400기를 내고, 우리들이 200기를 가지고 모이면 싸움을 이길 수 있을

전곡을 약탈하였기 때문이다(『太宗實錄』 권19, 태종 10년 3월 신묘).

5) 『太宗實錄』 권19, 태종 10년 3월 을해.

것이오." 하였다.[6)

나) 영의정 부사 하륜이 말하기를, "자고로 험한 곳을 넘어서 적을
공격하면 성공하기 어렵습니다. 지금 경원에서 적들의 지경에 이르
자면, 수백 리를 지나야 되는데 지나가는 길에는 반드시 험한 곳이
있을 것입니다. 그렇다면 우리가 도리어 그들에게 유인을 당하는
것입니다. 적의 강약과 많고 적음에 관해서는 신이 알지 못하지만,
생각건대 저들은 산골짜기에 기거하여 모이고 흩어지는 것이 때가
없어서 혹은 가파른 곳으로 끌어들이고, 혹은 밤중에 일어나 불의에
습격합니다. 이와 같이 공격한다면 대군이 작은 무리에게 꺾이어
후회하여도 미칠 데가 없을까 두렵습니다. 성벽을 튼튼히 하여
굳게 지키고, 적이 오는 것을 기다려서 응하는 것만 같지 못합니다."[7)

사료 가)는 여진의 맹가테무르와 동지휘가 만약 조선이 우디거를
친다면, 조선의 향도가 되겠다고 자청한 내용이다. 사료 나)는 영의정
하륜이 거짓 후퇴하는 야인을 추격하다가는 험한 지형의 함정으로
유인될 수 있기 때문에 성을 지키는 전술로 대응할 것을 말하고 있다.
그런데 사료 가)에서 초목이 무성하면 우디거[8)를 잡기가 어려우니
그 전에 빨리 군사를 출전시키라는 어허리의 말이 주의를 끈다. 이는
야인들의 전술은 일반적으로 소부대가 우거진 숲을 이용하여 게릴라
전술을 사용했음을 전제로 한 말이다. 즉, 사료 나)에서 야인들은 산골짜
기에 기거하여 모이고 흩어지는 것이 때가 없어서 혹은 가파른 곳으로

---

6) 『太宗實錄』 권19, 태종 10년 2월 기미.
7) 『太宗實錄』 권9, 태종 10년 2월 기미.
8) 건주위에 사는 우디거는 멀고 깊은 데 살면서 당시 귀순하지 않고 있어 그
   부락 족류의 강약 및 그 휘하 인원수에 대해 알 길이 없었다.

끌어들이고, 혹은 한밤중에 일어나 불의에 습격한다는 하륜의 주장에서 야인들이 전통적으로 사용하는 전술의 일단을 파악할 수 있다.

특히 영의정 하륜이 험한 곳을 넘어서 적을 공격하면 성공하기가 어렵다고 인식한 것은 하륜이 야인들의 전술을 이미 꿰뚫고 있었음을 입증한다. 다시 말해서 조선군이 경원에서 우디거 본거지까지 수백 리의 길을 무리하게 추격하다가 지치면, 전선이 단절되어 일거에 역습을 받아 전복되는 상황을 예견한 것이다.

사실 야인들은 적을 발견하자마자, 한 사람이 서너 대씩 화살을 쏘면서 돌진한다. 적이 너무 강하다고 판단되면 그들은 하루나 이틀이 지나도록 후퇴한다. 겉으로 보면 이것은 패주를 거듭한 것처럼 보이지만, 지역에 익숙하지 못한 적군들을 자신들이 잘 아는 전략적 험지로 유인하는 것이다. 야인들이 가장 잘 할 수 있는 것이 거짓 후퇴전술이다. 만약 적이 계속 추격하면 그들은 정예 군사를 숨기고 포로들을 선봉에 세웠다.

그러면 당시 맹가테무르와 동지휘는 왜 조선에 협력하여 같은 동족을 치려고 하였을까. 이 문제는 당시 조선이 여진의 대소추장에게 각각 분리정책과 회유정책을 취하여 그 세력이 하나로 뭉치는 것을 막았기 때문이다.9) 따라서 그들이 제공한 정보를 통한 전략전술은 두 가지로 요약할 수 있다. 먼저 빠른 기병으로 기습 작전을 전개하되, 초목이 무성하지 않는 시기를 선택하며, 다음으로 군사는 기병 600기가 필요하다는 것이다.

당시 야인의 기병전술은 여러 가지가 있으나, 위 사료에서는 두

---

9) 조선에 입조한 여러 여진은 우디거와 오랑캐 및 토착여진으로 구분할 수 있다. 그런데 이들은 명나라와 조선의 회유정책에 따라 상호 대립관계에 있었다. 이에 관한 구체적인 내용은 다음 논고를 참조할 것(김구진, 1983, 앞의 논문).

가지 전술을 언급하고 있다. 먼저 산골짜기에 기거하면서 모이고 흩어지는 것이 때가 없는 경우이다. 이는 야인의 기병이 넓게 산개하여 깊은 골짜기에서도 바람처럼 불시에 나타나는데, 조선군과 일정한 거리를 유지하면서 자주 위협·도발을 반복한다는 것이다. 그러나 조선의 기병이 정신을 가다듬고 전투를 하려고 하면 기마의 속도를 이용하여 바람처럼 사라졌다. 기마전에 대한 발상과 자세가 확연히 차이가 있음을 알 수 있다. 조선군 측에서 보면 야인의 기병은 바로 신기루 같은 것이었다. 조선의 기병은 꼭 잡았던 것으로 생각했지만, 잡을 수 없는 야인 기병의 움직임에 매번 희롱당하고, 뛰어다니다가 지쳤다. 이같이 야인 기병은 조선 기병과의 전면적 결전을 피하고, 의도된 공격과 거짓 후퇴전술을 펼치면서 추격하였다.

다음으로 "지형이 험한 곳으로 유인하고", "한밤중에 일어나 불의에 습격한다"는 것인데, 이것은 거짓 후퇴전술과 때와 장소를 가리지 않는 기습작전을 지칭한다.

그런데 맹가테무르와 동지휘의 협조로 우디거를 정벌한 두 달 후, 즉, 1410년(태종 10) 4월 조연의 공세를 피하여 살아남은 오랑캐의 잔여세력과 오도리(斡朵里) 부족이 보기 혼성부대 150여 명을 이끌고, 경원부의 옹구참을 침공하였다. 또한 협진 우디거와 오두리(斡都里) 및 오랑캐의 세 부족이 경원부의 아오지를 침공하여 대규모 공세를 전개하였다. 이때 경원부사 정승우가 출동하여 저항하였으나, 조선군은 이 전투에서 73명이 전사하고 52명이 부상하는 인명손실과 함께 전마 120필, 병갑(兵甲) 24부를 야인집단에 탈취당하는 전투 손실을 입었다.[10]

---

10) 우디거의 침략이 계속되자 태종은 능과 府를 옮길 뜻을 조정 중신들에게 말하였다. 마침내 태종은 1411년(태종 11)에 일시적으로 경원부를 폐지했다가 1417년

2. 서북면 제1차 야인 정벌과 기마전

세종은 1432년(세종 14)에 회령에 영북진(寧北鎭)을 설치하여 동북
국경지역을 적극 개척하였다. 그런데 1433년(세종15)에 우디거 부족이
오두리 부족의 추장 건주좌위도독 맹가테무르(猛哥帖木兒)[11] 부자를
습격하여 죽이는 내부 반란이 일어났다. 따라서 조선은 야인의 내분을
호기로 판단하고, 김종서를 함길도 도절제사로 임명하여 두만강 남안
일대의 야인집단을 몰아내는 국토 개척사업을 추진하였다.[12]

한편 조선이 두만강 변의 야인여진을 군사력으로 몰아내고 그곳에
6진을 설치하자, 살아갈 터전을 잃게 된 야인여진의 오도리 부족이
파저강(동가강) 부근으로 이주하여 그곳의 부족과 합류하게 되었다.
파저강의 여진족은 건주여진의 주력세력으로서 추장 이만주가 통솔하
고 있었다. 따라서 조선은 1433년(세종 15) 4월 10일에 제1차 파저강
야인 토벌작전을 전개하였다.[13] 그런데 최초의 계획은 보병을 주력군
으로 하였지만, 뒤에 기습 작전을 위해 기병 중심으로 편제하여 큰
전과를 올렸다.[14]

(태종 17)에 그 소재지를 鏡城으로 후퇴시켰다. 그 후 경성이 야인집단의 방어요
충지가 되고, 그 이북지역은 방치함으로써 세종의 치세에서도 동북 변경지역
일대는 야인집단의 습격과 약탈이 끊이지 않았다.

11) 淸나라 시조인 맹가테무르[猛哥帖木兒]는 바로 원나라 때 오도련만호부의 만호
벼슬을 하던 인물이다.

12) 유재성, 1996, 앞의 책, 94쪽.

13) 국가는 평안도 도체찰사 겸 중군상장군 최윤덕을 원정군 사령관으로 삼고
정벌군은 평안도에서 기병과 보병 1만 명, 황해도에서 기병 5천명을 동원하여
총 1만 5천명이다.

14) 정벌군은 4월 10일 강계도호부로부터 압록강을 기습 도하하여 파저강 유역의
이만주 본거지 부락을 공격하였다. 이로부터 4월 19일까지 10일 동안 차례로
여진부락을 초토화시키고, 참살 170여 명, 생포 236명, 병기 1,200여 점, 마필과

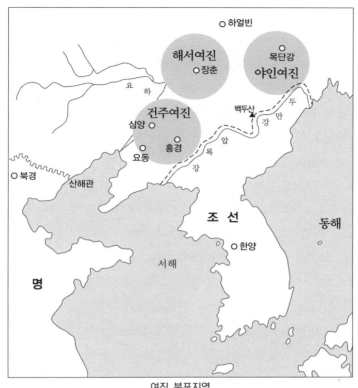

여진 분포지역

제1차 파저강 야인토벌 작전에 동원된 병력은 태종대 경원도호부 야인 정벌 때보다 병력수가 10여 배 이상인데, 그 이유는 야인들의 주력군이 기병인 것과 관련이 있다. 즉, 최윤덕이 현지에 도착하여 정세를 면밀히 분석한 결과 마천(馬遷)에서 오라산성(兀羅山城)까지의 지역 일대가 너무 광범위하여 아군이 그들의 한두 부락을 공격할 경우 사방에서 서로 힘을 합하여 구원한다면, 작전의 성패를 가늠할 수 없었다. 다시 말해서 산재해 있는 야인부락 모두를 공격 대상으로

소 170마리 등을 노획하는 전과를 올리고 개선했다.

하여 한두 개 부락마다 한 개 부대씩 동시에 공격한다면 야인들은 자기 부락을 지키기에 분주하여 다른 부락을 구원할 수가 없었다. 따라서 조선이 기병을 중심으로 정벌군을 편제한 이유가 여기에 있다.

4군 6진의 설치를 통한 세종의 북방 영토 개척은 세종 중반기에 와서 더욱 확대되었다. 그러나 생활 터전을 잃은 야인들이 배수진을 치고 저항하자, 조선 장수들이 진법 훈련과 신무기 개발로 야인들의 침략을 격퇴하였다. 다음의 사료가 그것을 설명하고 있다.

함길도 감사와 도절제사가 진법을 의논하여 아뢰기를, "대체로 전투하는 병사는 각각 장기(長技)가 있는데, 적이 장기를 사용하면, 아군은 적의 약점을 찾아 공격해야 승리할 수 있습니다. 궁시(弓矢)는 야인의 장기인데, 아군도 궁시로 대응하기 때문에 야인들과 전투하면 크게 패배합니다. 그리고 야인들의 진법은 새와 구름이 흩어지는 형태를 취하다가 야인들이 많고 아군이 적으면, 포위해서 격파하고, 야인이 적고 아군이 많으면, 후퇴하는 것처럼 하다가 나무나 바위 뒤에 숨어서, 강궁을 쏘아대는 데도 아군은 벌이나 개미떼가 모여드는 것처럼 한 곳에 몰리기 때문에 적의 화살에 노출되어 많은 사람과 말이 부상을 당하니, 이것은 병법에서도 금하는 것입니다. 부대의 병사가 공격하고 후퇴하며, 앉고 서는 모든 동작을 진법에서 설명한 대로 해야 합니다. 적을 만날 경우 중익에서 나팔을 한번 불어 청색과 백색기가 앞을 가리키고 북소리가 울리면, 좌익과 우익이 옆으로 산개하여 구름이나 새가 흩어지듯이 대오를 넓게 하여 기러기의 행렬처럼 좌우로 산개합니다. 포위될 경우에는 3명으로 대오를 만드는데, 1명은 방패와 칼을, 1명은 창을(활과 칼을 함께 휴대하게 할 수 있다), 1명은 화살과 칼을 휴대합니다. 세 대오 사이에 화통(火筒) 한 개를 두고, 3명으로써 대오를 만들어 1명은 방패를 쥐고, 2명은 화통을 휴대합니다(서로 계속하여 쏠 수 있게 한다). 만약 적이 흩어져서 나무나 바위 뒤에 숨어 공격할 경우 나팔을 한 번 불고, 지휘기가 눕고, 북소리가 울리면, 방패를 가진 자는 말에서 내리고 활과 창을 가진 두 사람도 말에서 내려 방패병 뒤에 위치합니다. 북소리가 울리면 방패병이 재빨리 앞으로 진격하고 뒤의 두 사람도 빨리 진격해서 활과 창을 교대로 쏘면, 적이 나무나 바위에 의지하여 견디지 못할 것입니다. 적군이 패주하면 좌익과 우익에서 일제히 추격합니다. 적이 말을 타고 도주하면, 아군도 말을 타고 추격합니다. 소리가 나면 멈춰서고 북을 치고 나팔을 불면, 돌진하여 진격하여 싸우는데, 중익에서 북을 치고 나팔을 불면, 좌익과 우익에서 응대합니다. 매번 전투에는 반드시 기병(奇兵)을 배치하여 불시에 적의 선봉을 치고, 후방을 차단하며, 혹은 좌우에서 기습합니다. 기병(奇兵)과 정병(正兵)이 서로 돕고 호응하면, 병사들은 항상 장수의 의도를 알고 장수는 군사의 마음을 아니, 싸움에 나가 제 손가락을 놀리듯 마음대로 움직이게 되면 사람들은 저절로 싸우자고 할 것입니다.15)

위 사료에서 당시 함길도 감사와 도절제사가 세종에게 올린 진법의 내용을 통해 야인들의 기병전술과 조선군의 대응전술을 엿볼 수가 있다. 여기서 진법의 요지는 기마를 통한 신속한 기동력과 달리면서 활을 쏘는 여진군의 기사(騎射)에 조선군이 어떻게 대응할 것인가를 구체적으로 제시하고 있는 것이 주목된다. 이는 그동안 조선의 장수들이 야인들의 전술을 명확히 인지한 데서 나온 결과로 보인다. 즉, 조선의 장수들은 야인을 정벌하는 데, 활과 화살만으로는 부족하다고

15) 『世宗實錄』 권64, 세종 16년 4월 계유.

생각하고, 야인들이 갖지 못한 무기 사용을 그 대안으로 생각하였다. 다시 말해서 그동안 조선의 군사들은 야인들의 장기인 궁시로 무장함으로써 항상 패배할 수밖에 없었다고 보았다.

야인들은 15명 정도의 단위로 흩어져 있다가 그들의 숫자가 많으면 기마의 기동력과 기사[16]의 위력으로 공격을 주도하였다. 그러나 야인들이 적고 조선군의 숫자가 많으면, 거짓 후퇴를 하다가 나무나 바위 뒤에 숨어서 한 곳에 모여 있는 조선군을 향해 쇠뇌를 쏘았는데, 이때 조선군의 피해가 매우 컸다. 여기서 야인의 기병이 후퇴하는 것은 얼핏 보면 패주하는 것처럼 보이지만, 지역에 익숙하지 못한 조선군을 자신들의 본거지로 유인하는 전술이다. 조선기병은 무리한 추격을 계속하다가 일거에 역습을 받아 패배하였다.

한편 조선군이 행군 중에 야인의 부대를 만나면, 좌익과 우익이 옆으로 산개하는데, 이때 구름이나 새가 흩어지듯이 대오를 넓게 하여 기러기 행렬처럼 좌우로 산개할 것을 요구한다. 만약 적군에게 포위될 경우는 대오에서 이탈하여 한 명은 방패와 칼을, 한 명은 창을, 한 명은 화살과 칼을 휴대한다. 그리고 이 세 명으로 한 오를 만든 다음, 조선군의 장기인 화통으로 대응할 것을 제시한다. 이때 세 명은 각각 다른 무기를 소지하고서 서로를 보호한다.

특히 야인들이 지형지물을 이용해 몸을 숨기다가 활을 쏘려고 몸을 일으키면 말에서 내린 아군 세 명 중 두 명이 방패 뒤에서 야인에게 활을 쏘았다. 그리고 근접전의 경우는 활과 창을 교대로 쓰면 야인들이 견딜 수가 없었다. 또한 매 번 전투 때마다 복병을 배치하여 갑자기 적의 선봉을 치고, 후방을 차단하며, 혹은 좌우 측면에서 기습을 전개하

---

16) 騎射는 말을 달리면서 활을 쏘는 騎射法을 지칭한다. 활은 反曲弓으로 사거리가 200m에 이르렀다.

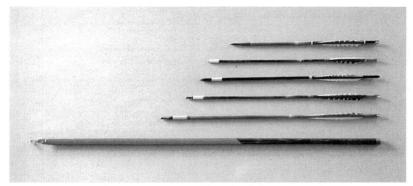

조선시대 편전과 통아 복원품

도록 요구하였다.

결국 야인에 대한 기마전의 열세는 다음 두 가지 방법을 통해 점차 극복했다고 생각된다. 먼저 야인에 대항할 수 있는 진법 훈련을 실시하였고, 다음으로 야인들의 강궁에 대응할 새로운 활을 만들어 군사들에게 지급하였다. 전자는 1421년(세종 3) 병조에서 수령의 감독하에 각 지방의 별패·시위군·영진군을 대상으로 농한기에 진법을 훈련토록 하였으며,17) 1433년(세종 15) 하경복·정흠지·정초 등이 왕명을 받들어 『진서(陣書)』를 편찬하였다.18) 그리고 후자는 조선 초기 북방의 야인을 제압하는 무기로서 편전(片箭)을 발명하여 실전에서 사용하였다.19) 세종대왕의 이와 같은 진법 훈련과 무기 개발에 대한 노력이 4군 6진을 개척하는 바탕이 되었다.

---

17) 『世宗實錄』 권12, 세종 3년 7월 기사.
18) 『世宗實錄』 권61, 세종 15년 7월 을묘.
19) 강성문, 1995, 「조선시대 片戰에 관한 연구」, 『學藝誌』 4, 육군사관학교 육군박물관.

3. 서북면 제2차 야인 정벌과 기마전

조선의 제2차 파저강 여진 정벌은 국경선 미확정지역으로 남아있던 압록강 상류지역을 여진이 번번이 침략하자, 국경방어 강화조치의 일환으로 정벌을 단행하였다.[20] 즉, 제1차 파저강 야인 정벌작전에서 살아난 이만주가 명나라로부터 건주위도독이라는 직함을 받고 동족 세력을 규합하여 서북 변경지역을 침략하였다.[21] 이 같은 상황에서 압록강 연안의 일부 요충지 방어에 어려움이 있었다.[22]

정부 관료들은 방어선의 후퇴 축소론에 동조했으나, 세종은 이를 단호하게 거절하고, 1437년(세종 19) 9월 이천을 정벌군의 중군으로 삼아 제2차 파저강 야인 정벌을 단행하였다. 여기서는 4군의 하나인 여연군의 설치 과정을 통한 야인과의 기마전을 살펴보려고 한다.

파저강 유역으로 돌아온 이만주 일당은 쿠라온(忽剌溫)의 1천여 기, 우디거(兀狄哈)의 2천 칠백여 기의 혼성부대를 결성하여 조선의 동북, 서북 변경지대를 자주 침략하였다.[23] 조선에서는 이 같은 사태를 일찍부터 짐작하고 야인들이 침략하면 깃발과 북소리로 인근지역 부대에 알리는 민병대를 조직하였다.[24] 특히 이곳의 13세 이상 남자는 모두

---

20) 장학근, 2006, 『조선시대 군사전략』, 국방부군사편찬연구소, 110쪽.

21) 조선군의 제1차 야인정벌 때 목숨을 건진 이만주는 1433년 8월, 명나라로부터 建州衛都督이라는 직함을 받고, 그해 파저강 유역으로 귀환하여 忽剌溫과 兀狄哈 부족세력을 규합하여 변경을 계속 침략하였다.

22) 특히 압록강 연안의 한 요새인 趙明干口子는 인근 요새인 虞芮堡 요새와 너무 먼 관계로 야인들에게 집중적인 공격을 받았다.

23) 이만주의 침략은 명나라와 조선의 사대관계를 교묘히 이용하여 조선의 입지를 약화시키려는 전략이었다.

24) 민병대의 자위능력을 향상시키는 방안으로 장정 1인마다 화살 20, 30대씩 지급하여 사격술을 연마토록 하였다. 특히 함경도의 경원·영북·갑산과 여연·자성·강계·벽동·이산·창성·의주 등 야인지역과 접경한 곳은 야인들의 기습에

조선시대 기병의 전투 모습 울산왜성전투도 (부분)

활쏘기를 연마하여 3년에 1회씩 그 무술을 평가받았는데, 종목은 서서
쏘기, 기마사격, 기마창술의 3개 부문이었다.25)

대비하여 사격술과 기마술을 연마토록 하였다.

25) 기마사격과 기마창술의 시험규정을 살펴보면 다음과 같다. 먼저 기마사격은
5개의 표적을 2회 쏘아 6개의 표적을 명중시키면 합격으로 인정하였다. 다만
1차 사격에서 5개의 표적을 차례로 명중시킨 자는 2차 사격에서 명중이 없더라
도 합격으로 인정하였다. 그리고 기마창술은 규정대로 자세를 갖추고 빨리
달리면서 2회에 걸쳐 3개의 인형 표적을 연속하여 내찌르되 모두 4개의 표적을
적중시키면 합격으로 인정하였다. 또한 1차에 연속 3개의 표적을 적중시키면
2차에 적중되지 않더라도 합격으로 간주하였다. 이때 합격자는 모두 논상했는

한편 여연과 조명간에서 발생한 야인 도발 사건을 계기로 조선에서는 그곳의 방어체계와 군량조달 문제를 적극 논의하였다. 그러던 중 이만 주가 홀라온의 우디케 부족과 함께 여연을 공격하는 사건이 있었다. 따라서 조선에서는 압록강 연안의 각 요해처마다 장정들로 편성된 경계초소를 설치 운용하여 순찰을 강화하고, 강변에 거주하는 농민들의 경우 야간에는 목책 안으로 들어오도록 조치를 취했다. 또한 평안도와 함길도 방어에 소요되는 호포와 화전(火箭) 및 방패를 추가로 보급하여 방어력을 증강시키도록 하였다.[26]

조선의 야인 정벌을 통한 다음의 사료가 당시 야인과 조선군의 기마전을 설명하고 있다.

　가) "근자에 도적이 갑자기 이르면 연대에서 포를 쏘고, 만호가 군사를 거느리고 달려가서 그들이 미처 강을 다 건너가지 못했을 때에 공격하였다. 그런데 적이 이와 같은 전술을 이미 알고 다른 날에 밤을 타서 몰래 강물을 건너 숲속에 숨었다가 날이 밝기를 기다려서 군사를 나누어 갑자기 책 밑에 나타났다. 그러다가 거짓 후퇴로 유인한 다음에 복병을 매복하여 우리를 속일까 두렵다. 경은 장차 어떻게 처리하여 적의 술책에 빠지지 않게 할 것인가. 적은 해마다 침범하였다. 그러나 우리는 그들의 종적도 찾지 못했기 때문에 이제까지 도적의 소굴을 알지 못한다. 그런데 이제 정탐을 시작하였으니, 반드시 적의 거처를 알아야 할 것이다. 경은 어떻게 포치(布置)할 것인가."[27]라고 하였다.

　　　데, 특히 향리와 역리 및 공사천으로서 1등에 합격한 자는 모두 면역, 면천하고, 2, 3등도 포상하였다(『世宗實錄』 권60, 세종 15년 6월 기해 ; 유재성, 1999, 『국토개척사』, 58쪽).
　26) 유재성, 1999, 앞의 책, 78쪽.

나) "위험한 물건을 설치하여 승리를 얻게 하는 것은 병가의 계책입니다. 도적들은 모두 기병이므로 반드시 기병이 행하는 길을 경유할 것입니다. 구자(口子)에 당한 적들의 지경은 대개 좁은 곳이 많고, 나무가 또한 울창하여 적이 길을 통하기가 어렵습니다. 따라서 얼음이 얼 때를 당하여 멀리 척후를 보내고, 역졸(役卒)을 모아서 도끼를 가지고 일시에 함께 나아가서 먼저 적기(敵騎)가 오는 길의 험하고 좁은 곳부터 나무를 베어 길을 막아야 합니다. 그러면 쉽게 앞으로 나오지 못할 것입니다. 이와 같이 한 관(關)을 만들고, 또 강 언덕에 적의 기병이 지나기 쉬운 곳에 녹각극(鹿角棘)을 설치하여 말뚝을 박아 말뚝과 녹각극이 서로 움직이지 않게 하여 허물어뜨릴 수 없게 하면 이것도 한 관이 됩니다."[28]

사료 가)에서 야인들은 거짓 후퇴를 추격하도록 유인하고, 막막한 들판과 산중에서도 조선군을 바람처럼 습격하고 구름처럼 사라지는 것에 대해 세종이 그 대응책을 묻는 내용이고, 사료 나)는 야인 군사는 모두가 기병이기 때문에 나무를 베어 자주 다니는 길을 차단하고, 강 언덕에도 가시나무 장애물을 말뚝에 고정하여 제거할 수 없도록 할 것을 상소한 내용이다.

이들 사료를 통해 보면, 야인과의 기마전은 패하여 도주하는 것처럼 유인하여 매복한 복병으로 일거에 역습하는 상황이 매번 발생하자, 조선군이 야인 기병을 기피하는 현상이 나타났다고 할 수 있다. 특히 야인 기병이 해마다 침공하였으나, 조선은 그들의 종적도 찾지 못했다는 사실이 주목된다. 여기서 이제까지 야인들의 소굴을 알지 못한다는

27) 『世宗實錄』 권77, 세종 19년 5월 경자.
28) 『世宗實錄』 권77, 세종 19년 5월 경술.

것은 당시 야인 기병이 넓게 산개하여 나무가 빽빽한 첩첩산중에서도 바람처럼 불시에 나타났다가 공격하고, 빠른 기동력을 이용해 바람처럼 사라지는 것을 지칭한다.

그런데 조선군의 화통은 야인 기병이 가장 두려워하는 무기였다. 화통은 고려 말 최무선이 화약을 발명한 이후, 조선 초기 화기의 발명과 함께 세종 때는 그것을 실전에 배치하여 전투력을 크게 향상시켰을 뿐만 아니라 임진왜란 때는 거북선에 포를 장착함으로써 해전에서 연승을 거두었다.

따라서 야인들은 화통공격을 피하기 위해 종전의 주간 공격을 야간 공격으로 전환하였다. 즉, 야음을 틈타 은밀히 강을 건넌 다음, 숲속에 숨었다가 날이 밝기를 기다려서 조선측의 방어진지를 공격하였다. 그동안 야인집단은 조선군을 매복군으로 협공하였기 때문에 이번에는 적의 유인책에 빠지지 않게 할 대응전술이 시급한 실정이었다.[29]

조명간구자 전투 이후 거듭된 야인의 침략행위에 대한 조선 측의 대응은 조선의 대야인 정책의 향방을 가늠할 수 있는 문제였다. 실제로 조선은 1437년(세종 19) 5월 이후 야인 정벌의 불가피성을 인정하고, 평안도 도절제사 이천이 야인 정벌 작전에 앞서 사전 정찰에 들어갔다. 정벌군의 병력규모와 출동시기, 공격루트 등을 논의하기 시작하였다.

그런데 여기서 긴급 호신용으로 정찰기병에게 지급한 휴대용 총통(銃筒)이 주목된다. 당시 총통은 급박한 상황에서 신속히 발사할 수 없다는 결함이 있었다. 그러나 군기감에서는 휴대하기 간편하고, 사격이 용이한 소형 총통인 세총통(細銃筒)을 개발하여 기병이 여러 자루의 총을 안장에 넣어두었다가 하나씩 꺼내 쓰도록 조치하였다.

마침내 세종은 조명간구자의 현재 방어선을 유지하기 위해 재차

---

29) 유재성, 1999, 앞의 책, 93쪽.

세조 5년 신숙주가 함길도 도체찰사로 있을 때 야인을 정벌하는 모습 조선군이 막사에서
야인 공격을 막아내고 있다(〈夜戰賦詩〉『북관유적도첩』)

야인 정벌을 단행하였다.30) 이와 같이 건주위 이만주를 축출하는 데
성공한 조선은 조명간구자를 석성으로 고쳐 쌓고, 이곳에 민호 50호를
이주시켰으며, 군마 150필을 추가함과 동시에 만호를 파견하여 방어임
무를 전담토록 하였다.31)

---

30) 정벌군 사령관은 평안도도절제사 이천을 임명하였으며, 총 병력은 7천 8백
  명이었다. 정벌군은 9월 7일부터 14일까지 주장 이천의 지휘 아래 이만주의
  근거지인 오미부를 비롯하여 우라산성 남쪽 등을 기습하였는데, 이 작전을
  통하여 야인 43명을 사살하고, 14명을 생포하는 전과를 올렸다(유재성, 1996,
  앞의 책, 114쪽).

31) 조명간구자는 인접 방어지인 우예보와 거리가 너무 멀기 때문에 독자적인
  방어력을 갖기 위해서는 이 지역을 군으로 승격시켜야 한다는 주장이 계속되었
  다. 이에 따라 1443년(세종 25) 조명간·소우예·자성군 태일 등지의 민호를
  분할하여 우예군을 설치하고, 이를 강계부에 소속시켰다. 그리고 갑산과 여연
  두 고을의 거리가 너무 멀기 때문에 그 중간 지점에 군을 설치해야 한다는
  문제가 끊임없이 제기되었다. 1439년(세종 21)에 여연과 갑산의 중간 지점인
  상무로보에 石堡를 쌓고, 이듬해에 여연의 孫梁·厚州 등지를 통합하여 무창현을

한편 1435년(세종 17) 여연군이 도호부로 승격되면서 시작된 국토 개척사업은 이 지역을 근거지로 생활하는 여진족의 강력한 저항에 직면하였다. 당시 조선 정벌군은 10여 일 내외의 단기간에 전투를 끝냈지만 야인들은 우세한 기병을 앞세워 계속 국경선을 침범하였다. 다음의 사료를 통해 야인과 조선의 기마전을 엿볼 수가 있다.

> 가) 결진(結陣). 중군이 각을 한번 불면 각 군과 유격군(遊擊軍)에서 마병이 먼저 나가서 사방으로 갈라 벌리어 서고, 중군의 다섯 깃발이 모두 나서고, 북이 울리면 각 군이 기와 북으로 여기에 응하여(이하가 다 그러함) 각각 그 전형을 이루고, (중군은 원형, 좌군은 직선형, 전군은 예각형, 우군은 방형, 후군은 곡선형으로 함) 유군은 쇠치는 소리를 듣고서 다시 들어간다. (중략) 결진하는 데는 각 진형의 바깥쪽에 방패군을 연이어 배치하고, 다음에는 창과 장검이요, 다음에는 화통과 궁노(弓弩)이고, 다음에는 창을 가진 기병과 활을 가진 기병이 진 안에 벌리어 서는데, 안팎의 진이 모두 그렇게 한다. 각 군에는 각기 5소(所)가 있는데 가로줄 5보에 한 사람씩 서고, 세로줄로 4보에 한 사람씩 서게 한다. 진과 진 사이에는 진 하나의 간격을 두고, 대와 대 사이 또한 대 하나의 간격을 둔다. 5인씩 한 오(伍)를 편성하는데, 오 안에 장(長)이 있고, 두 오가 소대(小隊)가 되며, 소대에 장(長)이 있다. 다섯 오가 중대(中隊)가 되는데, 중대에는 정(正)이 있고, 50인이 대대(大隊)가 되며 대대에는 교(校)가 있다. 50인이 오로지 그 중심을 결합하여 행진하고 정지하며, 나아가고 물러가는데, 그 대(隊)에 모두 따라 붙어야 하며, 다섯

설치하고, 1442년(세종 24)에는 군으로 승격시켰다(유재성, 1999, 앞의 책, 108~109쪽).

오씩 벌려서고, 장교가 뒤에서 전투를 독려한다. 1천 명 중에서 2백인을 나누어 유격군을 삼는데 항상 그 군의 후면에 있게 한다.[32]

나) 응적(應敵). 중군과 전충이 열에 머물러 움직이지 않는 것을 수병(守兵)이라 하고, 후충이 전투에 당할 때에 먼저 나와서 적군을 동하게 하는 것을 정병(正兵)이라 하고, 좌우군이 전투에 당할 때 옆에서 나와 돌격하는 것을 기병(奇兵)이라 한다. 무릇 적과 응전할 때는 대(隊)마다 기를 달리하는데 기사대(騎射隊)는 푸른 기를 잡고, 기창대(騎槍隊)는 검은 기를 잡고, 화통궁수대(火筒弓手隊)는 백기를 잡고, 보창장검대(步槍長劍隊)는 붉은 기를 잡는다. (중략) 각 군이 진을 나가서 응전할 때에는 일제히 나아가 10보에 흩어져 서고, 마군도 역시 50보 이내에서 정지하여 전투한다. 적군이 패하여 달아나면 북과 각이 함께 울리면서 마병이 나아가 추격하고, 보병은 대열을 벌리어 마병을 구원해 준다. 그런 뒤에 뒤따라 추격할 때에는 항오(行伍)를 잃지 아니하고, 쇠소리를 들으면 정지하고, 북이 급하게 울리면 다시 나아가서 급히 공격할 것이며, 만일 군을 거두어 퇴각하려면 중군에서 각을 한 번 불고, 기를 내리며, 쇠가 다섯 번 울리는데, 각 군이 이에 응하여 각각 제자리로 복귀하고, 유격군이 뒷막음하며 돌아온다.[33]

사료 가)는 진법 가운데 결진에 대한 것이고, 나)는 진법 중 응적에 관한 내용이다. 먼저 진법은 크게 행진, 결진, 군령, 응적 등으로 구분할 수 있다. 그런데 여기서는 결진과 응적에 관해서만 살펴보려고 한다. 결진에는 다섯 위(衛)가 참여한다. 중위·좌위·전위·우위·후위가 그

---

32) 『世宗實錄』 권61, 세종 15년 7월 을묘.
33) 『世宗實錄』 권61, 세종 15년 7월 을묘.

것인바, 이때 모든 위가 중위의 명령에 따라 움직인다. 먼저 결진하는 처음은 중군이 각을 한 번 불면 각 군에서 마병이 나와 경계에 들어가며, 다음으로 각 진의 바깥쪽에 방패군을 배치하고, 이어서 창장검군, 화통궁수군, 기창병, 기사병이 차례로 안에 벌려 서는데 각 진이 모두 그렇게 한다. 여기서 기병은 창병과 궁수의 두 부류가 있었음을 알 수 있다.

전투에서 말을 탄 창병이 먼저 공격을 개시하면 창을 든 보병이 뒤를 따랐으며, 말을 탄 궁수는 주로 측면에서 공격했다. 두 사람이 한 조를 이루었는데 경우에 따라 방패군의 보호를 받았을 것이다. 마병과 보병의 관계는 상호 보완적 관계로 전투 중 적군이 패해 달아나면 마병이 곧 추격하였다. 다만 마병은 창에 약했고, 공격을 하고 돌아설 때 특히 취약하였기 때문에 보병의 보호가 절대적으로 필요하였다.

그러나 야인 지역은 산악지대였기 때문에 야인의 말들은 지형지물의 보호를 받아 상대적으로 안전하였다. 반면에 대오를 갖추고 있었던 조선군은 야인의 강궁에 의한 피해가 컸다. 각 군에는 5소(所)가 있으며, 진과 진의 간격은 한 진만큼 사이를 두고, 대와 대의 간격 또한 마찬가지다. 결진의 최소 단위는 5명으로 구성하는 오가 있고, 10명의 소대가 있으며, 25명의 중대가 있고, 50명의 대대가 있다.

결진하는 법은 원래 일정한 형태가 없으며, 그 대강은 항오에 지나지 않는다고 한다. 따라서 각 군이 행진하고 정지하며, 나아가고 물러나는 행위가 모두 대를 유지함이 원칙이지만 5명으로 오를 삼는 것이 동서고 금을 통해 가장 기본적 형태였다. 그러므로 5명으로 오를 삼는 진법은 먼저 서로 뜻이 맞아야 한다. 만약 1인이 위기에 처하면 4인이 응원하고, 2인이 위기에 처하면 3인이 응원하여 구원한다. 그러나 야인과의 전투에서 대대 형태의 결진으로 싸울 경우 아군의 피해가 클 수밖에 없었다.

Ⅱ. 일본의 조선 침공과 기마전

1. 탄금대 전투와 기마전

1592년(선조 25) 4월 13일 일본군이 부산포에 상륙하여 북상하자, 조선정부는 이일(李鎰)과 신립(申砬)을 순변사와 삼도순변사로 각각 임명하였다. 이일은 상주에서 8백여 명의 방어군으로 맞섰지만, 일본군의 기습으로 궤멸되었고, 신립도 기병 8천 기를 이끌고 충주의 탄금대에 진을 쳤으나 패배하였다. 따라서 일본군은 5월 3일에 경성을, 6월 15일에는 평양을 함락시켰다.

명나라는 전란이 중국에 파급되는 것을 막기 위해 일본군의 북상을 대동강 선에서 저지한다는 방침을 세우고, 요동 병력 3천 명을 평양성에 파병하였다. 그러나 일본군의 기습공격으로 패배하였다. 그런데 이듬해 1월 8일 명나라가 4만의 원병을 파견하여 1만의 조선군과 함께 평양성을 탈환하였다. 일본군은 1월 27일 벽제 전투에서 조·명연합군의 선봉대를 격파했지만, 권율 장군이 지휘한 행주산성 전투에서 패배하여 경성에서 철수하였다.

임진왜란은 조선과 명나라 및 일본군 등 동아시아 삼국의 무기와 기마전의 각축장이었다. 조선군은 문종 때 편찬한 『진법(陣法)』34)에 기초를 두고 있다. 즉, 『진법』은 북방 유목민족에 대항하기 위해 기병35)

---

34) 『陣法』은 현존하는 우리나라 최고의 병서로서 조선 초에 문종이 저술하여 五陣의 전투대형을 확립했으며, 세조가 인쇄하여 간행하였다. 내용은 편제와 지휘, 진 치는 법, 전술, 군령, 전투 훈련 등으로 구성되었다. 특히 중국 병법을 그대로 적용하지 않고 조선의 실정을 크게 반영하였다(허선도, 1970, 「<陣法>考」, 『역사학보』 47).

35) 기병은 필요한 말과 각종 무기를 자신이 부담하기 때문에 양인 상층 이상이 담당하였다. 그러나 放軍收布制가 입법화 한 중종대 이후 양반과 양인 상층의

을 주력군으로 편성하되, 활과 화기 등 장거리 무기와 결합한 전술체계다.[36]

그런데 일본군은 16세기 중엽 조총과 화약이 전래되면서부터 조총부대와 궁시부대가 공격을 주도하였다.[37] 이에 명나라는 척계광이 1556년(명

일본군 기마 장수의 모습

종 11) 절강도사의 참장이 되어 이 일대의 왜구 소탕을 위해 절강병법[38]을 제정하고, 방패(防牌), 낭선(狼筅), 장창(長槍), 당파(鐺鈀) 등 신예병기를 제조하여 일본군의 근접 백병전을 무력화시켰다.

그동안 임진왜란시기의 연구는 1980년대 이후 전쟁의 구체적인 실상 파악을 위한 전략전술 연구가 중심을 이루었다.[39] 그러나 이 시기의

군역 이탈이 크게 증가함으로써 기병의 전투력은 크게 약화되었다.

36) 河且大, 1990, 「朝鮮初期 군사정책과 兵法書의 발전」, 『軍史』 21.

37) 織田信長은 1575년 조총을 보유한 보병으로 無田信玄의 기병을 격파하여 전술의 획기적 변화를 마련하였고, 豊臣秀吉은 1582년 전투부대를 기병과 보병으로 나눈 다음, 대장의 지휘하에 기병·총병·궁병·창검병의 단위부대를 편성하였다 (유재성, 1996, 앞의 책, 141쪽).

38) 노영구, 1997, 「宣祖代 紀效新書의 보급과 陣法 논의」, 『軍史』 34, 130~131쪽.

39) 장학근, 2006, 『조선시대 군사전략』, 국방부군사편찬연구소 ; 이홍두, 2002, 「호란 이후 조선군의 전술변화」, 『군사사 연구총서』 2 ; 이장희, 2000, 「임란초기 두 차례의 금산전투와 그 전략적 의의」, 『충남사학』 12 ; 강성문, 1999, 「幸州大捷에서의 權慄의 전략과 전술」, 『임진왜란과 권율장군』, 전쟁기념관 ; 이상훈, 1999, 「都元帥 권율의 전략 구상과 활동」, 『임진왜란과 권율장군』, 전쟁기념관 ; 박재광, 1995, 「임진왜란기 화약병기의 도입과 전술의 변화」, 『학예지』 4, 육군박물관 ; 허선도, 1980, 「임진왜란에 있어서의 이충무공의 승첩 - 그 전략적 전술적 의의를 중심으로」, 『한국학논총』 3, 국민대 한국학연구소 ; 박재광, 1995,

기마전 연구는 여전히 시작 단계에 있다.[40] 따라서 여기서는 먼저 순변사 이일의 상주 전투와 삼도순변사 신립의 탄금대 전투를 통해 임진왜란 초기[41] 조선군의 기마전을 살펴보고자 한다. 아울러 조·명연 합군이 일본군을 격퇴하고 평양성을 탈환하는 과정을 통해 조선군의 기마전을 고찰하려고 한다. 마지막으로 행주산성 전투를 통해 조선군 이 수성전술로 전환할 수밖에 없었던 당위성을 검토할 것이다.

임진왜란에서 일본군은 근접전에 유리한 단병과 기병을 주력군으로 편제하였다. 특히 조총부대를 3개 조로 나누어 선봉대에 배치함으로써 일본군의 장기인 근접 백병전의 능력을 크게 향상시켰다. 반면에 조선 군은 여전히 북방 유목민족의 여진족을 상대하기 위해 활과 화기를 사용하던 기병 중심의 전투방식을 고수하였다. 일본군과 최초로 접전 한 조선군의 방어 전략이 제승방략제였던 것도 기병이 당시 조선의 주력군이었음을 입증한다. 다음의 사료가 순변사 이일의 기마전에 대해 말하고 있다.

처음 경상감사 김수가 적변을 듣고는 제승방략에 의거하여 군대를 분배시킨 뒤 여러 고을에 이문하여 각각 소속 군사를 거느리고, 약속된 장소에 진을 쳤다. 이 때문에 조령 밑 문경 이하 수령들이 모두 군사를 거느리고, 대구로 달려와 들에서 노숙했는데, 전혀 통제가 되지 않은 채 순변사가 오기만을 기다렸다. 그때 적의 군대가 갑자기 들이닥치자, 많은 군사가 동요하여 밤중에 진이 저절로 무너졌다. 수령들은 단기(單 騎)로 도망하였다. 그 뒤에 이일이 조령을 넘어 문경에 들어왔는데,

「임진왜란기 화약병기의 도입과 전술의 변화」, 『학예지』 4, 육군박물관.
40) 이홍두, 2006, 「임진왜란초기 조선군의 기병전술」, 『白山學報』 74.
41) 임진왜란의 시기를 구분할 때 초기는 일본군이 1592년(선조 25) 4월 부산을 점령한 이후 1593년 4월 조명연합군이 경성을 수복할 때까지의 기간을 말한다.

동래부 순절도   전쟁기념관

그때는 고을 사람이 한 사람도 없었다. (중략) 이일은 창고의 곡식을
내어 백성들을 유인해 수백 명을 얻고나서 대오를 편성하니, 군사가
6천여 명에 불과했다.

당시 왜적은 이미 선산에 이르렀다. 저녁에 개령인이 와서 적이 가까이 왔다고 알리자, 이일이 여러 사람을 미혹시킨다고 하여 참하였다. 이일의 군사는 척후가 없는데다가 백성들이 또한 알리지 못했기 때문에 적병이 벌써 상주 남쪽 20리 냇가에 주둔하고 있었는데도 알지 못하였다. 이일이 상주 북쪽 냇가에서 습진하고 있었는데, 얼마 있다가 고을의 성 안 몇 곳에서 불길이 솟았으므로 이일이 그때서야 군관 박정호 등을 시켜 살펴보게 하였다. (중략) 적이 마침내 크게 집결하여 포를 일제히 쏘며, 좌우에서 에워싸니, 군인들이 겁에 질려 활을 쏘면서도 시위를 당기지 못했다. 대열이 무너지자, 이일은 곧바로 말을 달려 도망하였으며, 군사들은 모두 섬멸되었다.[42]

위 사료는 경상감사 김수가 『제승방략』[43]에 의거하여 조령과 문경 소속의 군사를 대구에 배치했지만, 일본군에게 패배했으며, 그 뒤에 조령을 넘어 문경에 도착한 순변사 이일이 6천여 명의 군사를 모집하여 대응했지만, 일본군에게 패배했음을 말하고 있다.

그런데 여기서 김수가 조령 이하의 각 지역 군대를 『제승방략』에 의거하여 방어군을 편성하고 대구 벌판에 진을 친 사실이 주목된다. 이는 당시 김수가 평탄한 대구 평원을 전투장소로 선택한 것은 조선 기병이 일본군을 격파할 수 있다고 확신했기 때문이었다. 즉, 조선 기병은 창과 활을 소유하기 때문에 일본군의 조총에는 기사(騎射)로, 단검에는 기창(騎槍)으로 대응할 수 있다고 여겼다. 따라서 이러한

---

42) 『宣祖修正實錄』 권26, 선조 25년 4월 경인.
43) 『制勝方略』은 宣祖 21年(1588) 함경북도 병마절도사 李鎰이 저술한 2권 1책의 전략서이다. 특히 남방 왜변에 대비하여 집중적 방어 전략을 수록하였다. 제승방략에 대해서는 다음 논고를 참조할 것. 허선도, 1973, 「제승방략연구(상)」, 『진단학보』 36 ; 허선도, 1974, 「제승방략연구(하)」, 『진단학보』 37.

사실은 당시 조선군의 패배가 전투력이 부족했기 때문만이 아니고, 김수가 작전권을 행사할 수 없었던 『제승방략』의 전술에도 문제가 있었다고 하겠다.

그렇다면 조선의 명장 신립이 탄금대에서 일본군을 상대로 전개한 기마전은 어떠하였을까. 다음의 사료가 그 해명의 실마리를 제공한다.

처음에 신립이 군사를 단월역에 주둔시키고 몇 사람만 데리고 조령에 달려가서 형세를 살펴보았다. (중략) 김여물이 말하기를, "저들은 수가 많고 우리는 적으니, 그 예봉과 직접 맞부딪칠 수는 없습니다. 이곳의 험준한 요새를 지키면서 방어하는 것이 적합합니다." 하고, 또 높은 언덕을 점거하여 역습으로 공격하자고 하였다. 그러나 신립이 모두 거절하면서 말하기를, "이 지역은 기병을 사용할 수 없으니, 들판에서 한바탕 싸우는 것이 옳다." 하였다. 마침내 군사를 인솔하여 다시 충주성으로 들어갔다. (중략) 그리고 장계를 올려 적이 상주를 아직 떠나지 않았다고 하면서, 군사를 인솔하여 탄금대(충주 읍내에서 5리쯤 떨어진 곳에 있다)에 나가 주둔하여 배수진을 쳤다. 그런데 앞에 논이 많아 실제로 말을 달리기에는 불편하였다.

4월 27일에 적이 이미 조령을 넘어 단월역에 이르렀다. 그러나 목사 이종장과 이일이 모두 척후로 전방에 있다가 적에게 차단당하여 정세 보고가 단절되었기 때문에 신립이 또 알지 못하였다. 이튿날 새벽에 적병이 길을 나누어 대진(大陣)은 곧바로 충주성으로 들어가고, 좌군은 달천 강변을 따라 내려오고, 우군은 산을 따라 동쪽으로 가서 상류를 따라 강을 건넜는데, 병기가 햇빛에 번쩍이고 포성이 천지를 진동시켰다. 신립이 어찌할 바를 모르고 곧장 말을 채찍질하여 충주성으로 나가니, 군사들은 대열을 이루지 못하고 흩어져 숨어버렸다. 성안의 적이 호각을 세 번 불자 일시에 나와 공격하니, 신립의 군사가 크게 패했다. 적이 벌써 4면에서 포위함으로 신립이 다시 진을 친 곳으로 달려갔으나, 사람들이 다투어 물에 빠져 흘러가는 시체가 강을 덮었다. 신립이 김여물과 말을 달리면서 활을 쏘아 적 수십 명을 죽인 뒤에 모두 물에 뛰어들어 죽었다.[44)]

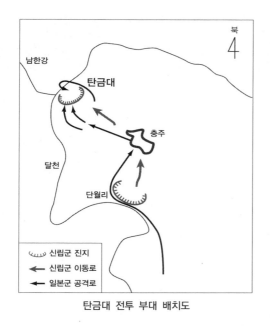

탄금대 전투 부대 배치도

위 사료는 삼도순변사 신립이 험준한 조령에서는 기마전이 어렵다고 판단하고, 들판의 탄금대에 진을 쳤다가 패배했다는 내용이다. 당시 조선군이 일본군에 대응하는 방법은 두 가지가 있었다. 하나는 험준한 조령에 병력을 배치하여 일본군을 기습하는 것이고, 다른 하나는 충주성 앞 들판의 탄금대에서 기마전을 전

개하는 것이었다. 종사관 김여물은 소수의 아군이 다수의 정예 일본군과 정면 격돌을 피하면서 승리하려면, 조령의 험준한 요새를 지키면서 방어하는 것이 옳고, 또한 높은 언덕을 점거하여 역습으로 공격할 것을 주장했다. 그러나 삼도순변사 신립은 기병이 주력인 조선군에게 험준한 조령은 필패지역이라고 생각했기 때문에 남한강과 달천을 뒤에

44) 『宣祖修正實錄』 권26, 선조 25년 4월 계묘.

탄금대 전경

두고 탄금대에 진을 쳤다. 즉, 신립은 처음부터 방어적인 수성전보다 공격적인 기마전을 선호했기 때문에 정예 기병을 이끌고 탄금대에 진을 쳤던 것이다. 다시 말해서 신립은 과거 여진족과의 전투에서 기병을 이용해 근접전에서 승리하였으므로 일본군과의 전투도 기마전이 통할 것으로 판단하였으며,[45] 또한 탄금대는 수적 열세를 병사의 투지로 극복하는 배수진을 치기에 최적의 장소였다.[46]

4월 27일 단월역에 도착한 일본군은 28일 새벽 1만 8천 7백 명의 군사를 세 부대로 나누어 고니시 유키나가(小西行長)의 중군은 곧바로 충주성을 공격하여 점령하였고, 대마도주 소 요시토시(宗義智)의 좌군은 달천 강변을 따라 내려가면서 공격했으며, 마쓰우라 시게노부(松浦鎭信)의 우군은 산을 따라 동쪽으로 가서 강을 건너 신립군의 후방을 공격함으로써 탄금대를 3면에서 포위하였다.

---

45) 李肯翊, 『燃藜室記述』 권15.
46) 박재광, 1999, 「임란 초기전투에서 관군의 활동과 권율」, 『임진왜란과 권율장군』, 전쟁기념관, 80쪽.

일본군의 조총과 조총부대 당시 왜군이 사용한 조총은 구식의 화승총이라 연발사격
은 안 됐다. 그래서 그림과 같이 이중 삼중의 대열을 지어 재장전 시간을 확보했다
(그림은 나가시노 전투도의 부분).

이에 신립은 기병 제1진 1천명을 출격시켜 아군의 전방으로 접근하는
일본군 선봉대의 중앙을 돌파하도록 하였다. 그리고 제2진 1천여 명은

충장공 신립 장군과 팔천고혼 위령탑

단월역 쪽으로 진격하는 일본군 좌군을 향해 진격하였다. 그러나 보병대의 지원을 받지 못한 신립의 기병대는 조총과 포를 쏘면서 공격하는 일본 우군의 돌파에 간격을 허용하고 말았다.

이때 신립은 충주성으로 후퇴했지만, 성을 점령한 고니시 유키나가의 중군의 공격을 받고 크게 패배하였다. 신립은 본진이 있는 탄금대로 돌아왔다. 그러나 이미 사방으로 포위되었을 뿐만 아니라 다수의 아군 기병이 전사했다. 신립이 김여물과 말을 달리면서 활을 쏘아 적 수십 명을 죽인 뒤에 모두 물에 뛰어들어 죽었다.

2. 평양성 전투와 기마전

명나라는 평양성을 탈환하기 위해 조선에 두 번 출병하였다. 먼저 1592년 6월 중순, 요동부총병 조승훈이 병력 3천 명을 이끌고 참여하였다. 그러나 경계태세를 갖추지 않고 평양성에 진입했다가 일본군의 함정에 걸려 패배하였다.[47] 다음으로 1593년 1월 초순, 명나라 제독

---

47) 『宣祖修正實錄』 권26, 선조 25년 7월 무오.

이여송의 동정군(東征軍) 4만[48])이 조선군 1만 명과 연합하여 평양성을 수복하였다.

그런데 명나라는 기존의 전법과는 다른 절강병법(浙江兵法)을 사용하여 승리하였다. 따라서 여기서는 조·명연합군이 평양성을 탈환하는 과정을 통해 조선의 기마전을 고찰하려고 한다.

평양성 전투는 1월 6일부터 8일까지 4일간 계속되었다. 이여송은 1월 6일 평양성을 포위하였다. 그러나 일본군 2천여 명이 성 북쪽의 모란봉에 올라가 총을 쏘고, 1만여 명은 성 위에 벌려 서서 방패로 가리고 칼을 휘둘렀으며, 4, 5천 명이 대장기를 앞세워 성안을 순시하였다. 이날 밤 일본군 3천여 명이 성문을 나와 장세작의 우영(右營)을 습격하였으나, 명군이 화전을 발사하여 모두 성안으로 들어갔다.

1월 7일 명군은 삼영(三營)의 군사를 모두 출동시켜 보통문을 공격하였다. 일본군은 성문을 열고 맞아 싸웠지만, 전세가 불리하자 도망하여 문안으로 들어갔다. 1월 8일 조·명연합군은 평양성을 함락했는데, 당시의 상황을 『조선왕조실록』의 찬자는 다음과 같이 설명하고 있다.

가) 조선의 군사는 성의 남쪽을 공격하고, 절강의 군사는 성의 서쪽을 공격했는데, 제독이 말을 달려 오가며 전투를 독려하였다. 모든 포를 일제히 발사하니, 소리가 천지를 진동하고 대낮인 데도 캄캄하였다. 이때 동풍이 갑자기 서풍으로 변하면서 불길이 번져 밀덕(密

---

48) 조선에 파견된 4만 명의 명나라 東征軍은 남군과 북군의 연합군이었다. 그런데 북군은 기병이 중심이었으며, 포는 거의 쓰지 않고, 단검을 주로 사용하였다. 그러나 남병은 기병을 중심으로 하되, 공격 무기인 火器와 방어 무기인 狼筅을 병용하였다. 특히 남병이 사용하는 절강병법은 척계광이 실전에서 왜구를 소탕한 경험을 바탕으로 이루어졌다. 동정군의 駱尙志는 절강병법의 창시자인 戚繼光의 휘하 장수다.

德)의 토굴을 태웠다. 일본군이 성가퀴 사이로 포석(炮石)을 사용하면서 항거하였다. (중략) 낙상지가 긴 창을 휘두르며 먼저 오르자, 절강의 군사들이 함성을 지르며 뒤따라 올라가 적의 기를 뽑아버리고 명나라 기를 세웠다. 적이 저항할 수 없게 되자 후퇴하여 토굴로 들어갔다. 조선의 군사도 잇따라 올라갔다.[49]

나) 도순찰사 이원익이 치계에 "지금 황주 목사 김진수의 비보를 보니, 명나라 군사가 성을 공격한 뒤에 도망한 적 약 4천여 명이 밤에 황주목으로 향하므로 판관과 방어사의 군사가 추격하여 동선현에 이르러 1백여 명의 목을 베고, 1천여 명을 사살했다고 합니다."[50]고 하였다.

사료 가)는 4만 5천 명의 조·명연합군이 평양성을 탈환하는 과정을 말하고 있고, 나)는 조선의 기병이 평양성 뒤에 매복했다가 도주하는 일본군을 기습했음을 설명하고 있다. 당시 조·명연합군은 두 방향에서 공격하였다. 즉, 명나라 유격 낙상지와 조선병사 이일은 평양성 외성의 함구문을 공격하고, 이여송은 내성의 칠성문을 공격하였다. 낙상지는 화포와 화전을 발사하여 연기와 화염으로 지척을 분간할 수 없게 한 다음, 방패와 장창을 이용해 성을 오르게 하였다. 그리고 칠성문을 공격한 이여송은 대포 2발로 성문을 격파하고 성안으로 진입하였다.[51] 성문을 격파하고 성으로 진입하는 데는 화기와 방패 등 근접전 병기의 역할이 컸던 셈이다. 반면에 조선군은 성문이 열린 이후 성 안에서의

---

49) 『宣祖修正實錄』 권27, 선조 26년 1월 병진.
50) 『宣祖實錄』 권34, 선조 26년 1월 병인.
51) 성에 오르는 방법은 명군의 북군과 남군이 상호 다르다. 북군은 沙橋를 만들거나, 모래주머니를 성 높이만큼 쌓아 다리를 만들어 성을 넘었지만, 남군은 성벽의 돌을 붙들고 직접 성을 넘었다(『宣祖實錄』 권35, 선조 26년 2월 을사).

전투와 도주하는 일본군을 추격하는 데 주력하였다.

성 안에서의 전투는 조·명연합군과 일본군의 유격전으로 전개되었다. 먼저 일본군은 내성과 외성의 각 성문 앞에 토굴을 파고, 제1진의 조총부대를 배치하였다. 제2진은 기병대를 토굴 주변의 외곽에 배치하였고, 제3진은 궁병대인데, 토굴 위에 배치하였다. 제4진은 근접전을 위해 창검병을 토굴 주변에 배치하였다. 이때 토굴52)에서 발사하는 조총으로 인해 남쪽 절강병들의 피해가 매우 컸다. 그러나 명군은 근접 백병전에 대비하여 특수 제작한 장창·낭선·당파 부대를 집중 동원하여 평양성을 탈환하였다.53)

조선군은 토굴과 궁성54)에 불을 질러 일본군을 격파했는데, 명군의 제1진55)과 함께 함구문을 격파하였다. 한편 외성으로 진입한 1만 5천의 조선군은 방패대, 창검대, 기창대 등 단병을 앞세우고, 화통대, 궁수대, 기사대 등 장병은 뒤에 정렬시켰다. 그리고 간격 없이 잇대어 벌려 세우는 어린진(魚鱗陣)을 치고, 대포와 신기전을 쏘면서 일본군을 4면에서 공격하였다.

특히 조총의 공격과 단병전에 취약했던 조선군은 때마침 불어온

---

52) 일본군은 평양성을 점령한 7개월 동안 내외성의 각 성문 입구와 밀덕, 모란봉 등 전략적 요새지에 토굴을 만들었다. 토굴은 땅을 파서 만든 것도 있지만 대부분은 평지에다 기초를 닦고, 각각 돌을 쌓거나 흙을 쌓은 위에 외벽을 만들어 앞뒤로 흙을 바르고 그 위에 집을 지었다. 더러는 瓦壁 속에 구멍을 뚫어 총통을 발사하는 곳처럼 하였기 때문에 사람들은 두려워 접근하지 못했다. 크기는 넓은 것도 있고, 좁은 것도 있지만, 큰 것은 1만 명을 수용할 수 있었다(『宣祖實錄』 권34, 선조 26년 1월 신사 ;『宣祖實錄』 권35, 선조 26년 2월 을사).

53) 『兵學指南演義』 序.

54) 평양성의 구조는 3중으로 되어 있다. 남서쪽의 외성과 동북쪽의 내성 그리고 내성 안에 궁전을 보호하는 궁성이 있다.

55) 명나라 군사의 한 陣은 조선의 관군과 함께 함구문으로 들어가고, 다른 한 陣은 보통문으로 들어갔으며, 또 다른 한 陣은 密德의 동쪽 성으로 들어갔다.

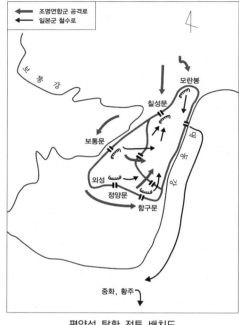

평양성 탈환 전투 배치도

서풍을 이용해 토굴에 방화하였다. 그리고 조선의 정예 기병이 바람을 따라 함성을 지르면서 파상공격을 감행하였다.

평양성 전투에서 승세를 굳힌 조선군은 성의 남쪽 여러 도로에 기병을 매복시켜 성을 탈출해 강을 건너는 일본군을 기습하였다. 말을 타고 도주하는 일본군을 추격하는 것은 평양성 전투가 시작되기 이전부터 있었다. 즉, 황해도 방어사 이시언과 우방어사 김경로가 중화와 황주에 기병을 매복시켜 일본군의 퇴로를 차단하였다.56)

그러나 이여송이 일본군과의 항전을 염려하여 일로에 배치한 조선의 기병을 철수케 하고, 황해도 순찰사 유영경이 자신을 호위할 목적으로 해주 주둔군을 차출함으로써 조선은 일본 기병을 격퇴할 기회를 놓치고 말았다.57)

---

56) 기병의 장점은 패주하여 도주하는 적을 추격하고, 허점을 틈타 흩어진 적을 토벌하며, 지형의 이점을 용병에 활용하는 데에 있다. 따라서 당시 조선군이 기병을 이용해 퇴각하는 행장의 부대를 추격하는 작전은 매우 적절했다고 하겠다.

57) 『宣祖修正實錄』 권27, 선조 26년 1월 병진.

〈평양성 탈환도〉 국립중앙박물관

3. 행주대첩과 기마전

　평양성을 탈환한 조·명연합군이 경성을 수복하기 위해 파주에 군사
를 집결시키자, 일본군은 경기도 주변의 군사를 경성에 집결시켰다.
1월 27일 조·명연합군의 선봉대 4천과 일본의 주력군 4만이 맞붙은 벽제 전투는 조·명연합군의 패배로 끝났다.58) 보병과 기병이 교전할 때 험한 지형에서는 보병이 유리하고, 평탄한 지형에서는 기병이 우세한 것은 병법의 원칙이다. 그런데 주력군이 보병인 일본군이 평지의 벽제 전투에서 승리할 수 있었던 것은 조총의 이점을 전술에 적극 활용함으로써 가능했다.59) 이에 따라 일본군은 조·명연합군의 기세를 꺾고 경성 이남 지역을 확보하게 되었다.

일본군의 전술적 특성은 두 가지다. 먼저 유리한 지형을 선점하여 성책(城柵)과 성루(城壘)를 설치하고, 다음으로 조총과 창검의 독립 부대를 숲속에 매복하고 일시에 공격했는데, 원거리에서는 조총을, 근접전에서는 단검을 사용하였다. 따라서 조선군의 전술은 기병을 주력군으로 하는 속전속결전술보다 먼저 방어하는 수성전술의 형태가 현실적 대안이었다. 권율은 1592년(선조 25) 5월 삼도의 군사가 용인에서 일본군에게 패배한 사실을 통해 이러한 경험을 전술에 반영시켰다. 다음의 사료가 그러한 사실을 말하고 있다.

삼도의 장수들이 이광을 맹주로 삼고 용인에 주둔한 적을 선제 공격하는 문제를 의논하였다. 권율이 이광에게 말하기를, "전로(前路)의 적진은 험한 곳에 웅거해 있으니, 쳐다보며 공격하기가 어렵습니다. 차라리

---

58) 명군이 벽제 전투에서 패배한 이유는 다음 몇 가지로 요약할 수 있다. 첫째, 당시 전투에 절강의 南兵이 참여하지 않았던 것이고, 둘째, 전투에 참여한 명군의 선봉대 숫자가 일본군의 10분의 1 수준이었으며, 일본군이 경성 주변의 산과 들을 불태워 건초가 부족한 결과 1만 필의 말이 죽었던 사실 등이다.

59) 1월 27일 벽제 전투는 조·명연합군의 선봉대가 精騎 3천을 이끌고 벽제 영서역에서 일본군 선봉대 6백 명을 참획하였다. 그러나 일본군은 1월 25일 여석현에 대기시켰던 4만 명을 즉시 벽제에 투입하여 조·명연합군 선봉대와 이여송의 친위기병 1천기를 격퇴하였다. 당시 일본군의 조총대와 창검대는 정면에서 돌진하고, 좌우의 기병은 연합군 선봉대 후방을 공격함으로써 전투를 승리로 이끌었다.

한강을 건너 임진강을 방어하면 서로(西路)가 견고해지고 식량을 운송할 수 있습니다." 하였다. 어떤 장수가 말하기를, "먼저 수원 독산산성에 웅거하여 적을 유인한 뒤 승세를 틈타 공격해야 한다"고 하였다. (중략) 이광이 선봉장 이지시에게 곽영을 도와 접전케 하되, 백광언과 군사를 합해 각각 1천 명을 거느리고 먼저 출발하게 했다. 백광언은 적군의 숫자가 많지 않자 먼저 공격했다. 그런데 적은 군사를 매복시키고 싸우지 않았다. 아군의 경계가 느슨할 때 적병이 갑자기 숲속에서 나와 일시에 총을 쏘고 칼을 휘두르며 공격했는데, 백광언과 이지시가 먼저 탄환을 맞고 죽었다. 이튿날 아침 군중에서 밥을 지을 때 적병이 산골짜기를 따라 돌격해 왔다. 백마를 탄 장수가 투구를 쓰고 수십 명을 이끌고 칼날을 번뜩이며 앞장서서 들어왔다. 충청 병사 신익이 앞에 있다가 먼저 도망하자, 10만의 군사가 차례로 흩어졌다.[60]

위 사료에서 당시 용인에 주둔한 일본군에 대처하는 조선 장수들의 전술적 차이를 엿볼 수가 있다. 권율은 요새화한 일본군을 공격하느니 차라리 임진강을 방어하여 서로를 견고하게 할 것을 주장하였고, 세 장수들은 수원의 독산산성에 들어가 방어에 치중하다가 틈이 보이면 성문을 열고 기병으로 공격하자고 했다. 그러나 전라도 관찰사 이광은 근왕군[61]의 선봉장 백광언에게 선제 공격을 지시하였으나, 조선군이

---

60) 『宣祖修正實錄』 권26, 선조 25년 6월 기축.
61) 1592년 5월 3일 수도 한성이 왜군의 수중에 들어가자, 선조는 세자시강원 보덕 沈岱를 삼도에 특사로 보내 도성을 수복하고 국왕을 호위할 勤王軍을 모집하도록 했다. 이에 따라 이광은 전주·나주·광주 지역에서 군사 4만여 명을 규합하고, 이를 2개 군으로 나누어 방어사 郭嶸과 함께 분담 지휘하기로 하였다. 이광은 나주목사 李慶祿을 중위장으로, 조방장 李之詩를 선봉장으로 삼았으며, 곽영은 광주목사 권율을 중위장으로, 조방장 白光彦을 선봉장으로 삼았다(박재광, 1999, 앞의 논문, 81쪽).

패배하였다. 여기서 권율과 세 장수의 전술은 "선수 후전(先守後戰)"하는 수성전이고, 이광의 전술은 먼저 공격하는 속전속결전술인 셈이다.

당시 용인의 북두문산과 문소산에는 일본군 600여 명이 보루를 만들어 주둔하고 있었다. 그들은 조선군의 대병력이 북진하고 있다는 정보를 입수한 후 한성의 주력군에게 구조를 요청하는 한편으로 조총병을 숲속에 매복시키고 조선군을 유인하였다. 6월 5일 선봉장 이지시와 백광언이 일본군의 숫자가 소수라고 판단하고, 각각 정병 1천 명으로 문소산의 진지를 공격하였다.

그러나 아군의 경계가 느슨할 때 매복군은 동쪽 측면에서 공격하고, 문소산의 일본군은 목책문을 열고 중앙에서 조총과 단검으로 공격하였다. 이때 이지시와 백광언이 조총을 맞고 전사함으로써 전세가 역전되었다. 조선군은 용인 서북쪽의 광교산으로 퇴각하여 전열을 재정비하였지만, 6월 6일 아침 경성에 주둔한 일본군 본대의 공격을 받고 근왕군은 궤멸되고 말았다.[62]

용인 전투에서 패배한 권율은 광주로 돌아가 근왕병을 모집하여 7월 7~8일간 이치 전투에 참여하여 승리하였다. 특히 이치 전투는 조총으로 무장한 일본군에 대해 성채가 없다고 하더라도 목책과 수마석 등 지형지물을 이용하면 승리할 수 있다는 확신을 갖게 하였다.[63] 따라서 권율은 이 같은 경험을 토대로 12월에 수원 독산산성으로 들어가 진지를 구축한 다음, 수성전술을 준비하였다. 다음의 사료에서 당시 권율의 수성전술을 엿볼 수가 있다.

---

62) 이후 근왕군은 권율이 지휘하는 중군만이 대열을 유지하고 퇴각하였을 뿐, 나머지 전라도와 충청도의 군사들은 광교산에서 분산되어 전라감사 이광은 전주로, 충청감사 윤선각은 공주로, 경상감사 김수는 경상도로 퇴각하였다(박재광, 앞의 논문, 83쪽).

63) 박재광, 앞의 논문, 95쪽.

전라도 순찰사 권율이 수원 독산산성으로 군사를 진출시켰다. 권율이 직산에 이르자 체찰사 정철이 경솔하게 진격하지 말도록 경계하므로 권율은 군사를 주둔시키고 보고하였다. 조정에서 전지를 내려 정철을 책망하고 권율에게 경성으로 진출하도록 지시하였다. 권율은 지난날 평지 전투에서 패한 사실을 고려하여 독산산성으로 들어가 진을 쳤다. 경성의 적이 진을 나누어 군사를 출동시킨 다음, 왕래하면서 도전하였다. 그러나 권율이 성곽을 튼튼히 지키고 응하지 않으니, 적이 군영을 태우고 퇴각하였다. 권율이 가끔 날랜 군사를 출동시켜 소부대의 적을 습격하자, 기내에 주둔했던 모든 적이 경성으로 들어갔다. 이로부터 서로에 행인이 다닐 수 있게 되어 여러 의병들이 차례로 경기 지역에 진출하여 주둔하면서 중국 군사를 기다렸다.[64]

위 사료는 권율이 일본군과 직접 교전을 피하면서 독산산성을 견고하게 방어하다가 적의 경계가 느슨할 때 성문을 열고 나가 기병으로 기습공격을 감행했다는 내용이다. 여기서 지난날 평지 전투에서 패배했다는 것은 선조 25년 5월 전라·경상·충청의 3도 군사가 용인에서 일본군에게 패배한 사실을 말하는데, 당시 권율은 3도의 근왕군이 방어에 치중하는 수성전술보다 공격에 치중했기 때문에 패배했다고 보았다. 따라서 권율은 5천 명의 군사를 이끌고 독산산성으로 들어갔는데, 이것은 성에 의지해 지구전으로 대응한다는 의지를 반영하고 있다.

한편 경성에 주둔한 일본군의 본대는 북상하는 권율의 근왕군을 막지 못하면, 후방과의 연락이 단절될 것을 염려하여 도성에 주둔한 일본군을 세 진영으로 편성하였다. 그리고 오산 등에 진을 치고, 교대로 파상공격을 감행하였다. 일본군의 이러한 적극적인 공격은 권율의

---

64) 『宣祖修正實錄』 권26, 선조 25년 12월 정해.

군대를 성 밖으로 유인하려는 전술이었다. 권율의 근왕군은 일본군의 거센 공격으로 인해 한 때 위기에 처했지만, 체찰사 정철이 관군과 의병을 보내 구원하였다.

따라서 사기가 떨어진 일본군은 경성으로 철수하기 시작했는데, 이때부터 조선군은 기병을 출격시켜 적의 진영을 불태우고, 수많은 일본군을 살상하였다.[65] 따라서 권율이 독산산성 전투에서 승리할 수 있었던 요인은 수성전술을 끝까지 고수했기 때문이다. 이로써 일본 군들의 활동 반경은 한성으로 좁혀졌고, 의주에서 호남에 이르는 서로 가 확보되었으며, 경기 서부의 의병들도 권율에게 적극 호응하기 시작 했다. 이후 권율은 명나라 군사와 함께 경성을 수복하기 위해 독산산성 에 주둔한 절반의 부대를 이끌고 행주산성에 진을 쳤다.

그러면 권율이 독산산성 전투에 이어 행주산성에서도 수성전술을 고수한 이유는 어디에 있을까? 그것은 조선의 지형과 무기체계 등을 고려할 때 먼저 성을 방어하면서 틈이 생기면, 기병으로 공격하는 수성전술을 사용해야만 조선군이 승리할 수 있기 때문이다. 이 같은 사실은 다음의 사료가 입증하고 있다.

전라도 순찰사 권율은 군사 4천 명을 반으로 갈라 절도사 선거이에게 양천강 언덕에 진을 치게 하고, 자신은 정병 2천 3백 명을 거느리고 수원의 독산산성에서 고양군 행주산성으로 옮겨 진을 쳤다. 12일 새벽 에 척후가 계속해서 보고하기를, '적이 좌·우익으로 나누어 각각 홍기와 백기를 들고 홍제원으로부터 행주를 향해 오고 있다.' 하였다. 권율이 즉시 군중에 동요하지 말라는 영을 내리고 대(臺)에 올라 바라보니, 5리쯤 떨어진 들판에 적의 무리가 가득했다. 선봉 1백여 기가 점점

---

65) 李肯翊, 『燃藜室記述』 권16.

접근해 오더니 조금 있자 1만여 기병이 들을 뒤엎고 와서 일시에 포위하고 바로 돌격해 왔다. 우리 군사들은 활을 쏘고 돌을 던지며, 크고 작은 승자총통 및 진천뢰, 지신포(紙神砲), 대중발화(大中發火) 등 각종 화기를 연달아 쏘았는데도 물러가지 않고, 부대를 나누어 번갈아 돌격했다. 묘시부터 유시까지 3번 진격하고 3번 물러갔는데, 적의 죽은 자는 수십 명이었고, 부상한 자도 100여 명이 되었다. 적이 마른 풀에 불을 붙여 바람을 이용해 성을 불태우면, 성중에서는 물을 부어 불을 껐다. 처음에 승군으로 하여금 서북쪽에 있는 자성(子城)의 한쪽을 지키게 했는데, 이때 승군이 조금 물러나자 적들이 고함을 치면서 몰려오니, 군중이 흉흉하였다. 권율이 칼을 빼어들고 독전하자 여러 장수들이 죽기로써 힘껏 싸우니 적은 포위를 풀었다.[66]

위 사료는 권율이 2천 3백 명의 군사를 이끌고 고립무원의 행주산성에 들어가 수만의 일본군을 격파한 사실을 말하고 있다. 권율이 한양 수복작전의 일환으로 행주산성을 선택한 것은 조·명연합군이 1월 8일 평양성 전투에서 승리한 이후 개성에 진을 친 사실과 직접 관련이 있다. 그런데 1월 27일 조·명연합군이 벽제 전투에서 패배함으로써 사기가 충천한 일본군에게 포위되어 전멸당할 위험도 없지 않았다.

권율은 처영이 지휘하는 승군을 포함한 2천 3백 명과 산성 인근의 의병들을 이끌고 행주산성에 진을 쳤다. 그리고 전라병사 선거이는 2천 명으로 금천의 광교산에 진을 치고, 행주산성 군대를 성원토록 하였다. 먼저 성 주변에는 목책을 설치하고, 그 뒤에 토석성을 쌓았다. 그리고 활과 화살, 화차와 총통, 화약 등을 정비하고, 수차와 석포 및 투석전에 사용하는 돌을 쌓은 다음, 진지 후방에는 여러 개의 가마솥

---

66) 『宣祖實錄』 권35, 선조 26년 2월 기유.

행주산성 원경

을 준비하여 방화용수를 채웠다.[67]

　일본군은 2월 12일 새벽, 3만 명을 좌군과 우군으로 나누어 홍제원에서 행주산성으로 이동하였다. 일본군은 보병과 기병이 같은 비율인데, 먼저 1백여 명의 기병 선봉대가 앞장서고 뒤따라 대군이 성을 포위하였다. 각 대는 조총부대가 앞에서 공격하고 기사대와 화포대는 그 뒤에서 공격하였다. 그러나 조선군은 일본군을 성책 몇 보 앞까지 유인한 다음, 아래로 활을 쏘고, 돌을 던지며, 창이나 칼로 찌르고 각종 화포를 연달아 쏘았다. 일본군은 물러가지 않고 부대를 7개 대로 나누어 교대로 공격을 감행하였다. 특히 승군이 맡았던 서북쪽의 자성을 뚫고 내성으로 돌입하려고 하자, 조선군은 크게 동요하였다. 그러나 이때 경기수사 이빈이 수만 개의 화살을 보급해 주고, 전라도 조운선 40여 척이 양천포구에서 성원함으로써, 조선군의 사기가 충천하였다. 마침내 일본군은 아침부터 저녁까지 7번 공격하였지만, 7번 패하여 물러갔다.

---

67) 강성문, 1999, 「행주대첩에서의 권율의 전략과 전술」, 『임진왜란과 권율장군』, 전쟁기념관, 109쪽.

권율의 행주산성 전투는 엄청난 위험을 감수하고 일본군을 유인하기 위해 전개한 '선수비 후공격'의 수성전술이었다.[68] 물론 행주산성 전투에서 적의 사기가 떨어지는 시기에 기병의 공격이 행해졌다는 기록은 찾을 수 없다. 그러나 일본군은 후퇴하면서 조선군의 기습에 대비하여 '시체를 4곳에 모아 불태우고 경성으로 퇴각했다'[69]는 사실이 기병에 의한 '후공격'의 개연성을 시사하고 있다.

따라서 행주대첩(幸州大捷) 후 조선군의 전술형태는 수성전술로 고착화되었다. 즉, 조선건국 이후 북방 여진족을 상대로 전개된 평지의 기마전은 임란이후 성에 들어가 방어하는 수성전술로 전환되었으며, 이러한 현상은 병자호란[70] 때까지 지속되었다.

Ⅲ. 청나라의 조선 침공과 기마전

1. 정묘호란과 기마전

임진왜란시기에 명나라와 조선의 간섭에서 벗어난 누루하치는 팔기병[71]을 앞세워 동아시아 군사강국으로 부상하였다. 그런데 두 번의

---

68) '先守 後戰'의 守城戰術에 대해서는 다음 논고를 참조할 것. 이홍두, 2004, 「고구려의 대외전쟁과 기병전술 - 특히 漢族과의 전쟁을 중심으로」, 『白山學報』 68.

69) 『宣祖修正實錄』 권27, 선조 26년 2월 병술.

70) 양란 이후의 전술변화에 대해서는 다음 논고를 참조할 것. 이홍두, 2002, 「호란 이후 조선군의 전술변화」, 『군사사 연구총서』 2.

71) 1611년 부족의 실권을 장악한 누루하치(1559~1626)는 정원이 10명인 牛彔의 정원을 3백 명으로 증원한 뒤, 5개 니루를 1개 잘란[甲喇 : 1,500명], 5개 잘란을 1개 구사[固山]라는 누층적 군사조직을 편성하고, 구사에는 지휘관인 구사에젠[固山額眞]과 부지휘관인 메이렌에젠[梅勒額眞]을 두었다. 이로써 누루하치는

호란에서 조선이 패배한 것은 임진왜란 기간 중 일본군을 상대로 성을 지키는 수성전술을 널리 사용했기 때문이다.

따라서 인조반정 공신들은 청나라 침공을 전제로 명나라 척계광이 고안한『연병실기』의 거기보법(車騎步法)의 필요성을 적극 주장하였다. 이는 적과 교전할 때 대포를 대열의 사이에 도열시킨 다음 총을 가진 포수와 활을 쏘는 사수가 기병을 날개로 삼아 여진의 기병을 물리치는 것이다.

그러나 두 번의 호란에서 조선군이 성을 지키는 청야수성전술에 치중하자, 여진군은 성을 지나서 군사를 휘몰아 수도 한양으로 직행함으로써 양국의 성 밖 기마전은 성사되지 않았다. 다만 평안도와 전라도의 근왕병에 의해서 부분적으로 기마전이 행해졌을 뿐이다.

조선 정부는 병자호란이 끝난 후 전쟁의 패배와 함께 실제 교전상황에서 구체적으로 무엇 때문에 패배했는가 하는 패배 원인을 논의한 결과 숙종대와 정조대에 와서 기병을 주력군으로 편제하는 군제개혁을 단행하였다. 따라서 여기서는 양 호란 때 조선을 침공한 청나라 기병의 전술은 무엇이고, 패배한 조선군의 기마전은 무엇이 문제였는가를 살펴보려고 한다.

100개 니루, 20개 잘란, 4개 구사의 총병력 3만 명에 달하는 상비군을 확보하였다. 따라서 정묘호란 때 팔기병은 "매 300인마다 한 명의 니루에젠을 세우고, 다섯 니루에 한 잘란에젠을 세웠으며, 다섯 잘란에 한 구사에젠을 세우고, 구사에젠 좌우에는 메이젠에젠을 두었다. 결과적으로 누루하치는 100개 니루, 20개 잘란, 4개 구사의 총 병력 3만 명의 상비군을 확보하였다. 이후 후금의 정규군은 200니루, 40잘란, 8구사로써 총 6만 명을 유지하였다. 한편 여진족은 兵民一致가 기본인데, 이는 모든 국민 자체가 군사집단이고, 평시 유목생활이 군사훈련임을 뜻한다. 이들은 가축을 관리하고 이동하는 유목생활에서 기마술을 습득하였고, 사냥을 통해 기술과 조직력을 키웠으며, 유사시에는 즉각 싸울 수 있도록 병기와 군량을 평상시 스스로 준비하였다(유재성, 1996,『한민족전쟁통사Ⅲ』(조선전기편), 38쪽).

청 태종(홍타이치) 초상

청나라 태종 홍타이치 (1627~1643)[72]는 명나라를 치기 직전에 배후세력인 조선과 가도의 모문룡 군사를 제거할 목적으로 1627년 (인조 5) 1월 13일 기병 3만 5천 명을 이끌고 조선을 침공하였다.[73] 청나라 팔기병과 비교할 때 기동력과 타격력이 크게 떨어진 조선군은 다음의 두 가지 전술로 대응하였다. 하나는 청야입보전술인바, 성으로 들어온 수만의 주민과 관군이 후금군의 공성 공격을 방어하는 것이고, 다음으로 김시약에서 볼 수 있듯이 개문 출격하여 성 밖에서 기마전을 전개한 것이다. 그런데 조선은 이 두 가지 전술을 사용한 기마전에서 모두 패배하여 성이 함락되었다. 다음의 사료가 그것을 설명하고 있다.

---

72) 홍타이치는 누루하치의 아들이다. 그는 1627년 팔기병 3만으로 조선을 침공하여 형제관계의 강화조약을 맺었는데, 이것이 정묘호란이다. 이미 황제를 칭하고 국호를 대청으로 정한 다음, 1636년에는 12만 8천여 명의 대군을 이끌고 병자호란을 일으켜 조선과 군신관계를 체결하였다.
73) 청나라 군사는 기병 6천기를 한 단위로 6개 부대를 편성한 다음, 압록강 넘어 의주를 공격하였다.

정월 13일에 청나라 군사 3만여 기가 갑자기 의주를 습격하여 수구문으로 들어와 수문장을 죽이고 몰래 성 안으로 들어왔으므로 군문에서는 적군이 온 줄을 깨닫지 못했다. 본진의 절제사 이완이 급히 출격했는데, 통판(通判) 최몽량과 수하 장수들이 아침까지 전투하여 적병을 많이 죽였으나, 숫자가 적어서 방어할 수 없었다. 이완·최몽량 등은 적에게 굴복하지 않고 끝까지 항전하다가 함께 죽었고 여러 장수와 수만의 민병들은 모두 도륙되었다. 이날 저녁에 적의 선봉은 벌써 정주(定州)까지 와서 한 부대를 선천포구로 보내어 모장(毛將)을 잡으려고 하였지만, 모장은 강에 얼음이 언 뒤로 운종도(雲從島)에 가 있었기 때문에 적병이 들어가지 못했고, 사포(蛇浦)에 살고 있던 요동 백성과 모문룡의 군대가 모두 살해되었다. 17일 적병이 승세를 타고 진격하여 곽산과 능한산성을 포위하고 전 병력으로 공격하여 함락시켰는데, 성을 지키던 장수 선천 절제사 기협은 피살되고 정주 절제사 김진, 곽산 절제사 박유건은 사로잡혔다. 20일 팔기병이 청천강을 건너 안주를 급히 공격했는데, 절도사 남이흥, 방어사 김준 등이 성을 돌면서 굳게 지키자 적은 운제를 사용하여 전 병력이 개미떼처럼 붙어 올라왔는데, 세 차례 싸워 모두 물리치니 적의 사상자가 매우 많았다. 오랫동안 혈전하였으나 힘이 다해 성이 함락되자 남이흥, 김준 등 장수 수십 명이 진영 안에 화약을 쌓고서 스스로 불타 죽었고 성을 지키던 군사와 백성 수만 명이 살해당했다. (중략) 적이 또 한 떼의 군대를 보내어 의주에서 강을 따라 올라와 창성부를 공격하자 절제사 김시약이 홀로 외로운 성을 지켰으나 힘이 다하고 원군도 없어서 성이 함락되었다. 시약이 적에게 잡히자 적이 칼로 위협하였으나 시약은 적을 꾸짖으며 굴복하지 않고 그의 두 아들과 함께 살해당했다.[74]

---

74)『仁祖實錄』권16, 인조 5년 4월 정유.

위 사료는 1월 13일에 의주성과 창성진 및 모문룡의 진영이 함락되자, 청나라 팔기병이 의주성의 군사와 민병 수만 명을 살해하였고, 17일에는 곽산의 능한산성이 함락되었으며, 20일에는 청천강 아래 안주성을 함락시켜 성안의 군사와 민병 수만 명을 도륙했다는 내용이다. 당시 의주성 전투의 승패는 두 국가에게 군사적 의미가 컸다. 즉, 조선군이 의주성을 방어한다면 팔기병의 남하를 지연시켜 반격할 여지가 있겠지만, 팔기병에게는 향후 남하일정에 큰 차질이 불가피했다.

따라서 조선은 의주성에 관군과 하삼도 첨방군을 포함한 3천여 명과,[75] 청야입보전술에 따라 성으로 들어온 주민(민병) 수만 명이 함께 교전에 참여했다. 즉, 양국 군대는 주간에 두세 차례 교전한바, 의주성 군민들은 청군의 공성 공격을 잘 막아냈는데, 밤이 되면서 조선군은 성벽 위에 횃불을 밝혀 각종 포와 활을 쏘고, 돌을 굴리며 팔기병에게 큰 타격을 가했다.[76] 다시 말해서 지형에 익숙한 보병을 성 밖에 매복시킨 다음, 기병을 출격시켜 순찰임무를 수행 중인 수십 명의 팔기병 정찰병을 죽이는 전과를 올렸다. 당시 "이완 등이 군사를 모아 거리에서 싸워 매우 많은 적을 죽였다"[77]고 한 사료가 그것이다.

그러나 공방전이 거듭되는 사이 의주성 관민들은 사기가 저하되어 밤이 되면서 이탈자가 속출하였다. 그런데 청나라 군대가 의주성[78] 동쪽에 위치한 수구진의 장수를 죽이고 병력을 의주성으로 몰래 들여 남문과 서문, 동문을 차례로 돌파하였다. 이때 부윤 이완과 통판 최몽량

---

75) 『仁祖實錄』 권16, 인조 5년 4월 무오.
76) 유재성, 1996, 『한민족전쟁통사Ⅲ』(조선시대 전편), 311쪽.
77) 『仁祖實錄』 권16, 인조 5년 4월 무오.
78) 의주성은 평지의 읍성으로 둘레가 2만 7천 5백 31척이고, 높이가 12척이며, 동·남·서·북쪽에 모두 문이 있다. 문에는 옹성이 있으며, 성 안에는 한 개의 못과 43개의 우물이 있다.

및 휘하 장수들이 함께 아침까지 교전하여 적병을 수없이 죽였으나, 아군의 숫자가 부족하여 수만 명의 민병이 살상되었다.

청나라 팔기병은 뛰어난 기마 능력을 가진 전사와 고도의 이동·전개력을 가진 전마가 일체가 되어 뛰어난 기동력을 발휘하였다. 즉, 이 전사와 전마의 한 세트는 현대적 의미로 말한다면, 초고성능 초음속 폭격기와 그 파일럿에 해당된다. 말 가격이 고가인 것과 뛰어난 정예인 것, 그리고 파괴력이 엄청나다는 것 등 유사점이 많다.

당시 무장한 팔기병의 파괴력은 의주성이 함락된 이후부터 나타났다. 즉, 성을 함락한 팔기병 3백 기는 좌·중·우 3대로 나누어 공격하였다. 중앙에 200기, 좌우 양익에 각각 100기씩 숙달된 전투대형이었다. 이들 3개 부대는 민병대 중앙 대열을 향하여 활을 쏘며, 적진을 교란하고 종횡으로 말을 달렸다. 수만 명의 의주성 민병대는 산산이 붕괴되고 어찌할 바를 모르다가 살상되었으며, 팔기병의 희생자는 소수였을 것으로 생각된다.

1월 13일 창성부의 절제사 김시약은 여러 장수와 함께 6백여 명의 병사를 이끌고 성을 방어하는 중이었다.[79] 그런데 팔기병의 동향을 정탐하려고 기병을 성 밖으로 보냈으나, 정탐병사들이 돌아오지 않았다. 이 같은 사실을 통해[80] 팔기병이 달리면서는 돌격전을 수행하고

---

79) 이때 청나라의 기병 200여 기가 무력시위를 하면서 항복할 것을 종용했다. 이날 밤 군사들이 동요하여 성을 넘어 달아나자, 팔기병이 성을 넘어가는 장수와 군졸을 모두 죽였다. 이어서 팔기병은 성문에 포를 쏘고 운제(雲梯 : 성을 올라가는 긴 사다리)를 성벽에 설치한 다음, 개미처럼 붙어서 성벽을 올랐다. 김시약 휘하 병사들은 포를 쏘고 돌을 굴리면서 화살이 비가 오듯이 쏘았다. 그리고 후문으로 기병을 보내 적의 후미를 공격하였으나, 청나라 기창병이 성보다 높은 봉우리를 점령하고 성문으로 돌격해서 성을 함락시켰다(李肯翊, 『燃藜室記述』 권25, 인조조 고사본말 정묘호란 조에 인용된 「조야기문」의 기사).
80) 청나라 군사는 6개 부대 중 한 개의 부대를 의주 북방 160리의 창성진으로

물러서면 정찰조를 전방으로 보낸다는 그들의 전법을 잘 보여준다.

팔기병의 전사들은 걸음마와 함께 기마를 배우고 말을 달리면서도 활을 쏘는 기사법(騎射法)을 익혔는데, 활의 사거리가 200여m에 달했다고 한다. 달리는 말 위에서 몸을 돌려 적을 향해 강력한 화살을 날리는 장면을 상상해 보면, 이 얼마나 호쾌하고도 박진감 넘치는 생사의 갈림길인가. 팔기병의 생존환경은 척박했지만 강한 생명력으로 살아남았다. 푸른 하늘 아래 흰 구름이 떠가면 목동이었으나, 모이면 최강의 군대였던 것이다.

청나라 팔기병 복장

한편 팔기병은 소수의 기병을 창성진에 잔류시킨 후 의주의 본대로 이동하였다. 그리고 전열을 정비하여 4개 부대로 나눈 다음, 각 부대별 진로를 설정했다. 그중에 아민부대의 일부가 용천부의 용골산성을 포위했는데, 이때 용천 군민들은 이미 동쪽 10리에 있는 용골산성으로 이동하였다. 청나라 군대는 용골산성을 포위한 즉시 주변의 도로를

진출시켜 압록강 중·상류 이북지역과 압록강 하류 일대 제진 사이의 연락을 차단토록 하였다. 그리고 또 다른 부대의 기병 200여 기가 창성진을 포위하였다 (국방부전사편찬위원회, 1986, 『병자호란사』, 48~50쪽).

봉쇄하여 성을 고립시키고, 성문 양쪽에 군사를 매복시켜 외부와의 접촉을 차단했다. 용천부사 이희건은 군사 5백여 명과 부의 백성 수천 명을 이끌고 장기전에 대비하였다. 밤이 되자 이희건은 산성을 포위한 청군의 배후를 치기 위해 1백여 명의 기병을 이끌고 개문 출격하였다. 그런데 아군의 기병이 성문을 나서는 순간 매복군이 기습하여 모두 전사하였다.[81] 이에 중군장 이충걸은 도주하고, 협수장 장사준이 청군 에게 항복함으로써 지휘체계가 무너졌다.

한편 전 영산현감 정봉수는 1월 27일 용골산성에 들어와 용천·의주· 철산의 백성 중에서 4천 명의 민병을 선발하고, 출신 김종민을 중군, 이광립을 협수장으로 삼아 본격적인 방어태세에 들어갔다. 청군은 수백 명의 기병을 용골산성 주변에 매복시킨 뒤 투항한 의주의 협수장 장사준을 성 밑으로 보내 항복을 권유하였다.

그러나 정봉수는 이미 성 밑에 군사를 매복시키고 청군을 기다렸다. 다음의 사료를 통해 당시 의병장 정봉수와 청군의 기마전을 엿볼 수가 있다.

가) 용골산성의 의병장 정봉수가 치계하기를, "신이 지난달 27일 산성으 로 들어와서 용천·의주·철산 세 고을 사람들을 불러 4천 명의 민병을 모집하였습니다. 그 뒤 (중략) 장사준이 진달 수백을 몰래 끌고 와서 성 밖 7리에 숨겨 두었는데, 신이 마침내 사준과 공모자 수십 명을 죽이니 성 안의 백성들이 매우 기뻐했습니다. 이리하여 적의 유격 기병을 베고 적의 말을 탈취했습니다. 3월 17일 왕자란 자가 의주·창성·곽산에 주둔해 있던 군대를 크게 일으켜 모두 산성 밑으로 모이게 했는데, 묘시에서 신시까지 다섯 차례의 큰

---

81) 국방부전사편찬위원회, 1986, 『병자호란사』, 58~60쪽.

싸움을 했습니다. 성중의 남녀들이 화살·석포·돌 등 세 가지 물건을 일시에 내려 던지자 적의 선봉 수백여 기가 일시에 즉사했는데, 우리 군사 사상자는 10여 명뿐이었습니다. 그러나 신이 모집한 군사들은 무기나 군량이 모두 떨어지고 구원병도 끊겨서 매우 걱정입니다." 하였다.[82]

나) 호행사 군관 최유가 적 50여 기를 거느리고 함께 용골성으로 와서, 성에서 나와 항복하라는 뜻을 전했다. 그러나 성 안에서는 대응하지 않고 일시에 포를 쏘니 적이 물러갔다. 유해가 다시 최유를 보냈으나 전처럼 대응하였다. 적의 대부대가 또 진격해 왔는데, 성 안이 고요하여 사람의 소리가 없자, 적이 사면에서 성을 기어올랐다. 그때 성 안에서 일시에 석포를 쏘고 활을 쏘아 적병의 사상자가 무척 많았다. 이에 적이 물러나서 성을 포위했다가 얼마 되지 않아 포위를 풀고 용만으로 돌아갔다.[83]

사료 가)는 용골산성 의병장 정봉수가 두 번의 큰 전투를 수행했는데, 1월 27일 이후 성 밖 기마전에서는 아민부대 잔류 기병 1천여 명과 접전해 승리하였고, 3월 17일 전투에서는 2만여 명의 청군과 다섯 차례 공성전을 전개하여 그들의 공격을 막아냈다는 내용이다. 나)는 3월 17일 이후 청나라 기병이 또 다시 두 차례 용골산성을 공격했으나, 의병장 정봉수가 민병과 함께 방어에 성공했음을 말하고 있다.

청군은 용골산성을 함락시키기 위해 먼저 팔기병 1천여 기를 성 밖 3㎞ 지점에 매복시키고, 항복한 장사준에게 척후병 수십 기를 붙여 성문 앞으로 보내 성을 고립시키는 작전을 전개하였다. 그러나 의병장

---

82) 『仁祖實錄』 권16, 인조 5년 4월 신축.
83) 『仁祖實錄』 권16, 인조 5년 4월 기유.

정봉수는 이에 앞서 성벽 아래에 보병을 매복시켜 장사준을 포로로 세운 척후병 수십 기를 참수하였다.

용골산성 매복군이 포로 장사준과 팔기병의 척후병을 격파하자, 매복해 있던 청나라 선봉대가 일제히 성을 향해 돌격하였다. 그때 성 안의 군사는 즉시 성문을 나가 전투태세를 갖추었는데, 선봉에는 긴 창을 가진 보병이 방진을 치고, 후열에는 포수를 배치하였으며, 좌우 측면에는 기병을 배치하여 교전한 것으로 여겨진다.[84]

말을 탄 팔기병의 궁수는 방패와 창으로 무장한 용골산성의 방진을 돌파하지 못하고 후퇴한 것으로 추정된다. 왜냐하면, 그들은 방진을 뚫을 수 있는 돌격 보병대와 포병대를 보유하지 못했기 때문이다. 아무튼 청나라 기병대가 전진하지 못하고 주춤하는 사이에 선봉대의 후열에 배치된 포수가 총을 쏘아 반격한 것으로 보인다.

한편 접전이 치열한 순간에 성의 기병이 개문 출격하여 적진의 측면과 후방을 공격하자, 청나라 팔기병은 많은 사상자를 내고 마필을 버려둔 채 후퇴하였다. 청나라 팔기병이 패배한 것은 용골산성의 지세가 험하고 좁아서 기병의 전투력이 크게 떨어진 것과 관련이 있다.

한편 3월 17일 청나라 군대의 선임 대장 아민은 의주·창성·곽산 등 2만여 명의 병력을 동원하여 밤 11시부터 다음날 오후 5시까지 용골산성을 포위하고 다섯 차례 공격하였다. 그런데 당시 청나라 군대의 전투력은 전술과 공성무기 측면에서 크게 향상된 모습을 보였다. 즉, 성을 여러 겹으로 포위한 다음, 제1대가 공격하여 성과가 없으면, 제2대가 공격하고, 제1대는 휴식하는 방식이었다. 공성무기는 충차와

---

84) 일반적으로 평지에서는 전체 병력의 6분의 1을 기병으로 구성하지만, 산악지형에서는 10분의 1정도가 충분하다고 한다. 이와 같은 비율을 적용하면, 용골산성에는 4천 명의 군민이 있었지만, 그들 대부분이 일반인이었으므로 10분의 1로 셈할 수가 없다. 따라서 당시 기병은 1백여 명 내외였을 것이다.

운제를 사용했는데, 여기서 충차는 투석기로써 성벽과 성문을 파괴할 때 사용하였고, 운제는 성벽을 기어오르는 사다리였는데, 운제를 성벽에 붙이고 청군의 보병이 성을 넘을 때 팔기병은 성 밑에서 불화살을 쏘아 군사를 엄호하였다.

용골산성 방어군도 투석기를 쏘아 성의 군사를 엄호했는데, 그 사이에 포수가 총을 쏘고 돌을 굴리며 화살을 쏘았다. 이에 청나라 선봉대 팔기병 수백여 기가 일시에 즉사했는데, 팔기병은 대열이 붕괴되면 다시 복구하여 성을 공격하였다. 이때 성 안의 기병이 성 밖으로 나가 팔기병과 기마전을 벌였을 것이다. 아무튼 공성전은 22시간 동안 다섯 차례 계속되었으며, 그때마다 팔기군 전열이 크게 무너져 후퇴하면, 아군의 경기병이 추격하여 수백 기를 참수하였다.

3월 17일 이후에도 의병장 정봉수는 청나라 군대와 두 차례 공성전을 전개하여 모두 승리하였다. 당시 청군은 성의 네 면을 포위하고 성벽으로 접근하였다. 그러나 용골산성 군사들은 일시에 대포와 석포 및 활을 쏘아 그들을 물리쳤다. 청군은 많은 사상자를 남겨둔 채로 성밖 5리까지 후퇴하였다. 결국 청군은 산성의 공략을 포기하고 소수의 척후 기병을 남겨둔 채 의주 방면으로 철수하였다.

용골산성을 지나친 아민의 주력군은 선천에서 아지게 본대와 합류하였다. 그런데 그것은 청천강 이북 요충지인 선천·곽산·정주의 세 고을을 신속히 점령하고 안주를 공략하려는 전술이었다. 한편 선천부사 기협, 곽산군수 박유건, 정주목사 김진은 관할지역의 군사와 백성, 무기, 양곡 등을 곽산 동쪽 10리의 능한산성으로 집결시키고, 이곳을 거점으로 장기 항전태세에 들어갔다.[85]

그러나 1월 15일 능한산성을 점령한 팔기병은 1월 16일 병력을 정주에

---

85) 유재성, 1996, 『한민족전쟁통사Ⅲ』(조선시대 전편), 318쪽.

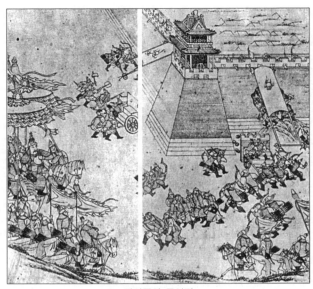
팔기군의 공성전

집결시켰다. 그리고 1월 19일 청천강을 건넜으며, 1월 20일에는 안주성을 포위하였다. 다음의 사료가 능한산성에서 전개된 양국의 공성전을 말하고 있다.

　17일에 (중략) 적이 군사를 휘몰아 진격해 들어왔는데, 긴 사다리를 가지고 와서 차례로 성에 걸치고 풀로 사람 형상을 많이 만들어 사다리 위에 줄지어 세웠다. 죽음을 각오하고 성을 사수하면서 비가 오듯이 화살을 쏘았으나, 얼마 안 가서 군졸은 힘이 다하고 병기가 떨어지니 적이 성으로 올라와 마구 죽였다.[86]

위 사료는 선천·곽산·정주의 세 고을 군민이 연합하여 방어하였지만

---

86) 이긍익, 『練藜室記述』 권25, 인조조 고사본말 정묘호란 조.

성이 함락되었음을 말하고 있다.

당시 능한산성에는 산성을 수비하는 수첩군 1천여 명과 초군 34명이 있었다.[87] 그러나 선천·곽산·정주의 세 고을 군민이 이곳에 집결함으로써 산성의 군민 숫자는 1만여 명으로 증가하였다.

1월 15일 청군은 다섯 개 부대가 성을 세 겹으로 포위하였다.[88] 청군은 성의 서남쪽 문에 운제를 걸고 공격하였고, 반면에 성의 방어군은 돌을 굴리고 화살을 비가 오듯이 쏘아 청군의 공격을 막아냈다. 결국 청군은 야음을 틈타 병력 1천여 명을 산성 후면 계곡으로 잠입시켜 북문을 열고 성 안으로 들어가 능한산성을 점령하였다.[89]

1월 20일에는 안주성을 포위하였다. 당시 안주성에는 주변 고을의 군사와 별승군 1천 7백 명 등 총 3천여 명의 병력이 주둔하고 있었다. 청군은 1월 21일 새벽 2만여 명으로 성을 공격했는데, 운제를 이용해 도보부대가 성벽을 기어오르고 성벽 아래 팔기병은 불화살을 쏘아 성벽을 타는 군사를 엄호하였다.

1월 21일 오후 조선군은 화살을 쏘면서 화포와 석포를 쏘는 공성군을 세 차례 방어하였다. 그러나 수적으로 우세한 청군은 운제를 타고 안주성 서북쪽과 동북쪽으로 들어와 4대문에 불을 질렀다. 양편의 군대는 혈전을 벌였지만, 전세는 조선군에게 불리하였다. 마침내 남이흥과 김준 장군 및 다수의 병사가 화약고에 불을 지르고 자폭하였다.

---

87) 『新增東國輿地勝覽』 권53, 평안도 곽산군 진보조.
88) 『仁祖實錄』 권15, 인조 5년 1월 무자.
89) 유재성, 1996, 앞의 책, 319~320쪽.

2. 병자호란과 기마전

정묘호란 때 패배한 조선은 군마를 확보하고 기병의 진법을 훈련하여 국경과 수도방위체제를 확립해야 하였다. 그러나 군제개혁에 실패한 인조정권은 병자호란이 발발하자, 요충지의 성을 지키는 수성전술에 주력하였다. 따라서 청나라 팔기군은 소수의 공성군만을 배치해 성의 방어군을 묶어 둔 채 속전속결전술로 개성까지 직행하자, 인조는 급히 남한산성으로 피난하였다. 이 같은 상황에서 성 밖 기마전은 크게 위축될 수밖에 없었다. 다만 근왕병 부대의 포수들이 기병의 역할을 대신함으로써 기마전을 유리하게 이끌었다.

청 태종은 12만 8천 명의 조선 원정군을[90] 선봉대·본군·좌익군·우익군으로 편제하고, 남하하는 이동경로를 각각 다르게 하였다.[91] 따라서 여기서는 서북 국경지역 전투, 남한산성 전투, 김화 백전산과 수원 광교산의 근왕병 전투를 중심으로 양국의 기마전을 살펴보려고 한다.

국경지역 최초 기마전은 12월 14일 영변의 철옹성에서 전개되었다. 팔기군의 좌익군은 3만 기였고, 산성방어군은 3천여 명이었다. 다음의 사료가 당시의 기마전을 설명하고 있다.

> 부원수 신경원이 철옹성을 지키고 있었는데, 적병이 나타나는 것을 보고 기병 수백 기를 성 밖으로 보내 죽이고 사로잡은 것이 조금

---

90) 이 가운데 기병은 4만 8천이고, 보·기병 연합군은 4만이었다.

91) 12월 2일 심양을 출발한 청군의 선봉대는 12월 8일 압록강을 도하하여 의주를 지나쳐 안주로 남진했다. 그리고 좌익군은 12월 8일 압록강을 도하하여 의주성을 점령하였으며, 1월 8일 저녁에는 1만 2천 기로 백마산성을 공격하였다. 그리고 본군은 의주 - 용천 - 곽산 - 선천 - 정주를 거쳐 12월 14일 안주에 이르렀다. 한편 우익군은 벽동 - 창성 - 삭주 - 귀성 - 태천을 거쳐 12월 14일 영변의 철옹성에 도착했다.

있었다. 아군이 조그만 이익을 탐내 곧장 물러나 돌아오지 않다가 적의 대군이 별안간에 닥쳐와 아군은 이미 적병의 뒤에 있게 되니 혹은 피살되고 혹은 스스로 도망쳐 숨었다. 적이 철옹성을 포위한 지 여러 날이 되어도 성이 험준하여 함락시키지 못하자 거짓으로 포위를 풀고 물러갔다. 신경원이 척후장 곽산 군수 정빈의 말을 믿고 (중략) 진영 아래에 있는 재물을 운반하려고 군사를 거느리고 갔다. 적병이 향산동 어귀에 숨어 있다가 군사를 풀어 크게 싸워서 신경원을 사로잡았다.[92]

위 사료는 부원수 신경원이 기병 수백 기를 철옹성 밖으로 출격시켜 다수를 살상했지만, 팔기병의 거짓 후퇴를 간파하지 못하고 계속 추격 하다가 포위됨으로써 신경원이 포로로 잡혔다는 내용이다. 여기서 청 태종의 "원정군이 철옹성을 포위한 지 여러 날이 되어도 성이 험준하 여 함락시키지 못하자, 거짓으로 포위를 풀고 물러갔다"는 것은 청나라 팔기병의 거짓 후퇴 전술이었다. 팔기병은 거짓으로 포위를 풀고 철수 하여 산성 방어군을 성 밖으로 끌어내려는 유인전술을 썼다.

신경원은 척후장의 말에 따라 청나라 팔기병이 성의 외곽으로 퇴각했 다고 믿었다. 그리고 군수물자를 운반하기 위해 경계를 풀고 기병 5백 기를 성의 동문으로 출격시켰다. 신경원은 산성군의 병력이 상대적 으로 열세했지만, 험준한 산악지형에서 교전하면 진퇴가 자유롭지 못한 청군이 더 불리할 것으로 판단했다. 따라서 신경원은 추격을 개시하여 약간의 전과를 올렸다. 그는 승리한 분위기를 타고 계속 추격했는데, 경솔한 신경원은 청의 군사를 너무 멀리 추격하였다. 그때 청나라 팔기병이 바람처럼 나타났다.

---

92) 이긍익, 『燃藜室記述』 권26, 인조조 고사본말, 병자호란과 정축 남한출성.

거짓 후퇴를 추격하는 실수를 저지른 신경원의 기병에게는 재앙이 닥칠 뿐이었다. 즉, 팔기병은 함정이 되는 지형을 미리 선정하고 군사를 매복시켰다. 그리고 추격하던 신경원 기병이 그곳을 지나는 순간, 매복한 팔기병이 추격하는 기병의 후미를 끊었다. 따라서 산성의 기병은 앞뒤로부터 적을 맞는 형세가 되었다. 마침내 신경원은 도주하는 팔기병을 무모하게 추격하다가 포로가 되었다.

한편 병자호란이 발발한 직후 조선군은 안주와 평양 등 북방의 주요 요충지 방어병력을 인근의 산성으로 이동시켜 청군의 남하를 지연시켰다. 청군의 남하를 지연시키면 남한산성 - 강화도를 중심으로 한 수도권 방위태세를 준비하는 데 시간을 확보할 수 있기 때문이었다. 그러나 청군은 소규모 병력을 성에 잔류시켜 조선군을 성에 가두었다. 그리고 주력군이 빠른 속도로 남하했는데, 선봉대는 12월 15일, 좌익군은 12월 18일에 한성에 도착하였다. 따라서 인조는 남한산성으로 피난할 수밖에 없었다.

12월 18~22일까지는 청나라 팔기병과 남한산성 방어군 사이에 소규모 공성전이 여러 번 전개되었는데, 최초의 성 밖 기마전은 12월 21일에 있었다. 이때 서문의 어영별장 이기축이 기병 50여 기를 이끌고 출격하여 10여 명을 사살하였고, 동문 수비대장 신경진도 개문 출격하여 수십 명을 사살하고 무기와 군마를 노획하였다.[93] 한편 23일에는 청군 2백여 명을 사살하였으며,[94] 24일에도 1백여 명을 살상하였다.[95]

청군은 12월 25일부터 남한산성 도로 주요 길목에 수십 개의 목책을 설치하고 산성과 외부의 연락을 차단하였다. 따라서 고립된 남한산성

---

93) 이긍익, 『燃藜室記述』 권26, 인조조 고사본말, 1월 21일 조.
94) 유재성, 1996, 앞의 책, 356쪽.
95) 『仁祖實錄』 권33, 인조 14년 12월 갑오.

남한산성 동문

에서는 부대를 성 밖으로 출격시켜 위기를 돌파할 수밖에 없었다. 다음의 사료를 통해 당시 양국의 기마전을 엿볼 수가 있다.

29일 김류가 동서남북 네 성문의 장수를 불러 명하기를, "남한산성 아래 적의 진영이 매우 엉성하니, 각각 정예 기병으로 격파하라."고 하였다. 네 장수가 그 계책이 잘못된 것을 역설했지만, 김류가 듣지 않고 친히 장졸을 거느리고 북문에 앉아 대장의 깃발과 북을 세우고 병기를 휘두르면서 전투를 독려하였다. 성 아래에는 개울이 굽이져 있었는데, 오랑캐의 팔기병이 곳곳에 매복한 채 겉으로는 고군(古郡) 남쪽 4~5백 보 거리로 물러가서 군사와 소·말 등 약간을 머물러 주둔시켜 놓고 유인하였다. (중략) 우리 군사들이 그들의 소·말을 취하는 데도 적들은 못본 체하고 있다가, 우리 군사가 송책(松柵) 밖으로 모두 나온 뒤에야 비로소 팔기병이 말을 채찍질하여 나는 듯 돌격해 들어오고 복병이 사방에서 출몰해 곧장 우리 군사의 앞뒤를 끊었다. 이에 우리 군사는 총 한 방, 화살 한 번도 쏘지 못한 채 순식간에 짓밟혀 죽은 자가 거의 2백 명이고, 신성립, 지여해, 이원길 등도 모두 죽었는데, 팔기병의 죽은 숫자는 다만 두 명뿐이었다.[96]

위 사료는 도체찰사 김류가 남한산성 네 곳 성문을 지키는 장수들에 남한산성 북문 아래에 진을 친 청나라 진영을 치도록 지시하자, 네 장수들은 잘못된 전략이라고 하였으나, 김류가 듣지 않고 3백여 기병을 출전시켰다가 팔기병의 유인에 걸려 산성 방어군 2백여 기가 죽었다는 내용이다. 당시 청나라 팔기병의 좌익군이 북문 아래 1㎞ 쯤, 상사창리의 하천과 소택지에 군사를 매복한 다음, 근처 4~5백보 전방에 군사와 소, 말 등 약간을 머물러 놓고 산성 방어군을 유인하였다.

그런데 산성 방어군이 소와 말을 끌고 가는데도 청의 좌익군은 못본 체하고 있다가 소나무 울타리를 나오는 순간에 팔기병이 바람처럼 나타났다. 팔기병이 돌격하자, 사방에서 복병이 뛰어 들고 활을 쏘며 산성 방어 기병의 앞뒤를 끊고, 아군 대열을 교란하며 종횡으로 달렸다. 따라서 산성 방어군은 총과 화살을 한 번도 쏘지 못한 채 죽은 자가 2백여 명이었다. 그러나 청나라 팔기병은 죽은 자가 단 두 명뿐이었다.

청나라 팔기병의 유인전술은 앞에서 설명한 것과 같이 흉노와 돌궐이 사용하던 옛날 방법의 개선된 형태였다. 그것은 농경지역 변방에 대한 지속적인 습격과 초원의 대규모 몰이사냥에서 발전된 유목민들에게 있어서 영원불변의 전술이었다. 따라서 전근대시기가 끝나는 시점의 팔기병은 뛰어난 기마능력을 가진 전사와 기동력을 가진 전마가 합하여

---

96) 이긍익, 『燃藜室記述』 권25, 인조조 고사본말, 병자호란과 정축 남한출성 ; 『仁祖實錄』 권33, 인조 14년 12월 기해.

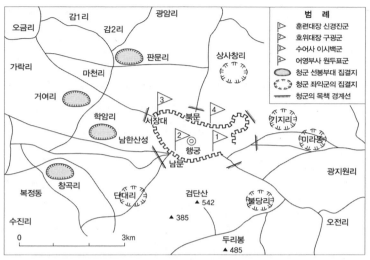

병자호란 때 남한산성 청군의 배치도

엄청난 파괴력을 가졌다. 그것이 비록 단기(單騎)라고 하더라도 그
위력이 대단하였다. 그것이 백기, 천기, 만기가 동원되면, 이것은 무시무
시한 것이 되었다.

이때 전국에서는 남한산성을 구원하기 위해 근왕병을 조직하고 남한
산성 근처로 집결하였다. 12월 26일 강원도 원주영장 권정길이 부대를
이끌고 최초로 남한산성 밖 1㎞ 지점 검단산에 진을 쳤다. 남한산성에서
는 그들이 청군의 배후를 공격하여 외부와 소통하기를 기대했다. 그러
나 27일 근왕병이 팔기병에게 패배함으로써 이러한 기대는 무너졌다.[97]

한편 평안감사 홍명구는 근왕병 2천여 명을 이끌고 평양성 근처의
자모산성 방어를 담당했는데, 청군의 대부대가 평양을 지나서 남진하
자, 평안병사 유림과 함께 1월 26일 김화현 백전산에 진을 쳤다. 이곳에
는 청군 1만여 명이 이미 진을 치고 있어서 양국의 군대는 교전을

---

97) 『仁祖實錄』 권33, 인조 14년 12월 갑오.

피할 수가 없었다. 다음의 사료에서 홍명구 근왕병과 팔기병의 기마전을 엿볼 수가 있다.

　　평안도 관찰사 홍명구가 처음에 적보를 듣고 자모산성에 들어가 지켰는데, 얼마 뒤에 오랑캐 기병이 곧바로 경성으로 향했다는 소식을 듣고 휘하의 별장 장훈 등 2천 기를 보내어 들어가 구원케 하였다. 그 뒤 거가(車駕)가 남한산성에서 포위당했다는 소식을 듣고는 즉시 자신이 날랜 포병 3천 명을 조발하여 먼저 떠나는 한편, 남서로 병사 유림에게 동행할 것을 재촉하였다. (중략) 김화에 이르러 적을 만나 수백 명을 베고 사로잡힌 사람과 가축을 빼앗았는데 몇 십 몇 백을 헤아렸다. 군사를 백전산으로 옮겼을 때 적의 연합군 1만 기가 침범해 왔다. 홍명구가 이들을 맞아 공격하여 크게 격파하고 두 명의 장수를 죽였는데 시체가 즐비하였다. 조금 있다가 적의 한 진이 산 뒤편을 돌아 나왔는데, 말을 버리고 언덕에 올라 모포로 몸을 감싸고 밀어부치며 일제히 옹위하여 진격해 오니 그 형세를 막을 수가 없었다. 홍명구가 급히 유림을 부르며 서로 구원하도록 하였으나, 유림이 응하지 않고 도주하였으므로 휘하의 장사(將士)들이 많이 전사하였다.[98]

위 사료는 자모산성을 지키던 평안도 관찰사 홍명구가 남한산성을 구원하기 위해 백전산에 진을 치고 청군과 교전하여 큰 전과를 올렸지만, 청나라 팔기병이 산 뒤편을 돌아나와 근왕병의 후방을 쳐서 패배했다는 내용이다. 홍명구는 자모산성을 나오면서 기병 2천 기로 선봉대를 조직하고 그들을 먼저 신계와 김화에 파견하여 요해처를 방어토록 했다. 1월 26일 자신의 포수 3천 명과 유림의 군사[99]를 합쳐서 청나라

---

98) 『仁祖實錄』 권34, 인조 15년 1월 무진.

군사 수백 명을 죽이고 포로로 잡혀있던 남녀 수백 명과 가축 3백여 두를 빼앗는 전과를 올렸다.

이날 오후에 청군 수만 명이 김화 서남쪽에 출현하자, 김화현 북쪽 백전산에 진을 치고 적을 공략하기 위한 전략을 세웠다. 즉, 유림의 부대는 서쪽의 높은 언덕에 진을 치고, 홍명구 부대는 그 아래 낮은 언덕에 포진했다. 유림은 산 정상으로 진을 옮기려하였지만, 이미 밤중이라 그 일을 중단하고, 유림의 부대와 두 진영을 어리진(魚麗陣)의 형태로 연결시켰다. 그런데 유림은 겉으로는 홍명구에게 협조하는 척하면서, 실제로는 허약한 군졸 수십 명을 홍명구 진영의 서쪽 모서리와 연결했을 뿐이었다.[100]

1월 28일 새벽 청나라 팔기병 수만 기가 폭풍처럼 치달리면서 동쪽과 북쪽 및 남쪽을 번갈아 공격하였다. 그러나 홍명구 부대는 선봉 대열에 1천 명의 총포병을 배치하고 일시에 발사하자, 적의 사상자가 매우 많았다. 따라서 묘시(오전 5시~7시)부터 신시(오후 5시~7시)까지 승부가 나지 않았다.

한편 청군은 1백여 기만을 남겨 정면을 공격하는 척하면서 주력군을 산 뒤쪽으로 돌렸다. 그리고 산 위로 올라가 아군 진영의 왼쪽 유림의 부대가 허술한 사실을 알아내고, 그곳을 먼저 공격했는데, 그들은 말을 버리고 언덕으로 올라와 털 담요로 몸을 감싸고 전진함으로써 유림의 후진이 무너졌다.[101]

---

99) 조정에서는 평안병사 유림에게 어영청의 병력을 모두 소속시켜 직로를 방어하는 소임을 맡겼다.

100) 평안감사 홍명구의 휘하인 평안병사 유림은 전쟁기간 동안 상관의 명령에 복종하지 않는 모습을 보이고 있는데, 이러한 갈등관계가 결과적으로 전투를 패전으로 이끌었다.

101) 金尚憲, 『淸陰集』 권25, 비명, 평안도 관찰사 남령군 홍공 명구의 신도비명.

유림의 후진이 무너지자, 청나라 팔기병은 홍명구 진영의 서쪽 모서리 부분을 쳤다. 이에 홍명구는 좌우의 사수를 모두 동원하여 그곳을 방어하는 한편, 유림을 계속 불러 구원을 요청하였지만 유림이 이에 응하지 않고 도주하였다. 이때 유림의 정예 군사들은 높은 산등성이에 모여 각자 알아서 전투할 뿐이었다.[102] 홍명구 부대의 왼쪽 대열이 무너졌을 때 청나라 팔기병이 우회하여 측면과 후면을 공격하였다. 홍명구 부대는 대열이 무너지고 포위되어 아무 데도 도망갈 수 없었다.

병자호란 기간 중 근왕병이 전과를 크게 올린 전투는 두 번 있었다. 한 번은 앞에서 살펴본 홍명구의 김화 적전산 전투이고, 또 한 번은 전라병사 김준용의 수원 광교산 전투이다. 전라감사 이시방은 근왕병 6천 명을 모집하여 12월 29일 전라병사 김준용과 함께 남한산성으로 진군했다. 이때 화엄사의 승려 벽암과 각성이 승병 2천여 명을 이끌고 합세하여 근왕병은 8천여 명이 되었다.

그리고 1월 4일 김준용의 선봉군이 수원 광교산에 진을 쳤다. 이에 청군이 주력군 5천 기를 이끌고 광교산 근왕병 진영을 공격할 준비에 들어갔다. 다음의 사료가 당시 양국의 기마전을 설명하고 있다.

전라병사 김준용이 날래고 용맹스러운 군사를 뽑아서 방진을 만들어 사면이 모두 밖을 향하게 하고, 양식은 진 가운데에 두어 적을 만나면 장차 싸울 계책으로 삼았다. 따라서 광교산에 친 진의 위치는 남한산성과 매우 가까웠다. 이때 적병과 여러 차례 접전하여 승리하였으며, 밤마다 횃불을 들고 포를 쏘아 남한산성에 들리게 하였다. 적병이 날마다 침범하여 왔으므로 살상자가 대단히 많았고 적장 백양이 또한

---

102) 李植, 『澤堂集』 「택당선생 별집」 권9, 행장, 평안도관찰사 증 이조판서 홍공의 행장.

죽었다. 하루는 적병이 산과 들에 가득히 몰려와서 먼저 전방에 있는 병영을 침범함으로 호준포를 연달아 발사하였다. 화살과 돌이 비오듯이 떨어졌지만 아군의 진영은 움직이지 않았다. 그런데 오후 2시 경에 적병이 산 북쪽으로부터 후면을 엄습하여 광양현감 최택이 놀라서 무너지니 준용이 급히 군사를 독려하여 힘껏 싸웠다. 날이 저무니 적이 징을 쳐서 병졸을 거두며 소리치기를, "내일을 기다려 결전하자." 하였다. 준용이 장수들에게 말하기를, "화살이 다 되고 양식이 떨어졌으니 내일 다시 싸우면 일이 반드시 위험할 것이다." 하고, 곧 말을 타고 나가 수원에 퇴진하니 군사들이 흩어져 달아났다. 준용은 이것이 죄가 되어 파직되었다.[103]

위 사료는 전라병사 김준용이 수원의 광교산에 방진을 치고 청나라 팔기병과 여러 차례 교전하여 적장을 죽이는 전과를 올렸는데, 청나라 팔기병이 우회하여 근왕병 부대의 후면을 기습함으로써 아군이 수원으로 퇴각했다는 내용이다.

김준용은 청나라 팔기병을 방어하기 위해 창을 가진 보병으로 강력한 사각 전투대형을 만들고, 그 안에 양식을 쌓아 장기 항전태세를 갖추었다. 청군은 먼저 근왕병의 선봉 보병대열을 집중 공격하였다. 아군의 보병대열이 무너지면 청군의 팔기병 공격이 곧 이어졌겠지만, 근왕병이 견고한 방진을 쳐서 보병대열을 지켰다. 뿐만 아니라 연달아 발사하는 호준포는 청나라 팔기병의 기동력을 크게 약화시켰다.

청군은 거듭 패배하면서 공격의 기본 대형을 바꾸었다. 기병공격의 이점을 살리기 위해서는 보병의 근접지원이 필요했다. 이에 중앙에 보병을 배치하고 좌우 양쪽에 기병을 배치하였다. 청군이 화살과 석포

---

103) 이긍익, 『燃藜室記述』 권26, 인조조 고사본말, 병자호란과 정축 남한출성.

인조의 항복 장면 부조

를 쏘면서 중장기병이 정면을 공격하는 순간, 근왕병은 기병을 투입하여 청군의 측면을 공격하였다.

김준용 진영에서는 제1열은 창병을 배치하고, 제2열은 기병도를 배치하여, 각개 전투를 통해 겨우 전투대열을 유지한 것으로 보인다. 그 사이 청나라 팔기병이 산 북쪽 후면을 기습하여 광양현감 최택이 이끄는 대열이 무너지면서 팔기병이 방어진 안으로 들어왔다. 이때 병사 김준용이 부대를 이동한 다음, 포수를 앞세워 반격하여 팔기병을 격퇴하였다. 청군은 이 전투에서 양굴리 장군과 수많은 병사를 잃고 광교산 동방 10리 지점까지 퇴각하였다. 따라서 병자호란 기간 중 광교산에서 가장 큰 승리를 이끌어 낸 전라도 근왕병 부대도 전쟁 물자가 고갈된 상태에서 수원방면으로 철수할 수밖에 없었다.

17세기 전반까지 조선은 임진왜란 기간에 수용한 포수, 사수, 살수의 명나라 삼수병체제의 전법을 사용하였다. 그러나 이 같은 보병 중심의 전술로는 청나라의 팔기병을 상대할 수 없어서 인조 때는 요충지의 성을 지키는 수성전술에 주력하였다. 그런데 청군은 소수의 방어군을 배치하여 성을 묶어둔 채 속전속결전술로 한양까지 진격하자, 인조는 남한산성으로 피난할 수밖에 없었다. 병자호란 때의 전투방식은 요충지의 성을 지키는 수성전술과 성 밖에서 적과 교전하는 기마전으로

삼전도비

분류한다. 수성전술은 국경지역의 영변 철옹성 전투와 남한산성 방어 전투가 있는데, 철옹성 전투에서는 3천의 산성 방어군이 3만의 청나라 공성군을 물리쳐 승리하였지만, 부원수 신경원이 개문 출격한 성 밖 기마전은 패배하였다. 따라서 조선은 병자호란 이후 강화도와 남한산성을 보장처로 하는 수도방위체제 확립과 기병의 전투력 강화라는 과제를 해결해야 했다.

Ⅳ. 병자호란 이후 전술의 변화와 기병대 창설

1. 수도방위체제 변동과 『연병실기』 병법 수용

17세기 전반기 청나라 침공은 조선의 수도방위체제와 기마전의 변화를 촉발시켰다. 즉, 조선전기의 수도방위는 5위제와 진관제에 기초한 전국방위체제였는데, 두 차례 호란으로 인해 경기 지역에 집중하는 수도방위체제로 전환되었다.

따라서 1624년(인조 2) 도성에 어영청을 설치하고, 경기도에는 총융청과 수어청을 창설하였으며,[104] 효종은 강화도 연해 7개 지역[105]에 진보(鎭堡)를 설치하여 강화도 중심의 수도방위체제를 확립하였다. 한편으로 조선에서는 청나라 팔기병의 공격을 막기 위해 척계광이 북방에서 기병을 저지할 목적으로 고안한 『연병실기(鍊兵實紀)』를 도입하여 기마전을 준비하였다.

그동안 수도방위체제에 대한 연구는 심승구[106]와 이민웅[107] 및 백기인[108]의 연구가 주목된다. 그리고 조선후기 전술에 대한 연구는 노영구가 조선후기 병서와 병학(兵學)의 양상에 대해 검토하였고,[109] 인조대 전반기 조선의 전술 양상에 대해서는 이홍두가 호란 이후 조선군의 기병, 화포 관련 전술 변화를 고찰하였으며,[110] 허태구는 17세기 전반기의 수성(守成) 위주의 방어 전술을 연구하였다.[111] 이를 통해 호란

---

104) 조선에서는 이들 세 군영과 선조 때 창설한 훈련도감을 묶어 수도방위체제를 성립시켰다. 당시 총융청이 경기도 해안 지역의 방어를 담당하고, 수어청은 경기도 내륙지역의 방어를 전담했는데, 이를 관방의 측면에서 본다면, 총융청은 강화도, 수어청은 남한산성 방어와 직결된다.
105) 7개 지역은 草芝鎭, 濟物鎭, 龍津鎭, 德津鎭, 寅火石鎭, 昇天浦鎭, 廣城堡이다.
106) 심승구 외, 1998, 『조선후기의 수도방위체제』, 서울학연구소.
107) 이민웅, 1995, 「18세기 강화도 수비체제의 강화」, 『한국사론』 34, 서울대 국사학과.
108) 백기인, 2000, 「18세기 북벌론과 대청방어전략」, 『군사』 41, 국방부 군사편찬연구소.
109) 노영구, 2002, 「조선후기 兵書와 戰法의 연구」, 서울대학교 박사학위논문.
110) 이홍두, 2002, 「호란 이후 조선군의 전술 변화」, 『군사사 연구총서』 2, 국방부 군사편찬연구소.
111) 허태구, 2009, 「병자호란의 정치 군사적 연구」, 서울대학교 박사학위논문.

19세기 말의 총융청

이후의 전술 변화 양상에 대한 기본적인 이해가 가능해졌다.

따라서 여기서는 먼저 수도방위체제와 관련해서 효종이 실시한 강도
(江都) 연해의 진보 설치를 고찰하고, 아울러 팔기병을 상대하기 위한
『연병실기』 병법의 수용과 훈련에 대해 살펴본다. 다음으로 팔기병과
접전하는 기마전에서 포수와 화포의 역할을 고찰하며, 마지막으로
팔기병과의 기마전을 위해 마련한 정초청(精抄廳)의 설치와 기병대
창설에 대해 고찰한다.

효종대 중반부터 청나라 내정간섭이 현저하게 약화되자, 효종은
북벌을 위한 군비를 확충하고, 강화도 중심의 수도방위체제를 확립하
였다. 즉, 효종은 동왕 6년(1655) 1월, 강화도 동쪽 연변의 진보 설치와
각 진보에 포를 거치하는 문제를 적극 추진했는데, 이것은 대체로
청나라 팔기병의 방어를 염두에 둔 군비확충의 일환이었다. 다시 말해
서 강화도 동쪽 해변의 승천포·연미정을 거쳐 갑곶과 덕진포까지 네

강화도 동쪽 해변의 보루 설치 『新增東國輿地勝覽』강화도호부
진보

개의 진보를 설치하도록 지시하고, 정포를 철곶에 이설코자 했다. 그런데 우의정 심지원이 네 개 진보 중 연미정과 갑곶을 먼저 설치하자고 주장하자, 효종이 그의 견해를 따랐다.

여기서 효종이 강화도 연변에 진보를 설치하려고 한 것은 변란이 발생한 다음에야 강화부의 무기와 군대를 해변으로 옮기기 때문에 형세에 미치지 못한 것을 병자호란 때 직접 체험했기 때문이다. 만약 해변에 진보를 설치하면 각 진보의 변장이 방어를 전담할 것이고, 한편으로 백성들을 모집하여 병사로 편제하면 유랑민을 정착시키는 효과가 있다고 보았다.

효종은 전쟁에서 방어와 공격은 불가분의 관계를 갖는다고 보았다. 즉, 전술상 방어에 치중하더라도 상황에 따라서는 성 밖에서 기마전을 수행해야만 전쟁에서 승리할 수 있다는 것이다. 그러므로 효종은 당시 강도의 형세가 방어와 공격 모두가 허술하기 때문에 강도 해변에 네 개의 진보를 설치하면 방어 능력이 크게 향상된다고 보았다. 특히 연미정과 갑곶의 두 진보를 우선 설치할 경우, 한 진보는 강화부 소속의 군대를 배치하고, 다른 한 진보에는 화량의 군졸을 배치하도록 지시하였다. 그런데 이것은 왜구를 격퇴하기 위한 남양만방어체제에서 청나라를 방어하는 강화도방어체제로 전환되었음을 의미한다.[112]

강화도 연미정 돈대

　정묘호란 이후 수도방위체제의 기준에서 보면 강화도가 관방의 핵심
이었다. 그것은 강화도가 남한산성을 제치고 보장처가 됨으로써 경기
지역의 총융청과 수어청의 병력 및 도성을 지키는 훈련도감과 어영청의
친위군까지 모두 강도에 예속시켰던 사실을 통해 알 수 있다. 그러나
인조 11년(1633) 경기 수사가 삼도통어사를 겸임하면서부터 강도의
군사력은 급속히 쇠퇴했는데, 수군은 통어영에 소속시키고, 육군은
총융청에 소속시킴으로써 수사의 직임이 행정상의 직임으로 하락하였
다.

　그러면 군비를 확충하여 북벌을 준비한 효종의 대청관방대책은 무엇
이었을까? 효종은 당시 강화도를 서해안관방체계의 중심 지역으로
삼기 위해 먼저 강화도 연안에 보루를 설치하고, 다음으로 경기도

---

112) 이홍두, 2008, 「병자호란 전후 江都의 鎭堡설치와 관방체계의 확립」, 『인천학연
　　구』 9, 19쪽.

강화도 갑곶 돈대

연안에 설치한 진보를 강도로 이설하는 문제를 실행에 옮겼다. 효종은 동왕 3년(1652) 강화 유수 이만이 강화도 동쪽 해안에 위치한 정포·덕포·철곶 세 개 진에 경쾌선을 배치하고, 보루를 쌓아서 해방(海防)으로 삼을 것을 건의했는데, 효종이 이만의 건의를 수용함으로써 강도 자체 방어력은 그 토대가 확립되었다.

당시 경기도 연안의 진보를 강도로 옮길 수밖에 없었던 이유는 청나라 군대를 상대할 때는 청야수성전술을 수행해야 하는 조선군의 특성 때문이다. 경기도 연변 지역의 진보에는 읍성이 없었기 때문에 청나라 팔기병의 공격에 속수무책이었다. 따라서 연변의 진보에 쌓아둔 군량을 지킬 수가 없었으므로 연변의 진보를 강화도로 이설해야 했다.

효종은 먼저 남양의 영종진을 1653년(효종 4)에 인천부의 자연도로 이설하면서 섬의 이름을 영종도로 변경하였다.[113] 한편 효종이 동왕

---

113)『增補文獻備考』권33, 관방9, 인천.

강화도 초지진

7년(1656)에 안산에 있던 초지진을 강화부 남쪽 35리 지점으로 옮겼다. 그리고 제물진도 같은 해 인천에서 강화부 동쪽 10리 지점으로 옮겼다.[114]

특히 효종이 경기도 연안의 진보를 강화도 동쪽 연안에 이설한 것은 그동안의 해방론(海防論)을 재편하는 것과도 관련이 있다. 즉, 임진왜란 이전 조선 수군은 서남해안을 집중적으로 경계하였지만, 효종대 이후에는 해방론의 중심이 서해와 해서지역으로 옮겨졌다. 물론 광해군과 인조 때도 청나라 남침에 대비한 해방론이 없지는 않았으나, 효종의 해방론은 황해도와 경기 서북부 앞바다 지역을 관방의 요해처로 삼았다는 점에서 그 이전의 것과 다르다. 다음의 사료에서 그러한 사실을 뚜렷이 엿볼 수가 있다.

---

114) 『新增東國輿地勝覽』 권12, 강화도호부 진보

비변사가 아뢰기를, "순위도는 나루의 넓이가 갑곶의 배나 되고 백령·용매·허사의 여러 진이 전후에 나열해 있어 앞뒤로 호응하는 형세가 있으며, 남쪽으로 강도까지 한 번의 조수(潮水)로 이를 수 있는 거리이니 응원하기에 가장 편리합니다. (중략) 해안에 출몰하는 배가 간혹 있으니 수색하는 일을 엄중히 하지 않을 수 없습니다. 이것을 구실로 삼아 배를 수리해야 합니다. 그러나 일을 신중하고 치밀하게 하여 각 고을이 그 의도를 알아서는 안됩니다. 해서의 전함은 남해 전함의 절반이고, 격군도 백여 명에 불과하지만, 대포를 사용할 수 있습니다. 해산한 군사를 별파진에서 선발하여 공무를 핑계로 보내는 것이 타당할 듯합니다."고 하니, 상이 그대로 따랐다.[115]

위 사료에서 강도와 지척에 있는 해서지역에 진을 설치하면 상호 호각지세가 형성됨으로써 대청방어체제가 크게 확대되는 상황을 엿볼 수가 있다. 해서지역에는 간혹 해적이 출몰했는데, 비변사에서는 이를 기회로 삼아 수군의 군사력을 크게 확충할 태세였다.[116] 당시 해적의 출몰 지역을 살펴보면 해서지역이 다수를 이루었다. 특히 황해도 앞바다와 경기 서북부 앞바다에 나타나는 비율이 다른 지역보다 월등한데, 그 이유는 도성에 들어오려는 외국 선박은 모두가 이곳을 통과하지 않을 수 없기 때문이다. 그동안 국사학계는 18세기에 이르러 해방론이 처음 대두한 것으로 설명하였다.[117] 그러나 여기의 사료는 17세기부터 이미 해적을 소탕하는 해방론이 대두했음을 전한다.

한편 임진왜란 초기 조선은 명나라 척계광의 『기효신서』 병법을

---

115) 『孝宗實錄』 권15, 효종 6년 11월 갑인.
116) 이홍두, 2008, 앞의 논문, 26쪽.
117) 이민웅, 1995, 앞의 논문.

『기효신서』 마병입대도

수용함으로써 임진왜란에서 승리하였다. 그러나 『기효신서』 전법은 보병의 일본군에게만 적용될 뿐 주력군이 기병인 여진족에게는 성과가 없었다.[118] 따라서 조선은 청나라의 팔기병을 상대로 어떻게 대응해야 하는가를 『연병실기』에서 찾고 있는바, 다음의 사료가 그 해명의 실마리를 제공한다.

가) 훈련도감이 아뢰기를 "『연병실기』는 오랑캐를 막는 대법인데, 수레에 화기를 싣고 오랑캐 기병을 차단하는 방법, 그리고 기보(騎步)를 거진(車陣) 속에 숨겼다가 적이 패배할 때를 기다려 나는 듯이 달려가 공격하는 방법이 그 대략입니다. 이는 우리나라의 진법과도 부합되는 점이 많은데, 여기서 수레란 화차(火車)를 말하고 기보는 기병과 보병을 지칭하니, 이 같은 법을 쓰려면 조종조의 진법을 참고하는 것이 옳습니다. 서울에서는 거기보(車騎步)법을 시행하여 그 대강을 세우고, 경기, 충청, 전라, 경상도는 『기효신서』 진법으로 가르치며, 강원, 황해, 평안, 함경도는

---

118) 이홍두, 2002, 앞의 논문, 208쪽.

『연병실기』 진법으로 가르쳐서 중국에서 방비하는 제도와 똑같이 하는 것이 좋다고 생각합니다. 그러므로 훈련도감에서는 현재 한기에게 거기보법으로 조련하는 규목을 정하도록 했습니다. 『연병실기』를 우선 인출하는 것이 어떻겠습니까?' 하니, 전교하기를, 윤허한다고 하였다.[119]

나) 한교가 이때 도성으로 돌아와 상소하기를, "거기보법으로 오랑캐를 방어하는 법은 본래 중국 사람 척계광의 전법입니다. 대개 척계광이 남쪽에 있으면서 왜를 정벌할 때는 『기효신서』의 포살법(砲殺法)을 사용했고, 북쪽에 있으면서 오랑캐를 막을 때는 『연병실기』의 거기보법을 사용했는데, 적의 형세에 따라 승리를 제압하는 묘리가 비상합니다. 그러나 『기효신서』의 포살법은 모두 보병이라 만약 서북의 달리고 돌격하는 철기병을 상대로 사용한다면, 반드시 짓밟혀서 발도 댈 수 없을 것이고, 『연병실기』의 거기보법은 또한 남쪽의 왜에게도 통용할 수 있을 것입니다"[120]라고 하였다.

위의 가)는 여진족의 주력군인 기병을 상대하기 위해서는 서울에서는 거기보법, 경기·충청·전라·경상도에서는 『기효신서』 진법, 강원·황해·평안·함경도에서는 『연병실기』 진법으로 훈련하도록 결정한바, 『연병실기』를 훈련 교재로 결정했음을 말하고 있고, 나)는 광해군 초기 북방 여진족의 군사 상황을 반영한 것인데, 『기효신서』와 『연병실기』는 척계광의 저술이지만, 『기효신서』의 포살법은 보병 전술이기 때문에 여진족의 철기병을 대적할 수 없는 반면, 『연병실기』의 거기보법은 일본군에게도 통용될 수 있음을 설명하고 있다. 가), 나)를 종합해

---

119) 『宣祖實錄』 권182, 선조 37년 12월 신유.
120) 『光海君日記』 권39, 광해군 3년 3월 기사.

볼 때 임진왜란 이후 여진족이 대륙의 군사강국으로 성장한 상황에서는 조선군 역시 기병의 전투력을 향상시키는 별도의 대책이 필요함을 인식했다고 할 수 있다. 여기서 여진족과 일본 침략을 함께 대처한다는 것은 보병 중심의 『기효신서』와 기병 중심의 『연병실기』 전술을 동시에 사용함을 뜻한다. 따라서 그 구체적인 훈련 방식은 지역에 따른 역할 분담으로 나타나고 있는바, 서울에서는 기병과 포병이 연합하는 거기 보법을, 경기·충청·전라·경상도에서는 『기효신서』 진법을, 강원·황해·평안·함경도는 『연병실기』 진법을 훈련한다는 것이다.

여진족은 유목사회의 기마술을 이용하여 강력한 군사조직을 갖추었다. 만주족 누루하치[121]의 기본 전술은 부대편성에서 작전구상에 이르기까지 팔기제도(八旗制度)로 전투에 임했는데, 전술은 병력을 집중시켜 각개 격파하는 것이었다. 따라서 몽골군의 전술이 5열 횡대를 형성하고, 각 열 간에는 커다란 간격을 유지하였으며, 중기병은 2열, 경기병은 3열을 담당하여 강력한 화력으로 적의 중심부를 강타했다는 사실[122]을 볼 때 여진족의 전술 역시 "기동력과 분산"에 역점을 두었음을 알 수 있다. 당시 조선군이 여진족을 상대하기 위해서는 기병 중심의 전술 운용과 동등한 간격에서 맞설 수 있는 기병의 숫자와 화기를 확보하는 것이 관건이었다.

---

121) 민석홍·나종일·윤세철, 2005, 『세계문화사』, 서울대학교출판부, 218쪽. 금이 멸망한 후 퉁구스 계통의 여진족, 즉 만주족은 원·명 두 왕조의 지배를 받았다. 명은 그 세력을 헤이룽강 하류까지 확대하여 만주지역에 누르칸도사와 그 밑에 위소(衛所)를 두어 만주족을 다스린 바 있었다. 당시 여진족은 해서(海西), 건주(建州), 야인(野人)의 세 주요 지역으로 나뉘어 있었다. 그런데 명이 조선 원정 등으로 피폐해진 틈을 타, 훈허강 상류의 건주위에서 누르하치(奴兒哈赤)가 나와 한문화를 흡수하고 군사력을 길러 마침내 칸의 지위에 올라 1616년에 국호를 후금이라 칭했다.

122) 백기인, 1996, 『中國軍事思想史』, 175쪽.

그런데 위 사료 가)에서 거기보법은 우리나라『진법(陳法)』과도 부합되는 점이 많다고 한 사실이 주목된다. 사실, 여진족의 군사적 위협이 실제로 문제가 된 것은 1595년(선조 28)부터였다. 당시 겸사도도체찰사(兼四道都體察使)였던 유성룡이 여진족의 동향을 보고하면서 그 대응책으로 연변의 성에 포루(砲樓)를 설치하고, 다양한 화기를 설치하여 이들을 제압할 것을 건의했는데, 이러한 사실은 여진족의 실제적 위협에 대한 대책의 일환이었다. 이러한 상황에서 예전에 여진족 방어에 효과적인『진법』이 다시 거론될 수밖에 없었다. 특히 여진족의 심상치 않은 동향은 이에 대응하기 위한 적절한 병법체계를 가진 병서에 대해 검토하게 되었고, 당시 병법사상의 변화는『기효신서』병법에 대한 비판이 이루어지면서 동시에『진법』의 가치가 재차 인식되는 계기가 되었다.[123]

결과적으로 위 사료 가)에서는『진법』의 복원을 직접 말하지는 않았으나,『기효신서』진법이 조선의 실정에 맞지 않는다는 것을 말하고, 진관제와 제승방략제에 따라 수령이 직접 군사를 거느리고 각별히 훈련할 것을 주장하였다.[124]

『연병실기』의 전술적 특성은 화기의 사용 이외에 거기보(車騎步)의 독립부대를 운영하여 여진족을 막는 데에 있었다. 특히 이러한『연병실

---

123) 노영구, 1997,「선조대 紀效新書의 보급과 陣法논의」,『軍史』34, 148쪽.

124) 전투를 수행하는 데에 있어서 통솔의 책임은 전쟁의 승패를 좌우하는 요건이었다. 임진왜란 기간 동안은 명나라 장수들이 그 역할을 대행했으므로 큰 문제가 없었다. 그러나 조선군의 독자적인 전술운용체계가 갖추어지기 전에 명나라 군사가 철수함으로써 조선군의 진법은 중국식도 아니고, 우리식도 아닌 것이 되고 말았다. 따라서 명나라 군사가 철수한 이후 군사의 훈련을 맡을 武士의 부재는 결국 기효신서 진법을 폐지하고, 진관체제를 복구하자는 주장이 제기되었다. 진관체제로 복구하면 수령이 진장이 되기 때문에 통솔을 책임지는 무사의 부재 문제가 해결될 수 있었다.

기』 전술을 방어와 공격으로 구분해 볼 때 전자가 수레에 화기를 싣고서 여진족의 군마를 차단하는 데 목적이 있었다면, 후자는 기병과 보병을 마차부대에 은폐했다가 적이 도망할 때를 기다려 경기병의 기동력을 이용해 공격하는 것이다. 이와 같이 공격과 방어임무를 동시에 수행하는 진법을 "일두양익 일미진(一頭兩翼一尾陣)"이라 하였다. 이때 머리는 공격을 담당하였지만 방어할 수 있었으며, 날개는 방어에 목적이 있었지만 동시에 공격력도 갖고 있었다. 이 같은 전술은 무사의 통제 하에 훈련을 통해 가능했으며, 그것이 전쟁에서 승리하는 요인이기도 했다. 그러나 사료 나)의 내용으로 볼 때 당시 조선의 장수는 수백 명을 거느리고,『진법』을 운용할 수 있는 능력이 없었음을 알 수 있다. 따라서 조선에서는 젊은 무사의 진법 훈련을 위해 중국의 여러 병서를 수입하였다. 1600년(선조 33) 12월 훈련도감의 상소[125]에서 당시 중국 병서의 목록을 확인할 수 있다.

그런데 전기의 군역체계가 붕괴된 상황에서『기효신서』체제로 편제된 군대를 또 다시『진법』체제로 환원할 경우 그 성과는 반감될 수밖에 없었다.[126] 이 같은 실정에서『연병실기』가 그 해결 방안으로 제시되어 이의 간행이 이루어졌으나,[127] 당시 조선의 실정은 중앙군은 훈련도감이 모병제(募兵制)로 전환되었고, 지방군은 보병의 속오군제[128]로 편제되었기 때문에 기병에 필수적인 말의 숫자가 크게 부족하였다. 따라서 전차(戰車)를 중심으로 한『연병실기』전법의 수용은 쉬운 문제가 아니

---

125) 당시 조선에 들어온 중국의 兵書는 대략 다음과 같다.『武經總要』·『紀效新書』·『鍊兵實紀』·『握機槖鑰』·『百戰奇法』·『行軍須知』·『武經要覽』·『操鍊圖式』·『武藝諸譜』·『倭情備覽』·『拳譜』.

126)『宣祖實錄』권208, 선조 40년 2월 병오.

127)『宣祖實錄』권203, 선조 39년 9월 기사.

128) 서태원, 1999,『조선후기 지방군제 연구』, 혜안, 29~44쪽.

었다.

2. 포수와 화포 사용을 통한 기마전

조선은 병자호란을 끝내면서 청나라와 "정축년 약조"를 체결했는데,
이 조약에 따라 조선은 군기(軍器)의 수리뿐만 아니라 군병의 훈련이
금지되었다. 그러나 조선의 군주와 관료들은 그날의 치욕을 씻기 위해
5군영(五軍營)[129]을 창설하고 각 군영의 병종에 따른 훈련을 실시함으로
써 북벌을 준비하였다. 그런데 각 군영은 모두 한강 이남에 위치하고
있는바, 그 이유는 5군영이 수도에서 멀리 떨어져 있으면 국왕이 병권을
장악할 수 없기 때문에 그 위치를 도성 근처인 경기 지역에 한정시켰던
것이다.

일찍이 효종은 북벌을 실현할 목적으로 포수 10만 명을 양성코자
하였고,[130] 숙종은 청나라에 패전한 것이 조선에게는 자강지책을 도모
할 수 있는 좋은 기회로 인식하였다. 특히 숙종은 즉위하자 곧, 북벌론자
인 윤휴를 중용했는데, 윤휴의 북벌 의지는 광취무과(廣取武科) 실시과
정에서 잘 드러나고 있다. 즉, 1만 8천여 명의 무과출신자를 선발하여
그들을 모두 변방에 부방시켰다.[131] 다시 말해서 북벌의 적극적 의지는

---

129) 임진왜란 이후 중앙의 군사조직은 5위체제에서 점차 5군영체제로 대체되어
    갔다. 1682년(숙종 8) 금위영의 설치로 5개 군영이 모두 갖추어졌다. 그런데
    1746년에 와서 그동안 궁궐 호위에 참여했던 총융청이 서울 외곽의 방위를
    담당함으로써 5군영은 도성을 직접 방위하는 훈련도감, 어영청, 금위영의
    3군문과 도성 외곽을 방위하는 총융청, 수어청으로 확연히 구분되었다.(오종록,
    1988,「朝鮮後期 首都防衛體制에 대한 一考察 - 五軍營의 三手兵制와 守城戰 - 」,
    『史叢』33, 30쪽).
130)『顯宗改修實錄』권1, 현종 즉위년 9월 계해.
131) 이홍두, 1996,「무과를 통해 본 조선후기 천인의 신분변동」,『민족문화』19,

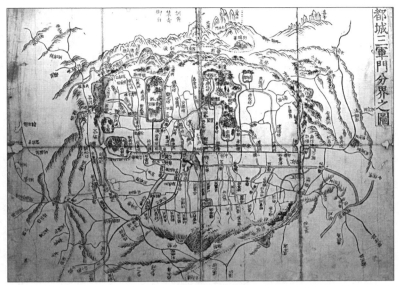

「도성삼군문분계지도」

군비확충으로 이어졌고, 윤휴는 그 일환으로 병거(兵車)를 제작하여
실전에 배치할 것을 주장하였다. 여기서 북벌에 대한 효종과 숙종의
공통점은 포수의 양성과 화포의 제조에 중점을 두었다. 따라서 여기서
는 병자호란 이후부터 숙종대까지의 도성과 강화도 및 남한산성에
배치한 화포에 대해 고찰하되, 화포의 배치에 따른 전술적 의미도
함께 살펴보려고 한다.

　평양성 전투에서 보았듯이 조선군의 승리는 명나라 군사의 도움을
받았기 때문에 가능하였다. 그러나 국내 포수의 역할도 적지 않았다.
이 같은 사실은 훈련도감 창설 당시의 편제에서도 잘 드러난다. 즉,
훈련도감을 처음 창설할 때는 좌·우사(左右司)에 포수 1초(哨)와 살수
2초(哨)를 편제하였다. 그러나 다음해 사수(射手)가 편입되면서 기병[射

298~304쪽.

手] 7초(哨), 포수 20초(哨), 살수 6초(哨)로 재편됨으로써 훈련도감은 포수가 중심 병력이 되었다.[132]

한편 반정을 통해 즉위한 인조는 1624년(인조 2)에 발생한 이괄의 난으로 인해 군기와 군량이 소실되어 군액이 크게 축소되어, 조선의 대청방어력도 크게 약화되었다. 따라서 인조와 반정공신들은 청나라 침략에 대비하여 남한산성을 축조하였으며, 한편으로 포수를 적극 육성했는데, 그것은 청나라 팔기병이 화포(火砲)에 취약했기 때문이다.[133] 당시 포수들이 비록 혼자 연습할 경우에도 국가에서 조총·화약·철환(鐵丸)을 지급하도록 영장 절목에 규정한 이유가 여기에 있다.[134]

이 같은 사실은 당시 조선이 청나라 팔기병을 물리치기 위해 포수의 육성에 적극적이었음을 반영하고 있다. 조총과 대포를 사용하는 것만이 청나라 침략에 대응할 수 있다는 것은 다음 사료를 통해서도 엿볼 수 있다.

> 가) 부제학 정경세, 교리 김광현, 부교리 이윤우·이성신, 수찬 권도 등이 차자를 올리기를, (중략) 적을 방어하는 장비로는 포를 사용하는 것보다 좋은 것이 없습니다. 포탄의 힘이 먼 곳까지 미칠 수 있고, 명중하는 비율이 높으며, 우렁찬 소리가 인마를 도망치게 할 수 있으니, 실로 1군(軍)에 각각 포수 3천 명씩을 두어 그들로 선봉을 삼는다면 아무리 강한 적이라 하더라도 꺾이지 않을 수 없을 것입니다. 그러므로 하삼도에서 담력과 근력이 있는 장정을 뽑되 호남과 영남에서는 각각 3천 5백 명, 충청도는 2천 5백 명,

---

132) 吳宗祿, 1988, 앞의 논문.
133) 『仁祖實錄』 권15, 인조 5년 3월 계미.
134) 『仁祖實錄』 권16, 인조 5년 4월 병진.

강원도는 5백 명을 배정하면 도합 1만 명이 되는데, 이들을 교습시키고 조련시키면, 불과 몇 달 사이에 모두 최고의 포수가 될 것입니다.[135]

나) 강원 감사 강홍중이 치계하기를, 조총은 오늘날 적을 막는 데 필요한 가장 좋은 무기인데, 속오군은 경비가 모자라 자체에서 화약을 마련하지 못하고, 또 관청에서 지급하는 규례가 없으니. 한갓 포수라는 이름을 가졌으되 실지로 총 쏘는 법을 알지 못하고, 명칭만 붙여 대열을 따라 다닐 뿐입니다.[136]

위 사료 가)는 외적을 물리치는 데 화포는 먼 곳까지 이를 수 있고, 명중시킬 확률이 높으며, 큰소리 때문에 말이 놀라서 도망한다는 내용이고, 사료 나)는 청나라 팔기병을 저지하는 가장 좋은 무기는 조총이지만 속오군은 화약을 마련할 재력이 없고, 관청 또한 화약을 지급하는 규정이 없기 때문에 당시 포수는 총을 쏘는 방법조차 모른다는 것이다. 위 사료에서 직접 언급하지는 않았지만, 조선의 조총은 견고하지 않고 정교하지도 못하여 쉽게 파손될 뿐만 아니라 목표물도 명중시키지 못하는 단점이 있었다.[137]

따라서 조선은 조총의 대부분을 일본에서 수입할 수밖에 없었다. 즉, 당시 조총은 동래부사가 세은(稅銀)을 풀어 일본에서 총을 교역하거나 역관들이 배에 화물을 싣고, 대마도에 가서 총을 무역했는데, 1만여 자루는 쉽게 마련할 수 있었다.

---

135) 『仁祖實錄』 권16, 인조 5년 5월 병인.
136) 『仁祖實錄』 권28, 인조 11년 12월 신유.
137) 인조는 短兵으로 접전할 때는 砲手와 射手의 경우라도 조총과 활을 쓸 수가 없기 때문에 반드시 鞭棍을 가르쳐야 한다고 하였다.

지방의 속오군 포수는 총과 화약이 없기 때문에 유명무실할 수밖에 없었다. 반면에 훈련도감과 무과출신의 경포수(京砲手)는 기량이 매우 뛰어났는데, 그것은 총과 화약을 쉽게 구할 수 있을 뿐 아니라 많은 훈련을 통해 포술을 연마하였기 때문이다. 그러므로 당시 청나라는 조선 포수의 우수성을 높게 평가한 결과 한때 그들이 잡아간 조선포로 1천 6백 명을 선발하여 해주위에서 특별히 포술을 익히게 할 정도였다.

그렇다면 당시 5군영의 전술은 조선의 『진법』과 척계광의 『기효신서』 진법 가운데 어느 쪽에 더 비중을 두었을까? 결론적으로 조선후기의 전술은 『기효신서』에 그 바탕을 두었다고 여겨진다. 따라서 5군영의 전술 역시 삼수속오법(三手束伍法)을 크게 벗어날 수 없었다. 다만 청나라와의 전투는 기마전을 전개했기 때문에 조선군은 호란 이후 포수-사수-살수의 삼수군체제를 지속하되, 청나라의 강력한 화력과 기동력에 맞서기 위해 포수 중심의 방위체제를 확립한 것으로 보인다.

당시 기동력이 뛰어난 청나라 중기병을 격파할 수 있는 화기는 두 종류가 있었다. 하나는 공격과 방어를 동시에 수행할 수 있는 병거(兵車)이고, 다른 하나는 주로 공격할 때만 사용하는 화차(火車)다. 병거의 제작은 1675년(숙종 1) 1월, 경연에서 윤휴가 처음으로 주장하였다.[138] 그러나 당시 대부분의 신하들이 "우리나라는 산천이 험하기 때문에 쓰기가 어렵다"[139]고 반대하였다. 이때 유혁연이 병거 대신에 화차를 먼저 만들자고 제안하자, 허적은 윤휴가 아뢴 병거 두 대를 만들어 후원에 들여서 관람하기를 건의하고, 이어서 훈련도감에서 제작한 화차의 특성을 자세히 설명하였다. 마침내 숙종은 화차를 먼저 만들도록 허락하였다.[140]

---

138) 『肅宗實錄』 권2, 숙종 원년 1월 정해.
139) 『肅宗實錄』 권3, 숙종 원년 3월 병자.

병거는 청나라 백성들이 평시에 사용하는 일종의 수레였다. 그러나 전쟁이 발생할 경우 화기를 탑재하면 강력한 화력과 기동력을 발휘하는 화기로 변했다. 당시 조선은 북경에서 사용하는 수레를 모형으로 하여 병거를 제작코자 했는데, 병거는 깃대에 칼을 꽂고 앞에 장막을 쳐서 벌여 놓으면 금성(金城)이 되고, 꾸며놓으면 가건물이 되었다. 행군할 때는 짐을 나를 수 있을 뿐 아니라 멈추어 있으면 군대의 방어벽이 되어 무기를 숨기고 군졸을 보호할 수 있었다.[141]

화차

반면에 화차는 그 모양이 초헌과 비슷하였다. 중앙에 두 개의 바퀴를 설치했으며, 5층으로 되어 있다. 각 층마다 열 개의 화총(火銃)을 설치하였기 때문에 하나의 화차에는 50자루의 총을 실을 수 있었다. 또 화차에는 바퀴가 있기 때문에 전진·후퇴가 용이하였으며, 한 번에 조총 10개를 동시에 발사할 수 있었다. 화차 한 대를 움직이는 데는 보통 10명의 군사가 필요했으며, 화차는 삼수병 가운데 포수가 담당하였다. 이와 같이 숙종대는 대청방어에 있어서 화기의 중요성이 크게 강조된 시기였다. 그것은 청나라 팔기병을 방어하는 데는 병거가 가장 좋은 화기였기 때문이다. 그러나 우리나라는 지형이 험하고 골짜

---

140) 『肅宗實錄』 권3, 숙종 원년 4월 무술.
141) 『肅宗實錄』 권48, 숙종 36년 7월 무진.

기가 많아서 병거를 쓰기에 불편하다는 견해가 있었다.[142]

한편 숙종은 도성 외곽인 강화도와 남한산성, 북한산성을 대청방어의 최후 보루로 인식하였다. 따라서 전란에 대비하여 강화도와 남한산성을 증축해 도민과 함께 입보코자 하였다. 그리고 돈대 축조는 숙종 4년(1678) 10월 병조판서 김석주가 적극 주장하여 동왕 5년 3월부터 쌓기 시작하였으며, 설치 장소는 강화도의 동·북·서 3면 49개 요해처였다.

그러면 돈대의 군사적 기능은 무엇이었을까? 그것은 고려시대 강도(江都)는 네 면이 저택(沮澤)이어서 배를 정박할 곳이 몇 곳에 불과할 뿐만 아니라 강화부 중앙에는 내성이 있고, 섬 둘레에는 장성(長城)이 있어서 돈대를 쌓을 필요성이 없었다. 그러나 숙종 당시에는 안팎으로 이러한 성이 없었기 때문에 먼저 연변에 돈대를 설치할 수밖에 없었다. 돈대가 완성되면 이어서 강화부의 중앙에 내성과 외성을 쌓고, 훈련도감과 어영청, 총융청으로 하여금 각각 한 곳을 수호케 하여 상호 기각의 형세를 이루고자 하였다.[143]

당시 각 돈대에는 여러 화포를 배치하였다. 그 가운데 불랑기(佛狼機)와 조총 및 장총(長銃)이 가장 큰 비중을 차지했는데, 특히 장총은 한 돈대에 10자루를 지급하였다. 그것은 각 돈대의 거리가 너무 멀어서 조총이 미치지 못할 경우 장총을 사용할 수밖에 없었기 때문이다.[144]

한편 숙종은 동왕 18년(1692) 12월 비국 당상들과 남한산성에 돈대를 설치하려고 논의한 사실이 있어서 주목된다. 여기서 돈대 설치는 강도의 경우와 마찬가지로 화포를 설치하기 위한 전단계 과정이었다.[145]

---

142) 『肅宗實錄』 권50, 숙종 37년 2월 병인.

143) 『肅宗實錄』 권11, 숙종 7년 5월 계유.

144) 『肅宗實錄』 권17, 숙종 12년 9월 정해.

불랑기 포 강화전쟁박물관

즉, 숙종이 남한산성
에 화포를 설치코자
한 것은 병자호란 당
시 이곳에 화포가 없
어서 패배했다고 인
식한 것으로 보인다.
　이같이 병자호란
이후 조선군의 방어
체계는 도성과 도성
외곽의 강화도와 남
한산성 및 북한산성

을 방위하는 5군영을 중심으로 이루어졌다. 5군영의 전술은『기효신서』
의 삼수속오법을 근간으로 하였으나, 각 성의 방위는 조총과 각종
화포에 의존하였음을 알 수 있다.

3. 정초청의 설치와 기병대 창설

　임진왜란 기간 중 동아시아 삼국의 간섭이 줄어든 사이에 여진족
추장 누루하치가 부족을 통일하고 후금을 건국하면서 최강의 군사대국
으로 부상하였다. 조선을 침공한 병자호란의 피해가 매우 컸던 사실이
그것을 입증한다. 따라서 병자호란 이후부터 숙종대까지 서울 도성과
수도 외곽방어를 위해 어영청, 금위영, 총융청, 수어청 등 5군영이
차례로 설치되면서 보병과 함께 기병의 숫자가 크게 증가하였다.[146)]

---

145)『肅宗實錄』권24, 숙종 18년 12월 병자.
146) 기병의 숫자가 급속히 증가한 것은 병자호란 이후 북벌론에 따른 군비확충에

그러면 조선후기 기병의 전투력이 증가한 시점은 언제부터일까? 그것은 현종이 정초청(精抄廳)의 기병 숫자를 증액하면서부터 시작되었다. 따라서 여기서는 기병군단 정초청의 설치와 이에 따른 기병의 전투력 강화 문제를 살펴보려고 한다. 다음의 사료에서 그 실마리를 찾을 수 있다.

가) 정초군은 옛날에는 기병 가운데서 가려 뽑아 돌아가면서 궐내에 입직했는데, 1백여 기에 불과했다. 김좌명이 병조판서로 있으면서 인원을 늘려 수백 기가 되었고, 그 뒤 경술년에 병조판서 홍중보의 건의로 옛 제도를 따라 기병의 호수(戶首)와 보인 가운데 건장한 자를 널리 뽑아서 그 인원을 늘리니, 4천 4백 10기였다. 한 사람마다 자장보(資裝保) 1인을 지급하였는데, 그 뒤에 자장보를 호수로 승격시켜 부대 편성이 또 증가함으로써 8천 9백 60기에 이르렀다. 8번으로 나누어 매번 5초(哨)씩 돌아가면서 상번하고, 그 보인으로 하여금 쌀을 바치게 하여 번량(番糧)을 지급하였다. 처음에는 도제조를 두었으나 얼마 안 가서 없앴고, 정초청으로 불렀으며, 병조판서로 대장을 삼아 금군과 함께 좌·우대로 나누어 매월 훈련했으니 양국 (兩局)의 제도와 동일했다. 그 뒤 정사년에 대신의 의논에 따라 정초청이라는 호칭을 없애고, 그 병력을 도로 병조에 소속시켰으며,

---

기인한다. 먼저 인조 때 훈련도감 안에 馬兵을 처음 설치하고, 좌·우영을 두었는데, 그 숫자는 200여 기였다. 신경진이 대장으로 있으면서 마병 300여 기로 늘렸으며, 효종 때 이완이 대장으로 있으면서 마병 1초(111명)를 또 늘렸다. 다음으로 인조 갑자년 초에 어영청을 설치하였고, 연평부원군 이귀가 어영사가 되어 서울 안에 포술을 업으로 삼는 자 수백 명을 소집하여 교습하였다. 능천군 구인후가 대장이 된 이후 경외의 장정을 양·천민을 막론하고 군액을 증가하여 射手(기병)와 砲手를 합하여 2만 8천 명이 되었다. 효종 무술년에는 別馬隊를 추가로 설치하였다.

병액 및 기타 규제는 예전대로 따랐다.[147]

나) 인조 때에 연양부원군 이시백이 병조판서가 되어 각 번의 기병 가운데서 날래고 용맹한 자 2초를 선발하여 정초청을 설치하고, 뒤에 증가하여 3초로 만들었다. 현종 9년 무신에 판서 홍중보가 기병 8번호(番戶) 19,391명을, 정초 8번 40초로 바꾸어 만들고(매초에 111명, 합계 4,440명) 매 군(軍)에 각각 자보(資保)를 두어서 자장을 준비하고(4,440명), 그 나머지 10,511명에게서는 쌀과 포를 징수하였다. 현종 14년 계축에 판서 김만기가 자보(資保) 가운데서 1,220명을 덜어내어 10초를 만들어서 합계 50초로 하고, 10번으로 나누어 번 드는 기한을 여유 있게 하고, 자보로 남아 있는 자에게는 모두 쌀과 베를 징수하고, 50초의 자보는 모두 각 그 호수로 하여금 자원에 의하여 충당토록 하였다. 숙종 8년 임술(1682)에 판서 김석주가 훈련대장을 겸임하여 먼저 훈련도감의 정원을 줄이고, 부(部)와 사(司)를 개정하여 군량을 절약하게 하고, 중부(中部)의 별대를 선발한 다음, 정초군과 합하여 136초를 만들고, 13번으로 나누어서 이름을 금위영이라 하고, 도제조·대장·겸제조를 두고, 훈련도감·어영청과 함께 삼군문(三軍門)이 되었다.[148]

위의 가)는 정초군의 설치와 변천에 대한 『조선왕조실록』의 기록인데, 1662년(현종 3) 병조판서 김좌명과 1670년(현종 11) 병조판서 홍중보에 의해서 기병의 숫자가 크게 증가했음을 말하고 있고, 나)는 『만기요람(萬機要覽)』 군정편 3의 사료인데, 정초청의 설치연혁뿐만 아니라 기병의 숫자가 증가했음을 알 수 있는데, 1682년(숙종 8) 병조판서

---

147) 『顯宗改修實錄』 권10, 현종 4년 11월 무인.
148) 『萬機要覽』 군정편 3, 금위영 설치연혁.

김석주가 지방군의 별대 선발자와 정초청의 기병을 합하여 금위영을 설치하였다는 내용이다. 가)·나)를 통해 볼 때 기병대인 정초군은 현종 때 숫자가 집중적으로 증가하였으며, 도성을 직접 방위하는 금위영의 전신이라는 점에서 군사적 중요성을 알 수가 있다.

정초군에 대한 기록은 광해군대에 처음 보이는데,[149] 기병 중에서 1백여 기를 선발하여 궁궐에 입직하는 것이 주된 임무였다. 임란 이후 지방군이 붕괴된 상황에서 누루하치의 여진족 군대가 변방을 침략하자 도성 수비군을 서쪽 변방에 보내어 방위하도록 조처하였다. 그러나 병자호란에서는 변경에 계엄이 내려진 상태에서 전쟁의 피해가 참혹하였다.[150] 국가는 이후 기병의 숫자가 크게 부족했던 상황을 반성하고, 기병을 모집하여 군비를 확충했는데, 현종 때 설치한 정초청 역시 북벌론의 일환이었다.

현종은 1668년(현종 9)에 왜 정초청의 기병 숫자를 크게 증액하였을까? 그것은 북벌을 실현하려는 현종의 적극적 의지를 반영한 결과였다. 즉, 현종 때에 와서 기병의 숫자가 보병보다 더 많아졌을 뿐만 아니라[151] 기마전의 전술적 향상이 이룩되었다. 특히 정초청의 기병은 일반 기병 가운데서 선발된 정예부대였던 사실이 그것을 입증한다. 따라서 정초청의 기병은 번상기간 동안 도성의 친병으로서 달마다 마초가 지급되었으며, 정초군의 급여는 4명의 보인들이 부담하였다.[152] 또한 재정상태

---

149) 『光海君日記』 권93, 광해군 7년 8월 신사.
150) 1636년(인조 14) 병자호란 당시 청나라 군사는 압록강 국경을 넘은 지 10여
    일만에 수도 한양을 함락시켰다. 인조는 왕실과 문무백관을 거느리고 남한산성
    에 피난하였지만 45일 만에 三田渡에서 청 태종에게 항복하였다. 이후 북벌론이
    정치이념이 됨으로써 군비를 확충함과 동시에 수도방위가 논의되었다.
151) 훈련도감 설치 당시는 보병과 기병의 숫자는 보병이 절대적으로 우세하였다.
    그러나 현종 12년의 상황은 기병이 10만여 명인데 반해 보병은 겨우 6만 정도였
    다. 『현종개수실록』 권24, 현종 12년 6월 계미.

가 건실한 보인을 가려 자장보로 삼아 호수의 자장을 준비케 하고, 나머지 보인들에게는 미포를 징수하였다.

이러한 정초청 기병의 한 차례 번상 인원은 4천 4백 40명이었던바, 8번 교대였기 때문에 실제 정초청의 인원은 3만 5천 5백 20명이었다. 따라서 정초청의 기병은 궁궐을 숙위하는 친병으로서 항상 4천 기 이상이 수도에 있었던 셈이다.

그러면 당시 기마전과 관련해 볼 때 정초청 기병의 군사적 의미는 무엇이고, 당시 전술 운용에는 어떠한 영향을 주었을까? 먼저 기병대 정초청 설치의 군사적 의의는 기병의 호수와 보인의 역할을 각각 분담케 함으로써 기병의 전투력을 크게 향상시켰다. 특히 선조대에 "기병이 거의 없다"고 했던 사실이나 광해군대에 "기병은 있지만 실제로 말이 없다"고 했던 상황과 비교하면 기병의 전투력이 크게 향상되었음을 알 수 있다. 다음으로 정초청을 병조에 소속케 함으로써 이후 병조판서 가 군사의 책임자로서 5군영을 통괄하는 계기를 이루었던 사실도 두드 러진 성과 중의 하나라고 하겠다.[153]

한편 정초청의 기병은 같은 시기의 기병인 훈련도감의 기병[154], 어영청의 별마대(別馬隊)[155], 총융청의 기병과 비교할 때 전문성에 있어

---

152) 마병은 戶마다 4保이고 보군은 戶마다 3保인데 보인은 각자 3필의 布를 戶首에게 납부하였다.

153) 이홍두, 2002, 앞의 논문, 227쪽.

154) 훈련도감은 1594년(선조 27) 유성룡이 도제조가 되고, 조경이 대장이 되어 馬軍 2哨(每哨119명)와 보군 25哨를 설치하였다. 1634년(인조 12)에 대장 신경진 이 상주하여 마군 3초와 보군 5초를 증설함으로써 마군은 모두 5초가 되었다. 1654년(효종 5)에는 대장 이완이 마군 1초를 증설하고, 동왕 9년에 보군 10초를 증설하였다(『만기요람』 군정편 2, 훈련도감, 군총). 따라서 효종대까지 훈련도 감 소속 마군은 총 6초(119×6=714명)로서 7백 14기였다.

155) 어영청은 1624년(인조 2) 초에 설치되었고, 연평부원군 이귀가 어영사가 되어 서울 안에 포술을 업으로 삼는 자 수백 인을 소집하여 교습시켰다. 어가가

서 크게 차이가 없음에도 불구하고 왜 도성 안에 정초청을 설치했는가의 문제가 있다. 그것은 당시 청나라와의 관계 때문에 불가피한 선택이었다. 즉, 병자호란 이후 조선은 산성을 수축하고 부대를 창설하려면 반드시 청나라의 승인을 받아야 했기 때문에 정초청의 설치를 궁궐의 친병으로 위장할 수밖에 없었다. 따라서 정초청의 설치로 기병의 전투력이 향상된 이후, 다음 단계의 전투력 향상은 보장지역인 강화도와 남한산성 및 북한산성에 병거(兵車)와 화차(火車)를 설치하는 것이었다. 이 문제 역시 청나라 감시를 피하여 이룩해야 하는 어려운 문제였다.

한편 숙종대의 새로운 지방 기병대 친기위(親騎衛)의 설치가 주목된다.156) 친기위의 설치는 당시 청나라를 중심으로 긴박하게 전개되는 동북아시아의 정세와 관련이 있다. 즉, 북방으로부터는 청나라, 서해안으로는 패망한 명의 재건을 외치며 반청운동을 벌였던 정금(鄭錦)세력의 침공, 동해안과 남해안으로는 일본의 재침설에 대해 조선은 군사적 대책을 세워야 했다. 이 같은 군사적 압박을 타개하기 위해 조선은 다른 군사적 정비보다는 빠른 기동력으로 국경과 해안지방을 방어하는 기병부대를 창설하게 되었다. 즉, 이는 청나라의 주력군인 팔기병에 대한 대응 방인이기도 하며, 정금세력이 황해도를 비롯한 서해안으로 상륙했을 때 해안가에서 빠른 기병을 이용한 기마전을 구상한 것으로

公山(공주)으로 피난 갔을 때 公山郡의 山尺 가운데 포술에 정예한 자를 모집했는데, 大邑은 7명, 中邑은 4명, 小邑은 2명씩 해서 600여 인이 되었다. 환도한 뒤에 다시 총융사에 배속시켜 가르쳤다. 그 뒤 인조가 3천 명까지 늘려 모집했다. 이때 경외의 양·천민을 막론하고 모집한 군액이 점차 증가하였다. 射手와 砲手가 2만 8천 명이었다. 1658년(효종 9)에 別馬隊를 추가로 설치했는데, 海西의 軍保 및 良丁으로서 무예가 있는 자를 선발하여 14番으로 나눠 돌아가면서 상번토록 하였다(『顯宗改修實錄』권10, 현종 4년 11월 무인). 여기서 어영청 소속의 기병은 射手와 別馬隊가 이에 해당된다.

156) 강석화, 1997, 「조선후기 함경도의 親騎衛」, 『한국학보』 89, 26~28쪽.

볼 수 있다.

숙종대 가장 먼저 기병강화를 시작한 곳은 황해도였다. 이곳은 청나라의 공격로이기도 하며, 앞에서 말한 정금의 해로 공격에 대한 방어적 차원에서 이곳의 기병을 강화할 필요가 있었다. 특히 황해도에는 금위영별대(禁衛營別隊) 소속의 군사들이 배치된 곳으로 새로운 기병대를 만들기보다는 이곳의 군사들을 기병으로 편제하는 방식을 취했다. 그런데 함경도의 친기위는 새롭게 창설된 기병대로서 이 지역에서 말을 잘 타는 군사들을 선발하여 국경지방을 방호케 하였다. 함경도에서는 일찍부터 전마가 생산되었고, 그곳의 무사들은 기사(騎射)를 비롯한 다양한 마상무예를 익히고 있었다. 따라서 다른 곳보다 가장 먼저 특수기병대가 창설된 이유가 여기에 있다.[157]

말을 타고 적을 무찌르는 마상무예는 정조 때 체계화되었는데, 마상동작에 창과 칼, 편곤 등의 무기를 사용하는 고난도의 기예였다. 다 알다시피 정조는 강력한 왕권강화와 북벌을 실현하기 위해 수원에 화성을 건설하고 친위부대 장용영을 설치하였다. 당시 장용영에서는 기마전을 위한 마상무예를 훈련하는 한편으로『무예보통지』의 편집과 간행을 주도하였다. 청나라 팔기병과 기마전을 위해 편찬한『무예보통지』는 북벌을 준비하는 중에 만들어진 18가지 동작의『무예신보』에 정조가 마상무예 여섯 가지를 추가하여 만들었다. 따라서 정조가 마상무예 여섯 가지를 추가한 것은 정조의 강력한 북벌의지가 반영된 결과로 볼 수가 있겠다.

이상에서 필자는 호란 이후 조선군의 전술변화를 수도방위체제의 확립과 기병대의 창설이라는 시각에서 기마전의 실상을 파악해 보려고

---

157) 최형국, 2011, 「조선 숙종대 지방 騎兵部隊 창설과 馬上武藝의 변화」, 『歷史와 實學』 44, 98쪽.

시도하였다. 그 결과 병자호란 이후 주적이 일본에서 여진족으로 바뀜에 따라 『기효신서』 진법이 『연병실기』 진법으로 전환되었던 사실을 알 수 있었고, 또한 청나라 팔기병을 제압하기 위해서 기병대 정초청을 도성에 설립한 사실과 수도방위를 위해 강화도 연변의 진보에 화포를 배치한 사실도 알 수 있었다. 특히 정조가 강력한 왕권강화와 북벌을 실현하기 위해 수원에 장용영을 설치하고, 장용영 기병의 훈련을 위해 『무예보통지』를 간행한바, 여기에 편승하여 당시 기마전의 수준이 크게 향상되었다고 하겠다.

참고문헌

1. 사료

『三國志』,『後漢書』,『魏書』,『新唐書』,『六韜三略』,『李衛公兵法』,『宋史』,
『冊府元龜』,『資治通鑑』,『元史』,『明史』,『金史』,『三國史記』,『東史綱目』,
『高麗史』,『高麗史節要』,『東國李相國集』,『高麗圖經』,『朝鮮王朝實錄』,
『經國大典』,『世宗實錄地理志』,『陣法』,『制勝方略』,『續大典』,『大典續錄』,
『新增東國輿地勝覽』,『淸陰集』,『澤堂集』,『牧場地圖』,『增補文獻備考』,
『風泉遺響』,『燃藜室記述』,『兵學指南演義』

2. 저서

강건작, 2005,『무기와 전술』, 율커뮤니케이션.
공석구, 1998,『高句麗 領域擴張史 硏究』. 서경문화사.
국방부전사편찬위원회, 1990,『麗遼戰爭史』.
국방부전사편찬위원회, 1986,『병자호란사』.
김기웅, 1982,『한국의 벽화고분』, 동화출판사.
金渭顯, 1985,『遼金史硏究』, 유풍출판사.
김재홍, 1988,『조선인민의 반침략투쟁사』(고려편), 과학백과사전종합출
　　　　판사.
金泰植·宋柱鉉 共著, 2003,『韓國의 騎馬民族論』, 한국마사회 마사박물관.
김한규, 2004,『요동사』, 문학과 지성사.
南都泳, 2003,『제주도 목장사』, 한국마사회 마사박물관.
南都泳, 1996,『韓國馬政史』, 한국마사회 마사박물관.
르네 그루쎄 지음, 김호동·유원수·정재훈 옮김, 1998,『유라시아 유목제국

참고문헌　393

　　　사』, 사계절.

민석홍·나종일·윤세철 공저, 2005, 『세계문화사』, 서울대학교출판부.

박남수, 1996, 『신라수공업사』, 신서원.

박종기, 1990, 『고려시대 부곡제연구』, 서울대학교출판부.

백기인, 1998, 『중국군사제도사』, 국방군사연구소.

백기인, 1996, 『중국군사사상사』, 국방군사연구소.

버나드 로 몽고메리 저, 송영조 역, 1995, 『전쟁의 역사』, 책세상.

사회과학원력사연구소, 1991, 『조선전사』(고구려편).

서병국, 1997, 『고구려제국사』, 혜안.

서인한, 2005, 『한국고대 군사전략』, 국방부군사편찬연구소.

서태원, 1999, 『조선후기 지방군제연구』, 혜안.

成百曉 역, 1995, 『兵學指南演義 I 』, 국방군사연구소.

손영종, 2000, 『고구려의 제문제』, 신서원.

아더 훼릴 저, 이춘근 역, 1990, 『전쟁의 기원』, 인간사랑.

안주섭, 2003, 『고려 거란전쟁』, 경인문화사.

유재성, 1996, 『한민족전쟁통사Ⅲ』(조선시대 전편), 국방군사연구소.

유재성, 1993, 『한민족전쟁통사Ⅱ』(고려시대편), 국방군사연구소.

이난영·김두철, 1999, 『한국의 마구』, 한국마사회 마사박물관.

李靖 저·이현수 역, 1996, 『李衛公兵法』.

이형구, 2004, 『한국 고대문화의 비밀』, 김영사.

이홍두, 2006, 『한국중세 부곡연구』, 혜안.

임용한, 2004, 『전쟁과 역사 2 - 거란·여진과의 전쟁』, 혜안.

임용한, 2001, 『전쟁과 역사』(삼국편), 혜안.

장학근, 2004, 『고려의 북진정책사』, 국방부 군사편찬연구소.

정토웅, 1997, 『전쟁사 101장면』, 가람기획.

정해은, 2006, 『고려시대 군사전략』, 국방부 군사편찬연구소.

T. N. 두푸이 저, 박재하 역, 1996, 『무기체계와 전쟁』, 병학사.

江上波夫, 1967, 『騎馬民族國家』, 中央公論社.

江上波夫, 1958, 『日本民族の起源』, 平凡社.

加茂儀一, 1973, 『家畜文化史』, 日本法政大學出版局.

金廷鶴 編, 1972, 『韓國の考古學』, 河出書房新社.

謝成俠, 1959, 『中國養馬史』, 北京 科學出版社.

王國維編, 『蒙古史料四種中』, 「黑韃事路戔證」.

Wagner, W., 1926, *Die Chinesischen Landwirtschaft.*

Stegmann. F, P., 1924, *Die Rassengeschichte der Wirtschaftstiere und ihre Bedeutung fur die Geschichte der Menschheit.*

W. E. Henthorn, 1963, *Korea; the Mongol Invasions*, Leiden.

3. 논문

강석화, 1997, 「조선후기 함경도의 親騎衛」, 『한국학보』 89.

강성문, 1999, 「幸州大捷에서의 權慄의 전략과 전술」, 『임진왜란과 권율장 군』, 전쟁기념관.

강성문, 1995, 「조선시대 편전에 관한 연구」, 『학예지』 4, 육군사관학교 육군박물관.

김기웅, 1985, 「고구려 무기와 마구」, 『한국사론』 15, 국사편찬위원회.

김기웅, 1976, 「삼국시대의 무기소고」, 『한국학보』 5.

김구진, 1977, 「윤관 9성의 범위와 조선 6진의 개척 - 여진세력 관계를 중심으로」, 『사총』 21·22합집.

김구진, 1976, 「공험진과 선춘령비」, 『백산학보』 21.

김석형, 1949, 「몽고침략에 대한 인민의 항전」, 『력사제문제』 14.

김성태, 2005, 「최근 보고된 고구려무기의 검토」, 『고구려연구』 20.

김성태, 2001, 「고구려 병기에 대한 연구」, 『고구려연구』 12.

김성태, 1995, 「고구려의 무기(2) - 鐵矛, 戟, 弩, 도끼」, 『문화재』 27, 문화재관 리국.

김순자, 1995, 「고려와 동아시아」, 『한국역사입문 ②』(중세편), 한국역사연 구회 엮음, 풀빛.

김윤곤, 1981, 「삼별초의 대몽항전과 지방 군현민」, 『동양문화』 20·21합집, 영남대학교.

김윤곤, 1979, 「抗蒙戰에 참여한 草賊에 대하여」, 『동양문화』 19.

김철준, 1981, 「能步戰과 便安馬」, 『한우근박사 정년기념 사학논총』, 지식산

업사.

나만수, 1983, 「고려전기 對女眞政策과 윤관의 北征」, 『軍史』 7, 국방부전사편
　　　찬위원회.

노영구, 2002, 「조선후기 兵書와 戰法의 연구」, 서울대학교 박사학위논문.

노영구, 1997, 「선조대 『紀效新書』의 보급과 陣法 논의」, 『군사』 34.

박경철, 1989, 「고구려 군사전략 고찰을 위한 일시론」, 『사학연구』 40.

박재광, 1999, 「임란 초기전투에서 관군의 활동과 권율」, 『임진왜란과
　　　권율장군』, 전쟁기념관.

박재광, 1995, 「임진왜란기 화약병기의 도입과 전술의 변화」, 『학예지』
　　　4, 육군박물관.

박진욱, 1986, 「고구려의 마구에 대하여」, 『조선고고연구』.

박진욱, 1965, 「삼국시기의 갑옷과 투구」, 『고고민속』 2.

박진욱, 1964, 「삼국시기의 활과 화살」, 『고고민속』 3.

방동인, 1980, 「고려의 동북지방경역에 관한 연구 - 특히 윤관의 9성설치
　　　범위를 중심으로」, 『영동문화』 창간호.

방동인, 1976, 「尹瓘 九城再考 - 九城설치 범위를 중심으로」, 『백산학보』
　　　21, 백산학회.

백기인, 2000, 「18세기 북벌론과 대청방어전략」, 『군사』 41, 국방부 군사편
　　　찬연구소.

서병국, 1978, 「고려시대 여진교섭사연구」, 『관동대논문집』 6.

서영교, 2004, 「고구려 기병과 등자 - 고구려 고분벽화 분석을 중심으로」,
　　　『歷史學報』 181.

서영수, 1981, 「삼국과 남북조 교빙의 성격」, 『동양학』 11.

서인한, 2005, 「고구려 대외 전쟁기」, 『한국고대 군사전략』, 군사편찬연구
　　　소..

서일범, 1999, 「서희가 구축한 성곽과 청천강 이북 방어체계」, 『서희와
　　　고려의 고구려 계승의식』, 고구려연구회.

신경철, 1985, 「古式鐙子考」, 『부대사학』 9.

여호규, 2002, 「高句麗 初期의 濊貊과 小水貊」, 『한국고대사연구』 25.

여호규, 1999, 「고구려 중기의 무기체계와 병종구성」, 『한국군사사연구』
　　　2.

여호규, 1998, 「高句麗 初期의 兵力動員體系」, 『軍史』 36.

윤용혁, 1994, 「삼별초 항몽정권의 진도 항전」, 『창해박병국교수정년기념 사학논총』.

윤용혁, 1991, 「몽고의 침략에 대한 고려 지방민의 항전 - 1254년 鎭州(鎭川) 民과 충주 多仁鐵所民의 경우」, 『국사관논총』 24.

윤용혁, 1989, 「몽고의 경상도침입과 1254년 尙州山城의 승첩 - 고려 대몽항 전의 지역별 검토(2)」, 『진단학보』 68.

윤용혁, 1984, 「13세기 몽고의 침략에 대한 호서지방민의 항전 - 고려의 대몽항전의 지역별 검토」, 『호서문화연구』 4, 충남대.

윤용혁, 1982, 「고려인의 海島入保策과 몽고의 戰略變化 - 여몽전쟁 전개의 一樣相」, 『역사교육』 32.

윤용혁, 1980, 「몽고의 2차침구와 處仁城勝捷 - 특히 廣州民과 處仁部曲民의 抗戰에 주목하여」, 『한국사연구』 29.

윤훈표, 1994, 「조선 초기 경군의 편성에 관한 연구」, 『서울학연구』 2.

이기백, 1969, 「고려별무반고」, 『김재원회갑기념논총』, 을유문화사.

이만열, 1978, 「고구려와 수·당과의 전쟁」, 『한국사』, 국사편찬위원회.

이민웅, 1995, 「18세기 강화도 수비체제의 강화」, 『한국사론』 34, 서울대 국사학과.

이상훈, 1999, 「都元帥 권율의 전략 구상과 활동」, 『임진왜란과 권율장군』, 전쟁기념관.

이용범, 1985, 「삼국사기에 보이는 대외관계기사 - 특히 북방민족에 대하 여」, 『삼국사기연구논문선집』(국내편) 제1집, 백산학회.

이인영, 1992, 「몽고 침입과 처인성 대첩 소고」, 『기전문화』 10.

이인철, 1996, 「4~5세기 고구려의 南進經營과 重裝騎兵」, 『軍史』 33.

이장희, 2000, 「임란초기 두 차례의 금산전투와 그 전략적 의의」, 『충남사학』 12.

이정빈, 2010, 「6~7세기 고구려의 쇠뇌 운용과 군사적 변화」, 『軍史』 77.

이홍두, 2018, 「조선전기 호마의 조련과 기마전」, 『歷史와 實學』 67.

이홍두, 2018, 「조선 초기 수원도호부의 마목장 설치 연구」, 『軍史』 106.

이홍두, 2018, 「조선중기 수원부의 마목장 변동 연구」, 『수원학연구』 13.

이홍두, 2017, 「조선 초기 內廏의 운영과 留養馬 변동」, 『서울과 역사』

96.

이홍두, 2017, 「조선 초기 마목장 설치 연구」, 『동북아역사논총』 55.

이홍두, 2016, 「호마의 전래와 조선시대 호마목장의 설치」, 『軍史』 99.

이홍두, 2016, 「조선전기 하삼도 마목장의 설치와 통폐합」, 『전쟁과 유물』 8.

이홍두, 2016, 「조선전기 畿甸의 마목장 설치」, 『서울과 역사』 93.

이홍두, 2014, 「한국 기병의 무기와 기병전술」, 『역사와 실학』 53.

이홍두, 2014, 「조선시대 강화도 마목장의 치폐와 전마의 생산」, 『軍史』 93.

이홍두, 2013, 「고구려 胡馬의 유입과 鐵騎兵」, 『歷史와 實學』 52.

이홍두, 2012, 「고구려의 남방 진출과 기마전 - 특히 강화만 하구 진출을 중심으로」, 『軍史』 85.

이홍두, 2012, 「한국 기마전의 시대적 변동 추이」, 『마사박물관지』 2011, 마사박물관.

이홍두, 2011, 「고구려 전기의 기마전」, 『歷史와 實學』 44.

이홍두, 2010, 「당나라의 고구려 침공과 기마전」, 『軍史』 77.

이홍두, 2010, 「청나라의 조선침공과 기마전」, 『歷史와 實學』 42.

이홍두, 2008, 「병자호란 전후 江都의 鎭堡설치와 관방체계의 확립」, 『인천학연구』 9.

이홍두, 2007, 「고려의 여진정벌과 기마전」, 『軍史』 64.

이홍두, 2007, 「고려의 몽골전쟁과 기마전」, 『歷史와 實學』 34.

이홍두, 2006, 「임진왜란초기 조선군의 기병전술」, 『白山學報』 74.

이홍두, 2005, 「고려 거란전쟁과 기병전술」, 『史學研究』 80.

이홍두, 2005, 「고려시대의 군제와 승군 - 隨院僧徒의 정규군 편성을 중심으로」, 『白山學報』 72.

이홍두, 2004, 「고구려의 대외전쟁과 기병전술 - 특히 한족과의 전쟁을 중심으로」, 『白山學報』 68.

이홍두, 2004, 「고구려의 선비족전쟁과 기병전술」, 『史學研究』 75.

이홍두, 2002, 「호란 이후 조선군의 전술변화」, 『군사사연구총서』 2.

이홍두, 2000, 「조선초기 야인정벌과 기마전」, 『軍史』 41.

이홍두, 1998, 「부곡의 의미변천과 군사적 성격」, 『韓國史研究』 103.

임기환, 2000,「3세기 4세기초 魏·晉의 동방정책」,『역사와 현실』 36.

장세원, 1986,「대몽항쟁 주체의 성격에 관하여 - 別抄와 草賊의 의병적
　　　　활동을 중심으로」,『군산실업전문대학논문집』.

전주농, 1959,「고구려시기의 무기와 무장」,『문화유산』.

정동민, 2007,「고구려 중장기병의 모습과 도입 시점에 대한 소고」,『전통문
　　　　화연구』 6.

주채혁, 1979,「초기 려몽전쟁과 略察 - 양군의 작전 여건을 중심으로」,
　　　　『청대사림』 3, 청주대.

추명엽, 2001,「11세기 후반~12세기 초 여진정벌문제와 정국동향」,『한국사
　　　　론』 45, 서울대 국사학과.

최규성, 1995,「거란 및 여진과의 전쟁」,『한국사』 15, 국사편찬위원회.

최규성, 1981,「고려초기의 여진관계와 북방정책」,『동국사학』 15·16합집,
　　　　동국사학회.

최형국, 2011,「조선 숙종대 지방 騎兵部隊 창설과 馬上武藝의 변화」,『歷史와
　　　　實學』 44.

최형국, 2009,「조선시대 기병의 전술적 운용과 마상무예의 변화 - 임란기
　　　　를 중심으로」,『歷史와 實學』 38.

河且大, 1990,「朝鮮初期 군사정책과 兵法書의 발전」,『軍史』 21.

허선도, 1970,「<陣法>考」,『역사학보』 47.

허선도, 1980,「임진왜란에 있어서의 이충무공의 승첩 - 그 전략적 전술적
　　　　의의를 중심으로」,『한국학논총』 3, 국민대 한국학연구소.

허선도, 1973,「제승방략연구(상)」,『진단학보』 36.

허선도, 1974,「제승방략연구(하)」,『진단학보』 37.

허태구, 2009,「병자호란의 정치 군사적 연구」, 서울대학교 박사학위논문.

황병국, 1987,「조선조의 진법 고찰」,『軍史』 15.

佟達, 1993,「關于高句麗 南北交通路」,『博物館硏究』.

今西春秋, 1935,「高句麗의 南北道와 南蘇·木底」,『靑丘學叢』 22.

江上波夫, 1993,「三韓時代의 韓日關係」(초청강연회 초록),『弘益史學』 5.

林田重幸, 1958,「日本在來馬의 系統」,『日本畜産學會報』 28.

찾아보기

ㅁ